权威·前沿·原创

皮书系列为
"十二五"国家重点图书出版规划项目

扬州蓝皮书

BLUE BOOK OF YANGZHOU

扬州经济社会发展报告（2015）

ANNUAL REPORT ON ECONOMIC AND SOCIAL DEVELOPMENT OF YANGZHOU (2015)

主　编／丁　纯
副主编／卢桂平　孙永如　董玉海　王克胜　李忠盛

社会科学文献出版社
SOCIAL SCIENCES ACADEMIC PRESS (CHINA)

图书在版编目(CIP)数据

扬州经济社会发展报告.2015/丁纯主编.—北京：社会科学文献出版社，2015.12
 （扬州蓝皮书）
 ISBN 978-7-5097-8589-8

Ⅰ.①扬… Ⅱ.①丁… Ⅲ.①区域经济发展-研究报告-扬州市-2015 ②社会发展-研究报告-扬州市-2015 Ⅳ.①F127.533

中国版本图书馆CIP数据核字（2015）第313307号

扬州蓝皮书
扬州经济社会发展报告（2015）

主　　编／丁　纯
副 主 编／卢桂平　孙永如　董玉海　王克胜　李忠盛

出 版 人／谢寿光
项目统筹／王　绯
责任编辑／曹长香

出　　版／社会科学文献出版社·社会政法分社（010）59367156
　　　　　地址：北京市北三环中路甲29号院华龙大厦　邮编：100029
　　　　　网址：www.ssap.com.cn
发　　行／市场营销中心（010）59367081　59367090
　　　　　读者服务中心（010）59367028
印　　装／北京季蜂印刷有限公司
规　　格／开　本：787mm×1092mm　1/16
　　　　　印　张：25.5　字　数：385千字
版　　次／2015年12月第1版　2015年12月第1次印刷
书　　号／ISBN 978-7-5097-8589-8
定　　价／98.00元

皮书序列号／B-2011-164

本书如有破损、缺页、装订错误，请与本社读者服务中心联系更换

▲ 版权所有　翻印必究

权威·前沿·原创

社会科学文献出版社
皮书系列
2016年

盘点年度资讯 预测时代前程

社会科学文献出版社 学术传播中心 编制

社长致辞

我们是图书出版者,更是人文社会科学内容资源供应商;

我们背靠中国社会科学院,面向中国与世界人文社会科学界,坚持为人文社会科学的繁荣与发展服务;

我们精心打造权威信息资源整合平台,坚持为中国经济与社会的繁荣与发展提供决策咨询服务;

我们以读者定位自身,立志让爱书人读到好书,让求知者获得知识;

我们精心编辑、设计每一本好书以形成品牌张力,以优秀的品牌形象服务读者,开拓市场;

我们始终坚持"创社科经典,出传世文献"的经营理念,坚持"权威、前沿、原创"的产品特色;

我们"以人为本",提倡阳光下创业,员工与企业共享发展之成果;

我们立足于现实,认真对待我们的优势、劣势,我们更着眼于未来,以不断的学习与创新适应不断变化的世界,以不断的努力提升自己的实力;

我们愿与社会各界友好合作,共享人文社会科学发展之成果,共同推动中国学术出版乃至内容产业的繁荣与发展。

社会科学文献出版社社长
中国社会学会秘书长

2016 年 1 月

社会科学文献出版社
SOCIAL SCIENCES ACADEMIC PRESS (CHINA)

社会科学文献出版社成立于1985年,是直属于中国社会科学院的人文社会科学专业学术出版机构。

成立以来,特别是1998年实施第二次创业以来,依托于中国社会科学院丰厚的学术出版和专家学者两大资源,坚持"创社科经典,出传世文献"的出版理念和"权威、前沿、原创"的产品定位,社科文献立足内涵式发展道路,从战略层面推动学术出版五大能力建设,逐步走上了智库产品与专业学术成果系列化、规模化、数字化、国际化、市场化发展的经营道路。

先后策划出版了著名的图书品牌和学术品牌"皮书"系列、"列国志"、"社科文献精品译库"、"全球化译丛"、"全面深化改革研究书系"、"近世中国"、"甲骨文"、"中国史话"等一大批既有学术影响又有市场价值的系列图书,形成了较强的学术出版能力和资源整合能力。2015年社科文献出版社发稿5.5亿字,出版图书约2000种,承印发行中国社科院院属期刊74种,在多项指标上都实现了较大幅度的增长。

凭借着雄厚的出版资源整合能力,社科文献出版社长期以来一直致力于从内容资源和数字平台两个方面实现传统出版的再造,并先后推出了皮书数据库、列国志数据库、"一带一路"数据库、中国田野调查数据库、台湾大陆同乡会数据库等一系列数字产品。数字出版已经初步形成了产品设计、内容开发、编辑标引、产品运营、技术支持、营销推广等全流程体系。

在国内原创著作、国外名家经典著作大量出版,数字出版突飞猛进的同时,社科文献出版社从构建国际话语体系的角度推动学术出版国际化。先后与斯普林格、博睿、牛津、剑桥等十余家国际出版机构合作面向海外推出了"皮书系列""改革开放30年研究书系""中国梦与中国发展道路研究丛书""全面深化改革研究书系"等一系列在世界范围内引起强烈反响的作品;并持续致力于中国学术出版走出去,组织学者和编辑参加国际书展,筹办国际性学术研讨会,向世界展示中国学者的学术水平和研究成果。

此外,社科文献出版社充分利用网络媒体平台,积极与中央和地方各类媒体合作,并联合大型书店、学术书店、机场书店、网络书店、图书馆,逐步构建起了强大的学术图书内容传播平台。学术图书的媒体曝光率居全国之首,图书馆藏率居于全国出版机构前十位。

上述诸多成绩的取得,有赖于一支以年轻的博士、硕士为主体,一批从中国社科院刚退出科研一线的各学科专家为支撑的300多位高素质的编辑、出版和营销队伍,为我们实现学术立社,以学术品位、学术价值来实现经济效益和社会效益这样一个目标的共同努力。

作为已经开启第三次创业梦想的人文社会科学学术出版机构,我们将以改革发展为动力,以学术资源建设为中心,以构建智慧型出版社为主线,以"整合、专业、分类、协同、持续"为各项工作指导原则,全力推进出版社数字化转型,坚定不移地走专业化、数字化、国际化发展道路,全面提升出版社核心竞争力,为实现"社科文献梦"奠定坚实基础。

经 济 类

经济类皮书涵盖宏观经济、城市经济、大区域经济，提供权威、前沿的分析与预测

经济蓝皮书

2016年中国经济形势分析与预测

李 扬/主编　　2015年12月出版　　定价：79.00元

◆ 本书为总理基金项目，由著名经济学家李扬领衔，联合中国社会科学院等数十家科研机构、国家部委和高等院校的专家共同撰写，系统分析了2015年的中国经济形势并预测2016年我国经济运行情况。

世界经济黄皮书

2016年世界经济形势分析与预测

王洛林　张宇燕/主编　　2015年12月出版　　定价：79.00元

◆ 本书由中国社会科学院世界经济与政治研究所的研究团队撰写，2015年世界经济增长继续放缓，增长格局也继续分化，发达经济体与新兴经济体之间的增长差距进一步收窄。2016年世界经济增长形势不容乐观。

产业蓝皮书

中国产业竞争力报告（2016）NO.6

张其仔/主编　　2016年12月出版　　估价：98.00元

◆ 本书由中国社会科学院工业经济研究所研究团队在深入实际、调查研究的基础上完成。通过运用丰富的数据资料和最新的测评指标，从学术性、系统性、预测性上分析了2015年中国产业竞争力，并对未来发展趋势进行了预测。

皮书系列 重点推荐

经济类

G20国家创新竞争力黄皮书
二十国集团（G20）国家创新竞争力发展报告（2016）

李建平 李闽榕 赵新力/主编　　2016年11月出版　　估价：138.00元

◆ 本报告在充分借鉴国内外研究者的相关研究成果的基础上，紧密跟踪技术经济学、竞争力经济学、计量经济学等学科的最新研究动态，深入分析G20国家创新竞争力的发展水平、变化特征、内在动因及未来趋势，同时构建了G20国家创新竞争力指标体系及数学模型。

国际城市蓝皮书
国际城市发展报告（2016）

屠启宇/主编　　2016年1月出版　　估价：79.00元

◆ 本书作者以上海社会科学院从事国际城市研究的学者团队为核心，汇集同济大学、华东师范大学、复旦大学、上海交通大学、南京大学、浙江大学相关城市研究专业学者。立足动态跟踪介绍国际城市发展实践中，最新出现的重大战略、重大理念、重大项目、重大报告和最佳案例。

金融蓝皮书
中国金融发展报告（2016）

李扬 王国刚/主编　　2015年12月出版　　定价：79.00元

◆ 本书由中国社会科学院金融研究所组织编写，概括和分析了2015年中国金融发展和运行中的各方面情况，研讨和评论了2015年发生的主要金融事件。本书由业内专家和青年精英联合编著，有利于读者了解掌握2015年中国的金融状况，把握2016年中国金融的走势。

农村绿皮书
中国农村经济形势分析与预测（2015～2016）

中国社会科学院农村发展研究所　国家统计局农村社会经济调查司/著
2016年4月出版　　估价：69.00元

◆ 本书描述了2015年中国农业农村经济发展的一些主要指标和变化，以及对2016年中国农业农村经济形势的一些展望和预测。

4　权威 前沿 原创

 经济类

皮书系列 重点推荐

西部蓝皮书
中国西部发展报告（2016）
姚慧琴 徐璋勇/主编　　2016年7月出版　　估价:89.00元

◆ 本书由西北大学中国西部经济发展研究中心主编，汇集了源自西部本土以及国内研究西部问题的权威专家的第一手资料，对国家实施西部大开发战略进行年度动态跟踪，并对2016年西部经济、社会发展态势进行预测和展望。

民营经济蓝皮书
中国民营经济发展报告 No.12（2015~2016）
王钦敏/主编　　2016年1月出版　　估价:75.00元

◆ 改革开放以来，民营经济从无到有、从小到大，是最具活力的增长极。本书是中国工商联课题组的研究成果，对2015年度中国民营经济的发展现状、趋势进行了详细的论述，并提出了合理的建议。是广大民营企业进行政策咨询、科学决策和理论创新的重要参考资料，也是理论工作者进行理论研究的重要参考资料。

经济蓝皮书夏季号
中国经济增长报告（2015~2016）
李扬/主编　　2016年8月出版　　估价:69.00元

◆ 中国经济增长报告主要探讨2015~2016年中国经济增长问题，以专业视角解读中国经济增长，力求将其打造成一个研究中国经济增长、服务宏微观各级决策的周期性、权威性读物。

中三角蓝皮书
长江中游城市群发展报告（2016）
秦尊文/主编　　2016年10月出版　　估价:69.00元

◆ 本书是湘鄂赣皖四省专家学者共同研究的成果，从不同角度、不同方位记录和研究长江中游城市群一体化，提出对策措施，以期为将"中三角"打造成为继珠三角、长三角、京津冀之后中国经济增长第四极奉献学术界的聪明才智。

皮书系列 重点推荐　社会政法类

社会政法类

社会政法类皮书聚焦社会发展领域的热点、难点问题，提供权威、原创的资讯与视点

社会蓝皮书
2016年中国社会形势分析与预测
李培林　陈光金　张　翼/主编　2015年12月出版　定价：79.00元

◆ 本书由中国社会科学院社会学研究所组织研究机构专家、高校学者和政府研究人员撰写，聚焦当下社会热点，对2015年中国社会发展的各个方面内容进行了权威解读，同时对2016年社会形势发展趋势进行了预测。

法治蓝皮书
中国法治发展报告No.14（2016）
李　林　田　禾/主编　2016年3月出版　估价：105.00元

◆ 本年度法治蓝皮书回顾总结了2015年度中国法治发展取得的成就和存在的不足，并对2016年中国法治发展形势进行了预测和展望。

反腐倡廉蓝皮书
中国反腐倡廉建设报告No.6
李秋芳　张英伟/主编　2017年1月出版　估价：79.00元

◆ 本书抓住了若干社会热点和焦点问题，全面反映了新时期新阶段中国反腐倡廉面对的严峻局面，以及中国共产党反腐倡廉建设的新实践新成果。根据实地调研、问卷调查和舆情分析，梳理了当下社会普遍关注的与反腐败密切相关的热点问题。

社会政法类　　皮书系列 重点推荐

生态城市绿皮书
中国生态城市建设发展报告（2016）
刘举科　孙伟平　胡文臻/主编　2016年6月出版　估价：98.00元

◆ 报告以绿色发展、循环经济、低碳生活、民生宜居为理念，以更新民众观念、提供决策咨询、指导工程实践、引领绿色发展为宗旨，试图探索一条具有中国特色的城市生态文明建设新路。

公共服务蓝皮书
中国城市基本公共服务力评价（2016）
钟　君　吴正杲/主编　2016年12月出版　估价：79.00元

◆ 中国社会科学院经济与社会建设研究室与华图政信调查组成联合课题组，从2010年开始对基本公共服务力进行研究，研创了基本公共服务力评价指标体系，为政府考核公共服务与社会管理工作提供了理论工具。

教育蓝皮书
中国教育发展报告（2016）
杨东平/主编　2016年5月出版　估价：79.00元

◆ 本书由国内的中青年教育专家合作研究撰写。深度剖析2015年中国教育的热点话题，并对当下中国教育中出现的问题提出对策建议。

生态文明绿皮书
中国省域生态文明建设评价报告（ECI 2016）
严耕/主编　　2016年12月出版　　估价：85.00元

◆ 本书基于国家最新发布的权威数据，对我国的生态文明建设状况进行科学评价，并开展相应的深度分析，结合中央的政策方针和各省的具体情况，为生态文明建设推进，提出针对性的政策建议。

皮书系列重点推荐 行业报告类

行业报告类

行业报告类皮书立足重点行业、新兴行业领域，提供及时、前瞻的数据与信息

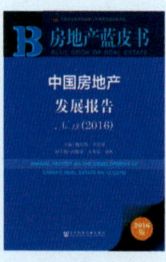

房地产蓝皮书
中国房地产发展报告 No.13（2016）

魏后凯 李景国 / 主编　　2016年5月出版　　估价：79.00元

◆ 蓝皮书秉承客观公正、科学中立的宗旨和原则，追踪2015年我国房地产市场最新资讯，深度分析，剖析因果，谋划对策，并对2016年房地产发展趋势进行了展望。

旅游绿皮书
2015~2016年中国旅游发展分析与预测

宋 瑞 / 主编　　2016年1出版　　估价：98.00元

◆ 本书中国社会科学院旅游研究中心组织相关专家编写的年度研究报告，对2015年旅游行业的热点问题进行了全面的综述并提出专业性建议，并对2016年中国旅游的发展趋势进行展望。

互联网金融蓝皮书
中国互联网金融发展报告（2016）

李东荣 / 主编　　2016年8月出版　　估价：79.00元

◆ 近年来，许多基于互联网的金融服务模式应运而生并对传统金融业产生了深刻的影响和巨大的冲击，"互联网金融"成为社会各界关注的焦点。本书探析了2015年互联网金融的特点和2016年互联网金融的发展方向和亮点。

行业报告类　皮书系列重点推荐

资产管理蓝皮书
中国资产管理行业发展报告（2016）

智信资产管理研究院 / 编著　　2016 年 6 月出版　　估价：89.00 元

◆ 中国资产管理行业刚刚兴起，未来将中国金融市场最有看点的行业，也会成为快速发展壮大的行业。本书主要分析了 2015 年度资产管理行业的发展情况，同时对资产管理行业的未来发展做出科学的预测。

老龄蓝皮书
中国老龄产业发展报告（2016）

吴玉韶　党俊武 / 编著
2016 年 9 月出版　　估价：79.00 元

◆ 本书着眼于对中国老龄产业的发展给予系统介绍，深入解析，并对未来发展趋势进行预测和展望，力求从不同视角、不同层面全面剖析中国老龄产业发展的现状、取得的成绩、存在的问题以及重点、难点等。

金融蓝皮书
中国金融中心发展报告（2016）

王　力　黄育华 / 编著　　2017 年 11 月出版　　估价：75.00 元

◆ 本报告将提升中国金融中心城市的金融竞争力作为研究主线，全面、系统、连续地反映和研究中国金融中心城市发展和改革的最新进展，展示金融中心理论研究的最新成果。

流通蓝皮书
中国商业发展报告（2016）

荆林波 / 编著　　2016 年 5 月出版　　估价：89.00 元

◆ 本书是中国社会科学院财经院与利丰研究中心合作的成果，从关注中国宏观经济出发，突出了中国流通业的宏观背景，详细分析了批发业、零售业、物流业、餐饮产业与电子商务等产业发展状况。

国别与地区类

国别与地区类

国别与地区类皮书关注全球重点国家与地区，提供全面、独特的解读与研究

美国蓝皮书
美国研究报告（2016）
黄 平 郑秉文 / 主编　2016年7月出版　估价：89.00元

◆ 本书是由中国社会科学院美国所主持完成的研究成果，它回顾了美国2015年的经济、政治形势与外交战略，对2016年以来美国内政外交发生的重大事件以及重要政策进行了较为全面的回顾和梳理。

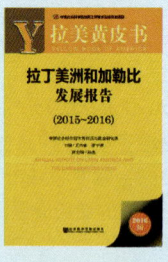

拉美黄皮书
拉丁美洲和加勒比发展报告（2015~2016）
吴白乙 / 主编　2016年5月出版　估价：89.00元

◆ 本书对2015年拉丁美洲和加勒比地区诸国的政治、经济、社会、外交等方面的发展情况做了系统介绍，对该地区相关国家的热点及焦点问题进行了总结和分析，并在此基础上对该地区各国2016年的发展前景做出预测。

日本经济蓝皮书
日本经济与中日经贸关系研究报告（2016）
王洛林 张季风 / 编著　2016年5月出版　估价：79.00元

◆ 本书系统、详细地介绍了2015年日本经济以及中日经贸关系发展情况，在进行了大量数据分析的基础上，对2016年日本经济以及中日经贸关系的大致发展趋势进行了分析与预测。

国别与地区类

皮书系列 重点推荐

俄罗斯黄皮书
俄罗斯发展报告（2016）
李永全 / 编著　2016 年 7 月出版　估价 :79.00 元

◆ 本书系统介绍了 2015 年俄罗斯经济政治情况，并对 2015 年该地区发生的焦点、热点问题进行了分析与回顾；在此基础上，对该地区 2016 年的发展前景进行了预测。

国际形势黄皮书
全球政治与安全报告（2016）
李慎明　张宇燕 / 主编　2015 年 12 月出版　定价 :69.00 元

◆ 本书旨在对本年度全球政治及安全形势的总体情况、热点问题及变化趋势进行回顾与分析，并提出一定的预测及对策建议。作者通过事实梳理、数据分析、政策分析等途径,阐释了本年度国际关系及全球安全形势的基本特点，并在此基础上提出了具有启示意义的前瞻性结论。

德国蓝皮书
德国发展报告（2016）
郑春荣　伍慧萍 / 主编　2016 年 6 月出版　估价 :69.00 元

◆ 本报告由同济大学德国研究所组织编撰，由该领域的专家学者对德国的政治、经济、社会文化、外交等方面的形势发展情况，进行全面的阐述与分析。

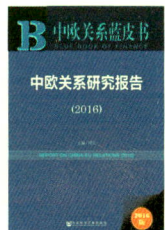

中欧关系蓝皮书
中欧关系研究报告（2016）
周弘 / 编著　2016 年 12 月出版　估价 :98.00 元

◆ 本书由欧洲所暨欧洲学会推出，旨在分析、评估和预测年度中欧关系发展态势。本报告的作者均为欧洲方面的专家，他们对欧洲与中国在各个领域的发展情况进行了深入地分析和研究，对读者了解和把握中欧关系是非常有益的参考。

皮书系列 重点推荐 地方发展类

地方发展类

地方发展类皮书关注中国各省份、经济区域，提供科学、多元的预判与资政信息

北京蓝皮书
北京公共服务发展报告（2015~2016）
施昌奎 / 主编　2016年1月出版　估价：69.00元

◆ 本书是由北京市政府职能部门的领导、首都著名高校的教授、知名研究机构的专家共同完成的关于北京市公共服务发展与创新的研究成果。

河南蓝皮书
河南经济发展报告（2016）
河南省社会科学院 / 编著　2016年12月出版　估价：79.00元

◆ 本书以国内外经济发展环境和走向为背景，主要分析当前河南经济形势，预测未来发展趋势，全面反映河南经济发展的最新动态、热点和问题，为地方经济发展和领导决策提供参考。

京津冀蓝皮书
京津冀发展报告（2016）
文　魁　祝尔娟 / 编著　2016年4月出版　估价：89.00元

◆ 京津冀协同发展作为重大的国家战略，已进入顶层设计、制度创新和全面推进的新阶段。本书以问题为导向，围绕京津冀发展中的重要领域和重大问题，研究如何推进京津冀协同发展。

文化传媒类

皮书系列
重点推荐

文化传媒类

文化传媒类皮书透视文化领域、文化产业，
探索文化大繁荣、大发展的路径

新媒体蓝皮书
中国新媒体发展报告 No.7（2016）

唐绪军／主编　　2016年6月出版　　估价：79.00元

◆ 本书是由中国社会科学院新闻与传播研究所组织编写的关于新媒体发展的最新年度报告，旨在全面分析中国新媒体的发展现状，解读新媒体的发展趋势，探析新媒体的深刻影响。

移动互联网蓝皮书
中国移动互联网发展报告（2016）

官建文／编著　　2016年6月出版　　估价：79.00元

◆ 本书着眼于对中国移动互联网2015年度的发展情况做深入解析，对未来发展趋势进行预测，力求从不同视角、不同层面全面剖析中国移动互联网发展的现状、年度突破以及热点趋势等。

文化蓝皮书
中国文化产业发展报告（2016）

张晓明　王家新　章建刚／主编　　2016年4月出版　　估价：79.00元

◆ 本书由中国社会科学院文化研究中心编写。从2012年开始，中国社会科学院文化研究中心设立了国内首个文化产业的研究类专项资金——"文化产业重大课题研究计划"，开始在全国范围内组织多学科专家学者对我国文化产业发展重大战略问题进行联合攻关研究。本书集中反映了该计划的研究成果。

13

经济类

G20国家创新竞争力黄皮书
二十国集团(G20)国家创新竞争力发展报告(2016)
著(编)者：李建平 李闽榕 赵新力
2016年11月出版 / 估价：138.00元

产业蓝皮书
中国产业竞争力报告(2016)NO.6
著(编)者：张其仔 2016年12月出版 / 估价：98.00元

城市创新蓝皮书
中国城市创新报告(2016)
著(编)者：周天勇 旷建伟 2016年8月出版 / 估价：69.00元

城市蓝皮书
中国城市发展报告NO.9
著(编)者：潘家华 魏后凯 2016年9月出版 / 估价：69.00元

城市群蓝皮书
中国城市群发展指数报告(2016)
著(编)者：刘士林 刘新静 2016年10月出版 / 估价：69.00元

城乡一体化蓝皮书
中国城乡一体化发展报告(2015～2016)
著(编)者：汝信 付崇兰 2016年7月出版 / 估价：85.00元

城镇化蓝皮书
中国新型城镇化健康发展报告(2016)
著(编)者：张占斌 2016年5月出版 / 估价：79.00元

创新蓝皮书
创新型国家建设报告(2015～2016)
著(编)者：詹正茂 2016年11月出版 / 估价：69.00元

低碳发展蓝皮书
中国低碳发展报告(2016)
著(编)者：齐晔 2016年3月出版 / 估价：89.00元

低碳经济蓝皮书
中国低碳经济发展报告(2016)
著(编)者：薛进军 赵忠秀 2016年6月出版 / 估价：85.00元

东北蓝皮书
中国东北地区发展报告(2016)
著(编)者：马克 黄文艺 2016年8月出版 / 估价：79.00元

工业化蓝皮书
中国工业化进程报告(2016)
著(编)者：黄群慧 吕铁 李晓华 等
2016年11月出版 / 估价：89.00元

管理蓝皮书
中国管理发展报告(2016)
著(编)者：张晓东 2016年9月出版 / 估价：98.00元

国际城市蓝皮书
国际城市发展报告(2016)
著(编)者：屠启宇 2016年1月出版 / 估价：79.00元

国家创新蓝皮书
中国创新发展报告(2016)
著(编)者：陈劲 2016年9月出版 / 估价：69.00元

金融蓝皮书
中国金融发展报告(2016)
著(编)者：李扬 王国刚 2015年12月出版 / 定价：79.00元

京津冀产业蓝皮书
京津冀产业协同发展报告(2016)
著(编)者：中智科博(北京)产业经济发展研究院
2016年6月出版 / 估价：69.00元

京津冀蓝皮书
京津冀发展报告(2016)
著(编)者：文魁 祝尔娟 2016年4月出版 / 估价：89.00元

经济蓝皮书
2016年中国经济形势分析与预测
著(编)者：李扬 2015年12月出版 / 定价：79.00元

经济蓝皮书·春季号
2016年中国经济前景分析
著(编)者：李扬 2016年5月出版 / 估价：79.00元

经济蓝皮书·夏季号
中国经济增长报告(2015～2016)
著(编)者：李扬 2016年8月出版 / 估价：99.00元

经济信息绿皮书
中国与世界经济发展报告(2016)
著(编)者：杜平 2015年12月出版 / 定价：89.00元

就业蓝皮书
2016年中国本科生就业报告
著(编)者：麦可思研究院 2016年6月出版 / 估价：98.00元

就业蓝皮书
2016年中国高职高专生就业报告
著(编)者：麦可思研究院 2016年6月出版 / 估价：98.00元

临空经济蓝皮书
中国临空经济发展报告(2016)
著(编)者：连玉明 2016年11月出版 / 估价：79.00元

民营经济蓝皮书
中国民营经济发展报告NO.12(2015～2016)
著(编)者：王钦敏 2016年1月出版 / 估价：75.00元

农村绿皮书
中国农村经济形势分析与预测(2015～2016)
著(编)者：中国社会科学院农村发展研究所
国家统计局农村社会经济调查司
2016年4月出版 / 估价：69.00元

农业应对气候变化蓝皮书
气候变化对中国农业影响评估报告No.2
著(编)者：矫梅燕 2016年8月出版 / 估价：98.00元

经济类·社会政法类 | **皮书系列 2016全品种**

企业公民蓝皮书
中国企业公民报告 NO.4
著(编)者：邹东涛　2016年1月出版 / 估价：79.00元

气候变化绿皮书
应对气候变化报告（2016）
著(编)者：王伟光　郑国光　2016年11月出版 / 估价：98.00元

区域蓝皮书
中国区域经济发展报告（2015～2016）
著(编)者：梁昊光　2016年5月出版 / 估价：79.00元

全球环境竞争力绿皮书
全球环境竞争力报告（2016）
著(编)者：李建平　李闽榕　王金南
2016年12月出版 / 估价：198.00元

人口与劳动绿皮书
中国人口与劳动问题报告 NO.17
著(编)者：蔡昉　张车伟　2016年11月出版 / 估价：69.00元

商务中心区蓝皮书
中国商务中心区发展报告 NO.2（2016）
著(编)者：魏后凯　李国红　2016年1月出版 / 估价：89.00元

世界经济黄皮书
2016年世界经济形势分析与预测
著(编)者：王洛林　张宇燕　2015年12月出版 / 定价：79.00元

世界旅游城市绿皮书
世界旅游城市发展报告（2016）
著(编)者：鲁勇　周正宇　宋宇　2016年6月出版 / 估价：88.00元

西北蓝皮书
中国西北发展报告（2016）
著(编)者：孙发平　苏海红　鲁顺元
2015年12月出版 / 估价：79.00元

西部蓝皮书
中国西部发展报告（2016）
著(编)者：姚慧琴　徐璋勇　2016年7月出版 / 估价：89.00元

县域发展蓝皮书
中国县域经济增长能力评估报告（2016）
著(编)者：王力　2016年10月出版 / 估价：69.00元

新型城镇化蓝皮书
新型城镇化发展报告（2016）
著(编)者：李伟　宋敏　沈体雁　2016年11月出版 / 估价：98.00元

新兴经济体蓝皮书
金砖国家发展报告（2016）
著(编)者：林跃勤　周文　2016年7月出版 / 估价：79.00元

长三角蓝皮书
2016年全面深化改革中的长三角
著(编)者：张伟斌　2016年10月出版 / 估价：69.00元

中部竞争力蓝皮书
中国中部经济社会竞争力报告（2016）
著(编)者：教育部人文社会科学重点研究基地
　　　　　南昌大学中国中部经济社会发展研究中心
2016年10月出版 / 估价：79.00元

中部蓝皮书
中国中部地区发展报告（2016）
著(编)者：宋亚平　2016年12月出版 / 估价：78.00元

中国省域竞争力蓝皮书
中国省域经济综合竞争力发展报告（2015～2016）
著(编)者：李建平　李闽榕　高燕京
2016年2月出版 / 估价：198.00元

中三角蓝皮书
长江中游城市群发展报告（2016）
著(编)者：秦尊文　2016年10月出版 / 估价：69.00元

中小城市绿皮书
中国中小城市发展报告（2016）
著(编)者：中国城市经济学会中小城市经济发展委员会
　　　　　中国城镇化促进会中小城市发展委员会
　　　　　《中国中小城市发展报告》编纂委员会
　　　　　中小城市发展战略研究院
2016年10月出版 / 估价：98.00元

中原蓝皮书
中原经济区发展报告（2016）
著(编)者：李英杰　2016年6月出版 / 估价：88.00元

自贸区蓝皮书
中国自贸区发展报告（2016）
著(编)者：王力　王吉培　2016年10月出版 / 估价：69.00元

社会政法类

北京蓝皮书
中国社区发展报告（2016）
著(编)者：于燕燕　2017年2月出版 / 估价：79.00元

殡葬绿皮书
中国殡葬事业发展报告（2016）
著(编)者：李伯森　2016年4月出版 / 估价：158.00元

城市管理蓝皮书
中国城市管理报告（2016）
著(编)者：谭维克　刘林　2017年2月出版 / 估价：118.00元

城市生活质量蓝皮书
中国城市生活质量报告（2016）
著(编)者：张连城　张平　杨春学　郎丽华
2016年7月出版 / 估价：89.00元

皮书系列 2016全品种 社会政法类

城市政府能力蓝皮书
中国城市政府公共服务能力评估报告（2016）
著(编)者：何艳玲　2016年7月出版／估价：69.00元

创新蓝皮书
中国创业环境发展报告（2016）
著(编)者：姚凯　曹祎遐　2016年1月出版／估价：69.00元

慈善蓝皮书
中国慈善发展报告（2016）
著(编)者：杨团　2016年6月出版／估价：79.00元

地方法治蓝皮书
中国地方法治发展报告 NO.2（2016）
著(编)者：李林　田禾　2016年1月出版／估价：98.00元

法治蓝皮书
中国法治发展报告 NO.14（2016）
著(编)者：李林　田禾　2016年3月出版／估价：105.00元

反腐倡廉蓝皮书
中国反腐倡廉建设报告 NO.6
著(编)者：李秋芳　张英伟　2017年1月出版／估价：79.00元

非传统安全蓝皮书
中国非传统安全研究报告（2015~2016）
著(编)者：余潇枫　魏志江　2016年5月出版／估价：79.00元

妇女发展蓝皮书
中国妇女发展报告 NO.6
著(编)者：王金玲　2016年9月出版／估价：148.00元

妇女教育蓝皮书
中国妇女教育发展报告 NO.3
著(编)者：张李玺　2016年10月出版／估价：78.00元

妇女绿皮书
中国性别平等与妇女发展报告（2016）
著(编)者：谭琳　2016年12月出版／估价：99.00元

公共服务蓝皮书
中国城市基本公共服务力评价（2016）
著(编)者：钟君　吴正杲　2016年12月出版／估价：79.00元

公共管理蓝皮书
中国公共管理发展报告（2016）
著(编)者：贡森　李国强　杨维富
2016年4月出版／估价：69.00元

公共外交蓝皮书
中国公共外交发展报告（2016）
著(编)者：赵启正　雷蔚真　2016年4月出版／估价：89.00元

公民科学素质蓝皮书
中国公民科学素质报告（2016）
著(编)者：李群　许佳军　2016年3月出版／估价：79.00元

公益蓝皮书
中国公益发展报告（2016）
著(编)者：朱健刚　2016年5月出版／估价：78.00元

国际人才蓝皮书
海外华侨华人专业人士报告（2016）
著(编)者：王辉耀　苗绿　2016年8月出版／估价：69.00元

国际人才蓝皮书
中国国际移民报告（2016）
著(编)者：王辉耀　2016年2月出版／估价：79.00元

国际人才蓝皮书
中国海归发展报告（2016）NO.3
著(编)者：王辉耀　苗绿　2016年10月出版／估价：69.00元

国际人才蓝皮书
中国留学发展报告（2016）NO.5
著(编)者：王辉耀　苗绿　2016年10月出版／估价：79.00元

国家公园蓝皮书
中国国家公园体制建设报告（2016）
著(编)者：苏杨　张玉钧　石金莲　刘锋　等
2016年10月出版／估价：69.00元

海洋社会蓝皮书
中国海洋社会发展报告（2016）
著(编)者：崔凤　宋宁而　2016年7月出版／估价：89.00元

行政改革蓝皮书
中国行政体制改革报告（2016）NO.5
著(编)者：魏礼群　2016年4月出版／估价：98.00元

华侨华人蓝皮书
华侨华人研究报告（2016）
著(编)者：贾益民　2016年12月出版／估价：98.00元

环境竞争力绿皮书
中国省域环境竞争力发展报告（2016）
著(编)者：李建平　李闽榕　王金南
2016年11月出版／估价：198.00元

环境绿皮书
中国环境发展报告（2016）
著(编)者：刘鉴强　2016年5月出版／估价：79.00元

基金会蓝皮书
中国基金会发展报告（2016）
著(编)者：刘忠祥　2016年4月出版／估价：69.00元

基金会绿皮书
中国基金会发展独立研究报告（2016）
著(编)者：基金会中心网　中央民族大学基金会研究中心
2016年6月出版／估价：88.00元

基金会透明度蓝皮书
中国基金会透明度发展研究报告（2016）
著(编)者：基金会中心网　清华大学廉政与治理研究中心
2016年9月出版／估价：85.00元

教师蓝皮书
中国中小学教师发展报告（2016）
著(编)者：曾晓东　鱼霞　2016年6月出版／估价：69.00元

社会政法类 — 皮书系列 2016全品种

教育蓝皮书
中国教育发展报告（2016）
著(编)者：杨东平　2016年5月出版 / 估价：79.00元

科普蓝皮书
中国科普基础设施发展报告（2016）
著(编)者：任福君　2016年6月出版 / 估价：69.00元

科学教育蓝皮书
中国科学教育发展报告（2016）
著(编)者：罗晖　王康友　2016年10月出版 / 估价：79.00元

劳动保障蓝皮书
中国劳动保障发展报告（2016）
著(编)者：刘燕斌　2016年8月出版 / 估价：158.00元

连片特困区蓝皮书
中国连片特困区发展报告（2016）
著(编)者：游俊　冷志明　丁建军
2016年3月出版 / 估价：98.00元

民间组织蓝皮书
中国民间组织报告（2016）
著(编)者：黄晓勇　2016年12月出版 / 估价：79.00元

民调蓝皮书
中国民生调查报告（2016）
著(编)者：谢耘耕　2016年5月出版 / 估价：128.00元

民族发展蓝皮书
中国民族发展报告（2016）
著(编)者：郝时远　王延中　王希恩
2016年4月出版 / 估价：98.00元

女性生活蓝皮书
中国女性生活状况报告 NO.10（2016）
著(编)者：韩湘景　2016年4月出版 / 估价：79.00元

汽车社会蓝皮书
中国汽车社会发展报告（2016）
著(编)者：王俊秀　2016年1月出版 / 估价：69.00元

青年蓝皮书
中国青年发展报告（2016）NO.4
著(编)者：廉思 等　2016年4月出版 / 估价：69.00元

青少年蓝皮书
中国未成年人互联网运用报告（2016）
著(编)者：李文革　沈杰　季为民
2016年11月出版 / 估价：89.00元

青少年体育蓝皮书
中国青少年体育发展报告（2016）
著(编)者：郭建军　杨桦　2016年9月出版 / 估价：69.00元

区域人才蓝皮书
中国区域人才竞争力报告 NO.2
著(编)者：桂昭明　王辉耀
2016年6月出版 / 估价：69.00元

群众体育蓝皮书
中国群众体育发展报告（2016）
著(编)者：刘国永　杨桦　2016年10月出版 / 估价：69.00元

人才蓝皮书
中国人才发展报告（2016）
著(编)者：潘晨光　2016年9月出版 / 估价：85.00元

人权蓝皮书
中国人权事业发展报告 NO.6（2016）
著(编)者：李君如　2016年9月出版 / 估价：128.00元

社会保障绿皮书
中国社会保障发展报告（2016）NO.8
著(编)者：王延中　2016年4月出版 / 估价：99.00元

社会工作蓝皮书
中国社会工作发展报告（2016）
著(编)者：民政部社会工作研究中心
2016年8月出版 / 估价：79.00元

社会管理蓝皮书
中国社会管理创新报告 NO.4
著(编)者：连玉明　2016年11月出版 / 估价：89.00元

社会蓝皮书
2016年中国社会形势分析与预测
著(编)者：李培林　陈光金　张翼
2015年12月出版 / 定价：79.00元

社会体制蓝皮书
中国社会体制改革报告（2016）NO.4
著(编)者：龚维斌　2016年4月出版 / 估价：79.00元

社会心态蓝皮书
中国社会心态研究报告（2016）
著(编)者：王俊秀　杨宜音　2016年10月出版 / 估价：69.00元

社会组织蓝皮书
中国社会组织评估发展报告（2016）
著(编)者：徐家良　廖鸿　2016年12月出版 / 估价：69.00元

生态城市绿皮书
中国生态城市建设发展报告（2016）
著(编)者：刘举科　孙伟平　胡文臻
2016年9月出版 / 估价：148.00元

生态文明绿皮书
中国省域生态文明建设评价报告（ECI 2016）
著(编)者：严耕　2016年12月出版 / 估价：85.00元

世界社会主义黄皮书
世界社会主义跟踪研究报告（2015～2016）
著(编)者：李慎明　2016年4月出版 / 估价：258.00元

水与发展蓝皮书
中国水风险评估报告（2016）
著(编)者：王浩　2016年9月出版 / 估价：69.00元

皮书系列 2016全品种 社会政法类·行业报告类

体育蓝皮书
长三角地区体育产业发展报告（2016）
著（编）者：张林　2016年4月出版／估价：79.00元

体育蓝皮书
中国公共体育服务发展报告（2016）
著（编）者：戴健　2016年12月出版／估价：79.00元

土地整治蓝皮书
中国土地整治发展研究报告 NO.3
著（编）者：国土资源部土地整治中心
2016年5月出版／估价：89.00元

土地政策蓝皮书
中国土地政策发展报告（2016）
著（编）者：高延利　李宪文　唐健
2016年12月出版／估价：69.00元

危机管理蓝皮书
中国危机管理报告（2016）
著（编）者：文学国　范正青　2016年8月出版／估价：89.00元

形象危机应对蓝皮书
形象危机应对研究报告（2016）
著（编）者：唐钧　2016年6月出版／估价：149.00元

医改蓝皮书
中国医药卫生体制改革报告（2016）
著（编）者：文学国　房志武　2016年11月出版／估价：98.00元

医疗卫生绿皮书
中国医疗卫生发展报告 NO.7（2016）
著（编）者：申宝忠　韩玉珍　2016年4月出版／估价：75.00元

政治参与蓝皮书
中国政治参与报告（2016）
著（编）者：房宁　2016年7月出版／估价：108.00元

政治发展蓝皮书
中国政治发展报告（2016）
著（编）者：房宁　杨海蛟　2016年5月出版／估价：88.00元

智慧社区蓝皮书
中国智慧社区发展报告（2016）
著（编）者：罗昌智　张辉德　2016年7月出版／估价：69.00元

中国农村妇女发展蓝皮书
农村流动女性城市生活发展报告（2016）
著（编）者：谢丽华　2016年12月出版／估价：79.00元

宗教蓝皮书
中国宗教报告（2016）
著（编）者：邱永辉　2016年5月出版／估价：79.00元

行业报告类

保健蓝皮书
中国保健服务产业发展报告 NO.2
著（编）者：中国保健协会　中共中央党校
2016年7月出版／估价：198.00元

保健蓝皮书
中国保健食品产业发展报告 NO.2
著（编）者：中国保健协会
　　　　　中国社会科学院食品药品产业发展与监管研究中心
2016年7月出版／估价：198.00元

保健蓝皮书
中国保健用品产业发展报告 NO.2
著（编）者：中国保健协会
　　　　　国务院国有资产监督管理委员会研究中心
2016年2月出版／估价：198.00元

保险蓝皮书
中国保险业创新发展报告（2016）
著（编）者：项俊波　2016年12月出版／估价：69.00元

保险蓝皮书
中国保险业竞争力报告（2016）
著（编）者：项俊波　2015年12月出版／估价：99.00元

采供血蓝皮书
中国采供血管理报告（2016）
著（编）者：朱永明　耿鸿武　2016年8月出版／估价：69.00元

彩票蓝皮书
中国彩票发展报告（2016）
著（编）者：益彩基金　2016年4月出版／估价：98.00元

餐饮产业蓝皮书
中国餐饮产业发展报告（2016）
著（编）者：邢颖　2016年4月出版／估价：69.00元

测绘地理信息蓝皮书
测绘地理信息转型升级研究报告（2016）
著（编）者：库热西·买合苏提　2016年12月出版／估价：98.00元

茶业蓝皮书
中国茶产业发展报告（2016）
著（编）者：杨江帆　李闽榕　2016年10月出版／估价：78.00元

产权市场蓝皮书
中国产权市场发展报告（2015~2016）
著（编）者：曹和平　2016年5月出版／估价：89.00元

产业安全蓝皮书
中国出版传媒产业安全报告（2016）
著（编）者：北京印刷学院文化产业安全研究院
2016年4月出版／估价：69.00元

产业安全蓝皮书
中国文化产业安全报告（2016）
著（编）者：北京印刷学院文化产业安全研究院
2016年4月出版／估价：89.00元

行业报告类 — 皮书系列 2016全品种

产业安全蓝皮书
中国新媒体产业安全报告（2016）
著(编)者:北京印刷学院文化产业安全研究院
2016年5月出版 / 估价:69.00元

大数据蓝皮书
网络空间和大数据发展报告（2016）
著(编)者:杜平　2016年2月出版　估价:69.00元

电子商务蓝皮书
中国电子商务服务业发展报告 NO.3
著(编)者:荆林波 梁春晓　2016年5月出版 / 估价:69.00元

电子政务蓝皮书
中国电子政务发展报告（2016）
著(编)者:洪毅 杜平　2016年11月出版 / 估价:79.00元

杜仲产业绿皮书
中国杜仲橡胶资源与产业发展报告（2016）
著(编)者:杜红岩 胡文臻 俞锐
2016年1月出版 / 估价:85.00元

房地产蓝皮书
中国房地产发展报告 NO.13（2016）
著(编)者:魏后凯 李景国　2016年5月出版 / 估价:79.00元

服务外包蓝皮书
中国服务外包产业发展报告（2016）
著(编)者:王晓红 刘德军
2016年6月出版 / 估价:89.00元

服务外包蓝皮书
中国服务外包竞争力报告（2016）
著(编)者:王力 刘春生 黄育华
2016年11月出版 / 估价:85.00元

工业和信息化蓝皮书
世界网络安全发展报告（2016）
著(编)者:洪京一　2016年4月出版 / 估价:69.00元

工业和信息化蓝皮书
世界信息化发展报告（2016）
著(编)者:洪京一　2016年4月出版 / 估价:69.00元

工业和信息化蓝皮书
世界信息技术产业发展报告（2016）
著(编)者:洪京一　2016年4月出版 / 估价:79.00元

工业和信息化蓝皮书
世界制造业发展报告（2016）
著(编)者:洪京一　2016年4月出版 / 估价:69.00元

工业和信息化蓝皮书
移动互联网产业发展报告（2016）
著(编)者:洪京一　2016年4月出版 / 估价:79.00元

工业设计蓝皮书
中国工业设计发展报告（2016）
著(编)者:王晓红 于炜 张立群
2016年9月出版 / 估价:138.00元

互联网金融蓝皮书
中国互联网金融发展报告（2016）
著(编)者:李东荣　2016年8月出版 / 估价:79.00元

会展蓝皮书
中外会展业动态评估年度报告（2016）
著(编)者:张敏　2016年1月出版 / 估价:78.00元

节能汽车蓝皮书
中国节能汽车产业发展报告（2016）
著(编)者:中国汽车工程研究院股份有限公司
2016年12月出版 / 估价:69.00元

金融监管蓝皮书
中国金融监管报告（2016）
著(编)者:胡滨　2016年4月出版 / 估价:89.00元

金融蓝皮书
中国金融中心发展报告（2016）
著(编)者:王力 黄育华　2017年11月出版 / 估价:75.00元

金融蓝皮书
中国商业银行竞争力报告（2016）
著(编)者:王松奇　2016年5月出版 / 估价:69.00元

经济林产业绿皮书
中国经济林产业发展报告（2016）
著(编)者:李芳东 胡文臻 乌云塔娜 杜红岩
2016年12月出版 / 估价:69.00元

客车蓝皮书
中国客车产业发展报告（2016）
著(编)者:姚蔚　2016年2月出版 / 估价:85.00元

老龄蓝皮书
中国老龄产业发展报告（2016）
著(编)者:吴玉韶 党俊武　2016年9月出版 / 估价:79.00元

流通蓝皮书
中国商业发展报告（2016）
著(编)者:荆林波　2016年5月出版 / 估价:89.00元

旅游安全蓝皮书
中国旅游安全报告（2016）
著(编)者:郑向敏 谢朝武　2016年5月出版 / 估价:128.00元

旅游绿皮书
2015~2016年中国旅游发展分析与预测
著(编)者:宋瑞　2016年1月出版 / 估价:98.00元

煤炭蓝皮书
中国煤炭工业发展报告（2016）
著(编)者:岳福斌　2016年12月出版 / 估价:79.00元

民营企业社会责任蓝皮书
中国民营企业社会责任年度报告（2016）
著(编)者:中华全国工商业联合会
2016年7月出版 / 估价:69.00元

皮书系列 2016全品种 — 行业报告类

民营医院蓝皮书
中国民营医院发展报告（2016）
著(编)者：庄一强　　2016年10月出版 / 估价：75.00元

能源蓝皮书
中国能源发展报告（2016）
著(编)者：崔民选　王军生　陈义和
2016年8月出版 / 估价：79.00元

农产品流通蓝皮书
中国农产品流通产业发展报告（2016）
著(编)者：贾敬敦　张东科　张玉玺　张鹏毅　周伟
2016年1月出版 / 估价：89.00元

期货蓝皮书
中国期货市场发展报告(2016)
著(编)者：李醒　王在荣　　2016年11月出版 / 估价：69.00元

企业公益蓝皮书
中国企业公益研究报告（2016）
著(编)者：钟宏武　汪杰　顾一　黄晓娟　等
2016年12月出版 / 估价：69.00元

企业公众透明度蓝皮书
中国企业公众透明度报告（2016）NO.2
著(编)者：黄速建　王晓光　肖红军
2016年1月出版 / 估价：98.00元

企业国际化蓝皮书
中国企业国际化报告（2016）
著(编)者：王辉耀　　2016年11月出版 / 估价:98.00元

企业蓝皮书
中国企业绿色发展报告 NO.2（2016）
著(编)者：李红玉　朱光辉　　2016年8月出版 / 估价：79.00元

企业社会责任蓝皮书
中国企业社会责任研究报告（2016）
著(编)者：黄群慧　钟宏武　张蕙　等
2016年11月出版 / 估价：79.00元

企业社会责任能力蓝皮书
中国上市公司社会责任能力成熟度报告（2016）
著(编)者：肖红军　王晓光　李伟阳
2016年11月出版 / 估价：69.00元

汽车安全蓝皮书
中国汽车安全发展报告（2016）
著(编)者：中国汽车技术研究中心
2016年7月出版 / 估价：89.00元

汽车电子商务蓝皮书
中国汽车电子商务业发展报告（2016）
著(编)者：中华全国工商业联合会汽车经销商商会
　　　　　北京易观智库网络科技有限公司
2016年5月出版 / 估价：128.00元

汽车工业蓝皮书
中国汽车工业发展年度报告（2016）
著(编)者：中国汽车工业协会　中国汽车技术研究中心
　　　　　丰田汽车（中国）投资有限公司
2016年4月出版 / 估价：128.00元

汽车蓝皮书
中国汽车产业发展报告（2016）
著(编)者：国务院发展研究中心产业经济研究部
　　　　　中国汽车工程学会　大众汽车集团（中国）
2016年8月出版 / 估价：158.00元

清洁能源蓝皮书
国际清洁能源发展报告（2016）
著(编)者：苏树辉　袁国林　李玉崙
2016年11月出版 / 估价：99.00元

人力资源蓝皮书
中国人力资源发展报告（2016）
著(编)者：余兴安　　2016年12月出版 / 估价：79.00元

融资租赁蓝皮书
中国融资租赁业发展报告（2015~2016）
著(编)者：李光荣　王力　　2016年1月出版 / 估价：89.00元

软件和信息服务业蓝皮书
中国软件和信息服务业发展报告（2016）
著(编)者：洪京一　　2016年12月出版 / 估价：198.00元

商会蓝皮书
中国商会发展报告NO.5（2016）
著(编)者：王钦敏　　2016年7月出版 / 估价：89.00元

上市公司蓝皮书
中国上市公司社会责任信息披露报告（2016）
著(编)者：张旺　张杨　　2016年11月出版 / 估价：69.00元

上市公司蓝皮书
中国上市公司质量评价报告（2015~2016）
著(编)者：张跃文　王力　　2016年11月出版 / 估价：118.00元

设计产业蓝皮书
中国设计产业发展报告（2016）
著(编)者：陈冬亮　梁昊光　　2016年3月出版 / 估价：89.00元

食品药品蓝皮书
食品药品安全与监管政策研究报告（2016）
著(编)者：唐民皓　　2016年7月出版 / 估价：69.00元

世界能源蓝皮书
世界能源发展报告（2016）
著(编)者：黄晓勇　　2016年6月出版 / 估价：99.00元

水利风景区蓝皮书
中国水利风景区发展报告（2016）
著(编)者：兰思仁　　2016年8月出版 / 估价：69.00元

私募市场蓝皮书
中国私募股权市场发展报告（2016）
著(编)者：曹和平　　2016年12月出版 / 估价：79.00元

碳市场蓝皮书
中国碳市场报告（2016）
著(编)者：宁金彪　　2016年11月出版 / 估价：69.00元

皮书系列 2016全品种

体育蓝皮书
中国体育产业发展报告（2016）
著(编)者：阮伟 钟秉枢　2016年7月出版 / 估价：69.00元

投资蓝皮书
中国投资发展报告（2016）
著(编)者：谢平　2016年4月出版 / 估价：128.00元

土地市场蓝皮书
中国农村土地市场发展报告（2016）
著(编)者：李光荣 高传捷　2016年1月出版 / 估价：69.00元

网络空间安全蓝皮书
中国网络空间安全发展报告（2016）
著(编)者：惠志斌 唐涛　2016年4月出版 / 估价：79.00元

物联网蓝皮书
中国物联网发展报告（2016）
著(编)者：黄桂田 龚六堂 张全升
2016年1月出版 / 估价：69.00元

西部工业蓝皮书
中国西部工业发展报告（2016）
著(编)者：方行明 甘犁 刘方健 姜凌 等
2016年9月出版 / 估价：79.00元

西部金融蓝皮书
中国西部金融发展报告（2016）
著(编)者：李忠民　2016年8月出版 / 估价：75.00元

协会商会蓝皮书
中国行业协会商会发展报告（2016）
著(编)者：景朝阳 李勇　2016年4月出版 / 估价：99.00元

新能源汽车蓝皮书
中国新能源汽车产业发展报告（2016）
著(编)者：中国汽车技术研究中心
　　　　日产（中国）投资有限公司 东风汽车有限公司
2016年8月出版 / 估价：89.00元

新三板蓝皮书
中国新三板市场发展报告（2016）
著(编)者：王力　2016年6月出版 / 估价：69.00元

信托市场蓝皮书
中国信托业市场报告（2015～2016）
著(编)者：用益信托工作室
2016年2月出版 / 估价：198.00元

信息安全蓝皮书
中国信息安全发展报告（2016）
著(编)者：张晓东　2016年2月出版 / 估价：69.00元

信息化蓝皮书
中国信息化形势分析与预测（2016）
著(编)者：周宏仁　2016年8月出版 / 估价：98.00元

信用蓝皮书
中国信用发展报告（2016）
著(编)者：章政 田侃　2016年4月出版 / 估价：99.00元

休闲绿皮书
2016年中国休闲发展报告
著(编)者：宋瑞
2016年10月出版 / 估价：79.00元

药品流通蓝皮书
中国药品流通行业发展报告（2016）
著(编)者：佘鲁林 温再兴
2016年8月出版 / 估价：158.00元

医药蓝皮书
中国中医药产业园战略发展报告（2016）
著(编)者：裴廷洪 房书亭 吴瀚心
2016年3月出版 / 估价：89.00元

邮轮绿皮书
中国邮轮产业发展报告（2016）
著(编)者：汪泓　2016年10月出版 / 估价：79.00元

智能养老蓝皮书
中国智能养老产业发展报告（2016）
著(编)者：朱勇　2016年10月出版 / 估价：89.00元

中国SUV蓝皮书
中国SUV产业发展报告（2016）
著(编)者：靳军　2016年12月出版 / 估价：69.00元

中国金融行业蓝皮书
中国债券市场发展报告（2016）
著(编)者：谢多　2016年7月出版 / 估价：69.00元

中国上市公司蓝皮书
中国上市公司发展报告（2016）
著(编)者：中国社会科学院上市公司研究中心
2016年9月出版 / 估价：98.00元

中国游戏蓝皮书
中国游戏产业发展报告（2016）
著(编)者：孙立军 刘跃军 牛兴侦
2016年4月出版 / 估价：69.00元

中国总部经济蓝皮书
中国总部经济发展报告（2015～2016）
著(编)者：赵弘　2016年9月出版 / 估价：79.00元

资本市场蓝皮书
中国场外交易市场发展报告（2016）
著(编)者：高峦　2016年8月出版 / 估价：79.00元

资产管理蓝皮书
中国资产管理行业发展报告（2016）
著(编)者：智信资产管理研究院
2016年6月出版 / 估价：89.00元

文化传媒类

传媒竞争力蓝皮书
中国传媒国际竞争力研究报告（2016）
著（编）者：李本乾 刘强
2016年11月出版 / 估价：148.00元

传媒蓝皮书
中国传媒产业发展报告（2016）
著（编）者：崔保国 2016年5月出版 / 估价：98.00元

传媒投资蓝皮书
中国传媒投资发展报告（2016）
著（编）者：张向东 谭云明
2016年6月出版 / 估价：128.00元

动漫蓝皮书
中国动漫产业发展报告（2016）
著（编）者：卢斌 郑玉明 牛兴侦
2016年7月出版 / 估价：79.00元

非物质文化遗产蓝皮书
中国非物质文化遗产发展报告（2016）
著（编）者：陈平 2016年5月出版 / 估价：98.00元

广电蓝皮书
中国广播电影电视发展报告（2016）
著（编）者：国家新闻出版广电总局发展研究中心
2016年7月出版 / 估价：98.00元

广告主蓝皮书
中国广告主营销传播趋势报告 NO.9
著（编）者：黄升民 杜国清 邵华冬 等
2016年10月出版 / 估价：148.00元

国际传播蓝皮书
中国国际传播发展报告（2016）
著（编）者：胡正荣 李继东 姬德强
2016年11月出版 / 估价：89.00元

纪录片蓝皮书
中国纪录片发展报告（2016）
著（编）者：何苏六 2016年10月出版 / 估价：79.00元

科学传播蓝皮书
中国科学传播报告（2016）
著（编）者：詹正茂 2016年7月出版 / 估价：69.00元

两岸创意经济蓝皮书
两岸创意经济研究报告（2016）
著（编）者：罗昌智 董泽平 2016年12月出版 / 估价：98.00元

两岸文化蓝皮书
两岸文化产业合作发展报告（2016）
著（编）者：胡惠林 李保宗 2016年7月出版 / 估价：79.00元

媒介与女性蓝皮书
中国媒介与女性发展报告(2015~2016)
著（编）者：刘利群 2016年8月出版 / 估价：118.00元

媒体融合蓝皮书
中国媒体融合发展报告（2016）
著（编）者：梅宁华 宋建武 2016年7月出版 / 估价：79.00元

全球传媒蓝皮书
全球传媒发展报告（2016）
著（编）者：胡正荣 李继东 唐晓芬
2016年12月出版 / 估价：79.00元

少数民族非遗蓝皮书
中国少数民族非物质文化遗产发展报告（2016）
著（编）者：肖远平（彝） 柴立（满）
2016年6月出版 / 估价：128.00元

视听新媒体蓝皮书
中国视听新媒体发展报告（2016）
著（编）者：国家新闻出版广电总局发展研究中心
2016年7月出版 / 估价：98.00元

文化创新蓝皮书
中国文化创新报告（2016）NO.7
著（编）者：于平 傅才武 2016年7月出版 / 估价：98.00元

文化建设蓝皮书
中国文化发展报告（2016）
著（编）者：江畅 孙伟平 戴茂堂
2016年4月出版 / 估价：108.00元

文化科技蓝皮书
文化科技创新发展报告（2016）
著（编）者：于平 李凤亮 2016年10月出版 / 估价：89.00元

文化蓝皮书
中国公共文化服务发展报告（2016）
著（编）者：刘新成 张永新 张旭 2016年10月出版 / 估价：98.00元

文化蓝皮书
中国公共文化投入增长测评报告（2016）
著（编）者：王亚南 2016年12月出版 / 估价：79.00元

文化蓝皮书
中国少数民族文化发展报告（2016）
著（编）者：武翠英 张晓明 任乌晶
2016年9月出版 / 估价：69.00元

文化蓝皮书
中国文化产业发展报告（2016）
著（编）者：张晓明 王家新 章建刚
2016年4月出版 / 估价：79.00元

文化蓝皮书
中国文化产业供需协调检测报告（2016）
著（编）者：王亚南 2016年2月出版 / 估价：79.00元

文化蓝皮书
中国文化消费需求景气评价报告（2016）
著（编）者：王亚南 2016年2月出版 / 估价：79.00元

文化传媒类·地方发展类

皮书系列 2016全品种

文化品牌蓝皮书
中国文化品牌发展报告（2016）
著(编)者：欧阳友权　2016年4月出版／估价：89.00元

文化遗产蓝皮书
中国文化遗产事业发展报告（2016）
著(编)者：刘世锦　2016年3月出版／估价：89.00元

文学蓝皮书
中国文情报告（2015~2016）
著(编)者：白烨　2016年5月出版／估价：69.00元

新媒体蓝皮书
中国新媒体发展报告NO.7（2016）
著(编)者：唐绪军　2016年7月出版／估价：79.00元

新媒体社会责任蓝皮书
中国新媒体社会责任研究报告（2016）
著(编)者：钟瑛　2016年10月出版／估价：79.00元

移动互联网蓝皮书
中国移动互联网发展报告（2016）
著(编)者：官建文　2016年6月出版／估价：79.00元

舆情蓝皮书
中国社会舆情与危机管理报告（2016）
著(编)者：谢耘耕　2016年8月出版／估价：98.00元

地方发展类

安徽经济蓝皮书
芜湖创新型城市发展报告（2016）
著(编)者：张志宏　2016年4月出版／估价：69.00元

安徽蓝皮书
安徽社会发展报告（2016）
著(编)者：程桦　2016年4月出版／估价：89.00元

安徽社会建设蓝皮书
安徽社会建设分析报告（2015~2016）
著(编)者：黄家海　王开玉　蔡宪
2016年4月出版／估价：89.00元

澳门蓝皮书
澳门经济社会发展报告（2015~2016）
著(编)者：吴志良　郝雨凡　2016年5月出版／估价：79.00元

北京蓝皮书
北京公共服务发展报告（2015~2016）
著(编)者：施昌奎　2016年1月出版／估价：69.00元

北京蓝皮书
北京经济发展报告（2015~2016）
著(编)者：杨松　2016年6月出版／估价：79.00元

北京蓝皮书
北京社会发展报告（2015~2016）
著(编)者：李伟东　2016年7月出版／估价：79.00元

北京蓝皮书
北京社会治理发展报告（2015~2016）
著(编)者：殷星辰　2016年6月出版／估价：79.00元

北京蓝皮书
北京文化发展报告（2015~2016）
著(编)者：李建盛　2016年5月出版／估价：79.00元

北京旅游绿皮书
北京旅游发展报告（2016）
著(编)者：北京旅游学会　2016年7月出版／估价：88.00元

北京人才蓝皮书
北京人才发展报告（2016）
著(编)者：于淼　2016年12月出版／估价：128.00元

北京社会心态蓝皮书
北京社会心态分析报告（2015~2016）
著(编)者：北京社会心理研究所
2016年8月出版／估价：79.00元

北京社会组织管理蓝皮书
北京社会组织发展与管理（2015~2016）
著(编)者：黄江松　2016年4月出版／估价：78.00元

北京体育蓝皮书
北京体育产业发展报告（2016）
著(编)者：钟秉枢　陈杰　杨铁黎
2016年10月出版／估价：79.00元

北京养老产业蓝皮书
北京养老产业发展报告（2016）
著(编)者：周明明　冯喜良　2016年4月出版／估价：69.00元

滨海金融蓝皮书
滨海新区金融发展报告（2016）
著(编)者：王爱俭　张锐钢　2016年9月出版／估价：79.00元

城乡一体化蓝皮书
中国城乡一体化发展报告·北京卷（2015~2016）
著(编)者：张宝秀　黄序　2016年5月出版／估价：79.00元

创意城市蓝皮书
北京文化创意产业发展报告（2016）
著(编)者：张京成　王国华　2016年12月出版／估价：69.00元

创意城市蓝皮书
青岛文化创意产业发展报告（2016）
著(编)者：马达　张丹妮　2016年6月出版／估价：79.00元

23

皮书系列 2016全品种 · 地方发展类

创意城市蓝皮书
台北文化创意产业发展报告（2016）
著(编)者：陈耀竹 邱琪瑄　2016年11月出版 / 估价：89.00元

创意城市蓝皮书
无锡文化创意产业发展报告（2016）
著(编)者：谭军 张鸣年　2016年10月出版 / 估价：79.00元

创意城市蓝皮书
武汉文化创意产业发展报告（2016）
著(编)者：黄永林 陈汉桥　2016年12月出版 / 估价：89.00元

创意城市蓝皮书
重庆创意产业发展报告（2016）
著(编)者：程宇宁　2016年4月出版 / 估价：89.00元

地方法治蓝皮书
南宁法治发展报告（2016）
著(编)者：杨维超　2016年12月出版 / 估价：69.00元

福建妇女发展蓝皮书
福建省妇女发展报告（2016）
著(编)者：刘群英　2016年11月出版 / 估价：88.00元

甘肃蓝皮书
甘肃经济发展分析与预测（2016）
著(编)者：朱智文 罗哲　2016年1月出版 / 估价：79.00元

甘肃蓝皮书
甘肃社会发展分析与预测（2016）
著(编)者：安文华 包晓霞　2016年1月出版 / 估价：79.00元

甘肃蓝皮书
甘肃文化发展分析与预测（2016）
著(编)者：安文华 周小华　2016年1月出版 / 估价：79.00元

甘肃蓝皮书
甘肃县域社会发展评价报告（2016）
著(编)者：刘进军 柳民 王建兵
2016年1月出版 / 估价：79.00元

甘肃蓝皮书
甘肃舆情分析与预测（2016）
著(编)者：陈双梅 郝树声　2016年1月出版 / 估价：79.00元

甘肃蓝皮书
甘肃商务发展报告（2016）
著(编)者：杨志武 王福生 王晓芳
2016年1月出版 / 估价：69.00元

广东蓝皮书
广东全面深化改革发展报告（2016）
著(编)者：周林生 涂成林　2016年11月出版 / 估价：69.00元

广东蓝皮书
广东社会工作发展报告（2016）
著(编)者：罗观翠　2016年6月出版 / 估价：89.00元

广东蓝皮书
广东省电子商务发展报告（2016）
著(编)者：程晓 邓顺国　2016年7月出版 / 估价：79.00元

广东社会建设蓝皮书
广东省社会建设发展报告（2016）
著(编)者：广东省社会工作委员会
2016年12月出版 / 估价：99.00元

广东外经贸蓝皮书
广东对外经济贸易发展研究报告（2015~2016）
著(编)者：陈万灵　2016年5月出版 / 估价：89.00元

广西北部湾经济区蓝皮书
广西北部湾经济区开放开发报告（2016）
著(编)者：广西北部湾经济区规划建设管理委员会办公室
　　　　 广西社会科学院 广西北部湾发展研究院
2016年10月出版 / 估价：79.00元

广州蓝皮书
2016年中国广州经济形势分析与预测
著(编)者：庾建设 沈奎 谢博能　2016年6月出版 / 估价：79.00元

广州蓝皮书
2016年中国广州社会形势分析与预测
著(编)者：张强 陈怡霓 杨秦　2016年6月出版 / 估价：79.00元

广州蓝皮书
广州城市国际化发展报告（2016）
著(编)者：朱名宏　2016年11月出版 / 估价：69.00元

广州蓝皮书
广州创新型城市发展报告（2016）
著(编)者：尹涛　2016年10月出版 / 估价：69.00元

广州蓝皮书
广州经济发展报告（2016）
著(编)者：朱名宏　2016年7月出版 / 估价：69.00元

广州蓝皮书
广州农村发展报告（2016）
著(编)者：朱名宏　2016年8月出版 / 估价：69.00元

广州蓝皮书
广州汽车产业发展报告（2016）
著(编)者：杨再高 冯兴亚　2016年9月出版 / 估价：69.00元

广州蓝皮书
广州青年发展报告（2015～2016）
著(编)者：魏国华 张强　2016年7月出版 / 估价：69.00元

广州蓝皮书
广州商贸业发展报告（2016）
著(编)者：李江涛 肖振宇 荀振英
2016年7月出版 / 估价：69.00元

广州蓝皮书
广州社会保障发展报告（2016）
著(编)者：蔡国萱　2016年10月出版 / 估价：65.00元

广州蓝皮书
广州文化创意产业发展报告（2016）
著(编)者：甘新　2016年8月出版 / 估价：79.00元

广州蓝皮书
中国广州城市建设与管理发展报告（2016）
著(编)者：董皞 陈小钢 李江涛　2016年7月出版 / 估价：69.00元

地方发展类 | **皮书系列 2016全品种**

广州蓝皮书
中国广州科技和信息化发展报告（2016）
著（编）者：邹采荣 马正勇 冯 元 2016年8月出版 / 估价：79.00元

广州蓝皮书
中国广州文化发展报告（2016）
著（编）者：徐俊忠 陆志强 顾涧清 2016年7月出版 / 估价：69.00元

贵阳蓝皮书
贵阳城市创新发展报告•白云篇（2016）
著（编）者：连玉明 2016年10月出版 / 估价：89.00元

贵阳蓝皮书
贵阳城市创新发展报告•观山湖篇（2016）
著（编）者：连玉明 2016年10月出版 / 估价：89.00元

贵阳蓝皮书
贵阳城市创新发展报告•花溪篇（2016）
著（编）者：连玉明 2016年10月出版 / 估价：89.00元

贵阳蓝皮书
贵阳城市创新发展报告•开阳篇（2016）
著（编）者：连玉明 2016年10月出版 / 估价：89.00元

贵阳蓝皮书
贵阳城市创新发展报告•南明篇（2016）
著（编）者：连玉明 2016年10月出版 / 估价：89.00元

贵阳蓝皮书
贵阳城市创新发展报告•清镇篇（2016）
著（编）者：连玉明 2016年10月出版 / 估价：89.00元

贵阳蓝皮书
贵阳城市创新发展报告•乌当篇（2016）
著（编）者：连玉明 2016年10月出版 / 估价：89.00元

贵阳蓝皮书
贵阳城市创新发展报告•息烽篇（2016）
著（编）者：连玉明 2016年10月出版 / 估价：89.00元

贵阳蓝皮书
贵阳城市创新发展报告•修文篇（2016）
著（编）者：连玉明 2016年10月出版 / 估价：89.00元

贵阳蓝皮书
贵阳城市创新发展报告•云岩篇（2016）
著（编）者：连玉明 2016年10月出版 / 估价：89.00元

贵州房地产蓝皮书
贵州房地产发展报告NO.3（2016）
著（编）者：武廷方 2016年6月出版 / 估价：89.00元

贵州蓝皮书
册亨经济社会发展报告(2016)
著（编）者：黄德林 2016年1月出版 / 估价：69.00元

贵州蓝皮书
贵安新区发展报告（2016）
著（编）者：马长青 吴大华 2016年4月出版 / 估价：69.00元

贵州蓝皮书
贵州法治发展报告（2016）
著（编）者：吴大华 2016年5月出版 / 估价：79.00元

贵州蓝皮书
贵州民航业发展报告（2016）
著（编）者：申振东 吴大华 2016年10月出版 / 估价：69.00元

贵州蓝皮书
贵州人才发展报告（2016）
著（编）者：于杰 吴大华 2016年9月出版 / 估价：69.00元

贵州蓝皮书
贵州社会发展报告（2016）
著（编）者：王兴骥 2016年5月出版 / 估价：79.00元

海淀蓝皮书
海淀区文化和科技融合发展报告（2016）
著（编）者：陈名杰 孟景伟 2016年5月出版 / 估价：75.00元

海峡西岸蓝皮书
海峡西岸经济区发展报告（2016）
著（编）者：福建省人民政府发展研究中心
　　　　　福建省人民政府发展研究中心咨询服务中心
2016年9月出版 / 估价：65.00元

杭州都市圈蓝皮书
杭州都市圈发展报告（2016）
著（编）者：董祖德 沈翔 2016年5月出版 / 估价：89.00元

杭州蓝皮书
杭州妇女发展报告（2016）
著（编）者：魏颖 2016年4月出版 / 估价：79.00元

河北经济蓝皮书
河北省经济发展报告（2016）
著（编）者：马树强 金浩 刘兵 张贵
2016年3月出版 / 估价：89.00元

河北蓝皮书
河北经济社会发展报告（2016）
著（编）者：周文夫 2016年1月出版 / 估价：79.00元

河北食品药品安全蓝皮书
河北食品药品安全研究报告（2016）
著（编）者：丁锦霞 2016年6月出版 / 估价：79.00元

河南经济蓝皮书
2016年河南经济形势分析与预测
著（编）者：胡五岳 2016年2月出版 / 估价：69.00元

河南蓝皮书
2016年河南社会形势分析与预测
著（编）者：刘道兴 牛苏林 2016年4月出版 / 估价：69.00元

河南蓝皮书
河南城市发展报告（2016）
著（编）者：谷建全 王建国 2016年3月出版 / 估价：79.00元

河南蓝皮书
河南法治发展报告（2016）
著（编）者：丁同民 闫德民 2016年6月出版 / 估价：79.00元

河南蓝皮书
河南工业发展报告（2016）
著（编）者：龚绍东 赵西三 2016年1月出版 / 估价：79.00元

皮书系列 2016全品种 — 地方发展类

河南蓝皮书
河南金融发展报告（2016）
著(编)者:河南省社会科学院
2016年6月出版 / 估价:69.00元

河南蓝皮书
河南经济发展报告（2016）
著(编)者:河南省社会科学院
2016年12月出版 / 估价:79.00元

河南蓝皮书
河南农业农村发展报告（2016）
著(编)者:吴海峰 2016年4月出版 / 估价:69.00元

河南蓝皮书
河南文化发展报告（2016）
著(编)者:卫绍生 2016年3月出版 / 估价:79.00元

河南商务蓝皮书
河南商务发展报告（2016）
著(编)者:焦锦淼 穆荣国 2016年4月出版 / 估价:88.00元

黑龙江产业蓝皮书
黑龙江产业发展报告（2016）
著(编)者:于渤 2016年10月出版 / 估价:79.00元

黑龙江蓝皮书
黑龙江经济发展报告（2016）
著(编)者:曲伟 2016年1月出版 / 估价:79.00元

黑龙江蓝皮书
黑龙江社会发展报告（2016）
著(编)者:张新颖 2016年1月出版 / 估价:79.00元

湖南城市蓝皮书
区域城市群整合（主题待定）
著(编)者:童中贤 韩未名 2016年12月出版 / 估价:79.00元

湖南蓝皮书
2016年湖南产业发展报告
著(编)者:梁志峰 2016年5月出版 / 估价:98.00元

湖南蓝皮书
2016年湖南电子政务发展报告
著(编)者:梁志峰 2016年5月出版 / 估价:98.00元

湖南蓝皮书
2016年湖南经济展望
著(编)者:梁志峰 2016年5月出版 / 估价:128.00元

湖南蓝皮书
2016年湖南两型社会与生态文明发展报告
著(编)者:梁志峰 2016年5月出版 / 估价:98.00元

湖南蓝皮书
2016年湖南社会发展报告
著(编)者:梁志峰 2016年5月出版 / 估价:88.00元

湖南蓝皮书
2016年湖南县域经济社会发展报告
著(编)者:梁志峰 2016年5月出版 / 估价:98.00元

湖南蓝皮书
湖南城乡一体化发展报告（2016）
著(编)者:陈文胜 刘祚祥 邝奕轩 等
2016年7月出版 / 估价:89.00元

湖南县域绿皮书
湖南县域发展报告NO.3
著(编)者:袁准 周小毛 2016年9月出版 / 估价:69.00元

沪港蓝皮书
沪港发展报告（2015～2016）
著(编)者:尤安山 2016年4月出版 / 估价:89.00元

吉林蓝皮书
2016年吉林经济社会形势分析与预测
著(编)者:马克 2016年2月出版 / 估价:89.00元

济源蓝皮书
济源经济社会发展报告（2016）
著(编)者:喻新安 2016年4月出版 / 估价:69.00元

健康城市蓝皮书
北京健康城市建设研究报告（2016）
著(编)者:王鸿春 2016年4月出版 / 估价:79.00元

江苏法治蓝皮书
江苏法治发展报告NO.5（2016）
著(编)者:李力 龚廷泰 2016年9月出版 / 估价:98.00元

江西蓝皮书
江西经济社会发展报告（2016）
著(编)者:张勇 姜玮 梁勇 2016年10月出版 / 估价:79.00元

江西文化产业蓝皮书
江西文化产业发展报告（2016）
著(编)者:张圣才 汪春翔 2016年10月出版 / 估价:128.00元

经济特区蓝皮书
中国经济特区发展报告（2016）
著(编)者:陶一桃 2016年12月出版 / 估价:89.00元

辽宁蓝皮书
2016年辽宁经济社会形势分析与预测
著(编)者:曹晓峰 张晶 梁启东
2016年12月出版 / 估价:79.00元

拉萨蓝皮书
拉萨法治发展报告（2016）
著(编)者:车明怀 2016年7月出版 / 估价:79.00元

洛阳蓝皮书
洛阳文化发展报告（2016）
著(编)者:刘福兴 陈启明 2016年7月出版 / 估价:79.00元

南京蓝皮书
南京文化发展报告（2016）
著(编)者:徐宁 2016年12月出版 / 估价:79.00元

内蒙古蓝皮书
内蒙古反腐倡廉建设报告NO.2
著(编)者:张志华 无极 2016年12月出版 / 估价:69.00元

地方发展类

皮书系列 2016全品种

浦东新区蓝皮书
上海浦东经济发展报告（2016）
著(编)者:沈开艳 陆沪根　2016年1月出版 / 估价:69.00元

青海蓝皮书
2016年青海经济社会形势分析与预测
著(编)者:赵宗福　2015年12月出版 / 估价:69.00元

人口与健康蓝皮书
深圳人口与健康发展报告（2016）
著(编)者:陆杰华 罗乐宣 苏杨
2016年11月出版 / 估价:89.00元

山东蓝皮书
山东经济形势分析与预测（2016）
著(编)者:李广杰　2016年11月出版 / 估价:89.00元

山东蓝皮书
山东社会形势分析与预测（2016）
著(编)者:涂可国　2016年6月出版 / 估价:89.00元

山东蓝皮书
山东文化发展报告（2016）
著(编)者:张华 唐洲雁　2016年6月出版 / 估价:98.00元

山西蓝皮书
山西资源型经济转型发展报告（2016）
著(编)者:李志强　2016年5月出版 / 估价:89.00元

陕西蓝皮书
陕西经济发展报告（2016）
著(编)者:任宗哲 白宽犁 裴成荣
2016年1月出版 / 估价:69.00元

陕西蓝皮书
陕西社会发展报告（2016）
著(编)者:任宗哲 白宽犁 牛昉
2016年1月出版 / 估价:69.00元

陕西蓝皮书
陕西文化发展报告（2016）
著(编)者:任宗哲 白宽犁 王长寿
2016年1月出版 / 估价:65.00元

陕西蓝皮书
丝绸之路经济带发展报告（2016）
著(编)者:任宗哲 石英 白宽犁
2016年8月出版 / 估价:79.00元

上海蓝皮书
上海传媒发展报告（2016）
著(编)者:强荧 焦雨虹　2016年1月出版 / 估价:69.00元

上海蓝皮书
上海法治发展报告（2016）
著(编)者:叶青　2016年5月出版 / 估价:69.00元

上海蓝皮书
上海经济发展报告（2016）
著(编)者:沈开艳　2016年1月出版 / 估价:69.00元

上海蓝皮书
上海社会发展报告（2016）
著(编)者:杨雄 周海旺　2016年1月出版 / 估价:69.00元

上海蓝皮书
上海文化发展报告（2016）
著(编)者:荣跃明　2016年1月出版 / 估价:74.00元

上海蓝皮书
上海文学发展报告（2016）
著(编)者:陈圣来　2016年1月出版 / 估价:69.00元

上海蓝皮书
上海资源环境发展报告（2016）
著(编)者:周冯琦 汤庆合 任文伟
2016年1月出版 / 估价:69.00元

上饶蓝皮书
上饶发展报告（2015～2016）
著(编)者:朱寅健　2016年3月出版 / 估价:128.00元

社会建设蓝皮书
2016年北京社会建设分析报告
著(编)者:宋贵伦 冯虹　2016年7月出版 / 估价:79.00元

深圳蓝皮书
深圳法治发展报告（2016）
著(编)者:张骁儒　2016年5月出版 / 估价:69.00元

深圳蓝皮书
深圳经济发展报告（2016）
著(编)者:张骁儒　2016年6月出版 / 估价:89.00元

深圳蓝皮书
深圳劳动关系发展报告（2016）
著(编)者:汤庭芬　2016年6月出版 / 估价:79.00元

深圳蓝皮书
深圳社会建设与发展报告（2016）
著(编)者:张骁儒 陈东平　2016年6月出版 / 估价:79.00元

深圳蓝皮书
深圳文化发展报告(2016)
著(编)者:张骁儒　2016年1月出版 / 估价:69.00元

四川法治蓝皮书
四川依法治省年度报告 NO.2（2016）
著(编)者:李林 杨天宗 田禾
2016年3月出版 / 估价:108.00元

四川蓝皮书
2016年四川经济形势分析与预测
著(编)者:杨钢　2016年1月出版 / 估价:89.00元

四川蓝皮书
四川城镇化发展报告（2016）
著(编)者:侯水平 范秋美　2016年4月出版 / 估价:79.00元

四川蓝皮书
四川法治发展报告（2016）
著(编)者:郑泰安　2016年1月出版 / 估价:69.00元

皮书系列 2016全品种
地方发展类·国家国别类

四川蓝皮书
四川企业社会责任研究报告（2015～2016）
著(编)者：侯水平 盛毅　2016年4月出版 / 估价：79.00元

四川蓝皮书
四川社会发展报告（2016）
著(编)者：郭晓鸣　2016年4月出版 / 估价：79.00元

四川蓝皮书
四川生态建设报告（2016）
著(编)者：李晟之　2016年4月出版 / 估价：79.00元

四川蓝皮书
四川文化产业发展报告（2016）
著(编)者：侯水平　2016年4月出版 / 估价：79.00元

体育蓝皮书
上海体育产业发展报告（2015～2016）*
著(编)者：张林 黄海燕　2016年10月出版 / 估价：79.00元

体育蓝皮书
长三角地区体育产业发展报告（2015～2016）
著(编)者：张林　2016年4月出版 / 估价：79.00元

天津金融蓝皮书
天津金融发展报告（2016）
著(编)者：王爱俭 孔德昌　2016年9月出版 / 估价：89.00元

图们江区域合作蓝皮书
图们江区域合作发展报告（2016）
著(编)者：李铁　2016年4月出版 / 估价：98.00元

温州蓝皮书
2016年温州经济社会形势分析与预测
著(编)者：潘忠强 王春光 金浩　2016年4月出版 / 估价：69.00元

扬州蓝皮书
扬州经济社会发展报告（2016）
著(编)者：丁纯　2016年12月出版 / 估价：89.00元

长株潭城市群蓝皮书
长株潭城市群发展报告（2016）
著(编)者：张萍　2016年10月出版 / 估价：69.00元

郑州蓝皮书
2016年郑州文化发展报告
著(编)者：王哲　2016年9月出版 / 估价：65.00元

中医文化蓝皮书
北京中医药文化传播发展报告（2016）
著(编)者：毛嘉陵　2016年5月出版 / 估价：79.00元

珠三角流通蓝皮书
珠三角商圈发展研究报告（2016）
著(编)者：王先庆 林至颖　2016年7月出版 / 估价：98.00元

遵义蓝皮书
遵义发展报告（2016）
著(编)者：曾征 龚永育　2016年12月出版 / 估价：69.00元

国别与地区类

阿拉伯黄皮书
阿拉伯发展报告（2015～2016）
著(编)者：罗林　2016年11月出版 / 估价：79.00元

北部湾蓝皮书
泛北部湾合作发展报告（2016）
著(编)者：吕余生　2016年10月出版 / 估价：69.00元

大湄公河次区域蓝皮书
大湄公河次区域合作发展报告（2016）
著(编)者：刘稚　2016年9月出版 / 估价：79.00元

大洋洲蓝皮书
大洋洲发展报告（2015～2016）
著(编)者：喻常森　2016年10月出版 / 估价：89.00元

德国蓝皮书
德国发展报告（2016）
著(编)者：郑春荣 伍慧萍
2016年5月出版 / 估价：69.00元

东北亚黄皮书
东北亚地区政治与安全（2016）
著(编)者：黄凤志 刘清才 张慧智 等
2016年5月出版 / 估价：69.00元

东盟黄皮书
东盟发展报告（2016）
著(编)者：杨晓强 庄国土　2016年12月出版 / 估价：75.00元

东南亚蓝皮书
东南亚地区发展报告（2015～2016）
著(编)者：厦门大学东南亚研究中心　王勤
2016年4月出版 / 估价：79.00元

俄罗斯黄皮书
俄罗斯发展报告（2016）
著(编)者：李永全　2016年7月出版 / 估价：79.00元

非洲黄皮书
非洲发展报告 NO.18（2015～2016）
著(编)者：张宏明　2016年9月出版 / 估价：79.00元

国家国别类 皮书系列重点推荐

国际形势黄皮书
全球政治与安全报告（2016）
著(编)者：李慎明　张宇燕
2015年12月出版 / 定价：69.00元

韩国蓝皮书
韩国发展报告（2016）
著(编)者：牛林杰　刘宝全
2016年12月出版 / 估价：89.00元

加拿大蓝皮书
加拿大发展报告（2016）
著(编)者：仲伟合　2016年4月出版 / 估价：89.00元

拉美黄皮书
拉丁美洲和加勒比发展报告（2015～2016）
著(编)者：吴白乙　2016年5月出版 / 估价：89.00元

美国蓝皮书
美国研究报告（2016）
著(编)者：郑秉文　黄平
2016年6月出版 / 估价：89.00元

缅甸蓝皮书
缅甸国情报告（2016）
著(编)者：李晨阳　2016年8月出版 / 估价：79.00元

欧洲蓝皮书
欧洲发展报告（2015～2016）
著(编)者：周弘　黄平　江时学
2016年7月出版 / 估价：89.00元

日本经济蓝皮书
日本经济与中日经贸关系研究报告（2016）
著(编)者：王洛林　张季风
2016年5月出版 / 估价：79.00元

日本蓝皮书
日本研究报告（2016）
著(编)者：李薇　2016年4月出版 / 估价：69.00元

上海合作组织黄皮书
上海合作组织发展报告（2016）
著(编)者：李进峰　吴宏伟　李伟
2016年7月出版 / 估价：98.00元

世界创新竞争力黄皮书
世界创新竞争力发展报告（2016）
著(编)者：李闽榕　李建平　赵新力
2016年1月出版 / 估价：148.00元

土耳其蓝皮书
土耳其发展报告（2016）
著(编)者：郭长刚　刘义　2016年7月出版 / 估价：69.00元

亚太蓝皮书
亚太地区发展报告（2016）
著(编)者：李向阳　2016年1月出版 / 估价：69.00元

印度蓝皮书
印度国情报告（2016）
著(编)者：吕昭义　2016年5月出版 / 估价：89.00元

印度洋地区蓝皮书
印度洋地区发展报告（2016）
著(编)者：汪戎　2016年5月出版 / 估价：89.00元

英国蓝皮书
英国发展报告（2015～2016）
著(编)者：王展鹏　2016年10月出版 / 估价：89.00元

越南蓝皮书
越南国情报告（2016）
著(编)者：广西社会科学院　罗梅　李碧华
2016年8月出版 / 估价：69.00元

越南蓝皮书
越南经济发展报告（2016）
著(编)者：黄志勇　2016年10月出版 / 估价：69.00元

以色列蓝皮书
以色列发展报告（2016）
著(编)者：张倩红　2016年9月出版 / 估价：89.00元

中东黄皮书
中东发展报告 No.18（2015～2016）
著(编)者：杨光　2016年10月出版 / 估价：89.00元

中欧关系蓝皮书
中欧关系研究报告（2016）
著(编)者：周弘　2016年12月出版 / 估价：98.00元

中亚黄皮书
中亚国家发展报告（2016）
著(编)者：孙力　吴宏伟　2016年8月出版 / 估价：89.00元

社会科学文献出版社　　**皮书系列**

✥ 皮书起源 ✥

"皮书"起源于十七、十八世纪的英国,主要指官方或社会组织正式发表的重要文件或报告,多以"白皮书"命名。在中国,"皮书"这一概念被社会广泛接受,并被成功运作、发展成为一种全新的出版形态,则源于中国社会科学院社会科学文献出版社。

✥ 皮书定义 ✥

皮书是对中国与世界发展状况和热点问题进行年度监测,以专业的角度、专家的视野和实证研究方法,针对某一领域或区域现状与发展态势展开分析和预测,具备原创性、实证性、专业性、连续性、前沿性、时效性等特点的公开出版物,由一系列权威研究报告组成。

✥ 皮书作者 ✥

皮书系列的作者以中国社会科学院、著名高校、地方社会科学院的研究人员为主,多为国内一流研究机构的权威专家学者,他们的看法和观点代表了学界对中国与世界的现实和未来最高水平的解读与分析。

✥ 皮书荣誉 ✥

皮书系列已成为社会科学文献出版社的著名图书品牌和中国社会科学院的知名学术品牌。2011年,皮书系列正式列入"十二五"国家重点出版规划项目;2012~2015年,重点皮书列入中国社会科学院承担的国家哲学社会科学创新工程项目;2016年,46种院外皮书使用"中国社会科学院创新工程学术出版项目"标识。

中国皮书网

www.pishu.cn

发布皮书研创资讯，传播皮书精彩内容
引领皮书出版潮流，打造皮书服务平台

栏目设置：

- □ 资讯：皮书动态、皮书观点、皮书数据、皮书报道、皮书发布、电子期刊
- □ 标准：皮书评价、皮书研究、皮书规范
- □ 服务：最新皮书、皮书书目、重点推荐、在线购书
- □ 链接：皮书数据库、皮书博客、皮书微博、在线书城
- □ 搜索：资讯、图书、研究动态、皮书专家、研创团队

中国皮书网依托皮书系列"权威、前沿、原创"的优质内容资源，通过文字、图片、音频、视频等多种元素，在皮书研创者、使用者之间搭建了一个成果展示、资源共享的互动平台。

自 2005 年 12 月正式上线以来，中国皮书网的 IP 访问量、PV 浏览量与日俱增，受到海内外研究者、公务人员、商务人士以及专业读者的广泛关注。

2008 年、2011 年，中国皮书网均在全国新闻出版业网站荣誉评选中获得"最具商业价值网站"称号；2012 年，获得"出版业网站百强"称号。

2014 年，中国皮书网与皮书数据库实现资源共享、端口合一，将提供更丰富的内容，更全面的服务。

皮书数据库

权威报告　热点资讯　海量资源

当代中国与世界发展的高端智库平台

皮书数据库 www.pishu.com.cn

皮书数据库是专业的人文社会科学综合学术资源总库，以大型连续性图书——皮书系列为基础，整合国内外相关资讯构建而成。包含六大子库，涵盖两百多个主题，囊括了近十几年间中国与世界经济社会发展报告，覆盖经济、社会、政治、文化、教育、国际问题等多个领域。

皮书数据库以篇章为基本单位，方便用户对皮书内容的阅读需求。用户可进行全文检索，也可对文献题目、内容提要、作者名称、作者单位、关键字等基本信息进行检索，还可对检索到的篇章再做二次筛选，进行在线阅读或下载阅读。智能多维度导航，可使用户根据自己熟知的分类标准进行分类导航筛选，使查找和检索更高效、便捷。

权威的研究报告，独特的调研数据，前沿的热点资讯，皮书数据库已发展成为国内最具影响力的关于中国与世界现实问题研究的成果库和资讯库。

皮书俱乐部会员服务指南

1. 谁能成为皮书俱乐部成员？
- 皮书作者自动成为俱乐部会员
- 购买了皮书产品（纸质书/电子书）的个人用户

2. 会员可以享受的增值服务
- 免费获赠皮书数据库100元充值卡
- 加入皮书俱乐部，免费获赠该纸质图书的电子书
- 免费定期获赠皮书电子期刊
- 优先参与各类皮书学术活动
- 优先享受皮书产品的最新优惠

3. 如何享受增值服务？

（1）免费获赠100元皮书数据库体验卡

第1步 刮开皮书附赠充值的涂层（右下）；

第2步 登录皮书数据库网站（www.pishu.com.cn），注册账号；

第3步 登录并进入"会员中心"—"在线充值"—"充值卡充值"，充值成功后即可使用。

（2）加入皮书俱乐部，凭数据库体验卡获赠该书的电子书

第1步 登录社会科学文献出版社官网（www.ssap.com.cn），注册账号；

第2步 登录并进入"会员中心"—"皮书俱乐部"，提交加入皮书俱乐部申请；

第3步 审核通过后，再次进入皮书俱乐部，填写页面所需图书、体验卡信息即可自动兑换相应电子书。

4. 声明

解释权归社会科学文献出版社所有

皮书俱乐部会员可享受社会科学文献出版社其他相关免费增值服务，有任何疑问，均可与我们联系。

图书销售热线：010-59367070/7028　图书服务QQ：800045692　图书服务邮箱：duzhe@ssap.cn

数据库服务热线：400-008-6695　数据库服务QQ：2475522410　数据库服务邮箱：database@ssap.cn

欢迎登录社会科学文献出版社官网（www.ssap.com.cn）和中国皮书网（www.pishu.cn）了解更多信息

皮书大事记
（2015）

☆ 2015年11月9日，社会科学文献出版社2015年皮书编辑出版工作会议召开，会议就皮书装帧设计、生产营销、皮书评价以及质检工作中的常见问题等进行交流和讨论，为2016年出版社的融合发展指明了方向。

☆ 2015年11月，中国社会科学院2015年度纳入创新工程后期资助名单正式公布，《社会蓝皮书：2015年中国社会形势分析与预测》等41种皮书纳入2015年度"中国社会科学院创新工程学术出版资助项目"。

☆ 2015年8月7~8日，由中国社会科学院主办，社会科学文献出版社和湖北大学共同承办的"第十六次全国皮书年会（2015）：皮书研创与中国话语体系建设"在湖北省恩施市召开。中国社会科学院副院长李培林，国家新闻出版广电总局原副总局长、中国出版协会常务副理事长邬书林，湖北省委宣传部副部长喻立平，中国社会科学院科研局局长马援，国家新闻出版广电总局出版管理司副司长许正明，中共恩施州委书记王海涛，社会科学文献出版社社长谢寿光，湖北大学党委书记刘建凡等相关领导出席开幕式。来自中国社会科学院、地方社会科学院及高校、政府研究机构的领导及近200个皮书课题组的380多人出席了会议，会议规模又创新高。会议宣布了2016年授权使用"中国社会科学院创新工程学术出版项目"标识的院外皮书名单，并颁发了第六届优秀皮书奖。

☆ 2015年4月28日，"第三届皮书学术评审委员会第二次会议暨第六届优秀皮书奖评审会"在京召开。中国社会科学院副院长李培林、蔡昉出席会议并讲话，国家新闻出版广电总局原副局长、中国出版协会常务副理事长邬书林也出席本次会议。会议分别由中国社会科学院科研局局长马援和社会科学文献出版社社长谢寿光主持。经分学科评审和大会汇评，最终匿名投票评选出第六届"优秀皮书奖"和"优秀皮书报告奖"书目。此外，该委员会还根据《中国社会科学院皮书管理办法》，审议并投票评选出2015年纳入中国社会科学院创新工程项目的皮书和2016年使用"中国社会科学院创新工程学术出版项目"标识的院外皮书。

☆ 2015年1月30~31日，由社会科学文献出版社皮书研究院组织的2014年版皮书评价复评会议在京召开。皮书学术评审委员会部分委员、相关学科专家、学术期刊编辑、资深媒体人等近50位评委参加本次会议。中国社会科学院科研局局长马援、社会科学文献出版社社长谢寿光出席开幕式并发表讲话，中国社会科学院科研成果处处长薛增朝出席闭幕式并做发言。

皮书数据库
www.pishu.com.cn

皮书数据库三期

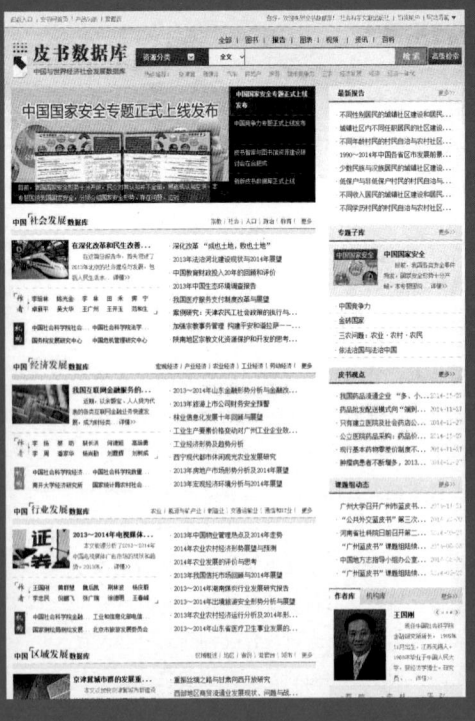

- 皮书数据库（SSDB）是社会科学文献出版社整合现有皮书资源开发的在线数字产品，全面收录"皮书系列"的内容资源，并以此为基础整合大量相关资讯构建而成。

- 皮书数据库现有中国经济发展数据库、中国社会发展数据库、世界经济与国际政治数据库等子库，覆盖经济、社会、文化等多个行业、领域，现有报告30000多篇，总字数超过5亿字，并以每年4000多篇的速度不断更新累积。

- 新版皮书数据库主要围绕存量+增量资源整合、资源编辑标引体系建设、产品架构设置优化、技术平台功能研发等方面开展工作，并将中国皮书网与皮书数据库合二为一联体建设，旨在以"皮书研创出版、信息发布与知识服务平台"为基本功能定位，打造一个全新的皮书品牌综合门户平台，为您提供更优质更到位的服务。

更多信息请登录

中国皮书网
http://www.pishu.cn

皮书微博
http://weibo.com/pishu

皮书博客
http://blog.sina.com.cn/pishu

皮书微信
皮书说

请到各地书店皮书专架/专柜购买，也可办理邮购

咨询/邮购电话：010-59367028　59367070　　　邮　　箱：duzhe@ssap.cn
邮购地址：北京市西城区北三环中路甲29号院3号楼华龙大厦13层读者服务中心
邮　　编：100029
银行户名：社会科学文献出版社
开户银行：中国工商银行北京北太平庄支行
账　　号：0200010019200365434
网上书店：010-59367070　　qq：1265056568
网　　址：www.ssap.com.cn　　www.pishu.cn

扬州蓝皮书编委会

主　　　任　丁　纯
副 主 任　卢桂平　孙永如　董玉海　王克胜　李忠盛
委　　　员　沙志芳　林正玉　汤天波　殷圣元　徐向明
　　　　　　　陈　耀　范　耘　张长金　夏洪春　陈博文
　　　　　　　范天恩　尤在晶　杨　蓉　张　俐　张　彤
　　　　　　　臧　民　杨正福　夏正祥
执 行 主 编　徐向明
执行副主编　张　雷　刘　斌
编　　　辑　杜　平　孔　悫　肖建平

摘 要

《扬州经济社会发展报告（2015）》是在扬州蓝皮书编委会的指导下，由扬州市社科联、社科院编写的第六本扬州蓝皮书。全书共分为综合发展报告、专题发展报告、经济发展报告、产业发展报告、社会发展报告、区域发展报告等六大部分，重点研究扬州经济社会发展形势，"一带一路"、长江经济带、跨江融合等三大发展战略，扬州重点经济领域和主要产业发展状况，各项社会事业的年度发展情况，以及江都区、邗江区、广陵区三个区域的特色发展路径。

2015年，扬州市继续坚持"项目为王"，在做大总量的同时提升质量，经济发展总体呈现稳中有进、进中向好的发展态势。重点领域改革不断深化，经济保持平稳增长，就业形势总体稳定。产业结构持续优化，其中服务业和战略性新兴产业发展对经济增长的贡献率相对较高。财税金融平稳增长，投资保持较快增长，位居江苏省前列，其中民间投资占全部投资的比重达76.5%。抓住"一带一路"、长江经济带、跨江融合三大战略机遇，通过产业转型、基础建设、区域合作、对外开放等增强创新驱动。社会民生持续改善，居民收入稳步增长。以扬州建城2500周年为契机，完成30项重大城建项目，推进225项民生实事项目。前三季度，全市已完成地区生产总值2967.84亿元，增长10.2%，预计能够实现地区生产总值10%的年度发展目标，全市城镇常住居民人均可支配收入增长8.9%，农村常住居民人均可支配收入增长9.4%。

Abstract

The book is under the guidance of Yangzhou Blue Book editorial board by the Yangzhou Municipal Association of Social Sciences, Academy of Social Sciences to prepare the sixth report of the Economic and Social Development of Yangzhou. The book is divided into six parts Integrated Development Report, thematic development report, economic development reports, industry reports, social development reports, reports of regional development, focusing on economic and social development situation in Yangzhou, "along the way", the Yangtze River economic belt, cross Jiang fusion three major development strategies, Yangzhou key economic areas and major industrial development, the annual analysis of the development of various social undertakings, and Jiangdu District, Hanjiang, Guangling characteristics of the development path of the three regions.

2015, Yangzhou continue to adhere to "Project is king" to enhance the quality of the total, while in the bigger, showing a steady overall economic development forward, into the middle to good development trend. Key areas of reform continued to deepen, the economy maintained steady growth, the employment situation is generally stable. Continue to optimize the industrial structure, in which services and strategic development of new industries to economic growth in the contribution rate is relatively high. Fiscal and financial steady growth, investment to maintain a rapid growth, the highest in the forefront of Jiangsu Province, where the proportion of private investment in total investment amounted to 76.5%. Grab "along the way", the Yangtze River economic belt, integration of the three strategic opportunities across the river, through industrial restructuring, infrastructure, regional cooperation, opening up a series of ways to enhance innovation drive. Continued to improve people's livelihood, income steadily. In Yangzhou city of 2500 anniversary as an opportunity to complete the

30 major construction projects, and promote livelihood projects 225. The first three quarters, the city has completed GDP 296.784 billion yuan, an increase of 10.2 percent, is expected to achieve GDP of 10% of annual development goals, the city's urban residents per capita disposable income grew by 8.9%; rural residents per capita disposable income rose 9.4%.

目 录

ⅠB Ⅰ 综合发展报告

B.1 2015~2016年扬州市经济社会发展形势分析与预测
………………… 范天恩 黄俊华 王 峰 夏卫峰 于松海 / 001

ⅠB Ⅱ 专题发展报告

B.2 扬州融入"一带一路"建设研究报告
………………………… 扬州市商务局、发改委课题组 / 013

B.3 扬州融入长江经济带建设研究报告
………………………… 郭志咸 吉爱平 陶 阳 / 024

B.4 扬州深化跨江融合发展研究报告
………………………… 扬州市发改委、统计局课题组 / 031

ⅠB Ⅲ 经济发展报告

B.5 2015年扬州重点领域深化改革研究报告
………………………… 范天恩 韩长金 陶小军 / 044

001

B.6 2015年扬州工业经济发展研究报告 …… 扬州市经信委课题组 / 056

B.7 2015年扬州开放型经济发展研究报告
………………………………………… 扬州市商务局课题组 / 064

B.8 2015年扬州市民营经济发展报告
………………………… 唐齐鲁　蒋　斌　孙学政　刘　勇 / 077

B.9 扬州市经济发展质量评价与对策研究
………………………… 国家统计局扬州调查队课题组 / 090

B.10 扬州新型城镇化与城乡一体化建设研究
………………………………………… 扬州市发改委课题组 / 105

B.11 2015年扬州科技创新发展研究报告
………………………… 杨　蓉　赵松林　朱雷霆　胡　军 / 116

B.12 扬州农业经济转型升级研究报告
………………………………… 王正年　胡荣利　潘小文 / 126

B.13 "营改增"对地方税制及管理体系的影响和建议 …… 徐祖跃 / 135

B.14 扬州市社会融资规模分析与建议
………………………………… 张苏煜　潘　涵　管　宇 / 147

B Ⅳ　产业发展报告

B.15 2015年扬州战略性新兴产业发展研究报告
………………………… 韩长金　朱　枫　万东民　鞠斐扬 / 156

B.16 2015年扬州市服务业发展报告
………………………………… 孙景亮　夏　坚　胡新林 / 163

B.17 扬州市健康服务业发展状况研究 …… 扬州市统计局课题组 / 177

B.18 扬州市互联网产业发展调研报告
………………………… 刘观清　杨　宇　陶　俊　田维伟 / 187

B.19 扬州服务型制造发展现状及金融支持策略研究
………………………… 叶小玲　周　懿　张　翼　傅佳伟 / 194

B.20 扬州市文化产业发展研究报告
　　　　　　　　　　　　　　扬州市文化广电新闻出版局课题组 / 205

BⅤ 社会发展报告

B.21 推进县（市、区）纪委"三转"情况研究报告
　　　　　　　　　　　　　　　　　　　扬州市纪委课题组 / 219
B.22 2015年扬州人才工作分析与展望…………………张宝娟 / 227
B.23 扬州全面推进依法行政　加快法治政府建设的对策研究
　　　　　　　　　扬州市政协社会和法制委员会课题组 / 236
B.24 2015年扬州政府法制现状与形势预测………刘　柏　徐晓明 / 244
B.25 扬州市人口老龄化现状、问题和对策研究
　　　　　　　　　　　　　　　　　　　扬州市民政局课题组 / 251
B.26 扬州教育资源均衡化发展研究报告
　　　　　　　　　孙永如　沈宏跃　江晓昀　晁　雨 / 267
B.27 扬州教育事业发展研究报告………扬州市教育局课题组 / 278
B.28 2015~2016年扬州卫生计生事业现状与发展对策研究
　　　　　　　　　　　　　　　扬州市卫生计生委课题组 / 284
B.29 完善扬州城乡均等的公共就业创业服务体系研究
　　　　　　　　　　　扬州市人力资源和社会保障局课题组 / 290
B.30 扬州市行业商（协）会承接政府职能转移研究报告
　　　　　　　　　　　　　　　　　　　扬州市工商联课题组 / 299
B.31 基于旅游服务国际化的扬州旅游服务设施建设研究报告
　　　　　　　　　　　　扬州旅游服务国际化研究课题组 / 310
B.32 "十二五"时期扬州市住房公积金运行分析研究报告
　　　　　　　　　　　　扬州市住房公积金管理中心课题组 / 331
B.33 扬州市大气污染治理研究报告……………………金春林 / 343

ⅥⅠ 区域发展报告

B.34 扬州市江都区现代农业建设研究报告 ……… 孙　明　嵇学锋 / 361

B.35 广陵区经济提质增效发展路径研究报告
　　　　………………………………… 吴　尚　王宇翔　谢科进 / 371

B.36 扬州市邗江区生物健康产业发展报告 ……… 沈　豪　池　旺 / 380

皮书数据库阅读使用指南

CONTENTS

B I Summing-up Report

B.1 The Overall and Forecast of 2015-2016 Yangzhou Economic and Social Development

Fan Tian-en, Huang Junhua, Wang Feng, Xia Weifeng and Yu Songhai / 001

B II Thematic Development Reports

B.2 Research Report on Yangzhou's Integration with Construction of "the Belt and Road"

The Research Group of Yangzhou Municipal Development and Reform Commission & the Business Bureau / 013

B.3 Research Report on Yangzhou's Integration with "Yangtze River Economic Belt"

Guo Zhixian, Ji Aiping and Tao Yang / 024

B.4 Research Report on Yangzhou's Deepening Integration Development of the Yangzi River-Crossing

The Research Group of Yangzhou Municipal Development and Reform Commission & the Bureau of Statistics / 031

扬州蓝皮书

BⅢ Reports on the Economic Development

B.5 Research Report on 2015 Yangzhou's Deepening Reform in Key Areas
            Fan Tianen, Han Changjin and Tao Xiaojun / 044

B.6 Research Report on 2015 Yangzhou's Development of Industrial Economy
      The Research Group of Yangzhou Municipal Commission of Economy and Information / 056

B.7 Research Report on 2015 Yangzhou's Development of Open Economy
          The Research Group of Yangzhou Business Bureau / 064

B.8 Report on 2015 Yangzhou's Development of Private Economy
         Tang Qilu, Jiang Bin, Sun Xuezheng and Liu Yong / 077

B.9 Studies on Assessment and Countermeasures for Economic Development of Yangzhou City
      The Research Group of Yangzhou Investigation Team of National Bureau of Statistics / 090

B.10 Studies on New Urbanization and Urban-Rural Integration of Yangzhou City
      The Research Group of Yangzhou Municipal Development and Reform Commission / 105

B.11 Research Report on 2015 Yangzhou's Development of Science and Technology Innovation
        Yang Rong, Zhao Songlin, Zhu Leiting and Hu Jun / 116

B.12 Research Report on Transformation and Upgrading of Yangzhou Agricultural Economy
         Wang Zhengnian, Hu Rongli and Pan Xiaowen / 126

CONTENTS

B.13 The Influence and Comments of "Replacing Business Tax with Value-added Tax" on Local Tax and Management System　　　*Xu Zuyue* / 135

B.14 Analysis and Suggestion on the Scale of Social Financing in Yangzhou
　　　Zhang Suyu, Pan Han and Guan Yu / 147

BIV　Reports on Industry Development

B.15 Research Report on 2015 Yangzhou Strategic Emerging Industry Development
　　　Han Changjin, Zhu Feng, Wan Dongmin and Ju Feiyang / 156

B.16 Report on 2015 Yangzhou Service Industry Development　　*Sun Jingliang, Xia Jian and Hu Xinlin* / 163

B.17 Research on Yangzhou Health Service Industry Development
　　　The Research Group of Yangzhou Municipal Bureau of Statistics / 177

B.18 Research Report on Yangzhou Internet Industry Development
　　　Liu Guanqing, Yang Yu, Tao Jun and Tian Weiwei / 187

B.19 Research on Current Situation and Financial Support Strategy for Service-Oriented Manufacturing Development of Yangzhou
　　　Ye Xiaoling, Zhou Yi, Zhang Yi and Fu Jiawei / 194

B.20 Report on Yangzhou Cultural Industry Development
　　　The Research Group of Yangzhou Municipal Bureau of Cultural Broadcasting and Television / 205

⅏Ⅴ Reports on the Social Development

⅏.21 Study Report on Promoting "Three-Turn" for County (City、District) Level Commission of Discipline Inspection
    The Research Group of Yangzhou Commission for Discipline Inspection / 219

⅏.22 Analysis and Prospect of 2015 Yangzhou Talent Work
    Zhang Baojuan / 227

⅏.23 Study on Solution for Yangzhou's Comprehensive Promotion of Administration according to Law and Construction of Government under the Rule of Law
    The Research Group of Yangzhou CPPCC Social and Legal Committee / 236

⅏.24 Present Status and Prediction of 2015 Yangzhou Government Legal System *Liu Bai, Xu Xiaoming* / 244

⅏.25 Study on Present Situation, Problems and Countermeasures of the Population Aging in Yangzhou
    The Research Group of Yangzhou Civil Affairs Bureau / 251

⅏.26 Research Report on the Balanced Development of Education Resources in Yangzhou
    Sun Yongru, Shen Hongyue, Jiang Xiaoyun and Chao Yu / 267

⅏.27 Research Report on Yangzhou Education Development
    The Research Group of Yangzhou Education Bureau / 278

⅏.28 Research on 2015-2016 Present Situation and Development Strategy of Family Planning in Yangzhou
    The Research Group of Yangzhou Health and Family Planning Commission / 284

⅏.29 Research on Improving Balance Public Employment Service System of Urban and Rural Areas in Yangzhou
    The Research group of Yangzhou Bureau of Human Resources and Social Security / 290

CONTENTS

B.30 Research Report on Yangzhou Industry Chamber (Association)'s Undertaking of Transformation of Government Functions
The Research group of Yangzhou Federation of Industry and Commerce / 299

B.31 Research Report on the Construction of Yangzhou Tourism Service Facilities Based on Internationalization of Tourism Services
The Research Group of Yangzhou Travel Services International / 310

B.32 Analysis Report on Operation of Yangzhou Housing Provident Funds during "Twelfth Five-year" Period
The Research Group of Yangzhou Housing Provident Fund Management Center / 331

B.33 Research Report on Air Pollution Control in Yangzhou
Jin Chunlin / 343

BⅥ Regional Development Reports

B.34 Study on Construction of Modern Agriculture in Jiangdu District of Yangzhou City *Sun Ming, Ji Xuefeng* / 361

B.35 Method Research Report on Improving Economic Quality and Efficiency in Guangling District of Yangzhou City
Wu Shang, Wang Yuxiang and Xie Kejin / 371

B.36 Report on Biological Health Industry Development in Hanjiang District of Yangzhou City
Shen Hao, Chi Wang / 380

009

综合发展报告

Summing-up Report

B.1
2015~2016年扬州市经济社会发展形势分析与预测

范天恩 黄俊华 王 峰 夏卫峰 于松海*

摘 要： 2015年以来，在复杂严峻的宏观经济形势下，面对短期和中长期下行压力双重叠加，全市上下深入贯彻落实党的十八大和十八届三中、四中全会精神，以习近平总书记系列重要讲话精神特别是视察江苏重要讲话精神为指引，按照"迈上新台阶、建设新扬州"的总体部署，紧紧围绕"54321"目标任务，统筹推进稳增长、调结构、促改革、惠民生等各项工作。前三季度，全市实现地区生产总值2967.84亿元，增长10.2%。2016年，坚持以邓小平理论、"三个代表"重要

---

* 范天恩，扬州市发改委主任；黄俊华，扬州市发改委副主任；王峰，扬州市发改委综合处处长；夏卫峰，扬州市发改委综合处副处长；于松海，扬州市发改委综合处。

思想和科学发展观为指导，认真学习贯彻党的十八大和十八届三中、四中、五中全会以及习近平总书记系列重要讲话精神，继续以跨江融合发展综合改革试点为总平台总抓手，深入实施创新驱动战略，持续推动产业转型升级，着力深化重点领域改革，统筹推进新型城镇化发展和生态文明建设，奋力推动扬州经济社会发展迈上新台阶。预期扬州市经济将保持在9%左右的增长水平。

关键词： 经济 运行 分析 监测

一 2015年扬州市经济社会发展总体形势

（一）基本情况

2015年前三季度，扬州市认真贯彻落实习近平总书记对江苏工作提出的新要求，按照省委、省政府工作部署，统筹做好稳增长、调结构、促改革、惠民生和防风险等各项工作，以实体经济发展提振企业信心，以改革创新激发经济发展内生动力，推动全市经济保持平稳健康发展，呈现低开稳走、稳中有进、进中向好但好中有忧的发展态势，主要经济指标符合发展预期，地区生产总值增长10%的年度发展目标能够实现。

（二）全市经济运行主要特点

（1）经济保持平稳增长。1~9月，全市完成地区生产总值2967.84亿元，增长10.2%，高于年度目标0.2个百分点，与上半年持平。1~10月份全市居民消费价格指数101.5，低于全省平均水平0.1个百分点，处于温和可控的运行区间。全市城镇登记失业率2.05%左右，就业形势总体稳定。

（2）产业结构持续优化。服务业发展态势良好。1~9月，全市服务业新增注册企业1.3万家,增长40.7%;实现税收159.1亿元,增长8.4%;实现增加值1296.8亿元,增长11.5%;服务业增加值占地区生产总值的比重达43.7%,较上年同期提高1.8个百分点;前三季度服务业对经济增长的贡献率达73.4%,拉动GDP增长7.5个百分点。重点领域延续较快增长态势,软件信息服务业主营业务收入增长45%,市区7大封闭景点接待游客增长14.3%,快递收寄和投递量分别增长56.8%和102.7%,市区10家主要卖场营业收入增长7.5%。房地产市场稳中向好,市区(不含江都区)商品房合同成交153万平方米,增长25.4%,其中商品住宅成交增长35.3%。工业经济缓中趋稳。1~10月,全市实现规模以上工业增加值1878.19亿元,增长9.8%。重点产业中,汽车产业增速进一步放缓,规模以上工业总产值增长14.3%左右,环比回落1个百分点;机械产业低位运行,规模以上工业总产值增长8.2%;石化产业规模以上工业总产值下降3.7%,降幅较上月略有收窄;船舶产业规模以上工业总产值增长14%。战略性新兴产业实现规模以上工业总产值2409.9亿元,增长10.4%,增速快于全市规模工业总产值2.1个百分点;其中,新能源和新光源分别增长19.2%、14.6%。农业生产保持良好态势。夏粮实现"十二连增"。

(3)财税金融平稳增长。1~10月份,全市完成一般公共预算收入269.02亿元,增长12.5%;其中,税收收入215.98亿元,增长12.5%,税收占比达80.3%。1~9月,全市人民币存款余额4744.38亿元,新增463.79亿元;人民币贷款余额3049.05亿元,新增316.64亿元,新增存贷比为68.2%,比上年同期提高6.8个百分点。

(4)投资保持较快增长。1~9月,全市292个市级重大项目快速推进,已有244个项目开工建设,开工率达84%;完成投资891亿元,占年度投资计划的71.3%。得益于重大项目的持续拉动,1~10月,全市完成投资2328.25亿元,增长18.3%,增幅分别高于年度目标和省均1.3个、7.9个百分点,位居全省前列。其中:民间投资1782亿元,增长24.8%,增幅高于全市投资6.5个百分点,占全部投资的比重达76.5%,比上年同期提高4.9个百分点。分产业看,第二产业完成投资1299.89亿元,占全市投资比

重为55.8%，增长13.8%；第三产业完成投资1014.7亿元，占全市投资比重为43.6%，增长25.0%，增幅位居全省前列。

（5）发展动力加快转换。创新驱动逐步增强。前三季度，以推进创新转型为方向，加快制造业向智能制造、绿色制造、"互联网＋"制造转型发展。新认定省级首台套重大装备14项，列全省第4位。省级以上工业企业技术中心143家，总数列全省第3位。政府职能加快转变。市委、市政府连续两年出台服务企业发展"2号文件"，主动作为、定向发力、精准施策，分专题逐月开展服务小微企业系列活动，累计开展各类主题活动52场，服务企业3000多家，出台呼应企业诉求、管用实用的《政府涉企部门服务企业50条》，全力服务实体经济发展。改革活力进一步显现。依法公开审批事项、行政权力、专项资金和行政事业性收费"四张清单"，清理规范涉企职责、服务事项、行政权力、涉企收费，率先开展"三证合一"和"一照一码"试点，积极推进"大众创业、万众创新"。

（6）社会民生持续改善。市委、市政府连续14年出台保障和改善民生建设的"1号文件"，以扬州建城2500周年为契机，万福大桥、市民中心和科技馆、廖家沟中央生态公园等政府主导的30项重大城建项目顺利完成，225项民生实事项目加快推进。居民收入稳步增长，前三季度，全市城镇常住居民人均可支配收入24735元，增长8.9%；农村常住居民人均可支配收入12786元，增长9.4%。基本公共服务体系进一步健全，教育、医疗等重点领域改革稳步推进。

二 2016年扬州经济社会发展环境分析

2016年是扬州深入学习贯彻党的十八大和十八届三中、四中、五中全会精神，全面组织实施"十三五"发展规划的开局之年，全市经济社会发展依然面临错综复杂的国内外形势。

从国际看，大宗商品价格持续震荡、国际股市汇市大幅波动以及国际地缘政治的影响加剧，都给全球经济带来了新的不确定因素，世界经济复苏依然乏力。美国经济增速缓中趋稳，失业率降至5.4%左右，消费者信心指数处于高位，复苏动力强劲。欧元区逐渐走出通缩阴影，经济景气指数、综合采购经理人指数等先行指标远超荣枯分界线，总体失业率稳中有降，逐步显露全面复苏迹象。俄罗斯、巴西等资源输出国则面临经济衰退和高通胀双重压力，未来还将面对美国加息带来的冲击以及"量宽陷阱"的影响。受国际油价下跌带来的多重效应影响，日本及多数东亚国家因此受益，经济增长的积极信号明显增多，企业投资信心逐步回暖。但受价格下降、财政平衡压力和潜在增速下降等因素影响，除印度外其他新兴经济体经济增长有所放缓，短期内难有明显起色。总体来看，2016年，国际金融危机后续影响继续存在，世界经济仍处于深度调整期和缓慢复苏期。

从国内看，在国际需求低迷、国内需求不足、投资大幅下滑的影响下，经济运行全面进入新常态的攻坚期，宏观经济延续调整分化态势。但随着国家"三大战略"的大力实施，国务院一系列"稳增长、调结构、促改革"利好政策的效应显现，支撑经济"稳中向好"的积极因素正在不断积聚，我国经济增长仍将稳定在合理区间，质量和效益不断提高，增长动力加快转换。

从扬州市看，地区生产总值、公共财政预算收入、规模以上工业增加值、服务业增加值等核心指标增速放缓，汽车、机械、石化等重点行业企业低位运行，多数中小微企业赢利难度较大，重大产业项目储备不足、推进不快等，均导致全市经济短期下行和中长期下行压力较大。三次产业中，2015年前三季度工业经济呈整体性下行态势，但降幅正在逐步收窄，加之扬州市的机械、汽车、船舶等重点行业具备较强的韧劲，企业出货量、订单量并未出现大面积"滑坡"现象，同时随着国家稳增长政策效应的逐步显现、大宗商品价格逐步回升，工业经济将逐步呈现"缓中趋稳"的发展态势；服务业经济仍将延续良好的发展势头，继续保持高位增长；农业经济仍将保持平稳。三大需求中，投资仍将保持较快增长、消费实现平稳增长、出口低位回升。综合判断，2016年，扬州市经济仍将延续"稳中有进、进中向好"的发展态势，预计全市经济将保持9%左右的增长水平。

三 2016年扬州市经济社会发展对策建议

1. 以优先发展基本产业为支撑,推动产业结构优化升级

强化基本产业支撑作用。优先发展汽车、机械、建筑、旅游、软件信息、食品加工等六大基本产业,进一步增强带动能力和支撑作用。汽车产业加快重大项目建设,推动新能源汽车产业化进程、一批关键技术取得突破;机械产业加快五大机械装备制造基地和六个特色机械产业集聚区建设,重点发展工业机器人,打造千亿级智能装备产业集群;建筑业以做大规模总量为基础,进一步拓宽国内外市场;旅游业强化永久性基本产业的定位,重点推动旅游与文化、体育、养生、休闲融合发展,加快建设国际文化旅游名城;软件信息产业重点发展以人的智慧为主要资本的文化创意产业"工作室"、科技研发产业"实验室"和软件信息服务业"办公室",规划建设扬州软件园,着力打造新兴软件名城;食品加工业重点挖掘传统食品加工的优势,依托海峡两岸农业合作试验区、食品工业园、华东冷链物流基地等载体,做响与扬州美食齐名的食品工业品牌。推动先进制造业快速发展。以"中国制造2025"为突破口,推动重点产业高端发展,引导石化产业发展精细化工、船舶产业发展特种船舶和海工装备。完善"5+3"战略性新兴产业体系,依托国家新能源特色产业基地、国家半导体照明产业化基地、高邮电池工业园等特色园区,着力打造战略性新兴产业集群。推动节能降耗和绿色发展,针对钢铁、水泥、船舶等行业推行新增产能与淘汰产能"等量置换"或"减量置换"。支持企业实施技术改造和管理创新,提高劳动生产率和全要素生产率。大力发展现代服务业。着力发展现代物流、科技金融、健康养老等现代服务业。加快现代服务业集聚区建设和功能提升,坚持以生产性服务业和现代服务业为主攻点,以服务业集聚区为主阵地,激发投资活力,增强投资信心,推动高端服务业集聚发展、创新发展。转型发展现代农业。实施粮食绿色增产工程和耕地质量提升行动,全面提高粮食生产机械化水平,切实稳定粮食生产。加快培育50亿元农业特色产业,着力提升农业产业化水平；积极推进江都国家现代农业示范区和8个省级现代农业（渔业）产业园区建设，着力提升农业产业园区建设水平。

2. 以提高自主创新能力为核心，深入实施创新驱动战略

强化企业创新主体地位。深入实施科技企业"小升高"计划，加快培育和建设国家级高新技术企业。大力实施"知识产权密集型企业培育"计划，支持企业开发和推广知识产权密集型产品；提升发明专利授权量，促进万人发明专利拥有量实现新提升。进一步加强企业研发机构建设，重点推动国家级企业技术中心、企业研究院等创新平台建设，逐步推动大中型工业企业省级研发机构实现全覆盖。加快创新载体建设。在扬州高新区创成国家级高新区的基础上，积极推动高邮湖西光电产业园、杭集工业园申报省级高新区，空港产业园申报省级开发区，力争实现县（市、区）省级高新区（科技园）全覆盖。以应用技术研发为导向，加快建设扬州产业技术研究院和智能电网、食品工程、电子信息等专业研究所。坚持科技产业综合体"建、管、用"同步推进，力争实现科技产业综合体众创空间全覆盖。加速创新资源集聚。深入实施"科教合作新长征"计划，全面加强与国内知名高校、科研单位和高科技园区的深度合作，推进与中关村、张江等国家自主创新示范区共建特色园区；实施"科技产业合作远征"计划，加强与德国、以色列、中国台湾等地在产研院建设、协同创新、技术转移等方面的合作。强化人才保障，着力引进培养高水平、国际化的一流人才，吸引知名高校、科研院所和金融机构入驻，推动世界500强和央企来扬州设立研发中心。

3. 以重大项目建设为突破，切实增强经济发展后劲

坚定不移抓新增长点培育。继续坚持项目为王不动摇，以重大项目建设扩大有效投入为支撑，切实加强重大项目招引和储备，更加注重优质项目链式发展，力争在关联度高、增长性强、贡献度大的重大项目上取得新突破，保持投资对经济的适度拉动作用。加快规划建设一批重大基础设施项目。按照2018年举办省运动会的要求，抓紧谋划一批体育场馆和交通基础设施建设，加快推进金湾路项目全线开工、城市南部快速路网体系建设

和连淮扬镇扬州综合交通枢纽及其配套路网规划建设。全力推进重大产业项目建设。重点对在建重大产业项目抓竣工，对新竣工的重大产业项目抓投产，对近3年竣工的重大产业项目抓扩大产能，以重大产业项目建设增强经济发展后劲。推动省级和国家级重大项目实现新突破。进一步加强投资跟踪分析与管理，健全完善重大项目网上填报系统，不断充实重大工程项目库，认真做好投资增长点分析，科学制定2016年列省重大项目、市级重大项目和政府投资项目投资计划，并积极做好与国家、省规划的衔接，力争把事关扬州市全局的重大项目纳入国家、省规划。积极推行政府和社会资本合作（PPP）模式。加快建设仪征登月湖健康城、枣林湾生态园养生养老中心等5个国家首批PPP项目，重点在基础设施、公共服务、健康养老、体育休闲等领域推广运用PPP模式，鼓励和吸引社会资本参与建设和运营。

4. 以跨江融合发展为总抓手，着力深化重点领域改革

深入实施配套改革试点。建立完善跨江融合发展的要素共享、产业协作、交通互通和公共服务共建共享机制。进一步明确扬州市作为长三角北翼重要节点城市的定位，主动承接上海和苏南地区汽车、机械、石化等产业转移，推动5~10个合作项目落户；推进县（市、区）、功能区与上海、苏南等开发区、重点企业开展园区共建，带动本地产业转型升级。深化行政审批制度改革。下放行政审批事项，大幅减少和简化前置审批，继续清理各类资质资格审批项目。全面推行重大项目审批代办制、领办制和限时办结制，优化审批流程，减少办理时限。开展外商投资审批改革，推行"清单化审核，备案化管理"，减少外资项目报批材料。推进贸易通关便利化，加快关检合作"三个一"通关改革。借鉴苏州工业园区"园内事园内办结"模式，推进扬州经济技术开发区行政审批制度改革，并逐步推广至省级开发区。深化国资国企改革。推动国有企业进行优化整合和功能性重组，优化国有企业股权结构，加大竞争类国有企业改制力度，吸引社会资本参与股权改革，推进国企股权结构多元化。深化财税体制改革。积极推进财政专项资金实质性整合，开展财政资金有偿使用、因素法分配试点。积极构建新一轮市、区两级财政关系，合理划分市区间事权与支出责任。完善地方税体系建设，实行收入征管质量监控评价制度，提升征管效率，淡化税占比考核。推进金融改革创新。支持市地方金融企业做优做强做大，鼓励和支持民间资本进入金融领域，设立风险投资、融资性担保、互联网金融等新兴金融机构。着力推动企业上市和兼并重组，引导企业在新三板、省股权交易中心等场外市场挂牌融资。推动各类资源、资产和产权在上海联合交易所和北京产权交易所交易和融资。

5. 以对接国家战略为依托，增创开放型经济新优势

壮大开放型经济规模。深入实施新一轮530招商行动计划，着力引进一批汽车、机械、软件信息、旅游等重点产业的补链扩链强链项目。全方位拓展国际市场，深挖外贸增量，支持船舶、石化、新能源新光源、服饰和毛绒玩具等优势产品提升技术、品牌和服务水平。引导企业创新工程总承包模式，支持开展专业国际工程承包业务；推动重点企业入围全省本土型跨国公司培养名录，着力建设一批具有较强国际竞争力的本土跨国公司。加快开放型载体建设。加快推进"德国梅泰尔工业园""中瑞（扬州）生态产业园"和"海峡两岸（扬州）绿色石化产业合作区"建设，逐步推动县（市、区）中外合作园区实现全覆盖。提升出口加工区发展水平，推动"扬州外贸商品展示交易平台"扩容提升。放大扬州泰州机场国家一类航空口岸的优势，在开通中国台湾、香港地区和韩国航线的基础上，陆续开通飞往泰国、日本和新加坡等地的国际航班，着力将扬州泰州机场打造成国际开放的桥头堡。积极参与"一带一路"和长江经济带建设。立足扬州产业实际，坚持市场导向、企业主体，加快搭建跨境经贸产业园区和跨国（省）承包工程等平台，以板块式、区域性合作加快对接，推动扬州市深度参与区域经济合作分工，全力打造"一带一路"和长江经济带经济走廊重要节点城市。充分利用扬州港位于长江、运河交汇处的区位优势，加大港口基础设施建设和长江岸线整治力度，完善港口集疏运体系，加快"百万标箱、亿吨大港"建设步伐，努力将扬州港建设成为"水水中转"枢纽港和上海国际航运中心配套枢纽港。制定实施企业"走出去"五年行动计划，推进国际产能合

作,鼓励建筑业企业参与"一带一路"沿线国家重大工程建设。推动扬州设立综合保税区,主动加强与上海自贸区的合作,探索建立面向"一带一路"沿线国家的专业特色商品交易中心。

6. 以新型城镇化试点为契机,提升区域协调发展水平

有序推进新型城镇化和城乡一体化。紧紧抓住国家新型城镇化试点契机,以提高城乡统筹、区域协调发展水平为重点,围绕"一带一轴"的总体布局,有序推进新型城镇化,分类推进城镇协调发展,重点培强专业特色镇、做优一般镇、带动城区周边镇,促进城镇集群发展,进一步优化城乡发展空间格局。合理配置城乡公共资源,中心城区、县城镇、城区周边镇重点做好公共服务制度安排和城乡转换对接,优先推进社会保险、医疗卫生、住房保障等保障基本民生需求的公共服务一体化;重点中心镇逐步加大公共财政新增财力向民生领域倾斜力度,稳步提高基本公共服务的保障标准,有序推进人口就地城镇化;其他乡镇重点扩大基本公共服务的受众群体,分阶段推进本地城乡户籍人口和外来常住人口基本公共服务均等化。探索建立市、县新型城镇化发展引导资金,拓宽城乡建设投融资渠道。大力推进县域经济发展。坚持做大总量和提升质量并重,充分利用各类扶持政策,大力提升县域经济综合实力。坚持把重大产业项目作为主攻方向,瞄准产业旗舰企业、行业领军企业、产业链节点企业和核心配套企业,推动沿江100亿元、沿河50亿元重大项目实现第二轮全覆盖。调整优化乡镇工业园区布局,提升工业集中区发展水平,全力增强县域经济发展后劲。突出区域协调发展,主动顺应跨江融合、宁镇扬同城化发展趋势,推动沿江带动沿河、江河联动发展,着力提升一体化发展水平。

7. 以提升群众获得感为根本,坚定不移推进民生保障

千方百计增加居民收入。进一步拓宽城乡居民增收渠道,鼓励众多"创客"低门槛创业,推动高质量就业,联动推进产业转型升级和劳动者素质提升,开展劳动者技能培训2万人以上。启动新一轮农村扶贫开发工程,实现扶贫开发政策与农村最低生活保障制度有效衔接,对有劳动能力的帮扶就业创业,无劳动能力符合条件的纳入低保或"五保"。构建公平可靠的社会保障体系。推进社会保障全覆盖，启动实施"全民参保登记计划"，重点鼓励进城农民工参加城镇社会保险，帮扶低收入困难群众参保，确保法定参保对象应保尽保。完善社会保障制度，全面实施机关事业单位养老保险制度改革，逐步建立政策体系统一的城乡居民基本医疗保险制度，稳步提高社会保障待遇。扎实推进民生幸福工程。努力办好人民满意的教育，推动学前教育优质普惠发展，加快义务教育均衡化素质化提升，推进职业教育资源整合优化，积极筹建江苏旅游职业学院。加快建设现代医疗卫生体系，加强基层医疗卫生机构建设，实施基层卫生人才"强基工程"，积极构建分级诊疗制度，努力实现"基层首诊、双向转诊、急慢分治、上下联动"。加快健全住房保障体系，持续推进棚户区和老小区改造，把城中村改造逐步向城郊延伸，并鼓励利用存量商品房作为棚户区改造安置房和保障房，进一步改善城乡居民居住条件。

8. 以生态倒逼转型为导向，扎实推进生态文明建设

加强生态环境保护。深入推进国家生态文明建设示范区、生态文明先行示范区、新能源示范市建设，加快绿色发展、低碳发展。严格实施主体功能区规划，严守生态红线区域，实行最严格的水资源保护制度、耕地保护制度。落实能源消费总量控制目标，开展煤炭消费总量控制试点。优化能源消费结构，加快推行合同能源管理等节能新机制，突出抓好工业、建筑、交通运输和公共机构等重点领域节能，进一步降低单位GDP能耗，不断提升清洁能源占比。实行严格的环境准入、污染物排放和产品能耗限额标准，严格实施新建固定资产投资项目节能评估和环境影响评价制度。扎实推进园区循环化改造，着力推动省级以上开发区全面完成循环化改造。严格落实《扬州市人民政府关于进一步做好生态中心建设的意见》，加快推进宝应湖生态中心、高邮清水潭生态中心、仪征枣林湾生态中心、江都仙城生态中心、邗江蜀冈生态中心、广陵夹江生态中心、生态科技新城"七河八岛"生态中心、瘦西湖生态中心和三湾生态中心等9大生态中心建设。狠抓环境污染综合治理。大力实施"蓝天工程"，健全大气污染联防联控体系机制，深入开展工业废气、机动车尾气、城市扬尘等各类污染源的综合治理，加强秸秆综合利用和禁烧。大力实施"绿水工程",着力推进水生态文明试点城市建设,加大长江、淮河、大运河等重点流域水污染治理力度,强化饮用水源地保护。全面改善村庄环境面貌,着力提升村庄环境综合整治管护覆盖率。强化生态文明建设制度保障。健全生态环境保护责任追究制度,对造成生态环境损害的重大决策失误,实行问题追溯和责任终身追究制。探索建立碳排放权、节能量和排污权交易、生态补偿等制度,严格环保执法监管,依法严厉打击生态环境违法犯罪行为,支持开展环境公益诉讼。

专题发展报告

Thematic Development Reports

B.2
扬州融入"一带一路"建设研究报告

扬州市商务局、发改委课题组*

摘　要： 建设"丝绸之路经济带"和"21世纪海上丝绸之路"是中央应对全球形势深刻变化、统筹国内国际两个大局确定的重大战略布局，推进江苏沿海开发和跨江融合发展是省委、省政府统筹江苏省全局作出的重要决策部署。扬州地处"一带一路"的交汇点，与"一带一路"沿线国家和地区有着深厚的历史渊源和广阔的合作空间。应抢抓历史机遇，找准定位、主动融入、奋发有为，趁势拓展对内对外开放新空间，推动跨江融合发展再提升，努力把扬州打造成为江苏充满活力与张力的重要增长极，

---

* 课题组成员：周春光，扬州市商务局局长；郭志咸，扬州市发改委副主任；陈建，扬州市商务局副局长；吉爱平，扬州市发改委外经处处长；徐其祥，扬州市商务局综合处处长；陶阳，扬州市发改委外经处副处长；徐建华，扬州市商务局科员。

实现沿江沿河中部崛起。

关键词： 扬州 融入 "一带一路"建设战略思考

一 扬州融入"一带一路"建设的现实基础

（1）区位基础。扬州地处的长三角地区是全国综合实力最强的经济区域，是亚太地区重要的国际门户，被国际公认为六大世界级城市群之一，处于"丝绸之路经济带"和"海上丝绸之路"陆海交汇点，具有沟通东西、联结南北的独特区位。扬州地处苏中，是以上海为中心的长三角核心圈层的重要成员。随着区域性交通枢纽的不断完善，扬州铁路、公路、水路、空港、管道将有力支撑起货物联运和口岸互通框架，宁镇扬一体化和跨江融合发展，使扬州融入"一带一路"建设体现出深化国际国内合作、聚集生产要素、吸引各方投资和带动区域发展的良好区位条件。

（2）人文基础。扬州作为中国古代"一带一路"的重要枢纽城市，依托大运河和长江，在东西方经济文化交流中曾发挥过巨大作用，承载了诸多可以"走出去"代表中国的历史、文化及产品。2014年牵头中国大运河申遗取得成功，扬州10个遗产点和6段河道列入《世界遗产名录》，成为进一步彰显扬州历史文化名城文化特色的最佳名片。2014年11月，扬州市与南京、福州、广州、宁波等9城市在泉州共同签署《联合推动"海上丝绸之路"文化遗产列入〈世界遗产名录〉——泉州共识》，成为"海上丝绸之路"联合申遗的发起城市之一，为扬州市参与"一带一路"建设搭建了又一个互联互通的良好平台。

（3）产业基础。"一带一路"建设前期带动主要是基础设施建设和物流业发展。2014年扬州市GDP实现3625亿元，增长11.5%，总量在全国城市排名第42位，在全国地级市中处于中上水平。近年来，扬州市认真贯彻国家一系列促进经济发展的方针政策，城市功能逐步完善，居民幸福指数不断提升，综合经济实力显著增强。机械、汽车、化工、船舶、新能源新光源新材料等五大千亿产业发展迅猛，智能制造装备、专用装备、关键基础零部件等装备制造稳步发展。从物流业来看，扬州长江拥有万吨级码头26个，2014年沿江港口完成货物吞吐量8500万吨、集装箱55万标箱。扬州已经成为石化、汽车及零部件、粮食、钢材、木材等大宗物资集散地。

二 扬州融入"一带一路"建设的经贸合作现状

（1）境外投资增势迅猛。截至目前，全市在"一带一路"沿线国家累计投资58个项目，中方协议投资额3.3亿美元，约占全市总量的三分之一。2015年1～9月，全市新批"一带一路"境外投资项目8个，中方协议投资额8852万美元，同比增长867.3%，占全市总量的44.1%。从分布区域来看，全市境外投资大项目多处于东南亚、南亚、中东等"一路"沿线。从投资领域来看，行业涉及设备制造、建材销售、批发服务以及住房建设类等，特别是近年来扬州机械装备、汽车零部件、光伏等优势产业加快国际产能合作，生产类项目增多。

（2）境外工程承包势头良好。2014年，全市在"一带一路"沿线国家完成对外承包工程营业额5亿美元，同比增长40%，占全市总量的89%。2015年1～9月，在"一带一路"沿线国家完成对外承包工程营业额6.21亿美元，同比增长15%，增幅明显高于国内市场。目前，全市在"一带一路"沿线国家承包工程共有在建项目16个，合同金额共计21.7亿美元，市场范围涉及俄罗斯、蒙古国、东南亚、中东、非洲等国家和地区，项目行业涉及石油勘探、水利水电建设、矿山基础设施建设、房屋建筑、水泥设备生产安装等。

（3）对外贸易发展迅速。2014年，全市与"一带一路"沿线国家实现进出口13.77亿美元，其中出口11.8亿美元，进口1.97亿美元，分别占全市总量的15.4%和8.4%。2015年1～9月，全市与"一带一路"沿线国家实现进出口14.48亿美元，其中出口12.4亿美元，同比增长6.4%，高于全

市平均水平3.2个百分点。部分沿线地区已成为全市外贸新增长点，1~9月对东盟、中亚出口分别增长21.7%和32.4%。扬州对"一带一路"地区出口的商品主要是机电、钢管、线缆、化学品等，进口商品包括有机化学品、矿物燃料、矿物油及其产品等。

（4）利用外资平稳发展。"十二五"以来（截至2015年8月份），共有21个"一带一路"沿线国家在扬州投资42个项目，协议外资3.1亿美元，实际到账3.4亿美元。其中，新加坡外资到账2.94亿美元，占"一带一路"沿线国家总量的86.5%，是全市重要的外资来源地之一。

三 扬州融入"一带一路"建设面临的压力

扬州市在"一带一路"大战略中有一定优势，但需要面对当前存在的6个方面压力和困难。

（1）国内、省内竞争日趋激烈。中央确立"一带一路"战略后，各相关沿线省（区、市）及省内各市纷纷结合自身优势，期盼在参与"一带一路"建设中找到发展新机遇、合作新途径。目前，在"丝绸之路经济带"沿线，新亚欧大陆桥"一桥多堡"格局已露雏形。中西部地区相继开通了"渝新欧"（重庆到德国）、"成新欧"（成都至波兰）、"郑新欧"（郑州至德国）等国际班列。其中以"渝新欧"发展最为迅速，重庆正加大工作力度，吸引广东、浙江等地货源西进，并对运营企业给予大幅度资金补贴。江苏省南京、苏州、无锡、南通、连云港都积极开展与"一带一路"沿线国家的合作。而扬州市目前与"一带一路"沿线特别是中亚、西亚和南亚国家往来较少，对国际货运班列也难以有效利用。

（2）总体规划和布局有待谋划。"一带一路"建设的骨架和血肉，是能够吸引各方、拉住各方并使各方受益的项目。市委、市政府高度重视"一带一路"战略，结合扬州市实际，提出了与长江经济带相融合的"两带一路"战略构想，成为扬州市新时期构建开放型经济体系的重要举措。目前全市上下还存在战略意义认识不充分、政策行动跟进不及时、具体目标不清晰、上下步调不一致等状况,还没能抓住"一带一路"建设千载难逢的机遇,在全市凝聚合力来推动这一战略的深入实施。

(3) 合作机制有待健全。为全面贯彻落实"一带一路"战略构想,国务院、省层面均已建立了相应机制,由外交部、国家发展改革委和商务部等部门牵头或参与。其中,外交部负责海外协调和总体策划,国家发展改革委牵头规划管理、政策研究、统筹推进和考核评估,商务部主抓境外园区建设。国家、江苏省均已成立推进"一带一路"建设工作领导小组,办公室设在发展改革委。扬州市目前在推动"一带一路"建设中还基本停留在各地、各部门各司其职、各自为政阶段,没能有效地形成合力,共同推进。

(4) 经贸合作层次不高。沿线国家在全市对外贸易中所占的份额不高,出口产品多以钢管、纺织等劳动密集型产品为主,产品附加值有待提高。在沿线国家的境外投资多以设立贸易公司和窗口、加以少许在外建厂等传统投资形式为主,境外农林牧渔矿产合作、并购境外营销机构等国家鼓励的新型投资极少。对外承包工程仍然以土建工程分包为主,总包和交钥匙项目较少。

(5) 企业"走出去"面临能力不适应。许多企业缺乏国际化经营的经验和适应国际化经营的管理机制,对境外风险存有疑虑,缺乏"走出去"的长远规划,"走出去"意愿和动力不足。

(6) 国际化人才相对匮乏。"一带一路"沿线涉及国家众多,各国发展水平及投资环境差异巨大,企业跨国合作缺少熟悉东道国环境、语言、文化、法律、国际贸易惯例并具有丰富管理经验的复合型人才。

四 扬州融入"一带一路"建设的战略思考

(一) 构建"一带一路"新节点

(1) 着力打造区域性口岸节点城市。扬州市集铁路、水路、公路、航空口岸、管道"五位一体",需要整合口岸资源,提升口岸综合效能,力争

打造成为区域性口岸节点城市。一是提升水运口岸发展水平。借助长江经济带海关区域通关一体化改革实施的契机，提升扬州水港口岸的核心竞争力。以建设宁镇扬江河（京杭大运河）海联动枢纽港为目标，加快跨江融合发展，积极推动沿岸港口资源的整合，建立外贸内支线快捷服务模式，共同打造江河海合作重要支点，推动与上海港口的"国际中转集拼"业务合作，努力成为上海国际航运中心配套枢纽港。做大做强扬州内河港二类口岸，进一步完善京杭大运河、通扬线、槐泗河等航道整治和沿途船闸扩能工程，提升完善运河码头，推动京杭运河宝应、高邮、江都内河集装箱码头二类口岸开放。加快提升扬州港口集聚长江中上游、沿运河城市轴集装箱集散能力，打造长江与京杭运河水水中转、江河海联运的水运枢纽。力争开通至日本、韩国等的国际近洋航线，开辟至连云港、宁波港等的内河航线，通过水铁、水水、水空联运方式，打通扬州市与中西亚国家的国际物流大通道。二是创新陆路口岸服务功能。抓紧推进扬州出口加工区叠加为综合保税区申报批复工作，完善相关综合保税功能，推动口岸保税物流发展。加强与霍尔果斯、满洲里等口岸合作，搭建连接"苏满欧""苏新欧""连新欧"等跨国货运铁路的直达通道，为扬州提升对外贸易水平进一步完善基础设施条件。三是加速融入全国铁路网。加快连淮扬镇铁路及五峰山过江通道建设，积极推进北沿江高速铁路、江北沿江城际铁路、宁扬和扬马城际铁路等前期工作。加快推进铁路入港工程。四是充分利用扬州泰州机场对外开放的契机，增加航空口岸容量和规模。加快推进扬州泰州机场口岸开放配套工程和机场等级提升工程，进一步开通"一带一路"重要节点城市的国际国内航线，加快空港新城建设，大力发展临空经济，加快空港物流园建设。

（2）着力打造区域性物流节点城市。一是修订完善城市物流产业规划。以提升区域物流中心为目标，及时完善扬州市物流产业发展规划，重点调整产业布局，优化物流资源配置，特别是适应"一带一路"建设发展要求，打造与跨境电子商务发展相适应的跨境物流、区域物流、城市配送、多式联运等现代物流领域，提升物流产业区域服务水平。加快规划建设扬州公铁水空多式联运货运枢纽，为扬州企业开辟全新的安全、高效、便捷的国际物流通道。二是提高物流业发展层级。努力推进扬州港与上海港开展战略合作，实现资源整合一体化发展。推进港区、物流园区和临港产业园区三区联动模式建设，加快港口企业的改革，努力转型升级为集贸易、装卸、仓储、配送、金融服务于一体的供应链管理主体、物流综合运营商。加快引进一批知名国际物流企业，带动和提升扬州市物流国际化水平。鼓励和引导本地物流企业与国内开展"一带一路"物流业务的物流企业联合联动，整合境内外物流资源。积极开拓海外市场，加大与中亚、欧洲物流市场对接力度。加快筹建扬州市跨境电子商务园区，拓展跨境电子商务业务。三是加快口岸基础信息平台建设。充分整合现有资源，加快口岸物流网建设，推进物联网管理模式，满足多种组织、多种业务形态一体化作业要求，实现航运公司、货主、各类代理机构以及与口岸航运相关的金融、保险、海关国检等供应链各环节的信息以高效、准确、快速的方式传递，形成便捷高效的物流信息走廊。

（3）着力打造区域性人文交流节点城市。"一带一路"沿线有4000多万的华侨华人，扬州市应从人文交流合作入手，积极搭建与海外华人华侨的沟通平台。一是深化科技领域合作。哈萨克斯坦等中亚国家在航空航天、精密机械等方面的部分技术装备仍位居世界先进行列；印度在信息产业、服务外包等领域技术优势明显；以色列在军事科技、电子、通信、计算机软件、医疗器械、生物技术工程、农业、航空等领域拥有先进的技术水平。因此，扬州市应立足于先进制造业基地和智慧城市建设，加强与中亚、西亚、南亚国家在科技领域的合作，探索建设"一带一路"科技创新、软件和服务外包、城市管理、节能环保等合作示范区。二是深化文化和旅游合作。充分发挥扬州文化的品牌效应和魅力，设计制作特色精美礼品，争取扬州元素成为中国走进"一带一路"国家和地区的特色国礼和城市名片。积极参与海上丝绸之路联合申遗工作，筹建扬州海上丝绸之路博物馆。在办好扬州鉴真国际半程马拉松赛的同时，继续推动国际重大体育赛事落户扬州市。系统搜集整理扬州与"一带一路"沿线国家和地区交往合作的历史资料及其在国家对外政治、经济、文化交往中的地位与作用，深入挖掘相关历史资源和遗产

点,加强对鉴真、马可·波罗、普哈丁、崔志远等历史文化名人的包装和宣传,扩大扬州市的对外影响。三是深化人才引进与合作机制。加大对"一带一路"沿线国家关键人才的引进力度,变招商引资为招商引"智",建议成立专业化的扬州高端人才招引和服务局,全方位做好高端人才引进和服务工作,进一步提高引进人才的各种待遇和服务,确保愿意来、留得下、出成果。积极招引"一带一路"国家优秀大学、特色职业院校和研究机构来扬州合作兴办分支机构。组织扬州市高新技术企业骨干人才赴以色列、俄罗斯、印度等国家高等院校、研究机构、创新企业学习交流。鼓励向沿路国家输出中文教育工作者或志愿者,探索开展交换教师、交换学生等形式,增进与华人华侨社会的人文交流。落实并借助在扬州设立"中国—东盟教育培训中心烹饪艺术培训基地",加快推进建立全球华人华侨中餐培训教育基地,打造中餐文化国际交流平台。

(二)加强重点领域经贸合作

(1)加快重点领域"走出去"步伐,深化国际产能合作。抢抓国家推进国际产能和装备制造合作机遇,推进企业"走出去"带动相关产业整体"走出去"。制造业方面,重点推动汽车、机械装备、造船、输变电、水泥等具备相对优势的装备制造业企业到沿线国家设立生产基地,转移富余产能;引导光伏、钢管等易遭遇贸易摩擦的企业到沿线国家开展投资,主动避开欧美贸易壁垒;鼓励有条件的企业在要素成本低的沿线国家投资建设纺织服装、食品加工等轻纺行业项目。能源资源合作方面,支持木材加工、电线电缆等资源依赖型企业加大沿线国家林业、矿产资源投资,建设境外能源资源合作基地。建筑业方面,鼓励工程承包骨干企业抱团或加强与央企合作,积极投标"一带一路"及周边国家基础设施项目,拓展饲料机械厂建造、水泥厂建造、石油勘探等专业国际工程承包业务。服务业方面,支持旅游、"三把刀"等优势服务业拓展沿线市场,扩大扬州品牌国际影响力。

(2)大力开拓沿线国家市场,深化多元贸易往来。一是抢占市场份额。积极开展面向沿线国家的贸易促进活动,加强与沿线国家商会、协会和会展机构等的交流合作，鼓励和组织企业赴沿线国家参加国际或区域性展会，并争取在扬州举办各类国际展会，帮助企业拓展东南亚、中亚和南亚等沿线市场。二是优化出口商品结构。在稳定纺织、鞋帽、牙刷等劳动密集型产品对沿线国家出口规模的同时，发挥扬州产业竞争优势，扩大船舶、钢管、机械装备等机电行业产品出口，拼抢新能源新光源、电子纸与液晶装置、精细化工等高新技术和高附加值产品出口订单。三是着力扩大进口。在增加沿线国家能源、资源性商品进口的同时，加大农产品和民生用品等非资源类产品进口力度，利用扬州现有基础，积极打造木材、红酒、铁矿砂进口集散地，培育进口商品交易中心。四是发展跨境电子商务。积极争取跨境电子商务试点，鼓励电商龙头企业试水跨境电商平台建设，引导外贸企业开展跨境电商业务，通过"扬州外贸商品展示交易平台"和现有B2B开展电子商务和市场推广活动，拓展沿线贸易新渠道。

（3）加强园区载体合作，打造开放合作新平台。一是建设中外合作园区。以9个省级以上开发区为载体，探索与欧美日韩及新加坡、以色列等发达国家、国际组织、跨国公司合作共建，引进优质资本和先进技术、管理经验、国际人才，提高园区国际化水平。重点打造一批境外合作园区，吸引合作国企业入园投资，并带动沿线国家企业来扬州投资。二是建设境外经贸合作区。引导牧羊、亚普等龙头企业以境外建设的大项目为支撑，整合产业链上下游企业集群式"走出去"，并与扬州有关对外工程承包企业在园区基础设施建设方面进行合作，在沿线重点国家建设一批境外经贸合作区，促进扬州境外投资集聚集群发展。

（三）培育企业国际化经营能力

（1）引导企业选择合适的国际化策略。企业参与"一带一路"应由易到难，由近及远，循序渐进，集中力量取得突破。要分类施策，针对不同的国家和市场，采取不同的灵活策略。鼓励国际化经验不足的企业参加国际展会，通过国际贸易的方式进入沿线国家市场，并在条件成熟时注册境外贸易公司或设立境外销售窗口，带动产品出口。支持有实力的企业采用境外投资

的方式在沿线国家设立生产加工基地，或在新加坡、以色列等创新资源丰富的国家设立研发中心、测试中心。根据中国与沿线国家的具体情况，借助中国—东盟自由贸易区、上海合作组织、中印缅孟经济走廊等现有的区域合作平台，引导企业进入东盟、印度、巴基斯坦、俄罗斯等市场投资环境较好、国际关系相对良好的国家。引导企业分类入驻柬埔寨西哈努克港经济特区、印度尼西亚双马农工贸经济合作区等国家、江苏省认定的境外经贸合作区。

（2）丰富企业国际合作方式。引导有资金、人才优势的企业通过新设、并购、参股、加盟、连锁等方式开展对外投资，进入国际生产营销供应链。支持企业借助国际资本市场，采取境外发行股票、债券等多种融资方式，稳步推进低成本快速扩张。鼓励有条件的企业以项目融资、特许经营等国际通行方式开展国际工程承包，大力发展BOT、PPP和EPC等模式。支持企业将机械设备出口与安装、基础设施建设和技术咨询等服务相结合，提升项目附加值。引导企业拓展工程技术工种、IT、厨师、护士等高端劳务合作。引导扬州企业成立"走出去"商（协）会和战略联盟，促进企业抱团出海，或加强与央企合作"借船出海"。

（3）培育国际化企业。加强"走出去"投资网络构建，选择有一定经营规模、品牌和核心竞争力的本土企业，进行重点扶持和推动，力争建成3家以上具有较强国际竞争力的省级本土跨国公司。引导企业建立并完善与国际接轨、适应国际市场竞争需要的企业组织架构、跨国经营管理体系和跨国经营人才队伍，提高企业全球规划布局能力和投资决策水平，不断提高企业国际化经营水平和跨国经营比例。规范企业境外经营行为，引导企业遵循东道国法律法规，尊重当地风俗习惯，履行必要的社会责任。

（四）扩大交流互动

（1）加强与国内重要节点城市合作联动。"一带一路"涉及国内众多省（区、市），建议扬州市有针对性地选取部分重点城市，通过深度合作，提升资源要素整合运营能力，为扬州市进入"一带一路"国际通道营造有利条件。优先与上海的合作，重点以对接上海自贸区为主，承接上海自贸区溢出效应和先行先试政策的复制推广。强化与新疆的合作，充分利用新疆与中亚8国接壤、拥有17个对外口岸的优势及当地政策优惠，重点在产业、园区、企业、口岸等方面开展合作。以对口援助和建设"一带一路"相结合，促进我国中西部地区的资源、市场优势与扬州的产业、资金、技术优势相融合，实现互利多赢。

（2）拓展与驻外机构和侨界合作联动。抓紧与"一带一路"沿线国家我国驻外使领馆、经贸代表处、华人商会及各国驻沪使领馆建立联系渠道，了解沿线国家经贸特点、产业状况和经济政策，寻找与扬州市产业、文化相匹配的重点城市开展交流与合作。同时，通过与驻外机构和各国驻沪机构的合作，及时对扬州市"走出去"企业进行指导和服务，及时协调解决"一带一路"项目建设过程中的问题。以侨为桥，充分发挥民间团体与海外华侨的作用，组织和支持扬州市海内外侨胞弘扬和传承中华文化，为发展扬州市与沿线各国人民的友好合作和交往发挥纽带和桥梁作用。进一步加快扬州海外同乡会建设，加强对海外侨团的服务指导，系统组织海外华人媒体宣传扬州。

B.3 扬州融入长江经济带建设研究报告

郭志咸 吉爱平 陶 阳*

摘　要：	扬州地理位置优越、历史文化悠久、经济繁荣昌盛，作为长江中下游重要节点城市，扬州将积极融入长江经济带这一全国发展战略格局。扬州市高度重视长江黄金水道特别是长江岸线资源的综合开发利用，经过十多年发展，扬州探索和积累了一系列沿江开发的经验。随着国家依托长江建设经济新支撑带战略的实施和全球经济结构重构，扬州面临着新的考验。积极融入长江经济带区域一体化建设，有助于扬州开拓新的经济增长极，有助于经济转型和产业升级，有助于形成合作竞争新优势，有助于为扬州"十三五"经济社会发展注入新活力。
关键词：	扬州　融入　长江经济带　建设　建议与思考

依托长江黄金水道建设长江经济带是国家"两带一路"发展战略的重要组成部分，也是长江流域城市"新常态"下实现发展新提升的难得历史机遇。随着《国务院关于依托黄金水道推动长江经济带发展的指导意见》（国发〔2014〕39号文）正式发布，长江经济带建设进入实质性推进阶段。

---

* 郭志咸，扬州市发改委副主任；吉爱平，扬州市发改委外经处处长；陶阳，扬州市发改委外经处副处长。

扬州地理位置优越、历史文化悠久、经济繁荣昌盛，作为长江中下游的重要节点城市，扬州将积极融入全国发展战略格局。

一 长江经济带建设中扬州沿江地区发展基本情况

2003年扬州就在全省率先启动沿江开发工作，沿江地区目前已经成为扬州市经济发展的主战场。

1. 沿江开发成效显著

2014年，全市沿江地区实现地区生产总值2869.0亿元，年均增长16.9%；规模以上工业总产值7550.5亿元，年均增长23.9%；固定资产投资1810.4亿元，年均增长23.1%；公共财政收入238.6亿元，年均增长20.4%；利用外资实际到账14.4亿美元，年均增长16.5%；外贸出口66.9亿美元，年均增长19.4%；分别占全市的78%、80%、75%、81%、95%、87%。三次产业结构由2002年的7.7∶52.4∶39.9调整为3.8∶52.8∶43.4。

2. 沿江地区基础设施极大改善

一是便捷的交通网基本形成。宁启铁路、润扬长江公路大桥、扬州泰州机场相继通车，扬溧高速西北绕城段、江海高速、沿江高等级公路、安大公路等多条高速公路先后建成，连淮扬镇铁路、宁启铁路复线及电气化改造、宁扬联络线、宁仪扬城际（都市圈快轨）、江广高速扩容工程等积极推进。二是江港海化工程快速提升。12.5米深水航道工程加快实施，通江达海码头基本形成。扬州港"一港三区"新建万吨级、液体化工、集装箱等十多个专用码头，京杭大运河"三改二"工程顺利完工。沿江污水处理、二电厂二期、港口环保热电、500千伏扬州西输变电等功能性设施，整体提升了沿江地区的产业承载力和经济发展能力。三是城市建设取得了巨大成绩。新城西区建设完成15平方公里开发，面貌焕然一新；规划面积22.5平方公里的科技生态新城初步搭建沿江融合发展框架；江都撤市设区，拉开了扬州主城区建设新蓝图。扬州市区建成区面积由2002年的53.5平方公里扩大到84.8平方公里。

3. 沿江地区主导产业群已经形成

2014年，全市五大千亿级产业累计完成总量占全市的73.5%：汽车产业实现产值1135.8亿元，增长19.4%；机械装备产业实现产值3054.1亿元，增长12.1%；船舶产业实现产值520.2亿元，下降5.4%；石化和新能源新光源产业分别实现产值1595.5亿元和695.4亿元，分别增长7.3%和19.2%。工业结构实现从规模优势转向竞争优势，机械装备、石油化工、汽车、船舶四大主导产业从以前的扬柴、扬农、亚星、江扬等单个优势企业向龙头企业、产业集群、品牌特色产业基地裂变，新能源、新光源、新材料、智能电网环境保护等一批战略性新兴产业快速崛起。支撑全市经济发展的产业群已经形成。

4. 沿江地区重大项目建设不断推进

德国大众、西门子，美国高露洁、惠普，日本信友、JEF，意大利玛切嘉利，荷兰飞利浦以及通快数控机床、日本旭硝子、美国微软等一批世界500强、国内行业前10强企业先后落户；大众汽车、联环药业、新世纪索业、锦绣前程触摸屏等一批重大项目建设投产；大连化工、远东、永丰余等一批港台公司，中航集团、天威、中集、中远、中海运、中材集团等国字号企业以及浙江春和、安徽海螺等知名民营企业先后落户。

5. 沿江开发园区建设取得成效

拥有国家级经济技术开发区、高新区和出口加工区，6家省级开发区和其他市级产业园和工业集中区。2014年，沿江开发园区实现地方财政一般预算收入181.92亿元、自营出口53亿美元、实际外资到账13.1亿美元，开发园区以不足2%的开发土地，创造了全市70%的地方财政一般预算收入、70%的自营出口和87%的实际外资到账。开发园区已经成为沿江开发的主要板块和重要支撑。

二 长江经济带建设中扬州的机遇和挑战

经过十多年发展，扬州探索和积累了一系列沿江开发的经验，创造了沿江速度。随着国家依托长江建设经济新支撑带战略的实施和全球经济结构重构，扬州面临着新的考验。

1. 面临的主要机遇

一是长江经济带为扬州经济结构调整搭建了巨大平台。随着我国经济增速放缓，扬州经济也进入了新常态，需要通过产业结构调整改善经济质量并实现经济的转型升级。长江经济带为扬州经济结构调整提供了广阔的空间，重点可以体现在中低端产业的转移、高端产业链的抢占和人才价值链的构建。长江经济带还可继续向西与丝绸之路经济带连接，形成开放的新局面，为经济发展提供新动力。

二是长江经济带为扬州扩大内需提供了巨大舞台。金融危机以来，国际市场需求萎靡，给扬州制造业带来较大冲击，出口增长放缓。长江经济带发展一体化，将给扬州发展带来新的机遇，成渝、武汉、江淮等中西部城市群为扬州制造提供了巨大的市场，长江中上游基础设施建设也为扬州相关产业发展带来巨大红利。

三是长江经济带为扬州城市发展带来了新的契机。"五大走廊"建设将改善扬州立体交通体系，拉近扬州和其他城市的距离。以上海带动全流域、以武汉带动中游、以重庆带动上游的发展，有利于发挥扬州科技、人力资源丰富和制造业发达的优势。2014年9月启动的长江经济带通关一体化将切实降低扬州企业的物流成本。

2. 面临的主要挑战

一是长江经济带一体化将影响扬州产业转移。长江经济带的"龙头"上海的中心地位以及上海自贸区的辐射性，放大了对扬州产业微笑曲线两端的虹吸效应，而长江中上游重庆、武汉等城市具有资源优势和成本优势，加速了对扬州产业微笑曲线中段的转移效应。两种效应的叠加将对扬州现有的制造业和现代服务业发展造成较大影响。

二是长江经济带发展模式将给扬州带来一定冲击。在长江经济带经济一体化发展背景下，产业链的分布会逐渐依据区域的相对竞争地位在一定范围内实现再布局。这一过程必然会对扬州传统的以各分隔的开发区为经济发展

主阵地、招商引资为经济发展主抓手、产业发展视野一定程度上局限在本市范围的发展模式造成较大冲击。

三是扬州经济发展还存在不少问题。例如，竞争力不强，自主创新能力不足，产业结构有待优化，资源环境约束趋紧，生产、商务、生活成本上升，岸线利用水平有待提高，现代物流发展程度不高，多式联运市场尚未理顺，体制改革创新亟待突破、城市经济总体竞争力不强等，在一定程度上削弱了对发展要素和人才的吸引力。

三 扬州融入长江经济带发展的思路和建议

积极融入长江经济带区域一体化建设，有助于扬州开拓新的经济增长极，有助于经济转型和产业升级，有助于形成合作竞争新优势，有助于为扬州"十三五"经济社会发展注入新活力。为此，特提出以下建议。

1. 深化改革，优化适应经济一体化新环境

超前研究谋划长江经济带经济一体化所需要的制度创新，通过改革和先行先试赢得先机。探索面向经济一体化新要求的行政职能改革，优化扬州政务服务的环境和效率。加快推进社会信用体系建设，建立健全守信激励和失信惩戒机制，不断完善扬州市场体系，以满足扬州市在全球产业链分工中地位升级的需要。加快推进扬州行业协会改革，进一步释放行业协会的行业引导力和统筹力，不断放大行业协会在扬州产业辐射长江经济带的引领作用。评估和改革产业扶持和引导政策，不断满足扬州产业的战略定位需求，实现政策扶持的战略效果。

2. 抓紧谋划，明确区域发展新定位

总体定位是充分发挥区域比较优势、持续强化城市特色的战略指向。2010年5月国务院通过的《长江三角洲地区区域规划》明确扬州的总体定位为：发挥历史文化和产业优势，建设以电子、装备制造、新材料、新能源为主的先进制造业基地和生态人文宜居城市。当前国家经济发展出现了新变化，扬州的城市定位必须融入国家发展战略大格局，以"十三五"规划为契机，围绕国家长江经济带发展指导意见和综合立体交通走廊规划，从更大范围更宽视野确立新的城市定位。在长江流域层面上，成为中国新的经济支撑带重要节点城市，在长三角区域内成为富有活力和竞争力的长三角核心区城市，在全省层面上成为跨江融合发展的综合改革试点城市。全力推进扬州"十三五"规划纲要，以及交通、产业、城镇等专项规划与长江经济带战略全面对接，进一步明确岸线资源的开发利用和扬州港口定位，努力再造新一轮发展优势。

3. 全力以赴，拓展产业转型新空间

立足产业基础和资源禀赋，坚持错位发展，在更高层次上推进产业分工协作，是深度融入长江经济带建设的必然要求。一是加快推动港口转型。随着沿江综合立体交通走廊建设尤其是长江12.5米深水航道建设的推进，扬州港区位和岸线资源优势进一步凸显，要抢抓沿海港口体系重要机遇，积极引进战略投资者，加快实现由喂给港和转运港向深水直挂港的转型。坚持港口与产业互动发展、沿江与腹地联动发展，以临港产业的突破提升，带动腹地加快发展。二是加快推进先进制造业与现代服务业融合转型。抓住国家支持发展生产性服务业机遇，力争在"港口、仓储、加工、交易"四位一体发展上取得新突破。三是加快推进重点园区向共建提升转型。全面启动开发区发展战略规划、产业发展规划等编制，推动沿江和腹地有条件的园区与长江流域高水平的园区、世界知名企业以及境外专业园区合作共建。全力支持江都经济开发区争创国家级经济开发区，推动出口加工区整合为综合保税区，逐步实现资源共享、优势互补。

4. 着力增创，构建对外开放新优势

深度开放，不断放大上海自贸试验区的溢出效应。上海自贸区是新时期我国改革的领跑者，开放的新标杆，也是长江经济带经济一体化发展和对外开放的发动机。扬州作为长三角一体化成员，距离上海近，与上海产业有一定的融合度，应积极抢抓机遇，以园区等平台为抓手，进一步复制推广上海自贸区的制度创新，积极开展跨境贸易电子商务试点，研究中澳、中韩自由贸易协定对扬州的影响并加以对接，努力将扬州打造成开放型经济的新高

地、对接国际经贸规则的示范地、先进生产要素的聚集地和体制机制创新的策源地。整合海关特殊监管区功能，加快扬州出口加工区升级为综合保税区的报批工作，完善区域通关一体化和电子口岸建设，优化海关、检验检疫、边防监管模式，实现信息互通和资源共享，推进贸易便利化，提高通关效率。引导开发区优化空间布局，完善城市功能，促进开发区从单一的出口加工区或工业制造型园区向多功能生态产业区和现代化新城区转型，加快建设与现有制造业相匹配、与城市化进程相协调的现代服务体系。

5. 生态建设，增强可持续发展新能力

推进环境共保、生态共建、污染共治，在融合发展中彰显生态宜居特色。加强环保规划、生态建设、污染防治、环境监管等方面的合作，加强长江岸线节约集约利用及生态岸线保护，加快沿江防护林建设，大力推进大江风光带建设，真正把沿江地区建设成为长江经济带生态示范走廊。推进水生态文明建设，严格保护南水北调东线输水干线、廖家沟、三江营等水源地，确保饮用水源地水质达标。加大对宝应湖、高邮湖、邵伯湖和里下河地区自然湿地的保护和修复力度。

6. 文化交流，实现资源优势互补新提升

进一步拓展宣传渠道，彰显扬州旅游和扬州文化的独特魅力，吸引长江经济带沿线地区游客来扬州旅游观光，开展沿江城市与扬州市互为旅游目的地的推介活动，扩大扬州市的影响。加强跨区域职业教育合作和劳务对接，通过合作办学、股份制合作、专业课程设置、岗位认证制度等，实现与长江中上游地区城市跨区域教育培训，打造扬州市合格规范劳动用工基地。充分发挥民间团体作用，积极组织扬州市传统工艺美术、淮扬菜烹饪艺术、园林艺术、盆景艺术、古建筑艺术、木偶艺术、修脚艺术等出访、交流活动，为发展扬州市与沿江各地的友好合作和交往发挥纽带和桥梁作用。

B.4
扬州深化跨江融合发展研究报告

扬州市发改委、统计局课题组[*]

摘　要： 省委、省政府苏中发展工作会议提出支持扬州开展跨江融合发展综合改革试点，这是今后一个时期扬州经济社会发展的重要机遇，也是市委、市政府的工作重心之一。一年多来，扬州在交通、项目、园区、社会事业等多个领域与苏南开展了合作对接，取得了显著成效，但也存在一定的不足。本文在借鉴国内外区域合作先进经验的基础上，探索扬州跨江融合的关键环节，并提出相关政策建议。

关键词： 跨江融合发展　研究　报告

一　扬州跨江融合发展的基础优势

（1）交通设施基础完善。交通汇通是扬州实现跨江融合发展的重要基础和先决条件。首先扬州地处长江、运河交汇处，具有江河联运的水运优势；其次依托润扬大桥、南京四桥、泰州大桥等过江通道以及较为完善的高速公路网络，初步形成了水路、公路等多层次、多通道的跨江交通体系。同时，依托宁镇扬同城化战略的宁扬城际高铁、京沪高铁宁扬连接线等一批重

---

[*] 课题组成员：黄俊华，扬州市发改委副主任；钱利东，扬州市统计局高级统计师；颜华实，扬州市统计局中级统计师；赵亮，扬州市发改委规划处长；赵明，扬州市发改委规划处副主任科员。

大交通设施正在规划建设中,为扬州融入长三角提供了基础支撑。

(2)产业融合粗具规模。五大支柱产业体系已经形成,新兴产业增长率逐年提高,全市8大园区已经引进和完成一批产业融合项目,分别和上海、苏州和常州等地作为结对园区(见表1、表2)。

表1 五大支柱产业体系

单位:亿元,%

五大支柱产业			汽车制造		机械装备		船舶制造		石油化工		新能源和新光源	
	总产值	占规模以上工业比重	产值	增长率	产值	增长率	产值	增长率	产值	增长率	产值	增长率
2014	6951.6	73.5	1135.8	19.4	3054.1	12.1	520.2	-5.4	1595.7	7.3	695.4	19.2
2013	6120.6	72	939.2	40.7	2562.8	18.5	547.9	-7.5	1525.1	9.8	588	18
2012	4846.9	66	584.9	27	1651	15.9	643.8	6.3	1403.7	7.5	597.6	18.2
2011	4624.1	66.6	484	31.4	1535.2	30.1	688	57.9	1350.6	29.7	598.7	53.9

表2 扬州市产业融合项目

区单位	级别	规划面积(km²)	总和排名	主导产业	结对园区
扬州开发区	国家	72	7	三新一网一书	上海张江高新技术产业开发区
江都开发区	省级	113	22	船舶物流与特钢	常熟经济技术开发区
扬州高新区	省级	48	35	智能化装备	武进国家高新技术开发区
高邮开发区	省级	32.45	38	光伏、电子和储能	苏州高新区
宝应开发区	省级	30	39	智能输变电设备	吴中经济技术开发区
仪征开发区	省级	86.1	42	汽车制造及其配套产业	常州天宁经济开发区
化工园区	省级	22.57	57	绿色化工	韩国丽水石化产业园区
维扬开发区	省级	16.67	76	汽车及零部件	常州钟楼经济开发区

(3)园区合作有序推进。共建园区方面,波司登(高邮)工业园获批,并获奖励资金1500万元。江苏莘庄工业区(宝应)工业园已通过省级部门的审核,有望获批。与苏南城市合作方面,6个园区与苏南园区签署园区层面的合作协议。与上海合作方面,张江(扬州)国际医学园区即将开工建设。7个园区与上海园区签署合作协议。

(4) 科技合作成果显著。市政府与江南大学签署了全面合作协议,市产研院、广陵区、食品产业园和江南大学签订了合作协议,设立江南大学国家技术转移中心扬州分中心。此外,扬州市还成立了东南大学扬州大学科技园、东南大学扬州研究院,引进上海交大动力总成测试基地等36家研发中心和创新中心。

(5) 社会领域合作多点开花。开展公共数字文化工程建设,与上海图书馆、南京图书馆实现资源共享。市体育局与镇江加强公共体育等领域的合作交流。加快推进卫生医疗合作,扬州市牵头设立了长三角城市经济协调会健康服务业专业委员会,3家医院与5家上海和南京医疗机构开展合作共建。环境治理协同推进,签署《宁镇扬区域空气污染联防联控合作协议》,在机动车尾气污染治理、油气回收治理、秸秆禁烧、主要污染物减排方面同步规划,同步实施。

(6) 政策支持逐步到位。财政支持方面,2013~2015年省委、省政府连续3年每年支持扬州跨江融合发展的2.5亿元资金已全部到位。土地要素方面,省国土厅明确在扬州市开展"零散基本农田归并""三规合一""工矿废弃地复垦整理扩大规模"三项试点。资金要素方面,上海股权托管中心在江都设立企业孵化基地。人才要素方面,两年共有204人(团队)入选省"双创计划",并建成省级高技能人才专项公共实训基地和技能大师工作室各1个。

(7) 改革举措稳妥推进。积极争取国家级试点先行先试,扬州市获批全国新能源示范市、生态文明先行示范区。积极推进体制机制改革,完成"三证合一"登记制度改革,并成为全省企业年报工作的试点城市。完善交通投资管理体系,省交通运输厅已明确宝应、高邮农村公路、干线公路建设按照苏北相关政策予以补助支持,对仪征后山区农村公路提档升级、农路安保工程等加大支持力度。

二 跨江融合发展需要解决的几个问题

(1) 新型工业化道路水平问题。扬州和苏南地区发展差异大,在很大程度上是由产业结构不合理、市场竞争能力不强、工业化进程不同步造成的。为此,扬州市产业结构政策应有明确的目标,即在优化区域经济资源配置、构筑各具特色的区域经济的基础上,把工业化作为推动经济发展跨江融合的"第一方略",促进产业结构升级。这是推动区域经济由不均衡发展到均衡发展、实现跨江融合发展的理性选择。苏南地区工业技术经济水平较高,结构转换能力较强,产业层次高,扬州目前能进行融合的有一般加工工业和劳动密集型产业等,实现与苏南的优势互补,获得它们的产业转移、资金扩散和技术支撑,加快融入苏南板块,融合的同时,适当发挥自身优势,提升产业竞争层次,加快传统产业改造步伐,努力加大资源加工深度,延伸产业链,促进资源的高效转化和多次增值。跨江融合发展要坚定走新型工业化道路,要按照新型工业化道路的科学内涵,以科技创新和进步为支撑,以提高经济效益和竞争力为中心,走可持续发展的工业化道路。

(2) 加快推进宁镇扬一体化问题。实现地区协调发展,关键要打破行政分割,建立统一市场,重塑市场经济条件下的新型地区经济关系。省委、省政府制定的镇扬一体化和沿江开发开放战略,是扬州经济增创新优势的一次重要机遇,也是逐步缩小南北差距、实现区域共同发展的最佳切入点。通过宁镇扬一体化的要素集聚,可以促进生产要素的合理流动和优化配置,带动扬州经济顺势发展,从而最终突破"地理上的二元经济"格局。苏南现代工业基础较好,国际配套能力强,是高科技制造业的密集地、国际知名品牌的生产地、高科技研发和高科技人才的集聚地。扬州要注重产业集聚效应,通过宁镇扬一体化形成合理的产业布局和地区分工,提高产业配套能力。加强与苏南等地区的配套合作,成为长江三角洲制造业基地的配套区,同时应充分利用上海国际跨国公司、海外投资者集聚的优势,打破地域观念,主动"抢滩"上海,实现更为实在而具体的跨江融合。

(3) 空间分布的问题。上海是跨江融合的关键点和着力点。扬州如何与以上海为核心的"长三角"跨江融合发展,以及如何与苏南互动,是跨江融合中的两个重要命题。前者的实质是扬州融入长三角的经济一体化进程,后者则是扬州融入"苏南板块"的发展循环过程。扬州是承接苏南、带动苏北的前沿阵地和传导区域,通过扬州的崛起推进苏南向苏北有效的辐射传导,是全省沿江开发的着力点和突破口。扬州全面融入"长三角"一体化进程的发展态势,很大程度上取决于能否实现与以上海为核心的融合互动。

(4)政府的行政效能问题。经过多年的发展,长江沿岸苏南地区已成为江苏区域经济发展中的核心区域或如佩鲁所说的"发展极",而扬州等地区的劳动力、人才、技术、知识、资金等生产要素,总体上还是流向苏南(也包括流向上海、北京、广东等地,甚至流向国外)。扬州与苏南和上海的差距有一定的不可避免性,但并非不能缩小,特别是目前扬州经过多年的发展,已经具备了良好的现实基础;加之区位和资源等比较优势,后发的潜力巨大,只要抓住长三角一体化和苏南现代示范区建设两大战略机遇,扬州定能迅速融入苏南和长三角城市群,完全有条件实现跨越式发展,进而逐步缩小差距。

在缩小差异过程中,市场和行政力量缺一不可,其中政府宏观调控起着至关重要的作用。缪尔达尔指出:"市场力的作用总是倾向于扩大而不是缩小地区间的差别",他认为,缩小地区差距不能依靠市场机制,而必须加强国家干预,即运用种种政策手段促进区域经济协调发展。萨缪尔森指出,"对于一个健康运行的经济来说,市场和政府这两个部分都是必不可少的"。因此,2013年,省委、省政府强力推出跨江融合试点战略,就是承担政府的经济职能,强化宏观调控,在政府推动下,主要依靠市场机制的作用,大力推进南北对口合作,加快产业转移,建立财政转移支付制度,运用计划、行政手段和财政、税收、金融、劳动就业等经济政策,帮助和支持扬州发展,引导区域合作共进,取得较好的成效。

三 基于空间引力模型的扬州经济实力评价

为科学、客观、准确地衡量扬州经济实力,根据指标选取的科学性、可比性、可行性原则,课题组以江苏省13个省辖市和长三角16个城市为样本,从经济规模、经济增长质量等方面选取主要指标进行评价(见表3)。

表3 江苏省及13个省辖市主要经济指标

2014年	人均生产总值(元)	人均可支配收入(元)	工业化率(%)	城市化率(%)	经济密度(亿元/平方公里)	人口密度(人/平方公里)	财政收入占GDP比重(%)	外贸依存度(%)	税收占GDP比重(%)	税收占财政收入比重(%)
全省	81874	27173	47.7	64.1	0.63	776	18.2	53.2	18.2	100.0
南京	107545	37283	41.6	80.5	1.34	1247	20.1	39.8	21.1	105.2
无锡	126389	36471	51.0	73.7	1.77	1405	16.1	55.5	16.5	102.4
徐州	57655	18744	46.1	58.1	0.44	766	14.8	7.4	13.5	91.5
常州	104423	32662	50.1	67.5	1.12	1074	14.5	36.1	14.0	96.5
苏州	129926	39780	51.1	73.2	1.62	1249	19.1	139.0	22.6	118.5
南通	77457	25340	50.8	59.9	0.71	912	14.9	34.4	15.7	105.2
连云港	44277	17798	45.3	55.7	0.26	585	17.0	25.1	21.8	124.0
淮安	50736	19110	44.8	55.1	0.24	482	18.9	10.3	17.2	90.9
盐城	53115	20543	46.5	57.2	0.23	426	15.5	12.0	14.5	93.5
扬州	82654	24157	51.0	60.0	0.56	679	12.7	16.6	12.2	96.1
镇江	102651	28850	51.1	65.4	0.85	824	12.4	19.5	12.7	101.6
泰州	72706	23833	51.2	59.0	0.58	802	13.1	19.8	13.7	104.9
宿迁	39963	15888	48.3	52.4	0.23	568	15.7	11.9	14.9	94.9

1. 全省数据比较

2014年,扬州市人均生产总值在全省排第6位,高于全省人均生产总值1%,低于排名第一的苏州36.4%;人均可支配收入排名全省第7位,低于全省人均可支配收入11.1%,低于排名第一的苏州39.3%;工业化率排名全省第5位,比全省平均工业化率高3.3个百分点,比排名第一的泰州低0.2个百分点;经济密度排名全省第8位,比全省经济密度低11.1%,比排名第一的无锡低68.4%;财政收入占比排名全省第12位,低于全省财政收入占比5.5个百分点,低于排名第一的南京7.4个百分点;税收占GDP比重排名全省第13位,低于全省税收占GDP比重6个百分点,低于排名第一的苏州10.4个百分点;税收占财政收入比重排名全省第9位。

2. 长三角数据比较

在长三角数据比较中,扬州的一些数据还比较靠后,差距十分明显,还存在不少薄弱环节和短板,需要正视(见表4)。不少小康单项指标实现程度仍然低于目标值的80%,制约了经济的持续发展,经济发展不充分、不全面、不平衡的现象将长期存在。

表4 长三角16城市主要经济指标

城市	生产总值(季度数)		公共财政预算收入		城镇常住居民人均可支配收入		农村常住居民人均可支配收入	
	累计(亿元)	增长(%)	累计(亿元)	增长(%)	累计(元)	增长(%)	累计(元)	增长(%)
上海市	23560.94	7	4585.55	11.6	47710	8.8	21192	10.3
南京市	8820.75	10.1	903.49	8.7	42567.8	8.8	17660.9	10.3
无锡市	8205.31	8.2	768.01	8	41731	8.6	22266	10.1
常州市	4901.87	10.1	433.88	6.1	39483	8.8	20133	10.8
苏州市	13760.89	8.3	1443.82	8.5	46677	8.6	23560	10
南通市	5652.69	10.5	550	13.2	33374	8.9	15821	10.5
扬州市	3697.89	11	295.2	13.9	30322	9.5	15284	11
镇江市	3252.38	10.9	277.76	9.1	35315	9.1	17617	11
泰州市	3370.89	10.8	283	9.2	31819	9.3	31346	9.2
杭州市	9201.16	8.2	1027.32	8.7	44632	9.1	23555	11.1
宁波市	7602.51	7.6	860.61	8.6	44155	9.2	24283	11
嘉兴市	3352.8	7.5	307.07	8.8	37673	9	23689	9.9
湖州市	1955.96	8.4	167.84	8.5	38959	9	22404	10.6
绍兴市	4265.83	7.5	317.27	8.3	43167	9.1	23539	10.5
舟山市	1021.66	10.2	101.02	9.1	41466	9.7	23783	11.1
台州市	3387.51	7.5	265.21	7.1	39763	9	19362	10.5

3. 熵值法计算的空间引力模型

(1)空间引力模型。

传统空间引力模型:

$$F_{ij} = \frac{M_i M_j}{d_{ij}} = \frac{K_i K_j}{\sqrt[2]{\sum_{i=1}^{n} \lambda_{ij} C_{ij} T_{ij}}} \tag{1}$$

式中，K 表示区域综合"质量"，反映城市经济发展的综合水平。主要通过建立指标体系，对地区经济进行综合打分，反映一个城市的发展状况。d_{ij} 表示两地之间的"距离"，在综合交通运输体系发展以及市场经济作用下，"距离"已经转化为一个货币成本 C_i 和时间成本 T_i 的组合概念，λ_i 表示第 i 种运输方式所占比重。由于平均运输成本与平均运输时间趋同化，货币成本 $C_i = \bar{c_i} \times d_i$，时间成本 $T_i = \dfrac{d_i}{\bar{s_i}}$，$\bar{c_i}$ 表示平均运输成本，$\bar{s_i}$ 表示平均运输速度，则空间引力模型可重构为：

$$F_{ij} = \frac{M_i M_j}{d_{ij}^2} = \frac{K_i K_j}{\sqrt{\sum_{i=1}^{n} \lambda_{ij} \frac{\bar{c_i}}{\bar{s_i}} d_{ij}^2}} \tag{2}$$

（2）质量指数 K 的计算。

①指标体系的建立。本文指标体系建立准则层：经济实力、发展潜力。经济实力包括人口、GDP、公共财政预算收入、固定资产投资、社会消费品零售总额、出口总额；发展潜力包括上述指标增幅。

②利用熵值法计算质量指数 K。关于经济发展总水平的确定，有层次分析法、专家打分法等等。本文采用突出局部差异的熵值法，计算出各县（市、区）经济发展总水平得分。

（3）经济距离的测算。

数据及权重选择。由于苏中、苏南城际距离较短，利用飞机这种运输方式的运量较低，故忽略空运的运输方式，选择公路、火车及动车三种交通方式，数据取自 http：//ww.agri.com.cn/及 http：//www.12306.cn。由于平均运输速度以及平均运输成本均为相对水平，故本文以公路运输为基准，公路、铁路、高铁的平均速度为 1∶0.6∶1.5，平均运输成本为 1∶1.2∶2，开通动车的城市间公路、铁路、高铁权重为 0.4∶0.4∶0.2，未开通动车的城市间公路、铁路权重为 0.6∶0.4。这说明：由于测算的城市间引力数值仅为相对数，考虑到计算结果的可视性，对计算出的引力数值乘以 10^9；各市之间平均引力值采用两市间县（市、区）相互引力之和除以两市县（市、区）数量乘积。

4. 经济引力值的测算结果

(1) 苏中及苏南各市之间引力值测算与分析。

结论一：

苏州、无锡、常州三市构成了苏中、苏南发展的中心。从各市间引力数值来看，苏州—无锡、常州—无锡、苏州—常州引力值分别为：185.19、105.39、59.92，远超其他各市之间的引力值，说明三市产业对接度较高，产业相互转移有着先天优势，已成为江苏局部经济发展的制高点（见表5）。

表5 苏中及苏南各市之间引力值测算表

	南京	无锡	常州	苏州	南通	扬州	镇江	泰州
南京	—							
无锡	7.47	—						
常州	10.83	105.39	—					
苏州	11.93	185.19	59.92	—				
南通	3.47	8.66	5.36	18.88	—			
扬州	14.31	4.77	5.48	7.81	4.69	—		
镇江	21.86	9.64	18.98	11.68	2.04	7.85	—	
泰州	5.53	7.09	4.90	11.16	11.83	17.13	3.97	—

从苏南五市来看，苏州、无锡、常州、镇江、南京之间存在断裂点。苏州 $\frac{185.19}{}$ 无锡 $\frac{105.39}{}$ 常州 $\frac{18.98}{}$ 镇江 $\frac{21.86}{}$ 南京，镇江与南京经济发展的辐射范围与力度明显弱于苏锡常三市。而"宁镇扬"城市一体化的趋势较为明显，同时对泰州形成较强的带动力，镇江 $\frac{21.86}{}$ 南京 $\frac{14.31}{}$ 扬州 $\frac{17.13}{}$ 泰州。因苏通大桥提供的便利运输条件，南通在苏中经济发展中具有独特性，其与苏州之间的引力达18.88，从一定程度上说明交通对于现代经济发展的重要作用。

(2) 扬州市各县（市、区）引力测算与分析。

结论二：

从扬州市内的引力值来看，江都与广陵、邗江的经济联系最为紧密（见表6）。广陵、邗江作为扬州老城区，有着天然的联系，江都划入扬州作为江都区，扬州行政区划面积由1024平方公里调整为2358平方公里，对跨江融合的优势有两个体现：一是为跨江融合发展提供了产业发展和用地拓展空间，而且江广结合带将成为跨江融合发展的先导区；二是改变了江都经济区位，有助于扬州经济地理重塑，为扬州跨江融合提供基础条件，而江都作为扬州"一体两翼"战略发展的东翼，已成为全市发展的主旋律。从市内看，应以江广全面对接为重点，深化产业合作，推动同城融合。

表6　扬州市各县（市、区）引力测算表

	广陵区	邗江区	江都区	宝应县	仪征市	高邮市
广 陵 区						
邗 江 区	10280					
江 都 区	829.07	663.17				
宝 应 县	14.092	14.442	20.639			
仪 征 市	180.72	273.62	89.828	5.0408		
高 邮 市	54.751	51.751	103.15	34.266	17.81	

四　扬州推进跨江融合的政策建议

推进扬州跨江融合发展必须遵循提高经济密度、缩短时空距离、减少区域分割三大经济地理特性，才能重塑经济地理，实现融入长三角核心区。

（一）加强与国家重大战略对接

（1）挖掘扬州长江运河融合交汇节点城市的潜力。借助"一带一路"战略和长江经济带发展战略的重大影响，瞄准国际国内旅游市场动向，扩展旅游市场，特别是境外游客市场。抓住长江深水航道疏浚契机，逐步开发国际国内游（邮）轮等旅游业态，将扬州纳入长江豪华游轮线的重要节点。同时，加快长江国际游轮和大运河游轮码头以及配套服务设施建设，实现长江与运河水上旅游的无缝衔接，把扬州打造成长江和运河旅游的集散中心。

（2）谋划江海联运的新优势。着力打造区域性口岸节点城市。借助长江经济带海关区域通关一体化改革实施的契机，以建设宁镇扬江海联动枢纽港为目标，整合扬州港沿岸资源，建立外贸内支线快捷服务模式，推动扬州港成为上海国际航运中心配套枢纽港。加大港口基础设施建设和长江岸线整治力度，完善港口集疏运体系，加快临港产业集聚。创新陆路口岸服务功能，抓紧推进扬州出口加工区叠加为综合保税区申报批复工作，完善相关综合保税功能，推动口岸保税物流发展。增加航空口岸容量和规模。积极申请新增面向"两带一路"沿线国家和城市的国际、国内货运航线，逐步拓展面向东南亚主要节点城市的新客货运航线。

（3）推动重点企业"走出去"。重点支持扬州企业与苏南企业"抱团"走向长江中上游和拓展海外市场，降低发展风险。充分利用中西部地区的资源、海外市场与扬州的产业、资金、技术优势融合，实现互利多赢。

（二）加快推进重要基础设施建设

（1）大力推进跨江通道建设。加快宁启铁路复线电气化改造工程、连淮扬镇铁路、宁扬城际轨道等重大基础设施项目建设。完善宁镇扬城际运输系统，建立"一主两副"核心主城间城际通道，加强圈层间网络衔接，构建快速畅达、无缝衔接、高效便捷的同城化交通体系。强化宁镇扬与上海、浙江、安徽、苏北等地区的交通联系。

（2）推动沿长江"动车环"和"高铁环"建设。宁启铁路复线电气化改造和沪通公铁两用大桥竣工通车后，宁启铁路与沪宁城际铁路将呈闭合环状，加上宁仪、五峰山、锡澄等城际铁路过江通道，沿江八市间将形成围绕长江、大环内包含若干子环的快速轨道交通网。扬州要积极争取省政府规划并开通通勤化的动车班次，使沿江任意两市之间实现一小时直达，推动八市间人流、物流和要素密切流动。

（3）加快建设江河中转枢纽港。发挥扬州江河联运的水运优势，进一步拓展水水中转业务，积极争取开通日本、韩国等国际近洋航线，加快提升扬州港集聚长江中上游、沿运河城市轴集装箱集散能力，将其打造成为长江与京杭运河水水中转、江河联运的水运枢纽，从而推动运河轴线与长江经济带良性互动，带动苏北腹地经济发展。

（三）加强产业互动合作

（1）合力推进旅游业发展。积极融入华东精品旅游线路，与苏南城市制定统一的整合营销计划，开展长期整体性联合促销。整合旅游资源和旅游产品，深入挖掘扬州文化内涵，加快开发"七河八岛"、南河下民居等重点片区休闲、度假旅游产品，打造古运河旅游、美食旅游、长江巡游、古典园林旅游等主题旅游线路。与苏南联合争取举办重要国际会议、大型商务活动、文化活动，扩大扬州古城的影响力。放大运河世界文化遗产效应，在保护好遗产的同时，推进科学开发利用，并组织推介，扩大扬州与沿岸其他世界遗产城市的影响力，共同吸引境内外游客。

（2）推动建筑业走出去。建筑业是扬州市的优势产业，要增强建筑企业的资本运作能力，加快由单一施工总承包向综合性工程总承包或项目总承包转型，逐步打造一批投资、建设一体化和设计、施工、管理一体化的城市运营商。引导龙头企业加强与苏南顶尖承包商、大型国企合作，签订战略合作协议，借船出海，积极参与"一带一路"援建项目和重大基础设施项目建设，到国际市场上开疆辟土。同时还要带动扬州市成套设备、工程机械、建筑材料等相关产业转移和产品输出，进一步打造一批在全国有较高知名度的扬州本土建筑企业品牌。

（四）全面实施板块式对接

（1）明确各区县在跨江融合发展中的目标定位。高邮、宝应处于边缘地区，要重点利用省里支持苏中苏北结合部地区发展政策，在苏南成立招商办事处，加快承接苏南重大项目，引入先进发展理念。仪征要配合宁仪轻轨、过江隧道等交通基础设施项目对接，开展与南京高校、南京化工园的人才、产业对接，建设宁镇扬大都市后花园。江都要推动沿江与腹地联动开发，加快"江广融合先导区"建设，早日实现与主城无缝对接。邗江、广陵要发挥古城文化优势，加快发展金融、软件信息、设计等现代服务业，实现与世界运河城市同步发展。

(2)加快与上海自贸区对接。抢抓上海自由贸易区带来的契机，更加主动地对接上海、依托上海、服务上海；更加积极主动地承接上海的产业转移和创新资源辐射；更加积极主动地融入"上海1小时都市圈"，积极配套服务上海产业发展，积极推进共建开发园区，积极打造"上海的后花园"。

(3)推进园区共建。加快省级以上开发区与上海、苏南园区的共建，明确共建园区的产业定位、功能布局，探索园区共建的新模式新机制。推动市化工园与台湾石化公会围绕石化产业、扬州空港新城与新加坡实里达航空工业园等开展跨境合作。探索建立分国别、分产业"园中园"，推进以企引企、以资引资。

(五)创新融合发展机制

(1)发挥政府的推动作用，构建多层次沟通协调合作平台。一是加强向上对接，争取省级各部门的大力支持。协调扬州与苏南城市融合发展事宜，为扬州搭建与苏南城市的合作平台。二是主动向南对接，争取苏南城市的理解帮助。探索建立互访机制，市、县（市、区）党政代表团、各部门定期到上海和苏南各市开展拜访调研活动，加强与苏南政府的情感交流。通过对口部门协作、互派干部挂职交流等多层次交流，促进与苏南发展理念的融合，推进合作的广泛性和有效性。

(2)发挥行业协会、商会的作用，为企业搭建交流合作的平台。充分发挥行业协会和商会的平台作用，促进扬州企业与苏南企业交流，在结合各自优势的基础上，与苏南各地寻找共同的产业链，在产业链上进行分工合作。

参考文献

门可佩、朱鸿婷：《我国区域生态安全的综合评价》，《安徽农业科学》2009年第4期。
余振宇：《城市经济引力模型分析》，《内蒙古科技与经济》2003年第4期。
谷克鉴：《国际经济学对引力模型的开发与应用》，《世界经济》2001年第2期。
《江苏经济社会概览2014》，江苏省统计局。

经济发展报告

Reports on the Economic Development

B.5
2015年扬州重点领域深化改革研究报告

范天恩　韩长金　陶小军*

摘　要： 2015年，扬州市以全面深化改革推进跨江融合发展为统领，经济体制、文化体制、社会体制、生态文明体制等重点领域改革协调配套、整体推进，释放改革红利，为全市经济社会发展提供了改革新动力。2016年是扬州市全面深化改革、推进跨江融合发展的关键之年，需要进一步坚持问题导向，明确重点领域改革任务，找准改革路径，破除制约发展的深层次矛盾，推动各项改革工作落地见效，努力为全市经济社

---

* 范天恩，扬州市发改委主任；韩长金，扬州市发改委副主任；陶小军，扬州市发改委经济体制改革处处长。

会持续健康发展提供体制机制保障。

关键词： 扬州市 重点领域 深化改革

一 2015年扬州市重点领域深化改革进展情况

（一）经济体制改革充分发挥牵引作用

（1）政府职能加快转变。扬州市委、市政府出台2015年优化企业发展环境的"2号文件"。深化行政审批制度改革，对行政审批事项实行目录化、标准化、动态化管理；加大行政审批取消和下放力度，取消45项、调整178项行政审批事项。完成市工商、卫计、质监等部分市级机关部门职能机构编制的优化管理。整合不动产登记职责，组建不动产登记机构。开展涉审中介服务事项清理规范，完成行业协会商会与行政机关脱钩改革。

（2）国企国资管理体制改革不断深化。研究制定《市行政事业单位所办国有企业优化整合方案》，对4个功能区、32个市级部门所属的163户国有及国有控股企业逐一提出清理规范和监管方式建议。建立健全国有资本经营预算制度，修订《扬州市企业国有资本经营预算管理办法》。发展混合所有制经济，市属国有企业实现混合所有制项目41个，总资产达142亿元，占监管企业资产总额的20%以上。

（3）现代市场规则加快完善。出台《关于促进市场公平竞争 维护市场正常秩序的实施意见》《扬州市"三证合一"企业登记改革实施方案》。7月份，"三证合一"登记服务实现全覆盖。建成市区国有建设用地使用权网上交易系统并投入使用。价格改革持续推进，完善居民阶梯气价、水价制度；全面放开农产品价格；除麻醉、第一类精神病药品外，对其他药品政府定价均予以取消。

（4）财税金融体制改革全面推进。探索中期财政规划管理，试编2016~

2018年市本级中期财政滚动规划；推进财政预算改革，市级部门预算全部公开；建立市区财政转移支付制度。深化税收征管制度改革，全市纳税服务一体化格局基本形成，实现"征、评、管、查"流程闭环管理。加快推进金融创新，拓宽政府融资渠道，出台《关于推广运用政府与社会资本合作（PPP）模式的实施意见》；开展"新三板"挂牌融资服务，9家科技型企业登陆"新三板"。

（5）科技体制改革取得突破。成立市产业技术研发协会。加快推动知识产权质押融资试点，出台《扬州市科技成果转化风险补偿资金管理办法》。争创国家级、省级高新区，扬州高新区创成国家高新区，生态科技新城、高邮湖西新区创建省级高新区已通过省科技厅审核并上报省政府待批。

（6）新型城镇化和城乡发展一体化改革加快推进。出台《扬州市新型城镇化与城乡发展一体化规划（2015~2020年）》。推进新型城镇化改革试点，市、县、镇三级城镇化改革试点方案已报省发展改革委待批复。深入推进省级经济发达镇江都区小纪镇行政管理体制改革试点。扎实推进农村改革，推进农村土地承包经营权确权登记颁证工作，规范农村土地经营权有序流转，开展农村承包土地经营权抵质押贷款试点。

（7）开放性经济体制机制不断创新。外商投资项目已由全面核准改为普遍备案与有限核准相结合。借鉴上海自贸区经验，推行外商投资清单化审核、备案化管理、一表式受理等改革措施，简化报批材料，缩减办理时限。推进相关服务业领域扩大开放。建立境外投资"备案为主、核准为辅"的管理模式。推动扬州泰州机场开放一类航空口岸，开通韩国首尔等国际航线。

（二）跨江融合发展综合改革试点取得实质性进展

（1）推动区域规划跨江融合对接。会同南京、镇江等地，研究编制《南京都市圈空间协同发展规划》和《六合—仪征跨界新城协调发展规划》等毗邻地区发展规划。

（2）推进重大交通基础设施建设跨江对接融合。连淮扬镇铁路先导段开工建设；宁启铁路复线化工程基本完成全线 81 公里铺轨和电气化改造。江都港区鼎衡 1 号、2 号舾装码头工程完成交工验收，江都港区海昌码头工程通过竣工验收。公共交通更加便捷，建成西部客运枢纽。

（3）推进产业发展跨江对接融合。推进产业项目合作，全市对接上海项目库入库项目 66 个，落户项目 6 个，计划投资 127.94 亿元。加强与省级部门合作，市政府与省经信委共同签署《共建江苏省互联网产业园合作协议》，首个省市共建的互联网产业园正式落户扬州。园区合作不断深入，波司登（高邮）工业园获批，上海莘庄工业区（宝应）工业园有望年内获批。

（4）推进公共服务跨江对接融合。推进卫生医疗合作，牵头设立长三角城市经济协调会健康服务业专业委员会，全市 3 家医院与 5 家上海和南京医疗机构开展合作共建，全市有 16 家医疗机构 44 个临床检验结果被确定能够在全省范围内互认，为群众减免医疗费用超过 2600 万元。开展旅游业交流合作。加强机动车监管区域合作，实现检测结果在省内互认和异地检测。推进区域性数据共享，全市综合征信平台实现与省平台的全面对接。

（5）推进生产要素跨江对接融合。2015 年，省政府支持扬州市开展跨江融合发展财政资金 2.5 亿元，主要用于汽车产业、大运河整治和古城保护等项目建设。上海股权托管中心在江都区设立企业孵化基地。举办人才交流对接活动，邀请上海、苏南地区专家人才来访 300 多人次，与相关高校院所、专家人才达成合作协议近 400 项。

（三）文化体制改革加快推进

（1）文化管理体制机制不断完善。健全互联网管理工作机制，建设"扬州发布"智慧政务移动平台。完善《文化发展专项基金管理办法》。整合文博资源，将唐子城遗址博物馆、汉广陵王墓博物馆从文物局转交瘦西湖景区管理。出台《扬州市文化博览城建设专项资金管理办法》。

（2）国有文化单位改革稳步推进。推进国有经营性文化单位转企改制，全市已认定国有转制文化单位累计达 14 家。支持国有文化企业进军资本市场，批复国鑫小额贷款公司、报业集团报业广告公司进行股份制改造。

(3)公共文化服务水平不断提升。广陵东部文化艺术中心加快建设，宝应新文体中心落成开放。市图书馆"四位一体"公共图书馆服务体系建设列入第三批国家级公共文化服务体系示范项目，高邮市获批创建省级公共文化服务体系示范区。扩大公共文化设施免费开放范围，出台《扬州市市区公共文化体育设施政府购买服务专项资金管理办法》。

（四）社会体制改革得到稳步推进

(1)社会治理方式不断创新。推进社区减负增效，完善社区工作准入制度，全市83个乡镇（街道）实现政社互动全覆盖。构建"统一登记、各司其职、协调配合、分级负责、依法监管"的社会组织管理体制，完善四类社会组织（行业协会商会类、科技类、公益慈善类和城乡社区服务类）直接登记制度。完善维稳工作制度，制定《扬州市重大决策社会稳定风险评估督查问责暂行办法》。加强社会治理载体建设，全市实现"三级平台"（县、乡、村三级社会管理服务中心）、"专业调解组织"、"品牌个人调解工作室"全覆盖。实行以块为主城市管理体制改革，推进城市管理重心下移，分别成立邗江区、广陵区城市管理行政执法局，赋予执法主体资格。

(2)教育体制改革全面推进。研究编制《扬州市中心城区中小学及幼儿园用地控制性详细规划（2014~2030）》。推进义务教育教师、校长交流制度化、常态化。完善初中毕业升学考试方案，建立市区普通高中招生统一平台。规范中等职业学校专业设置，推进职业教育集约特色发展和校企合作。健全关爱困境儿童保障体系，按不低于在校生10%的比例发放学前教育家庭经济困难学生生活补助；按不低于在校生8%的比例发放义务教育阶段家庭经济困难学生生活补助。

(3)医药卫生体制改革不断深化。制定出台《关于深化医药卫生体制改革　建设现代医疗卫生健康体系的实施意见》，市区城市公立医院全面启动以药品零差价为切入点的综合改革。巩固完善基本药物制度，全市104家乡镇级和1025家村级医疗机构全面实施基本药物制度，覆盖率达100%。实施差别化医保结算政策，促进医保支付政策向乡镇卫生院倾斜。组织开展乡村医生定向培养招生，稳定乡村医生队伍。

（4）就业和社会保障制度更加完善。实施全民创业工程，成立市级创业指导中心，开发手机创业平台。落实城镇居民大病保险政策。实施县（市、区）社保信息系统改造，推进医保"一卡通"。完善社会保障待遇正常调整机制，上调企业退休人员基本养老金和城乡居民社会养老保险基础养老金最低标准。深入推进企业年金制度，全市70多家企业建立企业年金制度。完善新农合保障制度，筹资标准提高到人均480元，全市参合率达99.8%。深入推进企业工资集体协商，全市规模以上企业劳动合同签订率达99%，已建工会企业集体合同签订率达97.1%。

（五）生态文明体制改革取得明显成效

（1）生态文明建设制度体系加快构建。编制出台《生态文明建设规划（2015~2020年）》。制定《生态文明建设三年行动计划（2015~2017）》，推进国家生态文明示范区建设。探索建立排污权有偿使用和交易机制，4家企业开展排污权有偿使用和交易试点。深化企业环保信用评价改革，建立环保信用评价、信用承诺、信用审查制度。探索建立"突出环境问题约谈"机制，出台《扬州市环境保护局突出环境问题约谈办法》。

（2）生态环境源头管控不断加强。制定扬州市生态补偿政策，按照不同生态红线类型保护要求，加强生态红线区域管控，在城市总体规划及各片区控制性详细规划中落实保护要求，严格实施建设项目的土地规划与生态红线规划审查，对不符合规划的项目不予预审与供地。强化饮用水源地保护，开展水源地日常巡查，全市县级以上集中式饮用水源地水质达标率100%。开展"黑臭河流"整治，完成四望亭河、幸福河、童套河、引潮河整治任务。

（3）污染综合防治机制进一步健全。出台《关于切实加强全市水环境保护和大气污染防治的决议》。制定实施《扬州市2015年度大气污染防治工作计划》。1~9月，市区PM2.5平均浓度52.6微克/立方米，同比下降14.3%。创新环境监管机制，制订市直监管单位的差别化监管方案，确定

130家工业企业作为重点监管对象,划分监管等级,实行差别化监管。推进环境污染第三方治理,实友化工(扬州)有限公司等10家重点污染企业开展第三方治理试点。推进企业污染责任保险,全市参保企业达101家。

虽然全市重点领域深化改革工作取得明显成效,但一些深层次矛盾和改革难题还没有完全解决。一是一些地方和部门仍然存在口头上重视改革、实际工作中忽视改革的惯性。二是在改革的部分领域还存在固有利益格局,如在国企国资监管改革、涉审中介服务规范清理、行业协会商会脱钩改革过程中还存在部门利益。三是当前改革工作主要由市委改革办和经济、跨江融合、文化、社会、生态文明等改革专项小组主导,尚未全面建立市县联动、部门合力推进改革的工作机制。因此,在今后推进重点领域改革工作过程中,必须冲破思想观念的束缚,突破利益固化的藩篱,攻克体制机制的障碍,进一步解放思想、勇于创新,坚定改革信心,凝聚改革共识,汇聚成推进全面深化改革工作的强大正能量。

二 2016年扬州市重点领域改革对策建议

1. 以加快释放经济增长潜力为重点深化经济体制改革

(1)推进简政放权,着力建设服务型政府。深化行政审批制度改革,分期分批取消和下放行政审批事项,重点开展"一长四多"(办理时间长、中介多、收费多、盖章多、材料多)突出问题治理。研究制定2016年改善民生"1号文件"和服务企业"2号文件",提升政务服务水平。做好市政府部门职能机构编制的优化管理,加快完善决策权、执行权、监督权既相互制约又相互协调的行政运行机制。

(2)深化国资国企改革,做优做强国有企业。推动国有经济布局结构战略性调整,推进国有企业优化整合和功能性重组。通过扩面监管,建立覆盖全部国有企业的国资经营预算制度。对非国资委监管的163家市属国企,采取分类监管模式,实现国有资产监管全覆盖。进一步完善国有企业法人治理结构。发展混合所有制经济,推进国企股份化证券化改革。

（3）加快构建现代市场和金融体系。进一步清理和废除妨碍市场统一和公平竞争的规定和做法。继续推进工商注册制度便利化，完善企业破产制度，建立健全社会征信体系。完善主要由市场决定价格的机制。推进金融改革创新，支持市农村商业银行、现代金融控股集团通过完善治理结构、增资扩股、引进战略投资等方式，加快做大做强；鼓励和支持民间资本进入金融领域，设立新业态金融机构；加大金融对实体经济的支持力度，提高金融服务水平。

（4）深化财税体制改革，构建市区新型财政关系。严格按照法定程序管理政府预算，探索跨年度预算平衡机制。优化财政转移支付制度。建立健全地方债务管理及风险预警机制，加强政府性债务管理。构建新一轮市、区两级新型财政关系，合理划分市、区间事权与支出责任，进一步理顺市、区财政分配关系。积极探索地方税体系建设，做好地方税体系建设的测算和准备，实行收入征管质量监控评价制度。

（5）深化科技体制改革，实施创新驱动战略。扶持"众创空间"发展，提供低成本、便利化、全要素的创业服务平台。依托扬州产业技术研究院，组建由理事会、产研院、专家委员会、专业研究所构成的产研院体系。推进企业研发中心建设，2016年新增省级以上企业研发机构40家以上。加快科技资源共享平台建设，打造"服务扬州、辐射苏中、承南启北"的技术交易市场。促进科技与金融紧密结合，构建多元化科技投入体系。加强知识产权维权和保护力度，开展知识产权执法维权"护航"专项行动。

（6）深入推进新型城镇化体制机制改革。深化户籍制度改革，全面实施居住证制度。加快建立农业转移人口市民化成本分担机制。构建多元化可持续的城镇化投融资机制，研究编制城市基础设施建设规划和融资规划。构建行政管理创新和行政成本降低的新型城镇管理模式，探索区镇合一、园区整合等的改革举措。建立城乡发展一体化的长效机制，加快消除制约城乡协调发展的体制性障碍，促进城乡要素平等交换和公共资源均衡配置。

（7）构建更高水平的开放型经济新体制。融入国家扩大开放战略布局，参与"一带一路"建设，出台鼓励企业"走出去"的扶持资金管理办法。

扩大服务业开放领域，鼓励优质教育资源来扬州开展合作办学，吸引外资在扬州提供优质医疗资源服务。鼓励更多企业开展跨国经营，推动江都建设、牧羊、亚普等企业入围全省本土型跨国公司培养名录。开展外商投资审批改革。推进贸易通关便利化，加快建成跨部门、跨行业的综合性电子口岸服务平台。推进关检合作"三个一"通关改革。继续加快开发园区转型升级。

2. 以强化对接共建为抓手推进跨江融合发展综合改革试点

（1）推动区域规划跨江对接。加强与长三角地区区域规划和苏南现代化建设示范区规划的对接，注重在产业发展、基础设施建设、城镇体系、公共服务、土地利用、生态环境保护等规划上的对接。呼应国家长江经济带发展战略，全面开展对沿江、沿河、沿湖经济发展战略性资源的规划控制和整合利用。继续组织实施宁镇扬同城化发展规划。

（2）推进交通设施高效对接。加快推进连淮扬镇铁路及五峰山过江通道建设；加快宿扬高速、江广高速扩建，启动京沪高速和西北绕城公路扩容；推进江北沿江城际铁路、宁镇扬城际铁路等前期工作。积极融入长江经济带建设，抓紧实施京杭运河航道建设和船闸扩能工程，发展高等级航道网络，提升扬州港口功能。

（3）推进要素资源全面对接。本着共赢、共享的原则，探索城市间产业、项目的有偿转让、税收分成、按要素分配等利益协调机制，并在招商引资、市场准入、公共服务等方面制定统一的政策。以产业项目合作为重点，开展技术、人才、资本等方面的战略合作；加快推进省级以上开发区与上海、苏南园区的共建，明确共建园区的产业定位、功能布局，探索园区共建的新模式新机制。

（4）推进公共服务共享衔接。加强医疗卫生领域合作，逐步建立统一的急救医疗网络体系。推进文化、公共体育设施共建共享，共同承办全国性、国际性重大文化体育活动。共同强化就业与社会保障，建设宁镇扬统一公共就业服务信息系统，建立劳动力跨区域享受职业培训、技工教育、就业服务的协作机制。探索建立社会保险参保信息共享机制，研究建立同城结算机制。加强与苏南在环保规划、生态建设、污染防治、环境监管等方面的合作,协同解决跨界环境保护问题。

3. 以促进文化繁荣为动力推进文化体制改革

(1) 加强社会主义核心价值体系建设。以打造"知行合一"载体为抓手,广泛开展道德实践、志愿者服务和群众性精神文明创建活动。深化文明城市、文明社区、文明村镇、文明单位创建,建立文明城市长效管理机制,巩固和保持"全国文明城市"荣誉称号。大力推进城市荣誉体系建设,在全市形成"珍惜荣誉、崇尚先进"的良好社会风尚。

(2) 深化文化管理体制改革。坚持政企分开、政事分开,推动政府部门由办文化向管文化转变,推动党政部门与所属文化企业事业单位进一步理顺关系,赋予文化企业事业单位更多法人自主权。继续推进国有经营性文化单位转企改制。加强主流媒体能力建设,推动党报、电台电视台进一步完善管理和运行机制。健全网络突发事件处置机制。建立健全党委和政府监管国有文化资产的管理机制。

(3) 构建现代公共文化服务体系。深入实施文化惠民工程。推动公共文化服务均等化,完善公共文化设施网络,统筹乡镇综合文化(广电)站建设,推进博物馆免费开放,推进"四位一体"全面阅读服务体系建设。推动公共文化服务社会化,鼓励社会力量、社会资本兴办公益性文化事业。推动文艺创作繁荣发展,创新文化产品生产机制。

(4) 建立健全文化产业市场体系。健全文化市场准入和退出机制,鼓励各类市场主体公平竞争、优胜劣汰,促进文化生产要素合理流动。推动文化企业以资本为纽带进行跨地区、跨行业、跨所有制兼并重组,打造核心竞争力、产业带动力强的文化企业集团和文化战略投资者。支持各种形式小微文化企业发展。鼓励文化企业依法进行股权、版权、商标、品牌等无形资产交易,繁荣文化消费市场。加强文化遗产保护、传承和发展。开展多渠道、多形式、多层次的对外文化交流,健全政府交流和民间交流相结合的人文交流机制。

4. 以实现均等化为目标深化社会体制改革

(1) 不断创新社会治理体制。完善社会治理组织结构,实现政府治理和社会自我调节、居民自治良性互动;建立健全县(市、区)、乡镇(街道）和城乡社区三级社区综合服务网络，提升社区公共服务功能。深入推进平安扬州建设，推进社会诚信体系建设，完善社会稳定风险评估机制，完善矛盾纠纷排查机制，完善人民调解组织建设。全面推行政社互动，大力推行网格化服务管理。完善公共安全体系，加强食品药品监管，强化安全生产监管，加大公共消防能力建设。完善立体化现代化治安防控体系。制定网络安全管理办法。

（2）推动教育领域综合改革。实行公办学校标准化建设，继续推行校长教师交流轮岗制度，促进城乡学前教育优质普惠发展、义务教育优质均衡发展。推进高中教育管理体制改革，提升高中整体办学水平。优化整合职业教育资源，增强职业教育服务经济发展的能力。建立健全困境儿童保障和关爱机制，设立助学专项救助基金。

（3）推进医药卫生体制改革。推动现代医疗卫生体系建设，加快区域性医疗卫生中心建设，增强基层医疗卫生机构服务能力，推进分级诊疗、医师多点执业和医疗卫生信息化建设。以改革补偿机制和落实医院自主经营管理权为切入点，继续推进公立医院综合改革试点。改革城乡卫生服务模式，完善基层卫生机构运行机制，积极鼓励社会办医。

（4）完善促进就业创业体制机制。建立城乡一体的就业创业服务体系，推动实现更加充分、更高质量的就业。落实农民就业失业登记、求职登记、创业服务和农村困难家庭就业援助制度，积极援助各类就业困难群体实现就业。大力实施创业带动工程，完善并落实鼓励创业的扶持政策。加强基层公共就业服务平台建设。

（5）完善城乡社会保障制度。完善城乡居民基本养老保险征缴机制。建立兼顾各类人群的社会保障待遇确定和正常调整机制。加快统一城乡居民基本医疗、大病保险制度。建立健全社会保险城乡衔接与区域转接机制，完善社会保险关系转移接续政策，统筹城乡和异地就医结算。鼓励发展商业养老、健康保险，多层次提高社会保障待遇水平。

5. 以建立严格的环境保护制度深化生态文明体制改革

（1）加快构建推动绿色发展的生态保障体系。严格实施主体功能区规划，强化国土空间开发战略性、基础性和约束性作用。实施开发园区、企业生态化和循环化改造，提高资源利用效率和产出率，构筑循环链接的产业体系。加快建设一批以绿色学校、绿色企业、绿色社区。制定有利于绿色消费的激励政策，鼓励健康消费、适度消费，促进消费方式和生活方式转变。拓展生态环境普法教育覆盖面，深入开展"绿满扬州"全民生态行动。

（2）加强源头治理，打造良好生态环境。严守生态红线区域，健全节约集约用地的政策制度体系。强化用水定额管理和总量控制。实施能源消费总量控制、产能总量控制、能耗总量替代和污染物排放总量控制。继续推进"清水活水"工程，加大重点流域水污染治理力度，加强重点骨干河道排污口监管和整治，强化饮用水源地保护。大力实施"蓝天工程"，健全大气污染联防联控机制。加快转变资源利用方式，加强全过程节约管理，不断降低能源、水、土地消耗强度。加大生态修复保护力度。大力实施植树造林工程，持续推进"绿杨城郭新扬州"行动计划。

（3）加强生态文明制度建设。完善生态环境源头保护制度，实行最严格的总量控制和管理制度，建立完善重大规划和建设项目的环境影响评价制度。建立资源有偿使用制度和生态补偿制度。建立污染物排放许可有偿使用和交易制度。按照污染治理实际成本，逐步提高排污费、污水处理费、垃圾处理费等征收标准。对环境高风险企业实行环境污染强制责任保险。建立多元化的生态环境保护投入机制。研究制定符合生态文明要求的评价体系、考核机制和激励办法，把资源消耗、环境损害、生态效益等指标纳入县（市、区）和功能区经济社会发展考评体系。

B.6
2015年扬州工业经济发展研究报告

扬州市经信委课题组 *

工业经济是扬州经济社会发展的重要组成部分,更是推动创新转型的关键支撑。在扬州迎来建城2500周年、全面谋划"十三五"规划的关键节点、特殊时期,围绕扬州市工业经济的主要指标运行质态、产业发展特点、企业转型升级等基本内容开展研究,深入分析当前扬州市工业经济发展过程中面临的形势要求,探求加快推动转型发展的思路与举措,已成为极其紧迫的战略课题。现将2015年扬州工业经济发展情况报告如下。

一 2015年扬州工业经济发展特点

2015年以来,在宏观经济持续下行和工业经济连续两年高速增长形成高基数等多种因素的综合作用下,扬州市工业经济新常态特征更加凸显,经济增速下行与转型升级加速并存,传统动力明显减弱与新动力不断孕育并存,市场主体分化与产业结构优化并存。全年工业经济增速略有回落,但"稳中趋缓、稳中向优"的大势没有改变,经济运行处在合理区间,较好地完成了"十二五"时期的目标任务。1~10月份,全市规模以上工业产值8198亿元,同比增长8.3%;规模以上工业增加值1878.2亿元,增长9.8%;入库税收增长7.4%,工业用电增长3.6%,高于省均2.7个百分点。回顾2015年,全市工业经济发展呈现以下特点。

---

* 课题组负责人:尤在晶,扬州市经信委主任;课题组成员:赵宽安,扬州市经信委副主任;戚嘉国,扬州市经信委综合处处长;周咸欣,扬州市经信委综合处主任科员。

1. 运行质态发生积极变化

2015年以来，扬州市坚持把稳增长作为当前工业经济的第一要务，推动工业经济"稳增长、保目标"行动计划，努力释放增量、扩大总量、控制减量。整合成立全市服务小微企业联盟，开展"携手共进——服务小微企业"系列活动92场，服务企业13000多家；做好"2号文件"落实工作，优化企业发展环境，"扬州企业手机报"实现对全市小微企业全覆盖；开展2014年扬州工业百强企业评选授牌，激励企业做大做强；以"增信心、稳增长、强服务、促发展"为主题，召开新光源新能源、汽车、机械等5个千亿级产业和传统特色产业专题推进会以及全市工业企业家千人大会，出台"政府涉企部门服务企业50条"具体措施，面对面听取企业意见，实打实解决问题；针对融资难突出问题，进一步用活2亿元政府企业应急专项资金，各县（市）配套设立5000万元资金池，帮助中小企业解决短期"过桥资金"。从总体运行情况来看：单位开票销售税收贡献提高。1~10月份，工业万元开票销售实现入库税收522元，较上年同期增加62.8元，较上年全年增加76.4元。企业利润在低水平中保持增长。1~9月份，全市规模以上工业企业利润同比增长11.4%，高于主营业务收入3.4个百分点；销售利润率6%，同比提高0.2个百分点。小微企业生存发展能力增强。1~10月份，全市工业中小企业开票销售占全市工业的65.2%；规模以下小微企业开票销售增长5.9%，增速高于全部工业11.4个百分点，高于规模以上工业14个百分点。

2. 重大项目实现量质并举

项目是工业经济之根，根深才能叶茂。2015年以来，扬州市按照"产业项目提升年"的总体部署，狠抓一批工业重大项目和重点技改项目建设，着力推进项目体量规模和质量效益协同发展。大力拓展高端项目源，中航宝胜海底电缆及航空产业园、中航VCI金属复合涂层等一批项目成功落户；优化考核导向，制定工业重大装备智能化、绿色化项目认定补充规定，以项目质量优化推动产业转型；推动"1532"重点技改工程，制定以技术改造推进制造业转型发展的意见，加快了存量企业装备升级和产品创新。1~10

月份,全市工业项目的体量和质量实现"双提升":重大项目取得新进展。全市在建工业重大项目158项,完成投资434亿元。其中,新开工项目40项,完成投资85亿元。在建项目中,汽车、机械项目占62.7%,"双高"项目占64.6%;在新开工项目中,绿色化、智能化项目合占25%。项目产出率明显提升。2012年以来竣工的65个项目,开票销售、入库税收约占全市工业的15%和25%,万元开票销售实现税收为全市工业的1.46倍。技术改造推进有力。150项亿元以上在建技改项目完成投资158.7亿元,累计完成设备抵扣税12.6亿元。

3. 转型升级迈出新的步伐

2015年以来,扬州市以"中国制造2025"和"互联网+"战略为指引,将重点产业转型升级作为结构调整的主攻方向,努力做到调得实、转得准。两化融合深度推进。在北京、南京先后召开"扬州市发展互联网经济专家咨询会",研究制定了《2015年软件服务业和互联网经济工作要点》,重点推进基本产业率先"融网""智慧应用"产业提速发展。获批工信部两化融合管理体系贯标试点企业4家,创成省两化融合服务产业示范园2家,示范区4家,示范试点企业14家,省示范智能车间5家。新兴产业和软件服务业实现较快增长。1~10月份,全市节能环保产业产值增长10.5%,新能源产业出口交货值增长1.25倍;累计生产新能源客车同比增长14倍,新增国家目录产品69个;软件和信息技术服务业业务收入同比增长49%,有序推进税友软件南方基地、交通银行金融数据服务中心等一批重大项目,"江苏信息服务产业基地"成为全省首个省市共建"互联网产业园",扬州智谷获批"江苏省大数据特色产业园"。智能制造推进力度加大。在省内率先开展"智能制造机器换人专家服务行"等活动,100多家企业达成合作意向。14项重大新产品通过省首台(套)重大装备及关键部件认定,认定数量列全省第4位。数控机床产业成功入围"省市联动培育特色产业发展"工作。技术创新能力不断增强。组织召开全市企业创新能力建设推进大会,实施创新能力建设、新技术新产品研发和推广等重点技术创新项目200个,158个项目入选2015年省重点技术创新项目计划。推进企业技术中心提档升级，累计拥有省级以上工业企业技术中心137家，总数居全省第三位。创成15家市级特色产业园，占已认定工业集中区比例为39%，开工建设各类公共服务平台13家。节能降耗向纵深推进。成功举办世界绿色设计论坛扬州峰会、绿色设计博览会，实施绿色节能"三百工程"（百家企业能源管理提升、百家企业绿色发展诊断、百项节能技术改造）。1～10月份，全市单位工业产值能耗同比下降8.96%。市直工业"退城进园"工作取得阶段性成果，累计17家企业完成搬迁交地。

二 当前扬州市工业经济发展面临的形势分析

（一）我国经济将全力争取6.5%左右的中高速增长

有利因素：三大需求出现积极信号。9月和10月新接订单指数连续小幅回升，内需有所提振；松动地方融资平台、地方政府存量债务置换、加快房地产去库存、推广PPP项目及加速项目审批和落地等措施有望陆续见效，推动投资保持一定增速；"一带一路"战略的实施、国际自贸区和经济共同体建设的加快推进，有望促进我国出口逐步走出低谷。金融财政政策利好正在累积。央行已连续降准降息，2016年仍有降准降息空间，流动性稳中偏松，实际利率逐步下降，中央财政借助专项债、下调固定资产资金比例等措施，努力盘活资本存量，使前期沉淀的财政资金流向实体经济。实体经济信心有望逐步恢复。十八届五中全会明确了后五年中高速增长目标，提出将努力实现创新、协调、绿色、开放、共享发展，预计今后几年仍将有进一步的稳增长措施出台，实体经济信心有所提振。

主要挑战：外需依然低迷。美国经济受到新兴经济体经济下行的制约，欧盟和日本定向宽松货币政策效应并不理想，世界经济总体复苏乏力。10月份出口指数和进口指数分别为47.4和47.5，明显低于荣枯线。房地产和汽车仍在去产能、去库存。商品房销售虽然局部有所回暖，但总体库存仍然较高，且开发投资"无地、无钱"的矛盾日渐突出，汽车行业虽然通过降

低小排量汽车契税刺激了部分中低端需求,但30%~40%过剩产能的矛盾一时还难以化解。原材料价格仍处"冰冻期"。预计2016年PPI仍将低位运行,工业品价格将继续走低,企业"增产不增收"矛盾可能更加突出。

(二)扬州市工业须应对更多压力和挑战

1. 经济下行压力加大

外部需求低迷、国内宏观经济增速持续回落的双重影响,对扬州市工业产生较大的冲击,重点骨干企业提振乏力。1~10月份,全市工业百强企业开票销售增长面约为30%。根据推算,大宗原材料价格下跌因素整体负向影响了扬州市工业开票销售5个百分点。

2. 产业结构矛盾凸显

扬州市重工业比重偏高,近两年均已突破77%,造船、冶金等行业过剩产能形势严峻,小纺织、小铸造、小电镀等落后低效产能也亟待淘汰,产业运行态势分化明显。1~10月份,以绿色环保为主要特征的新能源新光源产业开票销售合计增长3%,为五大主导产业中唯一保持增长的产业。

3. 企业生存发展挑战严峻

工业品价格持续走低,税费、用工、物流等成本上升,企业赢利空间受到多重挤压;尽管国家采取了降息、降准等措施,大部分企业融资成本仍在10%以上,负担沉重;随着生态约束日益刚性化,企业资源环境压力明显上升。

三 加快推动扬州市工业经济创新转型的思路举措

1. 坚持"量质并举",树立工业发展新理念

转型发展,首先是一场观念变革。只有大胆突破传统发展理念和目标取向,理性定位增长预期和发展目标,才能实现发展方式的"真转、实转、坚决转"。在未来较长一个时期内,扬州工业应达成新的价值共识:一是顺势而为,以适度减速换取调结构、转方式的空间,将转型发展放在更加重要

的位置;二是质态优先,在内外需均相对不足的环境下,努力变革投资依赖型、速度效益型发展模式,提升产业综合素质和生产力水平;三是民生为本,将低消耗、低污染作为工业经济增长的终极关怀,真正实现创新型、内涵式、高质效、可持续的转变。

2. 稳定工业增长,营造企业发展良好环境

新形势下,工业经济下行压力将进一步加大,采取多种措施保持工业增速稳定在合理区间,努力实现"换挡不失速"。扭住重点稳增长。围绕近三年竣工的90个重大项目、50个亿元以上新增长点和60家重点止滑企业,做好要素保障和生产协调,促其释放增量、扩大总量。继续深入实施规模骨干企业培育工程,力争全市百强企业开票销售总量占全市规模以上工业的60%左右。积极培育一批成长型企业,鼓励"个转企、小升规、规改股、股上市",打造一批"专精特新"企业和行业"隐形冠军"。优化服务稳增长。开展"银企携手保增长"活动,做深做实银企合作,扩大信贷规模。用好用足市、县两级企业应急资金,确保全年受益企业200家以上,周转贷款总规模30亿元以上。更加重视培育本土大企业,积极发展总部经济。引导企业积极参与国家"一带一路"战略,全力开拓产品市场。强化监测稳增长。坚持以第三方质态型指标为主体,加强工业经济运行监测和目标监控,加强重点产业、百强企业和重点区域运行监控。

3. 加快智能转型,增添经济发展新动能

以智能制造为重点,组织实施"中国制造2025"扬州行动计划,大力推进产品智能化、制造数字化、管理网络化,促进产业升级。智能技改提升工程。突出"提高产品技术、工艺装备、能效环保等水平",深入实施"1532"重点技改工程,引导企业推行智能制造、机器换人等新型技改,年度实施亿元以上技改项目150项以上,其中智能化、绿色化和工业强基改造项目分别达50、30和20项以上。智能制造应用示范工程。聚焦汽车、机械等重点产业和柔性化、智能化、网络化等关键环节,加快"人、机、料、品"智能互联,推进建设智能工厂(车间)、两化融合示范企业100家以上。智能装备突破工程。加强关键技术攻关,自主研发一批高档机床、工业

机器人、柔性电缆等智能装备及部件,推进首台套重大装备研制,研发及推广应用新技术新产品100项左右,智能装备产业销售1000亿元左右。

4.强化项目支撑,增创产业竞争新优势

围绕"重大产业项目深化年"主题,进一步在提质增效、放大产能、形成支撑上聚焦聚力。一是坚持龙头基地型和补链扩链型项目招引并举,主抓以世界500强、跨国公司地区总部、央企等为主攻点的项目招引,继续对接上海、苏南园区产业项目转移,积极争取上汽仪征后续项目落户,鼓励"扬商回归"创业。二是统筹抓好新签约、新开工、新竣工、新投产等"四新"项目的督查推进,完善项目后续跟踪服务机制。三是抓实投产项目的贡献支撑,增加对投产项目投入产出、新增用电、新增开票、新增税收等质量效益型指标的跟踪评估,强化业绩导向。

5.推进绿色发展,迈出和谐发展新步伐

深入贯彻落实绿色发展理念,围绕完成省下达的单位地区生产总值能耗目标,组织实施"十百千"计划:10家高耗能企业节能咨询诊断,100家企业绿色发展节能改造,1000家企业能源管理提升。深化工业集中区"特色发展、绿色发展、创新发展"专项行动,全年市特色产业园占比超过45%,生态工业园占比超过20%;新建各类公共服务平台10家,新建成高标准厂房20万平方米。依托扬州环保科技产业园,积极创建国家城市矿产示范基地,工业固废综合利用率达到90%以上。创新地方政府、银行、担保、集中区四方共担风险的融资服务方式,推动设立工业集中区发展基金。

6.聚力"互联网+",推动软件服务业新发展

以"新产业、新人才、新城市"战略为引领,力争全市软件服务业2016年业务收入增幅达到40%。载体建设提升行动。重点打造"一基地三板块",加紧实现"上海(扬州)网络视听产业园"落地运营,推动"江苏信息服务产业基地"向数据服务、平台运营等领域转型;发挥市开发区"江苏省大数据特色产业园"品牌效应,推动"中国智谷"大数据产业快速突破;积极配合生态科技新城规划建设"扬州软件园"。招商引智突破行动。围绕"云存储"服务、"云应用"研发和"端产品"制造以及工业软件、车（机）联网等细分领域展开招商攻势，力争每月小分队招商、每季项目签约。企业孵化培育行动。深化"北大创业训练营""微软创新中心"合作，健全"创业苗圃—孵化器—加速器"孵化链，年内孵化初创企业30家左右；实施小微企业"创新之家"培育计划，打造"互联网＋创客＋创投＋产业"的双创生态圈。

B.7
2015年扬州开放型经济发展研究报告

扬州市商务局课题组*

摘　要： 2015年，扬州开放型经济总体保持平稳发展态势，"招大引强"取得新成效，外贸形势好于全国全省，企业"走出去"步伐加快，开发园区重大项目建设持续发力，但利用外资同比下滑幅度较大。2016年及"十三五"期间，应以加快转变发展方式为主线，以改革创新为动力，坚持"走出去"与"引进来"并重、稳增长与调结构并举，积极构建更高水平开放型经济体系，增创对外开放新优势。

关键词： 开放型经济　发展　研究

一　2015年扬州开放型经济发展情况

面对经济下行的压力，全市大力实施经济国际化战略，着力推进开放型经济稳增长、调结构、转方式，除利用外资形势较为严峻外，外贸、外经、开发园区等指标完成较好。预计全年出口80亿美元，实际利用外资9亿美元，完成对外经营业额7.3亿美元。

（一）对外贸易逆势增长

在全国全省外贸形势严峻的情况下，1~9月，扬州实现进出口

---

* 课题组负责人：陈建，扬州市商务局副局长；课题组成员：徐其祥，扬州市商务局综合处处长；彭艳，扬州市商务局科员；胡慧娟，扬州市商务局科员。

79.26亿美元,同比增长6%,其中出口59.33亿美元,同比增长3.2%;进口19.93亿美元,同比增长15.4%。同时,外贸结构进一步优化。从企业结构看,民营企业出口增长较快。民营、外资、国有企业出口分别占全市的49%、37%与14%,其中民营企业出口增长7.5%,外资和国有企业分别下降1.3%与3.6%。从商品结构看,重点商品支撑作用明显。出口前十大商品占全市出口的62%,机电商品占50%、轻纺占20%、化工占11%,高新技术产品占14%。船舶、机动车辆、电子纸与液晶出口增幅均在10%以上。从贸易方式看,一般贸易占据绝对主导地位。一般贸易、加工贸易、其他贸易分别占68%、30%和2%;但一般贸易同比下降3.1%,加工贸易出口在船舶带动下增长22.9%。从国别市场看,市场多元化格局明显。对欧美、日韩港台、新兴市场出口分别占44%、16%和35%。对美国出口出现11%的恢复性增长,对大洋洲、东盟出口增幅均在20%以上。

(二)利用外资同比下滑

1~9月,全市完成外资到账上报6.8亿美元,同比下降42.7%,协议外资14.36亿美元,同比下降5.5%。8家统计单位中,仅市开发区实现同比增长(见表1)。项目储备不足。全市新批外资项目57个,比上年同期减少13个;协议外资同比减少1亿美元。其中,新批及净增资1000万美元以上项目27个,比上年同期减少13个,协议外资额减少近3亿美元。到资缺少大项目支撑。1~9月,实际到资1000万美元以上项目16个,比上年减少16个,到资额5.6亿美元,比上年少3.4亿美元,同比下降37.7%。服务业实际使用外资比重提升。1~9月,第一产业实际使用外资1246万美元,同比下降24.16%,占全市比重为1.84%;第二产业实际使用外资2.88亿美元,同比下降53.16%,占全市比重为42.51%;第三产业实际使用外资3.77亿美元,同比下降31.64%,占全市总量的55.65%。"招大引强"取得新进展。新落户法国阿尔斯通高压母线管、江苏中航百慕新材料、中交集团新型城镇化等5个世界500强项目。

表1 2015年1~9月全市外资实际到账及外商投资企业批准情况

项目 地区	外资实际到账情况								外商投资企业批准情况					
	全市1~9月上报数（万美元）					完成率（%）	同比（%）	新批企业数（个）	协议注册外资（万美元）			本期新批及净增资1000万美元以上企业		本期新批及净增资协议外资额（万美元）
	上期累计	9月当月	总额	其中:园区	园区占比（%）				总额	其中:园区	园区占比（%）	企业数（个）		
全 市	64228	3570	67798	50923	75.11	45.20	-42.70	57	143618	110084	76.65	27		128242
开 发 区	31937	15	31952	31952	100.00	71.00	3.13	9	83275	83275	100.00	8		79457
化工园区	96	0	96	96	100.00	0.80	-99.23	0	0	0				
广 陵	5782	3288	9070	5026	55.41	30.23	-59.08	20	29433	7573	25.73	13		26138
邗 江	16171	91	16262	9310	57.25	54.21	-9.95	6	21257	14605	68.71	4		20401
宝 应	861	0	861	580	67.36	14.35	-75.77	5	753	280	37.18			
高 邮	1303	160	1463	953	65.14	24.38	-38.74	7	3180	658	20.69			
江 都	916	0	916	885	96.62	3.05	-93.95	3	89	0	0.00			
仪 征	2600	16	2616	2121	81.08	14.53	-58.53	7	5631	3693	65.58	2		2246

（三）外经合作加快推进

1~9月，全市完成外经营业额5.69亿美元，同比增长15%；新批境外投资项目21个，中方协议投资额2亿美元，同比增长61.3%。对外承包工程稳步增长。1~9月，26家有外经实绩的工程承包企业累计完成外经营业额5.69亿美元，同比增长15%（见表2）。其中，营业额超千万美元的企业11家。11家有外经实绩的劳务合作企业完成对外经营业额4422万美元，同比下降6%。期末在外人数8933人，同比增长15%。

表2 2015年1~9月外经企业实绩排名

排名	公司名称	完成营业额（万美元）	同比（%）	所属地
1	江苏江都建设集团有限公司	15942	6	江都
2	江苏省华建设股份有限公司	7226	20	广陵
3	中石化江苏油建工程有限公司	6550	48	开发区
4	江苏恒远国际有限公司	6370	1	江都
5	恒远国际工程集团有限公司	3710	112	江都
6	江苏邗建集团有限公司	2854	1	邗江
7	中石化江苏石油工程有限公司	2745	56	开发区
8	江苏牧羊集团有限公司	2687	18	邗江
9	江苏扬安集团有限公司	1600		邗江
10	江苏牧羊控股有限公司	1551		邗江
11	江苏荣腾建设工程有限公司	1005	7	宝应
12	中国石化集团江苏石油勘探局	789	-70	开发区
13	扬州市国际经济技术合作有限公司	695	-7	广陵
14	扬州海经对外经济贸易有限公司	471	11	江都
15	扬州汇鸿国际经济贸易合作有限公司	469	-7	广陵
16	江苏飞扬对外经济技术合作有限公司	453	29	仪征
17	扬州市富扬对外经济贸易有限公司	372	-42	广陵
18	江苏中化建设有限公司	260		江都
19	江苏宝泰建设工程有限公司	257	559	宝应
20	江苏弘盛建设工程集团有限公司	225	18	高邮
21	江苏天宇建设工程有限公司	174	-25	宝应
22	江苏江都安装工程有限公司	160	-20	江都
23	江苏水利建设工程有限公司	160	-24	邗江
24	江苏江建集团有限公司	90	-50	江都
25	中机环建建设工程有限公司	80	-56	邗江
26	扬州市建盈建筑劳务有限公司	41		江都
	合计	56936	15	全市

（四）园区建设进展顺利

项目建设加快推进。1~8月，全市开发园区新签约重大项目37个，新开工重大项目31个，新竣工重大项目17个，新投产重大项目17个。工业经济增长速度放缓。1~8月，全市开发园区实现规模以上工业增加值933.7亿元，同比增长1.3%；公共财政预算收入81.32亿元，同比增长9%；规模以上工业开票销售1634.24亿元，同比下降5.4%；规模以上工业入库税收85.45亿元，同比增长5.3%（见表3）。对接上海成效明显。1~8月，全市各园区承接上海转移项目6个，总投资48.8亿元。对接上海项目库入库项目63个，总投资110.14亿元。其中，落户开发园区项目20个，总投资102亿元。合作共建取得进展。波司登高邮工业园获批省南北共建园区，宝应与莘庄工业园共建报告已通过省有关部门审核。

表3　2015年1~8月全市开发园区建设发展情况月报

内容\单位	规模以上工业增加值（亿元）			公共财政预算收入（亿元）			规模以上工业开票销售（亿元）			规模以上工业入库税收（亿元）		
	当月	累计	同比（%）	当月	累计	同比（%）	当月	累计	同比（%）	当月	累计	同比（%）
市经济开发区	21.9	166.72	8	2.8	22.28	10.2	60.27	367.65	0.2	0.69	16.78	-1.5
市化工园区	8.36	78.8	8.5	0.29	2.47	5.9	11.32	100.9	-24	0.31	3.14	68.1
扬州高新区	9.72	145.30	12.6	0.84	5.19	1.5	16.02	162.82	6.5	0.67	9.55	19.7
仪征开发区	8.2	100.7	11	0.9	8.41	18.6	32.7	325.2	-5.3	2.2	28.7	9.5
江都开发区	12.60	124.9	9.9	0.9	7.8	15	22.8	168.9	5	0.51	5.9	20.4
高邮开发区	6.75	54.36	8.3	0.88	7.24	7.3	11.8	90.4	-7.7	0.43	3.61	6.8
宝应开发区	11.20	66.53	12	1.62	10.11	12	22.3	217.9	11	1.23	9.58	12
广陵开发区	10.30	81.12	2	0.46	7.81	24	12.56	80.42	-27	0.36	2.13	-42
维扬开发区	8.04	72.30	10.8	0.80	8.3	9.5	11.51	91.09	7.6	0.34	4.58	7.2
杭集工业园	8.33	42.94	-10.00	0.05	1.71	0	3.93	28.96	1	0.06	1.48	-27
合计	105.40	933.70	1.30	9.24	81.32	9.00	205.21	1634.24	-5.40	6.80	85.45	5.30

续表

内容 单位	注册外资实际到账（万美元）			自营出口（万美元）			固定资产投资额（亿元）		
	当月	累计	同比（%）	当月	累计	同比（%）	当月	累计	同比（%）
市经济开发区	1109	31937	3.14	14336	116022	-5.5	14.8	131.69	4.9
市化工园区	0	96	-99.2	594	12239	-33.4	6.30	71.7	18.1
扬州高新区	0	3417	-67.3	3907	30315	10.6	4.9	34.3	24.3
仪征开发区	0	2121	-65.6	2319	10238	-58.3	18.6	70.4	21.3
江都开发区	0	885	-89.8	6568	49705	36.5	3.1	144.2	20
高邮开发区	0	953	-56.4	1230	11667	61.3	9.2	72.4	9.9
宝应开发区	0	580	-83.6	5529	41851	18.6	13.2	79.5	5
广陵开发区	40	3376	-47	14389	91189	73.5	8.92	76.02	26
维扬开发区	0	5802	-22.6	5156	34175	7.8	6.48	77.68	19
杭集工业园			0	2500	20300	-9.0	0.1	10.94	17
合计	1149	49167	-44.4	56528	417701	10.3	85.6	768.83	5.80

二 2016年及"十三五"时期扬州开放型经济发展形势分析

面临的挑战：全球经济仍处于国际金融危机后的深度调整期，世界经济增长动力发生转换，新的国际经贸规则正在重构，国内经济进入新常态，国际国内经济形势更加错综复杂。一是世界经济不确定因素有所增多，国际市场需求不稳定。世界经济保持温和复苏态势，但增长仍然动力不足，受低增长、低通胀、低就业、低需求等因素拖累，世界经济仍面临长期潜在增速维持低位的风险。主要经济体复苏不均衡，美国经济进入稳步增长轨道，欧元区经济出现好转，但仍存在系统性风险的可能，日本经济结构改革前景不明；新兴经济体增速普遍放缓，内部增长分化进一步加剧，不少新兴经济体结构性矛盾依然突出。在世界经济低速增长的背景下，各国消费、投资需求普遍不振，国际贸易增长动力不足。贸易保护主义明显抬头，我国不仅面临欧美发达国家的双反、特保等贸易摩擦和限制措施，还将越来越多地遭遇来

自新兴经济体贸易保护主义的挑战，各种技术性贸易保护主义以及对安全问题的过度解读等也将增多。二是国际产业分工格局正在重塑，国际竞争更趋激烈。欧美发达国家实施"再工业化"战略，一些中高端制造业向发达国家回流，对中国引进外资形成"上压"效应；印度等新兴市场国家推出如"印度制造"战略等鼓励外资和制造业的改革举措，越南、泰国等周边国家以更低廉的生产成本，对我国形成中低端产业的"供给替代效应"。在华投资企业产能特别是出口导向型外资向发达国家和周边新兴经济体分流的同时，国内出口面临高端产业与发达国家竞争和中低端产业被周边新兴经济体追赶的双重挑战。三是国内经济全面进入新常态，开放型经济的低成本和政策优势正在弱化。当前，我国经济面临"三期叠加"的新形势，经济下行压力较大。劳动力、土地、资源等生产要素成本持续上升，实体经济融资难、融资贵问题加剧，环境约束、安全生产压力进一步加大，低成本的传统外贸竞争优势正在削弱，劳动密集型和低端制造业项目落户的成本大幅提升，加上外商投资企业超国民待遇优惠政策的取消，对扬州市传统招商模式和传统外贸企业竞争提出了新的挑战。四是外部环境日益复杂，企业"走出去"风险增大。随着全球一体化与区域一体化的迅猛发展，规则博弈更趋激烈，部分国家投资保护主义抬头；主要经济体货币政策分化，冲击国际金融市场稳定和汇率波动，大宗商品价格剧烈震荡；东欧、中东地缘政治局势变化等非经济因素影响加大，境外安全形势更加严峻，企业"走出去"风险压力较大。

面临的机遇：预计2016年及"十三五"时期面临的世界经济大环境总体要好于"十二五"时期，世界经济将从低速调整进入温和增长期，国际市场需求将出现回升态势，中国新一轮开放战略和全面深化改革为开放型经济注入新动力，扬州市开放型经济发展前景更加稳定。一是国际产业分工合作不断深化孕育新机遇。全球经济面临新一轮产业结构调整，正在进行一场以生物、信息、新材料、新能源技术为代表的产业技术革命，3D制造、云计算、页岩气开发、互联网＋、基因诊断与修复等新技术不断取得新突破。服务业成为推动世界经济强劲、平衡、可持续发展的重要动力，服务外包和服务投资成为国际经贸合作的新热点。在新一轮国际分工中，中国经济长期向好的基本面没有改变，我国综合竞争优势依然存在，国际高端资本依然持续向中国特别是长三角转移，为扬州市承接产业转移、促进产业链向中高端攀升带来新机遇。二是国家全面深化改革红利不断释放激发新动力。中央坚持以全面深化改革推动结构调整，大力简政放权，市场活力加快释放。先后出台了一系列稳增长、调结构的政策措施，外商投资及境外投资限制进一步放开，外贸扶持政策和便利化措施更加完善，投资贸易环境持续优化，开放型经济新体制逐步构建，为扬州开放型经济稳定发展和转方式、调结构创造了良好的政策环境。三是国家开放战略和区域经济战略不断叠加创造新空间。国家新一轮全方位对外开放正在推进，"一带一路"和长江经济带战略加快实施，上海自由贸易试验区范围进一步扩大，南京江北新区建设上升为国家战略，扬州作为"一带一路"、长江经济带建设交汇点以及上海自贸区和江北新区辐射区的区位优势凸显，加上省委、省政府给予扬州市跨江融合发展综合改革试点的"一市一策"专项政策扶持，为扬州市积极融入国家开放大布局、拓展对内对外开放新空间提供了难得的机遇。四是全市开放型经济基础不断夯实增添新优势。近年来扬州综合经济实力不断提高，汽车、机械等主导产业进一步巩固，新能源新光源、软件信息服务等新兴产业加快发展，一批重大项目加快建设，特别是机场国际航班的开通和高铁的建设开通，融入世界将更加便捷。同时，市委、市政府正在推进跨江融合发展、宁镇扬一体化，深化改革和服务企业的成效不断显现，为开放型经济发展奠定了更加坚实的基础。

三 2016年及"十三五"时期扬州开放型经济发展对策研究

（一）主动融入对外开放战略布局

（1）积极参与"一带一路"建设。加快重点领域"走出去"步伐。一

是引导机械装备、路灯照明、输变电、服装等传统优势产业设立境外加工基地,降低生产要素成本。二是支持光伏企业到沿线国家开展投资,主动避开欧美贸易壁垒。三是扩大与沿线国家的能源资源合作,引导木材加工、电线电缆等企业加大对沿线林业、矿产资源领域的投资力度。四是引导水泥、蓄电池等环境压力大的产业将部分前端生产流程向东南亚、非洲等资源要素供给充足地区转移。五是以江苏牧羊集团埃及项目等境外龙头大项目为支撑,探索在沿线地区建立境外经贸集聚区,力争早日建成1~2个国家级、省级境外经贸合作区。六是支持企业分享基础设施建设蛋糕,鼓励企业抱团出海或加强与央企合作,积极参与新欧亚大陆桥、中巴经济走廊、孟中印缅经济走廊等交通干线互联互通建设。

助推企业抢抓外贸发展良机。研究制定专门针对沿线国家的贸易促进计划,鼓励企业积极参加中国—东盟博览会、中国—欧亚博览会等各类国际或区域性展会,大力拓展东南亚、中亚、西亚和南亚市场。在稳定纺织、鞋帽、牙刷等劳动密集型产品对沿线国家出口规模的同时,发挥机械装备、新能源新光源等产业在沿线国家的竞争优势,扩大电动机具、机床、钢管等机械产品和液晶面板、新能源新光源等高新技术产品出口。

(2)加快融入长江经济带。抢抓长江经济带战略和省跨江融合综合改革试点机遇,主动对接上海,融入苏南。把上海作为招商引资的主战场,不断深化与上海、苏南的园区合作,加快承接产业项目转移。重点招引汽车、智能装备、互联网金融等先进制造业和现代服务业项目,确保各省级以上开发区每年新落地亿元以上转移项目3个以上。推动与上海园区开发总公司或专业投资机构开展战略合作,构建更加有利于承接产业转移的运营机制。加快推进宝应开发区与莘庄工业区南北共建园区、苏中共建园区等一批重点项目建设。

(二)夯实外资外贸稳增长基础

(1)高水平推进专业招商。一是继续深化产业链招商。围绕汽车、机械、软件和互联网、旅游等基本产业以及战略性新兴产业、基地型产业补链扩链强链,加快实施新一轮"530"招商行动计划(5年内,新招引世界500强及跨国公司项目30个),着力引进一批龙头型、基地型大项目。二是转变招商方式。锁定地区、锁定产业、锁定企业,机动灵活地在北上广等外资总部集聚区组织小规模推介,深化小分队敲门招商。总结德国通快集团并购江苏金方圆成功经验,强化以企引企、以商引商。探索以贸促投,通过外贸出口大户,引导境外客商参股公司或来扬州设立研发中心。继续加强与部省驻外机构、日本贸易振兴机构、韩国贸易投资振兴公社等机构合作,借助外力拓展项目信息源。三是拓展招展引会。全力争取各类国际性研讨会、年会等会议在扬州召开,邀请世界500强及国内行业龙头企业来扬州召开股东大会、董事会。继续举办中国文博会扬州分会场活动,力争让扬州成为其永久性分会场会址。

(2)全方位开拓国际市场。一是强化市场拓展。加强"年度贸易促进计划"对参展的指导性和针对性,积极组织企业参加境外综合性展会和知名专业展会,引导企业开拓多元化市场。推动"扬州外贸商品展示交易平台"扩容提升,进一步增加信息展示量,帮助企业争取更广的订单资源。二是深挖外贸增量。加大对船舶、化工、钢铁、光伏等产业外贸大户的服务跟踪力度,引导企业将总部或外地的订单转移至扬州出口,重点解决大洋、金陵、舜天等重点船企代理出口问题。积极招引外地大公司来扬州注册,三是强化出口加工区平台功能。加大区内外向型项目的招引力度,积极招引电子信息、精密机械装备项目,拓展保税展销、维修、物流等服务业功能,强化商品集散效应,做大外贸总量。

(三)加快开放型经济调结构步伐

(1)提升利用外资质态。一是强化分类指导。针对不同地区开放型经济基础、产业发展特点,继续实施外资个性化、项目化考核,突出工业占比、产业集聚、税收贡献等质量性指标,以及对虚假外资的检查惩治机制,确保考核更加科学务实。二是优化产业结构。加大先进制造业重大项目的引进力度,招引国内外制造业龙头企业与扬州企业开展股权、技术、市场合

作,提高先进制造业利用外资比例。同时,抢抓省委、省政府扩大扬州服务业开放试点机遇,扩大文化、医疗、旅游等服务业领域外资开放,重点招引软件信息服务和电子商务项目、金融和信息后台中心、现代物流业、地区总部经济、城市综合体等现代服务业项目。三是拓宽利用外资方式。引导本土企业引入海外投资者并购参股,推动扬杰电子等本市企业实现境外上市融资,鼓励和引导外国投资者来扬州设立融资租赁、商业保理等新兴业态项目。

(2) 转变外贸发展方式。一是培育竞争新优势。积极开展市级出口名牌培育工作,支持企业开展境外商标注册、出口产品认证、境外广告宣传、自主知识产权保护等活动,引导企业通过自创、收购等多种途径培育国际化品牌,支持企业在境外自建、并购营销网络。加快推进省级出口基地的培育与建设,支持各类基地进一步提升公共检测、设计、研发等行业公共服务与技术平台服务功能,推动产业集聚优势转化为出口优势。二是培育新型贸易业态。深入探索市场采购贸易方式、内外贸结合商品市场、跨境电子商务、外贸综合服务平台等外贸新模式。重点探索跨境电子商务平台建设,引导外贸企业开展跨境电子商务,鼓励各方资本试水跨境电商的承载区域、服务平台、支付功能、推广服务等多个环节。三是扩大进口。加强进口促进工作,综合运用进口贴息、进口信用保险、金融信贷等措施,引导企业进口先进技术设备、关键零部件和短缺资源、原材料。加强进口载体平台建设,在现有木材、食品进口企业的基础上,引导有实力的资本参与投资,扩大交易服务与配套功能,共同培育进口交易中心,扩大资源性与消费性产品进口。

(3) 激发企业"走出去"动力。一是优化投资促进网络。常态化、实效化加强投资促进网络构建,筛选全市已走出去、意向走出去以及行业龙头企业200家,加强政策宣传、需求了解、困难协调、调查研究等工作,鼓励更多企业开展跨国经营。推动江都建设、牧羊、亚普等企业入围全省本土型跨国公司培养名录,力争建成3家以上具有较强国际竞争力的省级本土跨国公司。鼓励企业成立商业协会、战略联盟,打造抱团"走出去"集群。二是优化境外工程承包和劳务合作结构。引导企业大力发展BOT、PPP、EPC

等工程总承包模式,积极承揽高附加值项目。支持企业开展饲料机械厂建造、水泥厂建造、石油勘探等专业国际工程承包业务。三是完善"走出去"服务体系。完善"走出去"信息服务平台架构和功能,加强投资环境、风险提示等服务。搭建企业间沟通交流平台,定期组织国际工程项目经理、国际经贸管理等培训,组织企业家参加国家、省举办的境外投资考察活动。强化金融扶持,定期开展银企对接活动,引导金融保险机构开发适合"走出去"企业需求的融资和保险产品。

(4)推进开放载体转型升级。一是提升园区功能。围绕园区提档升级,积极推进江都、仪征争创国家级经开区。加快特色园区建设步伐,争创国家级、省级生态工业园区和知识产权试点示范园区、创新型园区。围绕二三产联动、产城融合,发展园区生产性、生活性服务业,拓展现代城市功能。二是推进园区跨境合作。制定中外合作园区建设实施意见,重点加快"中意食品产业园""德国梅泰尔工业园"建设进度,争取国家层面的认可;推动"中瑞(扬州)生态产业园"尽快破题,挂牌运作;推进"海峡两岸(扬州)绿色石化产业合作区"建设。推动其他各开发园区在现有特色产业园或合作园区基础上嫁接合作,力争实现中外合作园区的全覆盖。

(四)深化开放型经济体制改革

(1)加快复制上海自贸区经验。进一步加强与上海、苏南等地的沟通交流,学习借鉴上海形成的可复制、可推广的成功经验,以及苏州、南京等地在职能改革、部门信息共享、事中事后监管等方面的新经验,积极探索开放型经济在改革、服务、创新等方面的新路径。

(2)推进投资审批制度改革。在前期探索开展外资"清单式审核、备案化管理"改革的基础上,进一步引导各县(市)做好投资总额3000万美元以下项目的"快速审批"工作,探索并联审批、投资总额1亿美元以下项目审批权下放至市辖区。进一步完善外商投资和境外投资事中事后监管制度。在市开发区省级行政审批制度改革试点的基础上,全面推动省级开发区行政审批制度改革,借鉴苏州工业园区"园内事园内办结"模式,推动各

部门管理权限和审批权限下放。

（3）全面推进贸易通关便利化。争取尽快在扬州出口加工区复制推广保税展销、境内外维修、融资租赁海关监管制度等措施。加快电子口岸建设步伐，建成以口岸通关执法管理、口岸物流协同服务为主，跨部门、跨行业的综合性电子口岸服务平台。加强海关、检验检疫等方面的合作和政策交流，推进大宗商品进出口"一次申报、一次检验查验、一次放行"，启动"集中接单、接放一体、多点验放"通关模式改革，提高贸易便利化水平。

（五）营造更具竞争力的发展环境

（1）提高政府管理和服务法治化、国际化水平。切实转变政府职能，进一步深化改革，加大简政放权力度，提高行政办事效率和公共服务水平。深入推进依法行政，确保权力公开透明运行，着力打造法治政府、服务政府、诚信政府，为企业提供安全可靠的投资贸易环境。

（2）强化政策扶持。加大政策宣传力度，帮助企业用好用足国家、省、市的各项扶持政策。调整优化市级商务发展引导资金使用方向和重点，在支持企业拓展国际市场、加快转型升级以及重点项目等方面进行倾斜。根据形势及时调整和制定相关政策措施，在一些关键环节上始终保持在国内的政策比较优势。同时，加强督查推进力度，确保政策的执行兑现。

（3）增强服务企业的实效性。按照市委、市政府《关于进一步优化企业发展环境的意见》要求，通过政策宣讲、信息服务、培训辅导，以及上门服务、现场办公、专题会商等方式，开展各种形式的主题服务活动，及时帮助解决企业面临的主要困难和突出问题。坚持重大项目、重点企业联系制度和领导挂钩制度，定期跟踪重大项目落户情况，现场协调解决存在的困难，对项目落户给予全程精细化指导服务。进一步整合部门资源，继续建好用好"外贸促进网上融资平台""特色出口行业信保统保及保单融资平台""进出口企业法律服务平台"等外经贸服务平台，帮助企业解决融资、法律等问题。

B.8
2015年扬州市民营经济发展报告

唐齐鲁 蒋斌 孙学政 刘勇*

摘　要： 2015年，扬州市民营经济延续了2014年的显著增长态势，在全市市场主体总量中的占比进一步攀升，社会贡献值进一步提高，在全市经济社会发展中的地位和作用更趋凸显。引起这一良性变化的因素很多，既有宏观政策的影响，也有扬州市民营经济系列发展措施的作用。2016年，扬州市应积极适应经济发展新常态，坚持在深入贯彻落实党的宏观经济政策、更好地发挥行政推动作用上做好文章，综合利用好大数据、互联网、社会中介组织、创客空间等资源，进一步增强民营经济发展措施的实效性，努力提升民营经济发展水平。

关键词： 民营经济　发展　报告

一　2015年扬州市民营经济的基本运行情况

2015年，在国家宏观经济政策和地方政府部门行政推动的双重作用下，扬州市民营经济继续保持了快速增长的良好势头。与往年相比，主要呈现六个方面的积极变化。

---

* 唐齐鲁，扬州市工商局党组书记、局长；蒋斌，扬州市工商学会秘书长；孙学政，扬州市工商局个私企业监督管理处副处长；刘勇，扬州大学马克思主义学院副教授，法学博士。

（一）民营经济在全市市场主体总量中的占比进一步攀升

从期末市场主体的实有数来看，民营经济占比再次攀升0.7个百分点。截至2015年10月底，扬州市实有各类市场主体34.79万户，其中民营经济市场主体（含私营企业、个体工商户）33.12万户，占全市市场主体总量的95.2%。与2014年同期相比，民营经济在全市市场主体总量中的占比提升了0.7个百分点。按照万人拥有企业数计算，截至2015年10月底，扬州市万人拥有私营企业203.2户、拥有个体工商户514.7户，与2014年同期相比，分别增长22.7个百分点、16.3个百分点。

从期末市场主体的注册资本总额来看，民营经济占比再次攀升2个百分点。截至2015年10月底，扬州市各类市场主体注册资本总额达7442.1亿元，其中民营经济市场主体（含私营企业、个体工商户）注册资本6242.9亿元，占总量的83.9%。与2014年同期相比，民营经济市场主体注册资本在全市市场主体注册资本总量中的占比提升了1.1个百分点。

（二）民营经济在全市经济社会发展中的贡献值进一步攀升

从税收贡献情况来看，民营经济在全市纳税总额中的占比接近60%。截至2015年10月底，扬州市各类市场主体纳税总额216亿元，其中民营经济市场主体（含私营企业、个体工商户）实现纳税128亿元，占总量的59%。与2014年同期相比，民营经济市场主体纳税总额在全市市场主体纳税总额中的占比提升了3个百分点。

从吸纳就业情况来看，截至2015年10月底，民营经济市场主体（含私营企业、个体工商户）从业人员169万人，占全社会从业人员的80%。2015年1~10月，扬州市新发展民营经济市场主体（含私营企业、个体工商户）6.4万户，累计吸纳从业人员20.4万人，与2014年同期相比，增长了17.4个百分点。

（三）民营经济市场主体的净增长率进一步攀升

2015年1~10月，扬州市累计新登记私营企业21360户，注、吊销私营企业4718户,净增长16895户,净增长率达22%,与2014年同期相比,净增长率提高3.7个百分点;新登记个体工商户42787户,注、吊销10942户,净增长32363户,净增长率达15.8%,与2014年同期相比,净增长率提高0.5个百分点。江苏省工商局统计通报显示,2015年1~10月,扬州市私营企业、个体工商户的净增长率在全省13个地市中分别位居第2位、第1位。

(四)民营经济的产业结构分布进一步集中

截至2015年10月底,扬州市实有私营企业9.4万户,其中第一产业0.3万户、第二产业4.1万户、第三产业5万户,在总量中的占比分别为3.2%、43.4%、53.4%;与2014年同期相比,占比分别增加-0.5、-1.6、2.1个百分点。2015年1~10月,扬州市新发展私营企业2.1万户,其中第一产业0.1万户、第二产业0.7万户、第三产业1.3万户,在总量中的占比分别为4.2%、34.6%、61.2%;与2014年同期相比,占比分别增加-0.6、-3.8、4.4个百分点。

截至2015年10月底,扬州市实有个体工商户23.7万户,其中第一产业0.4万户、第二产业2.6万户、第三产业20.8万户,在总量中的占比分别为1.7%、10.8%、87.5%;与2014年同期相比,占比分别增加0.3、-0.9、0.7个百分点。2015年1~10月,扬州市新发展个体工商户4.3万户,其中第一产业0.2万户、第二产业0.3万户、第三产业3.9万户,在总量中的占比分别为3.5%、6.5%、90%;与2014年同期相比,占比分别增加1、-3.5、2.5个百分点。

统计数据显示,扬州市实有的私营企业、个体工商户和新登记的私营企业、个体工商户主要集中在第二产业和第三产业,其中以传统服务业和现代服务业为主的第三产业占比较2014年有所提升,以工业和建筑业为主的第二产业和以农业为主的第一产业占比有所下降。

(五)民营经济的行业分布进一步多元化

从行业分布情况来看,截至2015年10月底,扬州市实有私营企业中,居前三位的依次是制造业、批发和零售业、租赁和商务服务业,各有35526户、30335户、6063户,分别占总量的37.9%、32.4%、6.5%;实有个体工商户中,居前三位的依次是批发和零售业、制造业、居民服务修理和其他服务业,各有161005户、24738户、22570户,分别占总量的67.8%、10.4%、9.5%。2015年1~10月,扬州市新发展私营企业中,居前三位的依次是批发和零售业、制造业、租赁和商务服务业,各有9034户、6441户、1531户,分别占总量的42.3%、30.2%、7.2%;新发展个体工商户中,居前三位的依次是批发和零售业、居民服务修理和其他服务业、住宿和餐饮业,各有31339户、3257户、2942户,分别占总量的73.2%、7.6%、6.9%。

与2014年相比,扬州市民营经济市场主体中,批发零售传统行业地位稳固。在私营企业的实有数和新发展数中,占比分别为32.3%、42.3%,同比分别增长1.6、4.5个百分点;在个体工商户的实有数和新发展数中,占比分别为67.8%、73.2%,同比分别增长0.5、0.2个百分点。

文化体育娱乐业、软件信息业、商务服务业等新兴行业增长迅速。在私营企业的实有数和新发展数中,占比分别为8.8%、9.7%,同比分别增长0.7、1.2个百分点;在个体工商户的实有数和新发展数中,占比分别为2.7%、1.3%,同比分别增长-0.3、-0.3个百分点。

房地产业降幅较大。在私营企业的实有数和新发展数中,占比分别为2.3%、0.9%,同比分别增长-0.3、-1个百分点;在个体工商户的实有数和新发展数中,占比分别为0.3%、0.2%,同比分别增长-0.02、-0.2个百分点。

农林牧副渔业注销较多。在私营企业的实有数和新发展数中,占比分别为3.2%、4.2%,同比分别增长-0.4、-0.6个百分点;在个体工商户的实有数和新发展数中,占比分别为1.7%、3.4%,同比分别增长0.3、0.8个百分点。

(六)民营经济发展速度在周边城市中处于领先位置

2015年1~10月,扬州市私营企业净增长率为14.1%,位列全省第二,高于周边城市泰州（5%）、淮安（6.8%）、镇江（7.8%）；注册资金净增长率为13.3%，位列全省第六，高于淮安（12.4%）、泰州（10.7%），低于镇江（14.9%）。截至2015年6月底，扬州市实有私营企业数量8.8万户，位列全省第八，高于周边城市泰州（7.1万户）、淮安（5.7万户）和镇江（5.6万户）；实有民营企业注册资本3584.1亿元，位列全省第六，高于泰州（2919.2亿元）、淮安（1980.7亿元）和镇江（2897.8亿元）。截至2015年6月底，扬州民营企业户均资金为408.6万元，在全省排第四位，与周边城市相比，高于淮安（346.7万元），低于镇江（520.6万元）、泰州（410.3万元）。

2015年1~6月，扬州市个体工商户净增长率为9.5%，在全省排第一位。截至2015年6月底，扬州市实有个体工商户22.5万户，在全省排第九位，高于泰州（21.8万户）、淮安（20.2万户）和镇江（15.3万户）。

二 2015年影响扬州市民营经济发展的主要因素

2015年，宏观经济政策的调整、互联网经济的浪潮都对扬州市民营经济的发展产生了重要影响；扬州市积极发挥行政推动作用，在提高招商引资实效、服务"大众创业、万众创新"、助推小微企业发展等多方面，采取了新的有力措施，进一步增强了民营经济的发展动力。

（一）商事制度改革等宏观经济政策调整的促进作用

扬州市的商事制度改革一直走在江苏省前列，先后完成了注册资本由实缴登记制转变为认缴登记制、放宽企业住所（经营场所）登记、"一窗式"审批登记等三大改革任务，稳步推进实施了"三证合一""一照一码"登记，积极落实了国务院关于支持和促进"大众创业、万众创新"的系列政策文件。上述改革措施的红利正在持续释放，经济发展的内生动力明显增强，民营经济市场主体增长迅猛。据统计，2014年3月1日到2015年10月31日，扬州市累计新登记公司制企业20978户，注册资金1307.5亿元，其

中公司法人18508户、分公司及分支机构2470户。2014年,全市新登记公司制企业同比增长达63.86%;2015年1~10月,全市新登记公司制企业同比增长达14.8%。在全市新登记的公司制企业中民营公司占比达93.3%。

(二)"互联网+"等增长新动力的促进作用

以"互联网+"为显著特征的新经济业态不断涌现,对各行各业的创新发展都产生了显著影响,对民营经济发展的激活效应十分显著。

一是促进了传统实体企业实现经营管理模式的转型升级。扬州各县(市、区)不少民营企业正在积极适应"互联网+",通过发展网络经济形态,提高产品的销售量和市场占有率。其中相当一部分企业"线上销售"已经逼近甚至超过了"线下销售",为企业的生存发展作出了重要贡献;一些原本销路不畅的民营企业,由于拓展网上销售渠道,焕发了新的生机。

二是催生了一批依托互联网生存的新型民营市场主体。在扬州市2015年1~10月新登记的民营经济市场主体中,"三产"服务业的比重明显提升,其中一个重要原因就是"互联网+"打破了地域局限,依托互联网资源,诞生了一批新的经济实体。

三是培育了大量网店、微商。除了纳入工商部门登记管理的民营经济实体以外,目前十分活跃的网店、微商等网络经济主体中,绝大部分都应归属于民营经济范畴。由于我国目前在网络经济方面的登记管理要求相对较为宽松,大量网店、微商实际上没有办理工商登记,因而无法纳入民营经济市场主体统计。但不可否认,这部分市场主体在经济生活中扮演了十分重要的角色,对于扩大市民群众就业、促进市民群众增收、稳定经济增长等都起到了极其重要的作用,客观上已经成为民营经济新的增长点。

(三)政策措施的促进作用

2015年,扬州市制定出台的一系列刺激民营经济增长的政策措施针对性和实效性更强。

一是坚持扩大民间投资的开放领域。2015年,扬州市进一步扩大民间投资的开放领域，专门列出了16个面向社会资本招商的政府主导和国有项目，推出的政府主导和国有项目数较2014年增长了156.3%。一大批政府主导和国有项目的推出，不仅激活了民间投资，而且增强了政府的公共服务和基础设施建设能力，实现了"公"和"私"的双赢。此外，扬州市还积极利用"4·18"国际经贸旅游节和2500周年城庆等特殊时间节点，推动落实了一批民资签约和开工投产项目。据统计，2015年1~10月，扬州市累计新增民资投入亿元以上项目122个。

二是坚持创新思路拓展民资项目源。坚持到浙江、上海、广东等民资富集地区开展经常性的招商引资活动，以及面向社会资本分期分批开放部分政府主导和国有项目。2015年首次启动了"全国苏商扬州行"活动，发挥分布在全国各地的扬州商会、江苏商会作用，扩张项目信息的搜集渠道，依托商会的人脉资源、项目资源、信息资源等，招引一批民资项目到扬州落户。此项活动中共签约项目22个，总投资55.2亿元，其中"凤还巢"项目12个、10亿元以上项目2个、亿元以上项目14个；工业制造业项目16个、服务业项目6个。

三是坚持大力优化小微企业服务。市政府专门部署开展了"携手共进——服务小微企业系列活动"。全市工商系统组织开展了支持大众创业、扶助小微企业"十大行动"，主要包括"春风化蝶"行动、法律助企行动、护企维权行动、产销对接行动、信用提升行动、创牌升级行动、广告助企行动、触网经营行动、融资帮企行动、创业支撑行动等，助推小微企业良性发展的"创业就业帮扶机制"已经初步建立。

三 扬州市民营经济发展面临的主要问题

（一）民营经济市场主体的统计口径问题

一是互联网经济中的民营经济主体大部分未纳入统计。目前对于民营经济市场主体的统计主要依赖于工商部门的登记注册数据。我国现行法律法规

并没有强制要求所有的互联网经济主体办理工商登记,导致海量的网店、微商游离于工商部门的登记管理之外,导致对扬州市民营经济发展状况的考察,主要还是局限于实体经济,除了少量规模较大、主动办理工商登记注册的电商企业外,其余网络经济部分统计数据匮乏。

二是由于企业住所等诸多原因无法办理工商登记的民营经济市场主体难以纳入统计。仍然有为数不少的民营经济市场主体或是因企业住所不符合有关规定,或是因相关前置审批手续难以办理,或是因规避税费等,没有依法办理工商注册登记。这部分民营经济市场主体以小微企业为主,单纯取缔不利于社会稳定,其中绝大部分应积极寻求进一步放宽登记注册条件予以疏导发展。

三是由于招商引资考核等因素导致的"造假企业"不同程度上影响统计数据的准确性。基层仍然存在由于历年招商引资考核导致的"造假企业"、部分自行关停歇业企业等,导致工商部门登记在册的民营经济市场主体中不同程度地存在"空挂户"现象,这部分"空挂户"名存实亡,应逐步予以清理。

(二)民营经济市场主体"孵化器"的建设问题

扬州市在"众创空间"的建设方面,已经取得了广陵新城信息产业园、双东历史街区、虹桥坊商业区等成功案例。但是作为园区建设的补充和升华,扬州市的"众创空间"建设还有很多文章可做。

一是"众创空间"建设项目化问题。扬州市的"众创空间"建设还处于自发阶段,缺乏统一的规划和管理。今后在"众创空间"建设方面,应作为推动民营经济发展和助推小微企业发展的重要手段,予以通盘谋划和考虑。应在充分调研和考察论证的基础上,分区域、分行业确定一批"众创空间"建设项目,视各地实际情况,按年度予以申报立项和建设推进,并对其后续运营进行跟踪管理。

二是"众创空间"管理科学化问题。在"众创空间"的建设和管理模式上,应充分学习借鉴各地的成功经验,结合扬州实际制订建设管理办法,对"众创空间"建设进行指导和引领,并给予全方位的支持和帮扶。

(三)民营经济招商引资的考核问题

一是关于净增长率问题。2015年扬州市在民资招商考核办法中,调整为侧重考核私营企业、个体工商户的净增长数,希望更加能够体现民营经济的实际增长情况。但是工商部门登记在册的私营企业和个体工商户中,由于历史原因存在一定比例的"空挂户",各县(市、区)市场监督管理部门如果积极开展清理"空挂户"的工作,就会导致当年注吊销私营企业和个体工商户的数字激增,进而直接影响私营企业和个体工商户的净增数统计。结果由于民资考核办法的调整,各地清理"空挂户"的工作计划轻易不敢实施。

二是关于项目考核问题。目前,扬州市对民资项目的考核主要侧重于当年新引进的总投入亿元以上的签约和开工投产项目。为了确保项目的真实性,2015年扬州市在民资项目考核办法上变往年的年终一次性督查考核为季度考核,逐个项目实地督查,全程跟踪项目进展情况,此举收到了较好效果。但是以年度为限的项目考核制存在一定的局限性,即对以往历年招商引资引进的民资项目后续生存发展状况缺乏有效跟踪,往年招引项目的实际存活率情况不甚明了。"重引进、轻发展",一定程度上影响了民资招商工作的长效性和实效性。

(四)民营经济的梯队培育问题

一是民营企业的梯队建设尚未落实。目前扬州市的重点骨干民营企业的规模和体量在江苏省仍然相对较小,全国民营百强、500强企业,江苏省民营百强、500强企业中,扬州市占据的席位屈指可数。与周边城市相比,2014年入选江苏省营业收入百强的民营企业数仅2家,比泰州少2家、比镇江少3家。因此,扬州市必须尽快将民营重点骨干企业的培育发展工作提上议事日程,将全市的民营重点骨干企业按现有的规模和体量、将来的发展前景等主要指标予以分类,分别确定一批冲刺全国民营百强、500强企业,江苏省民营百强、500强企业,扬州市民营百强、500强企业名录,统筹制订出

台扬州市重点骨干民营企业培育发展政策意见,明确市、县(市、区)、乡镇(街办)结对帮扶的企业名单,深入企业,及时帮助协调解决发展中遇到的困难和问题,对企业的可持续发展提供政策扶持和资讯服务。

二是民营企业的产业链建设仍需加大力度。扬州市的民营企业经过多年的培育发展,已经在汽车及零配件制造、新能源新光源等多个产业领域形成了一定的规模和体量。在历年的民资招商工作中,扬州市均围绕本土优势产业,积极组织招商推介和项目对接,也实实在在地引进了一批产业链项目,促进了各产业的持续壮大和良性发展。但是在民营特色和优势产业的培育发展方面,对于如何整合现有的产业资源、如何完善产业链建设、进一步提升民营骨干企业的市场竞争力等,目前所做的工作还有不足。

四 扬州市民营经济发展的对策建议

(一)提高民营经济市场主体统计数据的精准度,为民营经济发展提供更有效的决策参考

一是全面摸清网络经济市场主体底数。建议在今后的民营经济市场主体统计中,应兼顾网络经济市场主体,对网络经济市场主体进行全面登记或实行备案登记管理,建立网络"经济户口"。相关部门应加强与淘宝网、京东商城等大型电商平台的沟通协作,将扬州投资者在上述电商平台开设的网店统一登记造册,符合办理工商营业执照条件的,积极引导办理电子营业执照,并为其提供便利的登记注册服务;暂时不具备条件而难以发照的,加强备案管理,纳入民营经济市场主体统计。加强与微信、QQ等主流社交平台的沟通协作,获取依托上述社交平台从事商品销售的微商或疑似微商的基础数据,统一向其发布建议主动申办工商营业执照或备案登记管理的提示信息,逐步将其全面纳入市场主体统计。

二是全面清理民营企业"空挂户"。将清理民营企业"空挂户"作为阶段性的重点工作,集中一段时间,对已经名存实亡的民营企业和个体工商户

予以全面清理。通过组织开展全市性的集中清理工作，消除基层顾虑，挤干民营经济市场主体统计数据中的"水分"，使得民营经济市场主体的在业数、新登记数等数据更为精准。

三是集中清理和疏导民营企业"无照户"。积极把握商事制度深化改革的契机，对无照经营这一历史性的难题进行专项治理。集中各相关证照管理部门的力量，组织开展联合调查摸底和联合集中治理。坚持清理取缔与疏导发照相结合，进一步降低市场准入门槛，对具备条件的无照经营户进行疏导发照。对危害人民群众生命财产安全的，予以坚决取缔。对暂时不具备条件而又难以清理取缔的，加强备案管理，纳入民营经济市场主体统计。

（二）对存量民营企业和民资招商项目的生存发展状况进行跟踪，定期发布民营企业景气指数

一是科学编制民营企业景气指数。培育、发展和壮大民营经济不应仅仅将注意力放在"招引项目、推动创业"这个源头上，还要更多地关注存量民营企业和民资项目的生存发展状况。要彻底解决民资项目不仅要"引得进"，而且还要"留得住、发展得好"的问题，今后一个时期应当提高对存量民营企业和民资项目生存发展情况的关注度。建议结合扬州实际，科学编制民营企业景气指数的相关统计指标，定期汇总分析相关数据，发布全市民营企业景气指数，为各级党委、政府更好地制定民营经济发展政策提供决策依据。

二是完善民营企业信用监管机制。各级工商、市场监督管理部门已经建立了专门的企业信用信息公示平台。2015年，市政府常务会议又专门通过了《"证照联动监管"办法》，建设全市的"证照联动监管平台"。建议由市政府牵头，整合各有关监督管理部门、金融机构和社会中介组织掌握的企业信用监管数据资源，在企业信用信息公示平台的基础上，形成较为完善的企业信用监管平台，全面、客观地反映企业基本信用状况，包括企业基本运营情况。通过该平台，实现对包括民营企业在内的全市企业的信用监管，也为动态实时掌握全市民营企业的生存发展状况提供数据支撑。

（三）积极引导民营企业依托"互联网＋"战略，进一步拓展市场份额

一是培育"互联网＋"战略实施的民企典型。摸清全市民企"互联网＋"战略的具体实施状况，总结推广民企先进典型的成功经验和做法，放大先进典型的成功效应，引领更多的民企借力"互联网＋"战略，扩大市场占有份额，打开产品销路，实现良性发展。

二是加强"互联网＋"战略的实务培训。考虑到大部分民企经营者在"互联网＋"战略实施方面知识储备和操作实务的欠缺，建议政府部门重视加强"互联网＋"战略实务的培训组织，可以分不同行业，发动相关部门和行业协会、商会等组织的力量，分别组织多场次的实务培训，提高培训的实战性。

三是搭建"互联网＋"战略的服务平台。对于扬州市的一些特色优势产业和地方名优特产品，建议政府部门统一帮助民企打造推介平台，助推其走上网络经营之路，依托互联网降低生产运营成本，拓展网络市场份额，提升企业运营效益。

（四）坚持放开民间投资领域，认真梳理面向社会资本开放的政府主导和国有项目

实践证明，PPP 模式（即公私合作模式）是大力发展混合所有制经济的有效路径，有助于实现政府、企业和社会公众多方共赢。2014 年和 2015 年扬州市推出的面向社会资本开放的政府主导和国有项目受到了投资者的肯定和欢迎。2016 年，扬州市应进一步加大力度，认真梳理自身的存量资源，推出更多的政府主导和国有项目，吸引社会资本投入。

（五）突出服务"大众创业、万众创新"，科学规划、有序推进"众创空间"建设

一是继续完善创业服务机制建设，提高重点骨干民营企业和小微企业帮扶的精准度。特别是对企业最急最盼的关键环节要切实助"一臂之力",聚焦聚力化解民营经济融资、用地、用工等要素制约,对行业、企业面临的共性难题和特殊困难伸出援助之手。各类财政专项资金在支持范围上要对民营企业一视同仁,各种税收优惠政策对符合条件的民营企业要普遍适用。围绕创客创业、云计算、大数据等,积极转变工作思想和方式方法,让制定的帮扶举措与经济发展合拍、与企业需求合拍,实实在在为企业服务。健全完善融资担保体系,强化企业的自主创新能力,引导民营企业建立现代化的企业管理制度,支持民营企业加大研发投入,建立自己的研发创新平台,推动产学研合作,增强企业发展后劲。鼓励引导民营企业实施品牌战略,创建自有品牌,开发拥有自主知识产权的产品,提升企业核心竞争力。加强与地方高校合作,积极支持和鼓励地方高校师生创业。

二是深入调研、科学论证,制定出台"众创空间"培育发展规划。积极搭建创业创新的服务平台,减少投资创业的成本,消除创业创新场所、融资等方面的顾虑,搭建优质的服务平台,是政府提供公共服务的重要内容。进一步加大中小微企业创业辅导基地、产业集群、工业园区、专业市场、特色产业乡镇、专业村的建设力度和财政扶持力度,优化基础设施,完善服务功能,提高创业成功率。

(六)密切与商会等社会中介组织联系,在畅通民营经济发展的信息流、拓展民营经济发展的项目源上下功夫

扬州市应切实加强与各类商会、行业协会组织的联系,如通过在扬州的"浙江商会""福建商会"等,举办"全国浙商扬州行""全国闽商扬州行"等系列活动,进一步拓展民资招商的信息流和项目源,为民资招商工作实效的提升夯实基础。

B.9 扬州市经济发展质量评价与对策研究

国家统计局扬州调查队课题组*

摘　要： 经济发展是规模扩张和质量提高的统一。当前扬州正处于经济社会发展的转型关键期，准确掌握当前扬州经济发展所处的水平，对于下阶段推动经济发展迈上新台阶具有重要的参考意义。本文通过构建经济发展质量评价指标体系，通过纵向和横向比较，分析扬州市经济发展质量变化及当前在省内各市中的比较位置，指出制约当前扬州经济发展的主要因素，并从深化结构调整、破解资源约束、激活创新动力、实现消费和投资升级等方面提出对策建议。

关键词： 扬州　经济发展质量　评价指标体系

一　时间序列下的扬州经济发展

（一）扬州市经济发展质量评价指标体系构建

经济发展质量评价指标体系的构建遵循科学性、综合性、动态性、可操作性原则，为便于对扬州市经济发展质量进行直观描述，本文采用简单易操

---

* 课题组负责人：刘春来，国家统计局扬州调查队队长，高级统计师。课题组成员：黄祥凤，国家统计局扬州调查队纪检组长，统计师；张晶晶（执笔），国家统计局扬州调查队综合处处长，高级统计师。

作的 AHP 分析法①，构建由 6 个一级指标、26 个二级指标组成的经济发展质量评价体系（见表 1），其中正指标 18 项，逆指标 8 项。

表 1 扬州市经济发展质量评价指标体系

一级指标	代码	二级指标	计量单位	指标属性
综合经济效益（A）	A1	人均地区生产总值	万元	正指标
	A2	公共财政预算收入占 GDP 比重	%	正指标
	A3	人均公共财政预算收入	元	正指标
	A4	规模以上工业利润	万元	正指标
	A5	城镇居民恩格尔系数	%	逆指标
	A6	农村居民恩格尔系数	%	逆指标
要素投入产出效益（B）	B1	社会劳动生产率	万元/人	正指标
	B2	投资效果系数	—	正指标
	B3	规模以上工业总资产贡献率	%	正指标
	B4	土地产出率	亿元/平方公里	正指标
经济结构优化（C）	C1	第三产业增加值占 GDP 比重	%	正指标
	C2	消费对经济增长的贡献率	%	正指标
	C3	城镇化率	%	正指标
	C4	高新技术产业产值增长率	%	正指标
科技创新能力（D）	D1	规模以上工业 R&D 人员投入强度	%	正指标
	D2	R&D 经费支出占 GDP 比重	%	正指标
	D3	亿元 GDP 专利授权数	件	正指标
	D4	发明专利占比	%	正指标
	D5	高新技术产业产值占规模以上工业产值比重	%	正指标
资源利用和环境代价（E）	E1	单位 GDP 能耗下降率	%	正指标
	E2	单位产值工业废水排放强度	吨/万元	逆指标
	E3	单位产值二氧化硫排放强度	千克/万元	逆指标
	E4	单位产值工业固体污染物产生强度	吨/万元	逆指标
经济增长稳定性（F）	F1	经济增长波动率	—	逆指标
	F2	居民消费价格指数	—	逆指标
	F3	城镇登记失业率	%	逆指标

---

① AHP 分析法是把一个复杂问题中的多种因素划分成相互联系的几个层次，使之条理化，在此基础上将同一层次元素两两比较进行定量描述，然后利用数学方法计算并排序。

（二）扬州市经济发展质量指数计算方法

1. 确定指标权重

采用"逐级等权法"分配权数，即每个一级指标的权数均为1/6；在一级指标内，每个二级指标的权重为1/n（n为该一级指标下二级指标的个数）；每个二级指标在整个指标体系中的最终权数为1/6n。

2. 计算指标增速

为避免增速过高或过低的指标作用掩盖其他指标的作用而导致失真现象，本文将指标增速的基准值设定为该指标的两年平均值，以此将各指标增速的范围控制在 [-200, 200] 的区间内。对于逆指标取倒数后再计算指标增速。各指标相邻年份的增长速度计算方法为：

$$V_{it} = \left[\frac{X_{it} - X_{it-1}}{(X_{it} + X_{it-1})/2} \right] \times 100$$

其中 i 为指标序号，t 为年份，$t \geq 2006$。

3. 指数合成步骤

（1）计算各一级指标的加权增速：$C_t = \sum_{i=1}^{k} w_i \times V_{it}$，其中 w_i 为各二级指标在其所属一级指标中的权重，k 为该一级指标内二级指标的个数，t 为年份，$t \geq 2006$。

（2）计算定基累计发展各一级指标分指数：$E_{t+1} = E_t \left[\frac{200 + C_{t+1}}{200 - C_{t+1}} \right]$，其中 t 为年份，$t \geq 2005$，$E_{2005} = 100$。

（3）计算定基累计发展总指数。$Z_{t+1} = \sum_{i=1}^{6} a_i E_{t+1}$，其中 t 为年份，a_i 为各一级指标在总指数内的权重。

（三）扬州市经济发展质量的定量测度

使用上述方法，根据扬州市2005~2014年经济发展相关指标，测算结果如下。

1. 扬州市经济发展质量稳步提升

综合经济效益、要素投入产出效益、经济结构优化、科技创新能力、资源利用和环境代价、经济增长稳定性等6个方面的定量测度结果表明,近年来扬州市经济发展质量稳步提升。以2005年为100测算,2014年全市经济发展质量指数为107.78,年均提升0.86个点(见表2)。

表2 2005~2014年扬州市经济发展质量指数测度

项目 年份	扬州经济发展质量指数	综合经济效益指数	要素投入产出效益指数	经济结构优化指数	科技创新能力指数	资源利用和环境代价指数	经济增长稳定性指数
2005	100.00	100.00	100.00	100.00	100.00	100.00	100.00
2006	101.14	101.58	99.34	101.35	101.45	101.60	101.54
2007	102.05	103.20	101.76	101.91	102.00	104.41	99.03
2008	102.84	103.93	103.05	104.32	102.02	105.27	98.47
2009	104.18	105.13	102.58	106.46	103.26	106.43	101.26
2010	105.56	106.82	107.13	107.79	103.90	106.31	101.43
2011	106.26	108.02	108.54	109.25	104.12	108.14	99.48
2012	107.23	108.14	107.45	110.35	106.30	109.81	101.32
2013	107.46	108.92	107.61	111.54	105.75	108.47	102.47
2014	107.78	110.16	109.35	111.02	106.57	108.99	100.61

注:表中数据根据《扬州统计年鉴》(2006~2015)相关数据整理。

2. 综合经济效益持续提升

以2005年为100测算,2014年综合经济效益指数为110.16,在6个一级指标中排名第二。从二级指标变化情况看,2014年扬州市人均GDP为8.27万元,年均增长16.8%;公共财政预算收入占GDP比重达7.98%,比2005年提高2.94个百分点;人均公共财政预算收入6398元,年均增长21.8%;规模以上工业利润616.95亿元,年均增长32.0%;城乡居民恩格尔系数分别为30.9和31.5,分别比2005年下降了9.9和11.2个百分点。

3. 要素投入产出效益不断改善

以2005年为100测算,2014年要素投入产出效益指数为109.35。从二级指标变化情况看，2014年扬州市社会劳动生产率为每人13.92万元，年均增长13.0%；投资效果系数呈波动下降态势，2014年为0.18，随着边际效应递减，扩大投资规模对拉动经济增长的作用有所减弱；规模以上工业总资产贡献率2011年达到峰值33.0%，之后小幅下降回调，2014年为32.2%；土地产出率呈逐年上升趋势，每平方公里建设用地产生的GDP由2005年的5.81亿元上升到2014年的16.12亿元，年均提高12.0%。

4. 经济结构持续优化

以2005年为100测算，2014年的经济结构优化指数达到111.02，年均提升1.22个点，是发展质量最好的一级指标。从二级指标变化情况看，2014年，扬州市第三产业增加值占GDP比重达42.5%，比2005年提高7.49个百分点；消费对经济增长的贡献率在27%~44%波动；城镇化率为61.2%，提高12.9个百分点；高新技术产业产值4268亿元，年均增长35.8%。

5. 科技创新能力有所提升

以2005年为100测算，2014年的科技创新能力指数为106.57。从二级指标变化情况看，R&D人员及经费投入强度均呈波动略增的态势，规模以上工业R&D人员投入强度从2005年的2.99%小幅上升至2014年的3.81%；R&D经费支出占GDP比重在1.6%~2.3%波动；专利授权数不断提高，亿元GDP专利授权数由2005年的0.91个增加至2014年的3.20个；发明专利占比从2005年的3.5%一度上升至2009年的6.6%，随后波动下降至2014年的3.9%。高新技术产业蓬勃发展，高新技术产业产值占规模以上工业产值比重由2005年的18.8%上升至2014年的45.1%。

6. 节能减排和环境保护取得成效

以2005年为100测算，2014年的资源利用和环境代价指数为108.99。从二级指标变化情况看，单位GDP能耗下降率在3.3%~5.3%波动；2014年的万元产值工业废水排放强度只有2005年的五分之一，工业二氧化硫的排放强度是2005年的七分之一，工业固体废物排放强度是2005年的一半。2012年、2013年由于部分高耗能、高污染项目的投产，工业废水、工业二氧化硫排放强度有所增加，2014年又有回落。

7. 经济增长总体稳定

2008年以来，受国际金融危机及宏观环境严峻等因素影响，扬州市经济发展出现一定程度的波动。以2005年为100测算，2014年的经济增长稳定性指数为100.61。从二级指标变化情况看，2005~2014年扬州市经济增长波动率在-14.65~3.29；居民消费价格指数涨幅波动区间为-0.1%~5.1%；城镇登记失业率维持在2.1%~3.1%。

二 区域对比中的扬州经济发展

（一）区域经济发展质量评价指标体系的构建

为了解扬州市经济发展质量在全省13个省辖市中的相对位置，在扬州市经济发展质量评价指标体系（见表1）的基础上，综合考虑13市指标的可获得性，调整要素投入产出效益、经济结构优化、资源利用和环境代价一级指标下的部分二级指标，建立区域经济发展质量评价指标体系（见表3）。

表3 区域经济发展质量评价指标体系

一级指标	代码	二级指标	计量单位	指标属性
综合经济效益(A)	A1	人均地区生产总值	万元	正指标
	A2	公共财政预算收入占GDP比重	%	正指标
	A3	人均公共财政预算收入	元	正指标
	A4	规模以上工业利润	万元	正指标
	A5	城镇居民恩格尔系数	%	逆指标
	A6	农村居民恩格尔系数	%	逆指标
要素投入产出效益(B)	B1	社会劳动生产率	万元/人	正指标
	B2	投资效果系数	—	正指标
	B3	规模以上工业总资产贡献率	%	正指标
	B4	土地产出率	亿元/平方公里	正指标

续表

一级指标	代码	二级指标	计量单位	指标属性
经济结构优化（C）	C1	第三产业增加值占GDP比重	%	正指标
	C2	消费对经济增长的贡献率	%	正指标
	C3	城镇化率	%	正指标
	C4	二元对比系数	—	正指标
科技创新能力（D）	D1	规模以上工业R&D人员投入强度	%	正指标
	D2	R&D经费支出占GDP比重	%	正指标
	D3	亿元GDP专利授权数	件	正指标
	D4	发明专利占比	%	正指标
	D5	高新技术产业产值占规模以上工业产值比重	%	正指标
资源利用和环境代价（E）	E1	单位GDP能耗下降率	%	正指标
	E2	单位GDP化学需氧量排放强度	千克/万元	逆指标
	E3	单位GDP氨氮排放强度	千克/万元	逆指标
	E4	单位GDP二氧化硫排放强度	千克/万元	逆指标
	E5	单位GDP氮氧化物排放强度	千克/万元	逆指标
经济增长稳定性（F）	F1	经济增长波动率	—	逆指标
	F2	居民消费价格指数	—	逆指标
	F3	城镇登记失业率	%	逆指标

（二）区域经济发展质量得分测算方法

根据二级指标的具体数值首先设定：对于正指标而言，每一项二级指标中数值最高的市得分为100分，其他市的得分为其指标值除以得分最高的地区该项指标值的百分数；对于逆指标而言，以二级指标中数值最低的市得分为100分，其他市的得分为100分减去其指标值超出得分最高的地区该项指标值的部分。

其次，采用"逐级等权法"分配权重，根据二级指标的权重，按照加权平均法计算各市一级指标的数值。

最后，根据一级指标的权重，按照加权平均法计算各市经济发展质量综合得分，数值越大，质量越好。各市经济发展质量及一级指标得分见表4。

表4 2014年江苏省13市经济发展质量得分

单位：分

项目 城市	经济发展质量	综合经济效益	要素投入产出效益	经济结构优化	科技创新能力	资源利用和环境代价	经济增长稳定性
南京	87.02	85.25	82.77	81.44	83.41	89.71	99.53
无锡	84.74	84.39	61.99	91.15	73.91	98.67	98.32
常州	81.34	75.09	75.30	67.72	76.17	93.78	99.97
苏州	85.25	95.97	64.06	89.56	72.79	91.45	97.69
镇江	80.73	71.96	68.11	73.79	76.66	94.77	99.09
南通	77.85	73.44	76.70	62.60	64.65	91.06	98.63
扬州	75.93	66.66	78.26	65.21	60.58	85.28	99.58
泰州	76.81	67.32	72.10	61.28	65.48	95.12	99.58
徐州	74.05	69.13	75.22	65.19	46.05	90.08	98.65
连云港	69.63	65.20	46.26	68.04	61.54	79.28	97.44
淮安	70.03	64.74	57.98	70.91	44.39	82.94	99.23
盐城	71.74	64.46	60.37	68.68	47.24	91.22	98.45
宿迁	64.81	59.55	52.66	61.74	39.30	78.13	97.44

数据来源：表中数据根据《江苏统计年鉴2015》的基础数据整理。

（三）比较结论

由表4可知，省内13个市经济发展质量的区域特征较为明显，苏南5市经济发展质量领先于苏中、苏北地区；扬州市经济发展质量得分在全省13个市中位列第八，苏中居末位。综合经济效益、要素投入产出效益、经济结构优化、科技创新能力、资源利用和环境代价、经济增长稳定性等6个一级指标得分在全省的排名分别为第九、第二、第九、第九、第十和第二。

1. 综合经济效益有待提高

2014年扬州市人均GDP为8.27万元，位列全省第六，高于全省平均水平0.08万元；公共财政预算收入占GDP比重为8.0%，居全省末位；人均公共财政预算收入6598元，位列全省第七，相当于全省平均水平的72.6%；规模以上工业利润576.05亿元，位列全省第六；城镇居民恩格尔系数为 30.9%，农村居民恩格尔系数为 31.5%，均为苏中最高；城乡居民收入比为 1.98，低于全省（2.39）和苏中（2.07）。

2. 要素投入产出效益优势明显

2014 年扬州市社会劳动生产率为每人 13.92 万元，全省排名第六，领先苏中、苏北；投资效果系数为 0.18，位列全省首位；规模以上工业总资产贡献率位列全省第三，说明规模以上工业企业的资产获利能力较好；每平方公里建设用地产生的 GDP 为 16.12 亿元，位列全省第七。

3. 经济结构调整亟待深化

2014 年扬州市第三产业增加值占 GDP 比重为 42.9%，居苏中末位，低于徐州和淮安；消费对经济增长的贡献率为 40.6%，位列全省第 11，只有全省平均水平（82.1%）的一半；城镇化率达到 61.2%，高于泰州、苏北；二元对比系数为 0.28，与镇江并列全省第六，分别比南通、泰州高 0.05 和 0.07。

4. 科技创新能力差距较大

2014 年扬州市科技创新能力得分为 60.58 分，与最高的南京市（83.41）相差 22.83 分。从二级指标来看，2014 年扬州市规模以上工业 R&D 人员投入强度为 3.81%，仅高于苏北的徐州和淮安；规模以上工业 R&D 经费支出占 GDP 比重为 2.0%，位列全省第七；亿元 GDP 专利授权数为 3.2 件，位列全省第六；发明专利占比 3.9%，仅高于泰州和宿迁；高新技术产业产值占规模以上工业产值比重为 43.9%，位列全省第三。

5. 节能环保压力较大

2014 年扬州市单位 GDP 能耗下降率为 3.5%，仅高于连云港和宿迁；单位 GDP 化学需氧量排放强度、单位 GDP 氨氮排放强度为苏中三市最低，单位 GDP 二氧化硫排放强度位列全省第七，单位 GDP 氮氧化物排放强度位列全省第六，高于苏中其他两市。

6. 经济增长稳定性较好

2014 年全省 13 市经济增长波动率在 -14.59 ~ -7.62，扬州市经济增长波动率为 -8.7，波动幅度比常州（-7.62）、南京（-8.53）略大；居民消费价格指数为102.1，低于全省平均水平0.1个百分点；城镇登记失业率为2.08%，低于全省平均水平0.93个百分点。

三 制约扬州市经济发展质量的主要因素

（一）结构调整压力

1. 第三产业比重仍然偏低

2014年扬州市第三产业增加值占比仅为42.9%，比全省低4.1个百分点，比全国低5.3个百分点。全市完成服务业税收204.3亿元，增长10.7%，比上年同期回落17.3个百分点；服务业税收对全部税收收入的贡献率为43.6%，同比回落10.3个百分点。从服务业内部结构来看，房地产业占比偏高，占服务业增加值的15.2%，占服务业税收的53.5%，在全国房地产市场进入调整期的大背景下，将对全市服务业发展产生较大不利影响。

2. 工业经济增长仍主要依靠重工业拉动

2014年规模以上重工业实现产值占全市规模以上工业产值总量的77.4%，规模以上重工业能耗占全市规模以上工业能源消耗总量的91.3%。化学原料和化学制品制造业投资同比增长64.7%，电力、热力生产和供应业投资同比增长36.8%，黑色金属冶炼和压延加工业投资同比增长达267.9%，投资的重点依旧集中在传统的资源、能源依赖型重工业行业。以环保型、低消耗、循环型、高科技为主要特征的工业体系尚未成形。

3. 战略性新兴产业集群优势不明显

当前扬州以智能电网、新材料等为代表的战略性新兴产业缺少龙头型、基地型的大项目，产业链条向应用端的拓展还不够，难以形成品牌优势。同时，大型企业与中小企业之间缺乏整合，普遍存在"大而全""小而全"现象，集群内企业产品同质性高，协作不足，各自为战，无法发挥小企业的"羊群效应"，产业集群有"形"难有"实"。

（二）资源约束加剧

1. 能源结构不尽合理

2014年，全市六大高耗能行业能耗占全部规模以上工业能耗的76.8%，工业增加值仅贡献20.9%，能耗比重与增加值比重的结构比值为3.67，与省均相比，"性价比"较低。

2. 人力资源约束加剧

一方面表现为人力资源质量短缺，一线生产职工紧缺，高素质领军人才供不应求；另一方面表现为价格高企，2015年上半年应付职工薪酬同比上升11.1%，高出主营业务收入增幅3.3个百分点。

3. 融资成本居高不下

2014年扬州市工业企业利息支出占全部财务费用的92.7%，利息支出成本上浮5.9个百分点。银行对小微企业融资担保的要求提高，使得融资费用和难度增加，融资问题仍是当前困扰小微工业企业发展的突出问题。

4. 土地稀缺日益突出

扬州属于人多地少地区，近年来，城市化和开发区建设使用了大量土地，加上园区建设的前期总体规划不到位，土地的集约化利用程度不高，使得土地资源稀缺性日益突出。

（三）创新能力不足

1. R&D投入强度[①]偏低

2014年扬州规模以上工业企业R&D投入强度为0.86%，远低于5%，其中大中型工业企业R&D投入强度也仅为0.87%。低水平的R&D投入强度说明扬州的工业企业以产品代加工居多，拥有自主知识产权和品牌的企业相对较少。

---

① R&D经费支出与产品销售收入之比是国际上通用的反映企业自主创新投入强度的主要指标。国际上通常认为，R&D经费占销售收入1%的企业难以生存，达到3%可以勉强维持，占5%以上的企业才有竞争能力。科技部门也将R&D投入强度5%以上作为评定高新技术企业的一个必要条件。

2. 自主知识产权尤其是发明专利不多

专利的质量很大程度上说明了科技成果的质量水平。2014年，扬州授权专利总量中以实用新型和外观设计居多，发明专利占专利总量的比重仅为3.9%，在全省13个市中位列第11，扬州以科技创新能力为基础的核心竞争力仍显不足。

（四）投资消费失衡

1. 投资率偏高，资金投入产出效率弱化

近年来扬州市投资率[①]维持在59%左右，远高于世界资本形成率平均水平（20%左右），而投资效果系数由2005年的0.54下降到2014年的0.18，建立在大规模资本投入上的高速增长率是不能长期保持的。

2. 居民消费率偏低，消费对经济增长的拉动作用偏弱

2014年扬州市居民消费率为27.9%，远低于世界（60%左右）、全国（36%）、全省（34.6%）平均水平。2005年以来，固定资产投资总额年均增长21.8%，社会消费品零售总额年均增长16.7%，投资快于消费5.1个百分点；投资率9年间上升了17.5个百分点，消费率仅上升了8.5个百分点。

四 提升扬州市经济发展质量的对策建议

（一）深化经济结构调整

1. 加快调整工业内部结构，培育新的工业经济增长点

从存量调整和增量控制两方面入手优化工业结构。一是牢牢抓住"一带一路"发展机遇，搭建产能转移平台，将扬州的机械设备生产、造船、钢铁等优势产业的富余产能通过出租或出售的方式转移到"一带一路"计划中有需求的国家。二是严把工业生产项目审批关，对已明确的产能过剩行

---

① 投资率＝资本形成总额/支出法地区生产总值×100%。

业、高耗能高污染行业,坚决不予批准。集中精力推进战略性新兴产业规模发展壮大,支持战略性新兴产业布局调整,提升产业发展品质。

2. 加快发展现代服务业,鼓励社会资本进入服务业

以广陵区为核心,沿江其他区(市)为重点,依托现有的产业基础,围绕"互联网+",大力发展信息服务产业。以扬州独特的历史文化、餐饮休闲文化、园林文化、工艺文化为基础,整合市区及周边县市的旅游资源,形成文化产业发展新局面。积极落实全民创业的优惠政策,激活市场主体,进一步简政放权,鼓励社会资本进入服务业。

(二)努力破解资源约束

1. 控制能源消费,实现有序用能

严格限制高耗能耗电项目,规划现有重点耗能企业能源消费量,促进技术进步、设备更新,"腾笼换鸟"实现能源消费总量合理控制,有序分配。鼓励企业开发可再生资源恢复技术、减量化技术、循环技术、废物无害化处理等两型技术,实现生产技术升级换代,提高资源利用效率,减少环境污染。

2. 优化用人环境,强化人才保障

组织各种层次的业务培训,鼓励从业人员参加再教育,迅速培养一批业务精、素质好、复合型的专业技术人才队伍。充分利用本地高校和国内外的高等教育资源,培养一批具有国际战略眼光、开拓创新意识和现代经营水平的创新创业领军人才。

3. 畅通融资渠道,强化金融保障

推广各类融资工具,用足用好专项资金池;严格控制贷款利率上浮幅度,努力降低融资成本;引导金融机构创新服务,建立灵活高效的贷款审批模式,建设银企保对接平台,破解融资难题。

4. 抓好土地清理,强化土地保障

督促企业项目开工,严格执行依法收回闲置土地或征收土地闲置费的规定,盘活建设用地存量。建立健全低效用地再开发激励约束机制,推进存量建设用地潜力挖掘和高效配置。合理确定城市用地规模和开发边界，提高区域平均容积率，优化城市内部用地结构，提高土地综合承载能力。

（三）全方位激活创新动力

1. 加大政府创新投入

全面落实鼓励企业创新的各项优惠政策，综合运用政府采购、风险补助等措施，强化对企业创新成果应用的扶持。建立重大技术攻关项目基金，根据企业实际投入的数额，给予一定比例的配套资金奖励。帮助企业争取国家、省各类科技计划项目资金，支持企业技术创新和新产品开发。

2. 激发企业内生动力

一方面，不断提升开发区、工业园区、工业集中区等工业载体的服务功能，优化创新创业环境；另一方面，实施生态环境提升改善、循环经济等科技示范工程，支持科研成果用于产业转型升级。在节能环保、新一代信息技术、新能源汽车等领域，聚集产业创新要素，打造创新创业战略高地。

3. 树立品牌产权意识

支持企业实施品牌振兴战略，重点扶持有技术含量、有自主知识产权、有市场潜力的名牌商品企业，打造一批真正叫得响、经得住市场考验的品牌企业。进一步扩大扬州品牌的市场竞争力和影响力，让品牌效应促进企业更好更快发展。

（四）实现消费和投资的升级

1. 转变消费观念，打造新型消费增长点

中国劳动力人口从2012年开始呈净减少趋势，此后的经济增长将更多依赖于劳动力品质的提升。与知识经济相对应的消费行为是城市化驱动的消费升级，今后品牌时尚、高档格调、文化教育和休闲旅游的消费比重将逐渐提升。扬州具有文化、旅游、休闲服务业方面的良好基础，在推进消费升级的过程中，不仅要引领这样的消费氛围，创造消费需求，更要前瞻性地做好各项配套工作。

2. 打破政府主导，激发民间投资驱动力

随着中央对地方政府举债权限的收紧，新常态下的投资驱动应该由政府主导转变为民间创业创新。政府在管住自己的"手"的同时要解放民资的"腿"。一方面，要将生态环保、农业水利、市政设施、交通、能源设施、社会事业等重点领域对社会资本开放，在机会均等、必要审查的基础上简化审批流程，重在督促企业诚信经营。另一方面，要鼓励民营企业自主创新，加大科技投入，促进民营工业从粗放式增长向集约型、品牌化、高附加值、强竞争力的产业模式转变，将资金更多地投向有利于经济转型升级的领域。

B.10 扬州新型城镇化与城乡一体化建设研究

扬州市发改委课题组*

摘　要： 城镇化是现代化的必由之路，是解决"三农"问题的重要途径，也是扩大内需和促进产业升级的重要抓手。本文通过分析全市城镇化发展的现状与问题，提出了"十三五"期间扬州市推进新型城镇化发展的目标思路与对策建议。

关键词： 城镇化　城乡一体化

一　扬州市城镇化发展现状

一是城镇化水平稳步提高。2014年城镇化率为61.2%，比2010年提高了4.5个百分点；完成了《扬州市新型城镇化与城乡发展一体化规划（2015～2020年）》《扬州市区镇村布局规划》《扬州市主体功能区实施规划》编制以及《扬州市城市总体规划（2010～2020）》修编，加快乡镇撤并和布局调整，形成1个大城市、3个中等城市、11个重点中心镇和若干个小城镇的城镇发展体系。

二是城乡统筹发展步伐加快。城乡资源要素加速流动，市、县两级农村产权交易市场已全部建成挂牌运营，县（市、区）集体建设用地使用权、

---

* 课题组负责人：程兆君，扬州市发改委副主任；课题组成员：徐飞，扬州市发改委农经处处长；陈岗，扬州市发改委农经处副处长。

宅基地使用权确权登记发证工作基本完成。农村金融蓬勃发展，2014年新设村镇银行1家、农村小贷公司10家，新设县域银行分支机构5家，全市银行网点乡镇覆盖率达100%，农村土地承包经营权、林权抵（质）押贷款、农民住房财产权抵押贷款试点稳步推进。薄弱地区帮扶成效显著，累计投入近18亿元帮扶薄弱村建设标准厂房145万平方米，沿江、沿河地区村集体经营性收入全部实现30万元和20万元以上，城乡居民收入增幅连续居全省前列。

三是城镇承载能力明显增强。实施通达工程，全市农村公路总里程达到8000公里，100%行政村通达四级公路。大力发展镇村公交，行政村客运班车通达率98%。实施区域供水工程，累计投入43亿元，建成区域供水水厂19座，日供水能力达159.5万吨，区域供水实现市域全覆盖。建成城市污水处理厂12座，涉农乡镇全部建成生活污水处理设施，乡镇生活垃圾中转站实现全覆盖。在苏中苏北地区率先完成村庄环境综合整治，创成三星级康居乡村100个。

四是公共服务水平不断提升。市、县、乡、村四级就业服务平台实现全覆盖，"15分钟就业服务圈""15公里半径医疗急救圈"基本形成；文化惠民活动深入开展，建成村级文化广场835个；合理配置基础教育资源，与人口布局、结构相适应的教育空间体系基本建立，优质学校组团办学进一步推进，农村中小学校与城市优质学校结对共建率达94%以上，来扬州务工农民工子女就学享受"市民待遇"；社区卫生服务中心（乡镇卫生院）标准化达标率100%，成立了苏北人民医院医疗联合体，启动了区域医疗中心建设。

五是城乡居民生活持续改善。以实施"四业富民"工程（农业、就业、创业、物业）和"四保惠农"工程（新农保、新农合、低保、五保）为重点，城乡居民收入连续实现两位数增长，累计转移农村劳动力近22万人，农村常住居民人均收入提高至15284元，较上年增长11%，城镇常住居民人均可支配收入提高至30322元，较上年增长9.5%。全市连续10年提高全市企业退休人员基本养老金水平，人均每月已达到1955元。全面实施了城镇居民大病保险制度。城乡基本养老保险、基本医疗保险参保率均达98%。

二 扬州市推进新型城镇化面临的主要问题

一是农业转移人口市民化难度较大。城乡社会基本公共服务一体化发展制度框架需进一步整合，市民化待遇有待提高；农业转移人口市民化成本较高，财政承担压力较大；转移人口受到社会偏见的排斥，社会融合和社会包容尚有待提升。

二是城镇化发展产业支撑能力不强。城市功能提升与转型发展需要更高层次的产业支持，当前石油化工、加工制造、纺织服装等传统产业仍占有较大比重，对优秀人才的吸引不强；科研成果转化能力不足，2014年扬州市企业研发投入占GDP比重为2.3%，低于省平均水平。新兴产业集聚度不高，智能电网、节能环保、新材料等产业缺少龙头型、基地型大项目；生产性服务业发展不足，占服务业比重为40.6%，低于省平均水平，对第二产业支撑和服务能力不强。产业发展效益水平低，对地方财税贡献不足；缺乏投融资的创新模式与渠道，城镇产业发展动力不足、公共服务功能受到影响，劳动力吸纳能力较弱。

三是城乡发展资源环境面临瓶颈。建设用地供需矛盾不断加剧，近十年城镇建设用地年均增长12.1平方公里，全市工业用地实际建设密度不到30%。城镇开发建设项目造成的水土流失以每年30%的速度递增；水体环境功能质量下降，城市内河水质达标率仅为36.4%，局部地区水资源配置不能满足当地生产和生态需求；大气污染物排放强度依然较高，全年仅64.9%的天数达到环境空气质量新标准；能源利用结构亟须优化，全市规模以上工业企业耗能中90%以上为化石能源，风电、光电等新能源发展处于起步阶段，节能减排压力较大。

四是区域经济发展不平衡进一步凸显。区域发展差异日趋明显，统筹协调发展难度加大，2014年扬州市城镇化率达61.2%，而高邮和宝应的城镇化率仅为49.8%和49.1%，低于全市平均水平。沿江城镇发展迅速，沿运河城镇发展相对滞后，南部市区和仪征经济社会发展水平相对较高，人均

GDP 分别达到 90352 元和 72965 元，而北部高邮市和宝应县总体发展水平相对较低，人均 GDP 仅为 51592 元和 48483 元。

五是外部城市竞争日益激烈。江苏沿海开发和苏南现代化示范区建设先后上升为国家战略，相关城市经济转型和产业结构调整动力强劲，发展速度处于全省领先行列；苏北地区各项扶持政策均优于苏中地区，并兼有后发优势。

三　发展目标与对策建议

（一）推进农业转移人口市民化

1. 建立农业转移人口市民化激励机制

一是建立财政转移支付同农业转移人口市民化挂钩机制和成本分担机制。积极发挥政府在市民化成本分担中的主导作用，加大公共服务、社会保障、保障性住房供给；突出企业在市民化成本分担中的主体地位，鼓励企业积极分担农业转移人口的劳动保障、技能培训、住房补贴等市民化成本；引导农业转移人口积极承担城镇社会保险、职业教育、技能培训、居住迁移等个人成本。二是建立农业转移人口"带资进城"激励机制。现阶段允许进城落户的农业转移人口根据本人意愿保留农村土地承包经营权、宅基地使用权等权利。鼓励农业转移人口将农村集体产权、土地承包经营权、宅基地使用权及住房置换成股份合作社股权、城镇社会保障和城镇住房。

2. 健全和完善人口管理与落户制度

一是完善针对存量优化人口的居住证管理。以居住证为载体，实行积分制管理，建立健全与积分相挂钩的基本公共服务供给机制。二是建立针对增量吸纳人口的落户激励机制。加大特定领域专项资金扶持，针对高校毕业生、职业院校毕业生、产业发展需要的技术工人等优质劳动力资源，由政府、企业、社会共建推进住房、医疗、教育等领域优质公共服务资源的绿色通道建设。

3. 提升农业转移人口市民化保障水平

一是构建全面覆盖的城乡社保制度，以增强公平性和适应流动性为重点，完善囊括基本养老保险、基本医疗保险、工伤保险、失业保险、生育保险等社会保险在内的城乡社保制度，建立信息化平台，提升服务效率。二是加大社区卫生服务机构建设力度，增强社区卫生服务机构服务辖区内常住人口的能力，确保城镇居民就地享有基本医疗和基本公共卫生服务。三是保障农民工随迁子女平等享有受教育权利，逐步放开随迁子女在扬州市参加中考和高考的资格。四是搭建多重功能的综合性就业服务和社会保障公共服务平台，提升信息化管理水平，大力发展面向进城农民的职业教育与技能培训，搭建培训平台，完善培训认证体系，制定相关补助优惠政策。五是拓宽住房保障渠道，探索将在城镇就业和生活达到一定年限的农民工逐步纳入城镇住房保障范围。

（二）优化区域和城镇空间格局

以"一带一轴"为核心，统筹南北区域协调发展和差异化发展，推动人口和产业向沿江城镇带集聚规模化发展、沿运河城镇轴点状特色化发展，形成以中心城市和县（市）城区为重点、重点中心镇和专业特色镇为补充、区域协调、结构清晰的城镇体系结构，引导生产要素进一步合理流动、集聚，科学指导基础设施建设，促进市域协调可持续发展（见表1、表2、表3）。

1. 做优扬州中心城市

一是加强中心城区东西轴与新老城区联系，加强仪征市与中心城区协同发展，完善和提升"一体两翼"的空间结构。二是增加南北向城市厚度，优化建设南部经济技术开发区，加快推动开发区向朴席镇拓展建设；积极引导城市北部地区开发建设，优化完善扬州维扬经济开发区、甘泉新城、蜀岗新城、城北地区、江都老城区北部地区用地布局，拓展城市北部发展空间。三是加快重要功能板块的载体建设。推动经济技术开发区转型发展，建设南部生态示范新城；推进江广融合地带开发，打造生态科技新城和广陵新城，构建扬州新的现代服务业集聚区和城市CBD；促进西区新城发展，形成扬州都市经济集聚区、品质生活首善区、城市形象展示区；加快扬州环保科技产业园建设，打造低碳循环示范区；深入推进"两古一湖"综合整治，以自然和人文景观激发中心城区生长活力，打造扬州古今融合、交相辉映的城市特色景观。

表1 扬州市城区周边镇发展指引

县(市、区)	城镇名称	发展引导
广陵区	湾头镇	推进江广融合的综合功能区,衔接"两古一湖"传统旅游区与邵伯湖生态旅游区的重要节点
广陵区	杭集镇	整合日化产业空间布局,逐步推进产业转型升级,结合项目建设实施老镇区改造,提高片区整体环境质量和建设水平
广陵区	泰安镇	依托生态科技岛建设,加速新兴产业集聚,发展观光农业、休闲度假产业,构建具有多元复合功能的新型城市服务地区
邗江区	槐泗镇	集中建设北山工业园,并依托水、公、铁的交通区位优势发展现代物流业,完善居住等服务配套
邗江区	杨庙镇	紧邻西部新城,重点完善镇区的居住、商贸等服务功能,承担城市部分公共服务职能。结合杨庙城市垃圾填埋场建设城市固体废弃物垃圾综合处理设施
邗江区	西湖镇	融入扬州西部新城建设,建成综合功能区,科研教育与商务会展业重点发展区域
仪征市	新城镇	依托扬州(仪征)汽车工业园、滨江新城建设契机,积极融入仪征城区建设,促进城乡融合发展
高邮市	车逻镇	协调与高邮城南经济新区建设关系,建设五金机械名镇,促进科教文卫与经济建设健康同步发展
宝应县	望直港镇	建设宝应东部新城区,提升经济发展、城镇建设和社会管理水平

表2 扬州市专业特色镇分类指引

县(市、区)	城镇名称	特色类型	特色产业发展指引
广陵区	头桥镇	工业制造型	继续推进医疗器械、电器线缆两大支柱产业稳步增长,做大做强"中国医疗器械耗材之乡",扶持和打响一批特色产业品牌,同时均衡发展现代农业
江都区	丁伙镇	工业制造型	积极融入江都城区建设,以丁伙工业园区为载体,推动化工、机电、环保、建材机械和绿化苗木等主导产业发展
江都区	丁沟镇	空港经济	继续培育汽车配件、机械冶金、精细化工等三大产业集群,重点抢抓扬州泰州机场通航机遇,创新驱动促转型,规划引领集镇建设,完善服务配套,突出观光农业和空港服务业发展,加快打造空港经济
高邮市	送桥镇	工业制造型	大力推进"区镇合一"的高邮湖西新区产业发展,做优做强照明灯具、光电科技等特色产业,积极打造省级高新区
宝应县	柳堡镇	工贸旅游	以电工电气、电子陶瓷、绝缘材料、太阳能光伏新能源等特色产业为主导,以市优化发展型工业集中区为载体,做响"柳堡""二妹子"红色旅游品牌,着力打造输变电产业集群核心区,建设工贸旅游新型小城镇

表3　一般镇公共管理与公共设施项目配置

类别	各类服务设施项目名称	一般建制镇镇区
一、行政办公	1. 党政团体机构	●
	2. 法庭	○
	3. 各专项管理机构	●
	4. 居委会、村委会	●
二、文化设施	5. 文化站(室)、青少年及老年之家	●
	6. 科技站	○
	7. 图书馆、展览馆、博物馆、信息中心	○
	8. 影剧院	○
	9. 广播电台(站)	○
三、教育科研	10. 高级中学及初级中学	○
	11. 完全小学	●
	12. 托儿所、幼儿园	●
四、体育设施	13. 体育场馆或小型体育中心	○
	14. 建设活动场所	●
五、医疗卫生	15. 计划生育站(组)	●
	16. 防疫站、卫生监督站	○
	17. 医院、卫生院、保健站	●
六、社会福利	18. 老年养护院	○
	19. 老年人日间照料中心	●
七、社会保障	20. 乡镇就业与社会保障服务中心	●

说明：表中●为应设的项目，○为可设的项目。

2. 做强三个县级城市

宝应、高邮、仪征要分别按照"滨江现代工业城市""东方邮都、滨湖旅游城市和特色工业城市""有机农业强县和生态工业城市"的目标定位，坚持功能完善和产业发展并重、扩容提速和品质特色兼顾，以新城的开发建设、旧城的改造提升、古城的保护利用为着力点，科学功能分区，合理规划布局，充分发挥要素集聚效应，努力打造产业发达、功能完善、承载力强、特色鲜明的中等城市。

3. 分类发展小城镇

强化小城镇在城镇空间体系中的重要节点地位，按照优先发展与大中城市功能配套相结合的卫星镇、合理引导与特色产业相结合的特色镇、优化完善与服务"三农"相结合的一般建制镇的原则，以完善公共服务设施和基础设施为核心，以提升产业发展水平和就业吸纳能力为重点，促进人口、资金、项目、资源等要素从农村地区向小城镇地区集聚，形成一定的经济服务中心，带动周边农村发展。

4. 优化村庄布局

完善村镇布局规划，分类引导村庄建设，发展规划布点村，保护特色村，稳妥推进村庄撤并。根据村镇人口结构现状和变化趋势，加强规划引导，合理确定村庄布点和建设规模，因地制宜布局建设基础设施和公共服务网络，形成适度集聚、生产便捷、生活舒适的村庄分布格局。

（三）提高产业就业支撑能力

1. 优化产业结构，加快产业转型升级

推进汽车、船舶、机械装备、石油化工等主导产业向高端化、品牌化发展，促进产业向高技术、高增值环节延伸，增强新产品开发能力。巩固扩大新能源、新光源产业既有优势，全力建设新能源示范城市，重点发展新能源、新光源、智能电网以及节能环保产业。加快传统产业工艺及装备技术改造和产品升级换代，优化生产模式，提升纺织服装、玩具及旅游用品、食品制造等传统产业竞争力。整合服务业发展，打造以商务、金融、科技、文化创意和现代物流等为重点的生产性服务业集群，培育以软件与信息服务、服务外包等为重点的新兴服务业集群，整合以旅游业、商贸流通、房地产和家庭服务业等为重点的生活性服务业。

2. 大力推进产城融合

顺应国际国内产业发展和城镇化发展新趋势，依托现有各类国家级、省级产业园区，充分发挥市场配置资源的决定性作用以及政府规划和政策的引导作用，全面落实产城融合发展理念，着力优化发展环境，不断深化开放合

作和改革创新，推进以产兴城、以城带产、产城融合、城乡一体发展，加快产业园区从单一的生产型园区经济向综合型城市经济转型，促进产城融合发展，提高资源利用效率，改善生态环境质量，保障和改善民生，为新型工业化和新型城镇化探索路径、提供示范。

3. 促进跨江融合发展

强化南北向区域中轴走廊建设，连结全省两大特色发展地区，创造条件加快苏南高新技术向扬州转移，加快南北园区共建，引进高新技术项目到扬州落户。加速引进资金、信息、人才等要素资源，推进扬州加快融入苏南现代化建设示范区。

（四）推动城乡发展一体化

1. 健全城乡发展一体化体制机制

建立城乡发展一体化的长效机制。加快消除制约城乡协调发展的体制性障碍，促进城乡要素平等交换和公共资源均衡配置。改革城乡分割的经济社会文化发展和管理体制，建立城乡一体的工作机制。全面推进城乡规划、土地利用、产业布局、就业社保、基础设施、金融服务、社会事业发展和社会管理"八个一体化"进程，促进城乡协调发展和共同繁荣。强化政府公共服务供给责任，健全发展城乡一体化的公共服务投入机制，促进基本公共服务在城乡之间、区域之间、群体之间均衡配置和合理布局，使广大农民平等参与城镇化进程，共享同城效应，共享改革发展成果。

2. 城乡统一要素市场建设

一是建立健全城乡统一的人力资源市场。建设覆盖扬州市域的就业服务网络，推进社会就业与培训公共服务信息化、规范化。建立健全多层次、多元化的教育培训体系，全面提升就业全过程公共服务能力，提供城乡平等的就业机会。二是加快构建城乡一体的建设用地市场。出台集体土地入市规范，建立城乡一体土地市场。在符合规划和用途管制前提下，制定农村集体经营性建设用地流转办法，激活城郊集体建设用地市场，探索撤并乡镇建设用地入市盘活途径。三是完善统筹城乡建设的金融服务市场。加大农村金融扶持力度，引导金融机构向县域和乡镇延伸。积极发展政策性农业保险，提高高效农业保险比重。加大对试点城镇设立村镇银行、小贷公司等金融机构的扶持力度。

（五）增强城市可持续发展能力

1. 推进生态文明建设与绿色发展

优化市域生态安全格局，加强重要生态要素保护，加强保护和恢复长江（含夹江）、京杭大运河—淮河入江水道等河流生态廊道滨岸及水生植被，完善京沪高速、宁通高速等道路生态廊道两侧防护林带，构筑绿色生态屏障。把水生态建设作为生态文明建设的重中之重，加强滨水岸线保护，探索多样化的岸线布置和结构形式。继续深入实施"清水活水"工程，加快推进古运河、新城河、沙施河、七里河等河道整治项目以及扬州闸、黄金坝闸、瓜洲外排站、平山堂站等水利闸站新改建项目。

2. 强化基础设施支撑能力

进一步加快交通基础设施建设，把连淮扬镇铁路建设作为头号工程，加快构建以高速快速铁路、高速公路、高等级航道为骨干的国家级综合运输通道；重点攻坚"七横五纵十四联"普通国省干线公路网，加快推进418省道和353省道（文昌路西延）、611省道（运河路北延和邵伯湖大道）、203省道高邮和宝应段、125省道仪征段等在建工程建设，尽快启动实施352省道江都段等工程，完善有效衔接市域城镇的多层次快速路网；加快新一轮农村公路提档改造。同时，按城乡一体化要求，推进水利、能源、供水、公交、垃圾收运、污水处理、信息、环保等基础设施建设向农村延伸。

3. 推动新型城市建设

建设智慧城市，大力推进经济发展、政务服务、社会管理、民生普惠、基础设施等各个领域的信息化建设，推动物联网、云计算、大数据等新一代信息技术与城市发展深度融合，构筑地理信息、智能交通、社会治安、市容环境管理、灾害应急处置等智能化数字系统，提升信息化在优化生产生活方式、改善城市管理、提升资源利用效率等方面的能力和水平。建设人文城市，按照建设古代文化与现代文明交相辉映的名城要求，发掘城市文化资源，强化文化传承创新，推进覆盖全社会的公共文化服务体系建设。加快发展文化产业，努力把扬州建成国家低碳文化产业特色区、江苏省特色文化产业发展示范地、宁镇扬都市圈文化产业增长极。着力放大中国大运河成功申遗的社会效应，发掘扬州沿运河城镇历史文化资源，巩固和提升扬州在大运河文化遗产保护和复兴工作中的牵头地位。

B.11
2015年扬州科技创新发展研究报告

杨 蓉 赵松林 朱雷霆 胡 军*

摘 要：	近年来，扬州以"建设创新型城市、发展创新型经济"为目标，着力促进产业创新、企业创新、载体创新、机制创新，科技创新发展取得新突破，突破了一批核心技术，涌现出一批创新型企业，促进一批产业转型升级。在全国上下全面推进创新驱动战略，加快经济转型升级的新局面下，需要进一步聚焦区域创新能力提升，优化创新布局，强化协同效应，发挥市场在创新资源配置中的决定性作用，提升区域创新体系整体效能。
关键词：	科技创新 创新驱动 转型升级

进入2015年，宏观经济下行压力持续加大，经济运行深层次矛盾显现，正处于结构调整阵痛期、增长速度换挡期，到了爬坡过槛的紧要关口。在新的发展形势下，扬州将创新驱动发展战略摆上核心位置，紧紧围绕"实施创新驱动核心战略，全面推进创新型城市建设"的中心任务，紧扣产业创新、企业创新、服务创新、协同创新等重点环节，推动科技创新发展迈上新台阶。

---

* 杨蓉，扬州市科技局局长；赵松林，扬州市科技局副局长；朱雷霆，扬州市科技局办公室主任；胡军，扬州市科技局办公室科员。

一 2015年扬州市科技创新发展情况

1. 高新技术产业发展稳中向好

受宏观经济下行压力加大影响，2015年全市规模以上工业总产值增幅总体低于上年同期，而高新技术产业发展继续保持良好增长势头，呈现"三个高于"的良好发展态势。一是产值逐月走高，一季度高新技术产业产值同比增长8.3%，高出规模以上工业增幅1.7个百分点。上半年完成产值同比增长10.4%，高出规模以上工业增幅2.2个百分点。三季度全市高新技术产业产值达3676亿元，同比增长11.25%，高出规模以上工业增幅2.6个百分点。二是高新技术产业投资活跃，1~9月，全市高新技术产业投资达538亿元，同比增长16.6%，增速高出省平均水平5个百分点，高新技术领域成为企业转型换挡期投资的重点方向。三是高新产业出口旺盛，1~9月，全市高新技术产业出口交货值约63.2亿美元，同比增长18.8%，高出全市出口交货值增速8.5个百分点。

在各细分产业领域，智能装备制造业稳中提质，实现产值1740亿元，增长11.4%，占机械装备产业的48.3%，环保装备、食品包装机械、工业机器人、特种电缆等高端智能化产品成为拉动产业增长的主力军。软件和信息服务业扩链增长，实现业务收入390亿元，同比增长40%，产业链由传统的呼叫服务向电子营销、数据分析等高端环节延伸。新能源产业在市场逐步回暖和国家政策扶持的刺激下增幅回升，实现产值298亿元，同比增长9.5%。新光源产业受益于国内照明应用市场的拉动平稳复苏，实现产值214亿元，同比增长9.7%。新材料产业发展势头总体平稳，实现产值690亿元，同比增长10.7%左右。

2. 高新技术企业发展态势良好

通过实施科技企业培育"168"工程、"小升高"计划，加快培育壮大科技企业梯队，一批中小型企业成功升级为国家高新技术企业，2015年共新增高新技术企业23家，总数达547家，另有71家企业进入国家高新技术

企业公示名单，扬州全市高新技术企业总数2015年有望突破600家。1～9月，全市高新技术企业实现销售收入850亿元，同比增长14.7%；利润总额68.9亿元，利润率8.1%，高出规模以上工业企业2.2个百分点，利税率达11.5%，高出规模以上工业企业1.2个百分点；422家企业实现赢利，占高新技术企业总数的77%。高新技术企业研发投入占销售比重达4.7，高出规模以上工业企业3.6个百分点，其中销售2亿元以上的89家骨干企业研发投入占销售比重达3.5%，同比增幅10.3%；148家2000万元以下的企业研发投入占销售比重达8.1%，同比增幅17.4%，中小企业创新活力旺盛。在当前经济转型的发展态势下，高新技术企业运行质态普遍好于行业整体情况，发展优势较为明显。得益于扬州高新技术企业培育的工作基础，目前全市在新三板挂牌上市的21家企业中，有14家是高新技术企业，充分体现了国家高新技术企业的综合实力和成长潜力。

3. 产业核心技术取得新突破

扬州坚持把科技创新作为基本产业结构调整和转型升级的主要抓手，2015年以来共组织企业开展产业关键共性技术攻关项目80多项，进一步加大产品创新力度，申报省高新技术产品1509项，创历史新高。在智能装备产业，突破锻压机器人自动化单元及联线、数控板材柔性加工单元及系统、数控激光切割设备、智能化多工位液压系统等关键设备的自主设计制造技术。在汽车及零部件产业，突破欧V标准柴油机及相关零部件、散热设备设计制造、汽车电子传感器、电子导航设备等关键技术。在新能源产业，纳米聚合物储能电池设计制造、砷化镓柔性薄膜太阳电池芯片、高转化率P型硅太阳能电池设计制造等技术瓶颈得到攻克。在电子信息产业，旁路二极管、尺寸可控高灵活性RFID电子标签、超高频RFID读写SoC物联网核心芯片设计制造等核心技术领域国内领先。在新光源产业，突破了四元系超高亮度黄绿光LED芯片、大功率白光LED芯片设计制造等关键核心技术。在智能电网产业，模块化多电平高压大功率有源滤波器、110～500kV输电线路用高强度多接点联接装置、抑制谐波节能型预装式变电站、1500kV/2A特高压覆冰/污秽模拟试验用直流电源成套系统等智能输变电技术成功攻关。

1~9月，全市有311项产品新获批省高新技术产品认定，位列全省第三位，全部产品2015年预计将新增产值82.4亿元，为扬州高新技术产业继续保持快速增长、产业加快转型升级创造了新的增长点。

4. 科技服务业规模质态不断提升

1~9月，全市科技服务业总收入57亿元，同比增长15.5%，高于服务业整体3个百分点，基本延续了近年来的快速增长势头。企业数量和规模不断增长，2015年共新增科技服务业机构246家，总数达1926家，同比增长15%，其中规模以上科技服务业企业达121家，较上年同期增加16家，同比增长15.2%，仕德伟网络科技等4家企业入选2014年度江苏省科技服务业"百强"机构。全市科技服务业从业人员达1.3万人，占服务业从业人员的6.2%，同比增长33.8%，其中，硕士以上学历高层次人才389人，本科以上学历从业人员占总人数的78%。产业技术研究院成立智能电网、食品生物等专业研究所，机械装备、软件信息、综合检测等3个联合创新中心，合同科研金额超1000万元。技术交易市场启动运营，成功举办科技成果展示洽谈会，培育组建了125名技术经纪人队伍，与牛津ISIS创新中心等20多家知名高校技术转移机构达成入驻意向，技术合同登记交易额超1亿元。科技文献公共服务平台企业用户超过2300户，月下载量超过3万篇，成为全市数据量和下载量最大的科技文献公共服务平台。

5. 科技创新载体建设结硕果

"1+2+N"高新区建设体系初步形成，国务院正式批准扬州高新区升级为国家级高新区，实现国家高新区零的突破，对扬州长远发展、转型发展具有重要的里程碑意义；高邮湖西新区、生态科技新城创建省级高新区通过省科技厅审核，已报省政府待批；省级科技园区达10家，实现各县（市、区）全覆盖。科技产业综合体加快建设，22个科技产业综合体已投入使用产业用房面积160.9万平方米；累计入驻企业706家，1~9月，共实现销售收入37.1亿元，同比增幅18.7%，其中销售500万元以上的企业达218家，销售超千万元的达87家，包括京东、惠普、税友软件等知名企业；引进省"双创"人才资助人才101人，市"绿扬金凤"人才115人，入驻科

技创新团队16个,在扬州地区缴纳社保的本科以上从业人员数10361人,凸显出人才集聚的特点。以服务大众创业、万众创新为重点,充分利用现有载体空间资源和孵化经验,通过新建或改造,建设了30家以广陵创谷为代表的创客孵化型、以微软创新中心为代表的培训辅导型、以高新区金荣4.0工创空间为代表的投资促进型、以青麦坊为代表的媒体延伸型等众创空间,重点面向青年创业者、留学归国人员和大学生创业者提供低成本、低门槛、开放式的创业环境,投入使用面积15.5万平方米,吸引游奇动漫、尚阁优品等345家创业企业入驻。

6. 产学研协同创新更加紧密

通过开展"科教合作新长征"和"科技产业合作远征计划",组织企业赴中关村、深圳、山东、台湾、香港、澳门和韩国、新西兰、澳大利亚等地拜访交流,连续第三年举办"中国扬州科技成果展示洽谈会",吸引江南大学(扬州)食品生物技术研究所、香港城市大学技术转移中心、中科院"创业云"等一批创新平台落户,引进先进技术成果和人才项目452项,其中国际科技合作项目41项;引进吉林大学扬州汽车研究院、西安交通大学扬州生态环境材料研发中心、中冶京诚(扬州)冶金研发中心、玛切嘉利(中国)创新中心等35家名校名企研创中心。2015年,全市共有59名引进的博士人才获批江苏省"科技副总"(企业创新岗)特聘专家,占全省总数的1/5,位列全省第1位。共有17项来自清华大学、哈尔滨工业大学、中科院上海硅酸盐所等高校院所的重大科技成果在扬州企业转化实施,项目总投资10.8亿元,并获得省重大科技成果转化专项资金1.66亿元支持,连续第4年争取该项资金超过1亿元,立项数和资金数创历史新高,均位居全省第2位。产学研合作不断向深入推进,通过借智借力协同创新,为扬州创新驱动发展注入了源源不断的新资源和新动力。

7. 知识产权创造量质并举

通过知识产权培训指导、引进专利代理机构,知识产权密集型企业培育,企业贯标推进等一系列举措,不断提升专利的数量和质量。持续开展"护航""国门之盾""剑网"等知识产权专项执法行动,组成省市县联合执法队伍，组织知识产权、工商、版权、商务等开展跨部门执法，有力打击了侵犯知识产权和制售假冒商品违法行为。依托江苏省（扬州）专利行政执法巡回审理庭，知识产权维权援助服务中心，向社会开通"12330"知识产权维权援助与举报投诉热线，完善知识产权权利人维权机制。1~8月，全市共申请专利 16329 件，列全省第 6 位，较 2014 年上升 2 位，同比增长 14%，高于全省 7 个百分点，增速位列全省第 4；其中发明专利申请 3079 件，增幅达 41%，增速位居全省第 2；企业申请专利 5731 件，同比增长 32.6%，占全市总数的比重提高 4 个百分点。1~8月，全市共授权专利 7760 件，列全省第 7 位，较 2014 年上升 1 位，同比增长 61.4%，增速位列全省第 4 位；其中发明专利授权 428 件，同比增长 54%，增速位列全省第 7 位。

二 扬州科技创新发展存在的问题和面临的形势

对照国家创新型城市的建设标准和苏南城市的先进做法，扬州科技创新发展还存在明显短板：一是科技投入力度不够，全市每百人研发人员、研发经费支出占 GDP 比重、企业 R&D 经费占销售收入比重均低于省平均线，无论是科技人力投入还是财力投入都明显不足。二是企业创新能力不强，近八成规模以上工业企业研发投入占销售额比重在 1% 以下，能独立承担或主导承担省级以上重大科研项目的企业较少，重大关键技术研发以成果引进转化为主，缺乏自主创新能力。三是高新产业前瞻性不强。全市高新技术产业技术创新主要依赖于设备引进、外延改造和部分零部件技术研发，关键核心装备技术落后，产品附加值较低，缺乏市场竞争力。四是创新载体量质不足，目前，全市仅 1 家国家级高新区，省级高新区出现断档，科技产业综合体建设运营成效还未充分体现，缺乏高水平的公共科技服务平台，亟须提升创新载体量质，完善创新创业生态系统。

2016 年是"十三五"开局之年，全球科技创新、产业发展和区域竞争格局正在发生深刻变化，促进经济增长、推动发展转型和民生改善、破解能

源资源环境瓶颈对科技创新的需求更加紧迫。转方式、调结构、稳增长的内在需求，倒逼扬州必须依靠创新驱动，不断提升科技进步对经济增长的贡献率，更好地促进新兴产业裂变发展，增创发展新优势，开启扬州科技创新的新纪元。一方面，扬州资源禀赋少，资源能源约束加剧，全市土地开发强度已接近20%，超出苏中平均水平；另一方面，重工业占比达77%，生态约束趋紧，节能形势严峻，人口红利逐步减少，社会成本刚性支出不断增加，进入高成本发展时代，传统依赖资源消耗的粗放型发展模式已经难以为继。必须依靠创新驱动，不断提升科技进步对经济增长的贡献率，更好地促进新兴产业裂变发展，改变对传统发展模式的依赖。这不仅是扬州保持经济平稳较快增长的现实需要，更是增创发展新优势、保持在全省应有地位的必然选择。

三 2016年加快扬州市创新发展的对策建议

深入实施创新驱动发展战略，必须以"创新驱动、转型升级"为主线，按照"强化科技同经济对接、创新成果同产业对接、创新项目同现实生产力对接、研发人员创新劳动同利益收入对接，形成有利于出创新成果、有利于创新成果产业化的新机制"的"四对接、一机制"总体要求，聚焦区域创新能力提升，优化创新布局，强化协同效应，发挥市场在创新资源配置中的决定性作用，提升区域创新体系整体效能，力争在以下六个方面求得新突破。

1. 在加快高端产业培育上求得新突破

当前扬州已进入产业结构调整的加速期，要进一步聚焦产业技术突破，大力开发高新产品，不断增强产业技术优势和竞争优势。一是以技术创新引领新兴产业跨越发展。重点围绕战略性新兴产业制订创新路线图，加大引智引新力度，选择一批制约产业发展的共性技术进行攻关，推动新兴产业做大做强。要紧跟世界科技和产业发展步伐，加强前沿技术研究和高端产品开发，积极培育智能机器人、高端装备制造、新能源汽车、云计算、大数据、新材料等一批先导性新兴产业。二是以技术创新支撑主导产业高端发展。全面推进汽车、机械、软件信息等主导产业向技术高端攀升、向终端产品延伸，开发成套设备和核心器件，发展整机制造和终端产品，努力形成一批国内领先的优势产业集群。三是以技术创新推动传统产业转型发展。运用高新技术和先进适用技术，改造提升船舶、化工、建材等传统产业，提高工艺技术和装备水平，增强产业的市场竞争力。

2. 在增强企业创新能力上求得新突破

企业是市场的主体，也是技术创新的主体，增强企业创新能力，推动企业成为创新驱动发展的主导者，是推动科技与经济紧密结合的着力点。一是着力培育创新型企业。深入研究企业的创新需求，运用财政补助机制，引导企业普遍建立研发准备金制度，推动企业有计划地持续加大研发投入力度，加快资金、人才、技术等创新资源向企业集聚，促进全市以创新型上市领军企业为龙头、科技型上市培育企业为骨干、高新技术企业为主体的创新型企业集群不断壮大。二是充分发挥龙头企业的骨干作用。牵头组建产业技术创新联盟和产业共性技术研发基地，加强与国内外高校院所开展战略合作，在新兴产业和主导产业领域建设一批高水平的企业研发机构，全力突破一批关键核心技术，争取大中型工业企业和规模以上高新技术企业的研发机构实现全覆盖。

3. 在推进高新园区和载体建设上求得新突破

一是加快园区转型升级，把高新区（科技园）建设作为提档升级的重要抓手，以扬州国家级高新区为示范和龙头，促进全市有条件的园区加快转型升级，积极创建高新技术产业园区。加快打造创新核心区，依托高校院所和龙头骨干企业，建设一批产业技术创新中心、检验检测等公共科技服务平台，形成若干个龙头骨干企业带动、产业链上下游企业集聚、高技术服务与制造紧密衔接的创新型产业集群。二是加强科技产业综合体"建、管、用"同步推进，重点推进主城区新建一批综合体项目，加强相关扶持政策的落实和聚焦，打造助力企业成功的政府服务支撑。大力引进公共服务机构、高校院所分支机构等服务平台，广泛集聚创新人才、创业项目，提高科技产业综合体的入驻率、使用率和贡献率。三是加快建设"众创空间",充分利用和整合扬州各类产业园、科技产业综合体、大学科技园的空间和资源,加强众创、众筹、众扶、众包的"四众"服务力度,构建大众创业、万众创新支撑平台,重点集聚以大学生等青年创业者、企业高管及连续创业者、科技人员和海归人员为骨干的创客群体。

4. 在拓展科技开放合作上求得新突破

按照"走出去、请进来、引资源、国际化"的方式,加快创新资源集聚扬州。一方面,不断巩固"科教合作新长征"成果,吸引世界500强企业、央企、知名高校在扬州设立分支机构、研发中心、创新中心和技术转移中心;加强协同创新平台建设,推动各园区围绕优势产业,同相关高校院所建立长期稳定的战略合作关系,创建省级以上产学研协同创新基地。另一方面,实施"科技产业合作远征"计划,加强与美国、欧洲、以色列、日本等世界科技源头和创新高地的国际科技合作与交流,大力引进跨国企业、国外知名高校院所、高科技园区在扬州设立国际技术转移中心、国际创新园、研创中心或分支机构。支持企业申请国际专利、参与国际规则和技术标准制定,广泛参与国际创新活动,在外设立研发中心、技术中心,引进国外先进技术成果,主动融入国际创新网络。

5. 在完善科技创新全链条服务方面取得新突破

将科技服务业作为科技创新第一优先发展的关键点来抓,促进科技服务业专业化、规模化发展。一是加强服务链布局,充分发挥驻扬州高校和科研单位的技术优势,鼓励企业研发机构主辅分离,为全社会提供科技研发服务;加快技术市场建设,引进专业服务机构,建立技术经纪人队伍,通过技术信息收集发布、技术成果展示洽谈等方式来促进科技成果向扬州转移;走"企业家+科学家+资本家"成为大赢家的路径,发挥财政资金引导作用,将更多的创投资本、科技贷款投向创新活力强、发展潜力高的项目和企业;推动专业孵化机构从提供单一的物业租赁服务向高质量的创业增值服务转变,配置新的发展动力。二是强化政策支持,加快培育一批科技服务业的高新技术企业,打造服务品牌,享受高新技术企业税收优惠政策;发挥好

"创新券"引导作用,支持企业加强与科技服务业企业、机构的合作,购买技术服务、添置研发设备、加强技术研发等活动;加大政府采购支持力度,为科技服务业企业提供"第一笔订单"。

6. 在营造创新创业环境上求得新突破

做好"减法"和"加法",对创客和企业能做的事情不能帮倒忙,要放开手,营造宽松的发展环境;对创客和企业没法做但又特别需要的,要及时补位,主动担当起来。一是在行政审批上做好"减法"。精简行政审批事项,学习北京创客一条街的服务窗口做法,在全市高新区、开发区、科技综合体等创新创业活动高度集聚的区域内设立一站式服务中心,打造微型版的行政服务中心,为企业和人才入驻,开展创新创业活动所需的工商、税务、人力资源、物业、项目及政策申报办理等提供便捷化、零收费服务,切实为科技创新提供便利。二是在政策和服务上做好"加法"。把税收扶持的重点放到培育发展创新型企业和高新技术产业上,把政府投入的重点放到支持自主研发和成果转化上,把激励政策的重点放在培养引进高端人才和创新产业团队上,带动更多社会资本投向科技创新领域。三是强化政府部门服务。在创新服务平台搭建、企业与高校院所对接、企业科技成果推广等方面全力做好服务,降低企业技术创新风险和成本,提升企业科技创新意愿和能力,营造尊重知识、尊重人才、崇尚创新、宽容失败的社会氛围。

B.12 扬州农业经济转型升级研究报告

王正年　胡荣利　潘小文*

摘　要：	基于扬州现代农业发展现状，报告分析了扬州农业转型升级的背景，针对全市农业发展过程中存在的问题与面临的机遇，从农业经营主体、产业体系、生产能力、质量品牌、体制机制等多个方面提出农业转型升级的关键举措。
关键词：	扬州　农业经济　转型升级　研究报告

一　扬州现代农业发展现状

截至2014年，全市农林牧渔业总产值达431.9亿元，耕地面积达440.2万亩，农林牧渔业劳动力达34.09万人，粮食作物播种面积达633.54万亩、总产量达314.1万吨，油料播种面积达40.6万亩、总产量达7.3万吨，茶园面积达3.4万亩、总产量达756.9吨，果园面积达6.7万亩、总产量达6.7万吨，生猪年出栏135.7万头、存栏73.8万头，家禽年出栏4118.1万只、存栏1491.4万只，水产养殖面积达116.9万亩、总产量达36.1万吨。

1. 粮食生产持续保持稳产增产

深入开展粮食高产创建活动，推进粮食生产品种纯良化、耕种数字化、服务社会化发展。2014年，全市粮食总产量314.1万吨，实现"十一连增"；宝应、高邮、江都实现"吨粮县"，吨粮县数高居省辖市之首。小麦

---

* 王正年，扬州市农委党组书记、局长；胡荣利，扬州市农委处长；潘小文，扬州市农委科员。

攻关田实收单产693.2公斤,创造我国淮南麦区小麦单产最高纪录。2015年小麦再获丰收,全市夏粮总产量119.2万吨,较上年增加4.6万吨,其中小麦总产量达117.6万吨,较上年增加5万吨。

2. 着力打造特色产业

大力推进50亿元产值的连片农业特色产业基地建设,已形成了沿江蔬菜花木、里下河水产水禽水生蔬菜有机稻米、丘陵地区茶果食草畜禽和城郊都市农业四大区域化产业板块,被誉为"鱼米之乡"和京杭大运河畔的一串耀眼明珠。宝应荷藕、邵伯菱、宝应慈姑为国家农产品地理标志产品(国家地理标志产品),宝应县被农业部命名为全国唯一的"中国荷藕之乡"。江都花木面积21万亩,是全国著名的"花木之乡",拥有华东地区享有盛誉的花木交易市场——扬州阿波罗花木批发市场,盆栽植物销售位居全省前列。拥有扬州鹅、高邮鸭、邵伯鸡三大国家级品种,全年饲养家禽8000万只,出栏生猪150万头。水禽饲养量3500万只,位居全省第一位。全市水产养殖面积达122万亩,位居全省内陆城市第一位。其中:罗氏沼虾养殖面积17万亩,占全省的3/4,为全国最大的罗氏沼虾养殖基地;河蟹养殖面积53万亩,列全省第二位。

3. 不断提升农产品加工流通水平

一是加快发展农产品加工业。全市已有县级以上龙头企业361家,其中国家级4家、省级39家、市级142家,农业龙头企业销售收入达536亿元,创成1个国家农业产业化示范基地、2个国家级农产品加工业示范基地;形成了"双兔大米""红太阳鸭蛋"等一批叫响全国的品牌。二是拓展农产品营销方式。建成"扬州亚联农副产品批发市场"等省级以上的综合性批发市场5个,建成江都阿波罗花木市场、高邮临泽水产品批发市场、宝应荷仙荷藕水产品批发市场、仪征茶叶批发市场等一批产地型农产品批发市场。注重营销方式创新,发展农产品直销合作社、平价店、直通车,减少中间流通环节、降低成本、拓展市场,为扬州名特优新农产品赢取更多市场份额。三是加大农业园区建设。按照"县有万亩、乡有千亩、村有百亩"的思路,推进规模"集中"、要素"集聚"、科技"集成"、经营"集约"。目前,全市万亩以上农（渔）业园区15个，国家现代农业示范区1个，省级农业园区达8个，由于农业园区带动，突出发展设施农业，规模化建设步伐明显加快，全市设施农业面积已超80万亩。

4. 提升农业质量安全水平

一是大力推进绿杨城郭新扬州和生态中心建设。扬州在创成"国家森林城市"的基础上，把生态中心建设与观光农业、休闲农业相结合，拓展农业功能。全市已规划建设生态中心11个，拥有2家国家级湿地公园、5家省级湿地公园、4家省级森林公园、2家省级生态文明教育基地和211家休闲观光农业示范点，接待游客达480万人次，年总收入达13.01亿元。二是突出农产品质量安全源头治理。坚持绿色生产理念，严格管制乱用、滥用农业投入品，扎实开展种子、肥料、渔业和市场专项整治，加强重大动物疫病防控、农资生产经营主体资质检查等专项执法行动。突破关键环节，在全国率先建成覆盖全市域范围的农产品质量安全智能监管信息平台，建立从田头到餐桌的全程监控体系。三是强化农业面源污染控制。大力推广应用秸秆综合利用技术，提高秸秆综合利用率。推广测土配方施肥，积极开展植保社会化服务，提升化肥农药使用效益。全市降低化肥用量10%，利用率提高了4.2个百分点，粮食作物病虫害专业化统防统治覆盖率达68%。

5. 农业保障能力进一步提高

将民生农业作为基本的民生项目列入市委市政府一号文件，持续推进了"1161"菜篮子工程、"115"鲜奶工程、生态中心建设等农业工程。认真落实"三个高于"政策，进一步提高公共财政对农业的支出比重，整合农业、水利、农业综合开发、农机、科技、交通等部门的项目资金集中向"三农"倾斜，先后出台了扶持现代农业的政策文件。各县（市、区）均制定了相关扶持政策，对发展规模大、标准高、特色明显的高效设施农业项目给予优先扶持、重点扶持、连续扶持。大力推进农业招商引资，充分利用海峡两岸（扬州）农业合作试验区金字招牌，吸引了福建超大、台湾王将等项目在扬州落户和各类工商资本投资开发现代农业。每年招引项目实际完成投资近40亿元。

二 扬州农业转型升级的背景

1. 当前全市农业发展过程中存在的问题

一是资源与环境的双重制约。扬州人多地少，农业基础资源相对较少。而且土地面积不断减少，环境要求越来越高，双重制约越发明显。二是农业整体效益低的问题依然突出。与工业、服务业相比，农业技术相对落后、生产效益和比较效益低、劳动条件艰苦、生产周期长而固定等制约农业发展的瓶颈依然存在，而且有扩大的趋势。三是农业物质装备条件差的现状没有完全改善。农田基础设施建设滞后，抗自然灾害能力弱，农业生产面临不确定的恶劣气候影响，自然灾害难以预料，农业防范风险难度加大，特别是重大动植物疫病的危害依然严重。四是农业从业人员素质低的状况没有改变。农民文化素质偏低，导致农民接受先进科学技术的能力较弱，大多数农民缺乏一技之长，创业意识不强。

2. 当前全市农业面临的新机遇和新要求

一是农业的基础地位更加突出。粮食等主要农产品刚性需求不会下降，我国进口粮食越来越多，原料、饲料用粮大多靠进口。同时，现代生活水平提高，要求农业提供更多优质化、多样化的农产品；农业对稳定物价的影响举足轻重，农业仍是安天下、稳民心的战略产业。二是农业生产规模化趋势不可逆转。农业从业人员不光素质不高，数量上还在减少，今后靠能人规模种田、规模养殖，走规模化生产的路子不可逆转。三是人们对农产品质量安全的要求越来越高。随着全球性粮食安全与质量安全意识的不断增强，农产品质量安全已成为农业数量增加与质量提升的两大重要制约因素，对产业发展提出了更高要求。四是生态文明建设对农业生产提出了更高的要求。农业跟自然生态有着天然的联系，可以说农业就是一种生态产业。随着生态文明的建设，"十三五"时期，控制农业面源污染，保护农业和农村生态环境，加快发展循环农业，提高农业投入物资源利用效率，将成为必然要求。五是特色农业发展是扬州农业的内在动力。扬州历史底蕴深厚，农耕文化源远流

长、"鱼米之乡"、大运河世界遗产牵头城市、南水北调东线源头等城市特质,江湖交错,沿江、里下河、丘陵和城郊等四大区域板块资源优势,形成了具有扬州特色的农业品质。在"十三五"农业发展中,既要充分展示水乡优美的田园风光,又要发挥精致农业发展成果,是扬州农业发展新的内在动力。

三 扬州农业转型升级的关键举措

(一)突出职业农民培育,加快发展新型农业经营主体

以长远眼光和战略思维,着眼于解决"谁来种地"的问题,立足种养、服务、加工等农业生产全程,大力扶持发展职业农民、家庭农场、专业合作社、农业龙头企业等新型经营主体,推动农民由"身份"向"职业"转变,加快培育现代农业建设的主力军。一是以种养大户、家庭农场为重点发展职业农民。围绕"有人务农、能人务农、职业务农"目标,坚持"扶起来、请回来、引进来",加强教育培训、认定管理、政策扶持,积极吸引农业院校及非农大中专毕业生、青壮年农民工、退役军人等年轻人投身农业,突出种养专业大户、家庭农场主和专业合作社成员等新型主体,按照生产经营型、专业技能型和社会服务型,加快培育爱农业、有文化、懂技术、善经营的新型职业农民。二是以农民专业合作社为重点发展专业化服务。把合作社作为实现农民联合、提高组织化程度的重要载体,以"提升发展质量、拓展服务功能、增强组织带动"为重点,扶持建设一批经营规模大、服务能力强、产品质量优、民主管理好的专业合作社和合作联社,大力开展商品化集中育秧、农机收种作业、植保统防统治、生产资料统供、农产品市场营销等各类专业化服务。三是以精深加工为重点突出培育农业龙头企业。针对扬州农产品加工不强这一短板,坚持招商先行、项目带动,重点培植100家发展前景广阔的创新驱动型龙头企业。四是要构建新型农业服务体系。总结推广扬州市的植保社会化、全程承包、测土配方施肥等服务模式,加快农技推

广体系改革与建设，积极建设发展各类专业化、社会化的服务组织，为农业生产经营主体提供产前信息、产中种养技术、产后销售、加工、贮藏等高效优质的服务。

（二）突出"接二连三"，加快完善现代农业产业体系

更加注重把产业链、价值链、创新链等现代产业发展理念和组织方式引入农业，加快农业产业链前延后伸，在农业"接二连三"融合发展上寻求新的增长点。一是着力挖掘种养业增产潜力。以提高土地效益和农民收入为核心，按照"稳粮、扩经"和"上规模、增效益"的基本思路，进一步深化农业内部结构调整，调优布局、调强产业。以现代农业园区、永久性蔬菜基地、规模示范基地、森林公园等为载体，大力发展设施园艺、健康规模养殖、高效水产、特色苗木等现代高效农业。深入推进现代农业园区提升工程，以提升功能、扩大示范为要点，加快推进省级园区做大做强、市级园区提档升级、薄弱地区园区突破，辐射产业基地建设，引领农业产业发展。二是突出发展农产品加工业。引导工商资本投入农业，采取公司+农户、公司+农民专业合作社和订单农业等方式，发展农业产前和产后服务、设施农业和规模化养殖等适合企业化经营的产业；以培植农业龙头企业为抓手，大力发展农产品加工业，提高农产品附加值。特别要大力发展现代食品工业，牢牢把握"产品优质化、营养化、方便化和生产机械化、专业化、规模化"的现代食品工业发展方向，把食品工业招商作为招商工作的重点，加强与国内外食品跨国公司、行业巨头的对接，深化与台湾顶新、南京雨润、青岛啤酒等现有在扬州投资企业的合作，大力支持本土龙头企业和传统"老字号"整合重组，全方位加强食品产业园项目、平台和产业链建设，在粮油深度加工、地方特色食品等方面形成扬州食品工业的比较优势。三是创新农产品流通业态和方式。着力提升扬州亚联农副产品批发市场等区域性重点批发市场和专业特色市场建设水平，形成市级综合批发、县级区域批发、镇级特色批发、村级直销店和农民经纪人五级市场网络体系，在长三角都市圈积极开辟扬州农产品配送中心、直供窗口，扩大农产品直销合作社、平价店、直通

车、农企对接、农超对接等新型业态的经营规模；大力推动电商与实体流通相结合，引导扶持宏信龙、惠生活、乐视乐生活、汇银乐虎等网上电商平台加快发展。四是大力发展观光休闲农业。把休闲农业作为传承农耕文明、保护生态环境、建设美丽乡村的有效载体，深入挖掘利用农村青山绿水、农业田园风光、农家乡土风情、趣味农事活动等资源优势，大力发展休闲观光农业，积极拓展农业产业功能，全力打造农业农村经济发展的新兴优势产业。

（三）突出技术装备，加快提升农业综合生产能力

主动顺应农业规模化经营的新趋势，坚持走用物质装备武装农业之路，加快提升配套基础设施，大力推广先进适用物质装备和生产技术，全面提升农业生产技术水平、农业抗灾御险能力和综合生产能力。一是加快现代农业产业园区建设。重点围绕宝应生态有机农业、高邮鸭业、仪征生态农业、江都设施园艺、邗江水产水禽、广陵食品加工等农业特色产业，充分发挥海峡两岸（扬州）农业合作试验区的品牌效应，依托40家市级以上农业园区、8家市级以上农产品加工集中区和14家省级外向型农业示范基地等载体，打造一批现代农业科技示范园区，带动推进每个县（市、区）50亿元农业特色产业基地建设。要系统研究扬州"一校两所"（扬大农学院、里下河农科所、省家禽所）的技术优势、资源潜力以及与扬州农业产业发展的结合点，加快推动扬大奶牛场和里下河农科所搬迁，整合建设一个代表中国最高水平、具有一定国际影响的扬州现代农业科技园。二是大规模开展高标准农田建设。按照灌溉设施配套、农田平整肥沃、田间道路畅通、农田林网齐全、生产方式先进、产出效益较高的要求，全面推进高标准农田建设，大力实施百万亩沿海滩涂围垦、中低产田改造、盐土改良、土地整理、万顷良田等工程，实现高产农田标准化。三是大力推进农业机械化。坚持把推进农业机械化作为农业现代化的根本出路，注重农机农艺有机融合，突出水稻机插秧、小麦机条播和高效农业机械，积极推广现代农业新装备、新技术，大力发展大中型、高性能、多功能的农业机械和新型农机具，大幅度提升主要农作物播栽、管理、收获、加工、储运等环节的机械化水平。积极发展

现代粮食仓储，提升收储现代化水平。四是大范围推广农业信息技术应用。坚持走信息化带动农业现代化、以现代化促进农业信息化之路，加快计算机技术和互联网、物联网等技术在农业上的普及和应用，重点加强农业信息数字化系统、农产品质量追溯信息系统、农业地理信息系统和农业监测预警系统建设，推进农业精准化、自动化和智能化，努力走出一条以信息化带动农业现代化道路。重点以规模基地、农业园区等为载体，建立苗情监测、数据采集、自动控制等信息技术平台，加快现代信息化技术在农业生产上的应用。

（四）突出质量品牌，加快推进绿色生态农业发展

坚持环境友好与现代化相统一，走生态、可持续的现代农业发展之路。一是坚持生态化发展。围绕高产出、高效益、低投入、低排放的总要求，切实加强农业面源污染防治，推进农村清洁能源建设，突出秸秆还田，加大农业废弃物综合利用力度，大力发展低碳农业、生态农业和循环农业，推广种养结合的生态循环模式，提高资源利用率和环境友好率。广泛开展植树造林，发展林业经济，进一步保护和改善农业农村生态环境。二是切实加强农产品质量建设。以确保不发生重大农产品质量安全事故为底线，健全完善农产品质量安全"六大体系"，积极探索建立长效监管机制，加强农产品"产地准出"和"市场准入"，加强"从产地到市场"的全程质量监控，加大"检打联动"执法力度，努力做到"环境有监测、操作有规程、生产有记录、产品有检测、销售有标牌、质量可追溯"，全面提升农产品质量安全水平。三是大力推行品牌化经营。加大政策支持激励力度，积极发展无公害农产品、绿色食品和有机农产品，切实加大各类品牌农产品的开发、申报和认证管理力度，形成以"三品"认证为主体，农业投入品认证为补充的认证体系；积极打造宝应有机米、高邮鸭、仪征茶叶等地方特色农产品，大力发展区域公共品牌，努力提高农产品品牌覆盖率和知晓度。四是提升农产品外向化水平。积极引进国际资本、技术和管理经验，加快出口农产品生产基地建设，大力培植具有自营出口权的外向型龙头企业，重点发展劳动密集型和

技术密集型农产品出口,进一步拓展国际市场。加快发展农产品网络营销,打造农产品电子商务平台和品牌。

(五)突出改革创新,探索现代农业建设的体制机制

一是加大财政支农力度。强化各级政府支出责任,完善农业补贴制度,优化农业项目结构,整合农业项目资金,提高财政投入的精准性、实效性。二是大力推进体制机制改革。大力推进农村产权制度、土地使用制度、农村金融等各项改革,积极发展农业保险,引导工商资本向第一产业转移。三是强化农业法治建设。加快农业领域法治进程,强化法治思维和法治方式的运用,提高依法兴农水平。积极制定和完善地方性法规规章,重点推动农业投入、农业环境保护、农民权益保障、农村改革创新等方面的地方性立法。严格依法行政,推进农业综合执法,加大执法监督力度,依法严肃查处各类坑农害农行为,保障农民合法权益。

B.13
"营改增"对地方税制及管理体系的影响和建议

徐祖跃*

摘 要：	"营改增"自2012年试点以来，交通运输业、电信业、现代服务业等10个行业已陆续改征增值税，2015年底，"营改增"可能全面扩围到位。随着营业税落幕，地税部门即将面临主体税种缺失、控管手段弱化等困难，也将迎来地方税管理体系优化重构的契机，可谓机遇与挑战并存。本文以扬州地税系统为数据样本，从简要回顾分税制以来地方税管理体系转变历程以及"营改增"实施效应入手，通过从财权划分、组织收入、征收管理、人力资源配置等多角度详细剖析"营改增"对地方税管理体系的具体影响，以重构地方财税体制、确定大数据和"互联网+"思维、优化资源配置、加强国地税协作等具体措施为抓手，为进一步完善地方税管理体系提供具体建议和对策。
关键词：	营改增 地方税 管理体系

一 "营改增"以来的效应分析

（一）对经济发展的影响

"营改增"是"十二五"期间我国税制改革的重点工作，其主要目的在

---

* 徐祖跃，扬州市地税局党组书记、局长。

于完善税制，消除重复征税，在客观上也降低了税负。一是加快传统服务业向现代生产性服务业的转型。以扬州市为例，交通运输业企业提供的专票约70%在本地抵扣，部分现代服务业企业提供的专票约80%在本地抵扣。按此比例计算，加上接受的外地"营改增"企业抵扣发票，扬州市企业抵扣"营改增"试点业务税额约3.75亿元，有力地促进了产业分工，促使一些制造业企业把一些服务项目外包出去，促进了产业的融合发展。二是有利于整个行业和产业的产品技术、质量水平以至国际竞争力的提高。以江苏省为例，截至2014年底，江苏省"营改增"试点纳税人已达34.4万户，试点以来累计减税358.6亿元，其中试点行业减税155.5亿元，占43.4%，试点行业总体减税面达96.5%。这大幅降低了企业税收成本，增强了企业发展能力，对加快实现生产发展方式的转变具有重要战略意义。

（二）对地方税制体系的影响

一是主体税种缺失。以扬州市为例，2010～2014年扬州市营业税占地方税收的平均比重为40.02%，是当之无愧的地方主体税种。除营业税外的各税种对地方税收的支撑作用较营业税相去甚远，即便是金额最大的个人所得税，占比也仅仅为12.29%，比营业税少了一大半。但是一旦实现全面"营改增"后，这一情形将不复存在。剔除营业税后，个人所得税、企业所得税、城市维护建设税、土地增值税及契税这五个税种将构成地方税收的主力（合计占比80.66%）。而参考江苏省数据，以上五个税种占比也在80%左右，主体税种缺失是全面"营改增"后地方税制体系首先面临的困境。二是其他地方税种可持续性增长不强。若将税种按可持续性的标准进行划分，实行全面"营改增"后，扬州市可持续性增长的土地增值税、契税、耕地占用税和资源税占整体的比重达到35.25%，地方税收收入可持续增长堪忧。三是地方税制体系亟待重构。地方税制体系中的主体税种缺失，同时也造成了地方税收入过低的现象，加上其他地方税种收入规模较小、不具可持续发展性和合理性，严重影响了地方税收税源的稳定性，造成了地方财税收入大范围的流失，不利于地方税收结构的稳定性和地方经济的发展。重构地方税制体系迫在眉睫。

（三）对地税收入及地方财政的影响

1. 对地方税收收入的影响

一是地税收入基数逐年降低。本文以2011年江苏省地税收入为基数（设定基数为100，后续在此基础上变动）进行静态分析。2012年10月，交通运输及部分现代服务业纳入"营改增"，地税收入较基期减少2.4%；2014年1月，铁路和邮政业纳入营改增，地税收入减少0.1%；2014年6月，电信业纳入营改增，地税收入较基期再降0.6%；截至2014年底，地税收入基数累计减少3.1%。二是地方税收收入总量将大幅减少。以扬州为例，2012~2014年，扬州市营业税平均每年入库81.06亿元，平均占比地方各税收入达到41.07%，其中重点税目建筑业、销售不动产、金融保险业合计占比84.09%（见图1）。如果2015年对建筑业、房地产业和金融保险业进行"营改增"，这会使地方税收入大幅减少。另外，随同建筑业、房地产业和金融保险业的营业税相关的地方各税在地税收入总量中也占有相当的比重。以上三大行业2012~2014年地方各税在扬州地税收入总量中占比高达70.78%（见图2）。因此，全面"营改增"后将导致地税收入大幅度下降，提高地税收入占地方GDP和地方财政收入比重的目标将难以实现。

2. 对地方财政收入的影响

一是收入缺口增大。"营改增"后，地方税收收入总量大幅下降，必然会使地方财政收入下降。虽然目前试点方案中明确规定，试点企业的增值税部分仍归地方财政所有，但地方财政收入会因减税等因素而减少，这个影响会在全面"营改增"后凸显。以扬州市为例，仅2014年1~11月份，扬州市9960户"营改增"试点企业减税达1.86亿元。就全国而言，"营改增"渠道所实现的整个减税规模，可达9000亿元左右。现有试点结果表明，纳入"营改增"试点的纳税人平均减税幅度约为31%，按2012年全国地方营业税收入总额1.55万亿元静态测算，在"营改增"全面推广到位的情况下，如维持现行增值税分享比例不变、其他税种收入归属不变，对地方政府

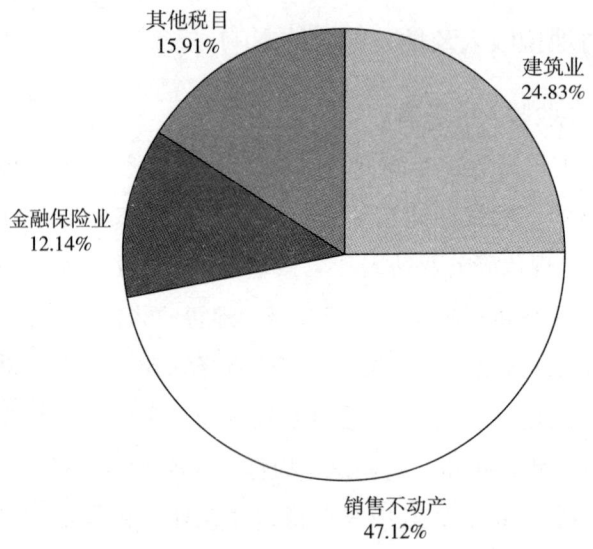

图1　2012～2014年扬州市营业税税目入库占比情况

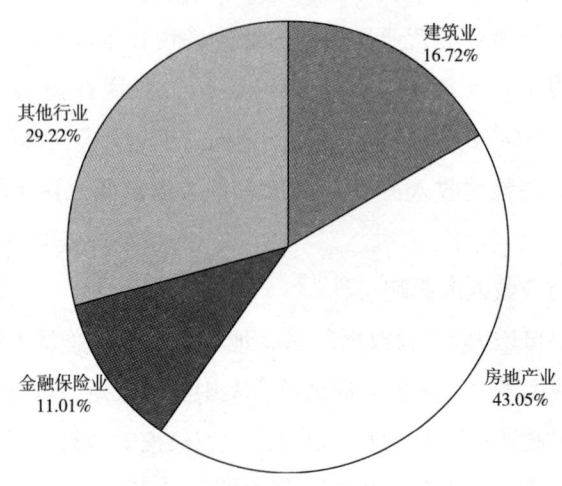

图2　2012～2014年扬州市重点行业地税收入入库占比情况

而言，将会出现1.28万亿元的财力缺口①。从长远发展来看，若"营改增"后新地方税制体系不能及时构建，地方财政收支将面临更大压力，继而可能

---

① 付广军：《现阶段财税改革与完善地方税体系》，《中国税务报》2014年2月20日。

引发地方政府职能缺位,影响地方事权的发挥。二是催生财税分配体制的重构。由于"营改增"的全面推进意味着营业税和增值税收入归属及其征管格局的打破,现行分税制财政分配体制的基础也会随之动摇,如何进一步理顺中央和地方收入划分,明确中央和地方事权和支出责任,对整个中央和地方之间的财政关系以及整个中央和地方之间的行政关系进行重新界定和调整,将是目前深化财税体制改革的重点内容。

(四)对地方税收征管体系的影响

1. 历史征管经验失去效用和数据应用链条出现"断档"

营业税由地税部门负责征收,已积累了20年的征管经验。一是逐步形成了以票控税、数据分析比对等税源监控措施和征管手段。对交通运输业、建筑业、房地产业等营业税税目,也都积累了很好的征管经验,同时也保证了随营业税征收的城市维护建设税等地方税费得到全面有效的管控,取得了堵漏增收的良好效果。而"营改增"后,地税部门失去发票抓手,建立在发票信息基础上的预警体系将失去支撑。地税部门长期以来形成的数据分析、收入预测、税源监控等方面的历史征管经验,也将随着全面"营改增"的实行而失去效用。二是为加强税收征管,对涉税数据的采集、审核、分析、推送、反馈等内在数据的应用,形成了一整套的数据链条管理。以扬州地税系统为例,为加强房地产税收一体化管理,提高房地产营业税等相关税收征管的效率,扬州地税局作为国家税务总局"应用房地产估价技术加强存量房交易税收征管"联系点,按照"六级编码体系",全面规范地采集了全市房产信息,建立了存量房纳税评估系统和家庭房产数据库,形成了一整套涉税数据应用链条。但随着全面"营改增"的实行,地税部门涉税数据中营业税数据应用的链条将出现"断档"。房地产税收一体化也将会形成被两个税务机关分割征收的局面。

2. 现有税源监控手段丧失,税收征管难度加大

一是税收收入预测难度增大。全面"营改增"后,地税部门由于数据链条应用出现"断档",尤其是缺失了对房地产业、建筑业等重点行业相关

数据的收集、整理和比对，无法及时准确地建立税收收入信息数据库，而准确、及时、全面、完整的数据又是税收收入预测的生命线。这将导致在全面实行"营改增"后，地税部门对税收收入预测的难度增大。二是丧失"以票控税"征管手段。随着地税部门发票管理权的失去，对其他地方税种的征管，纳税人的收入、成本费用等涉税数据，以及流转税附加税费计征依据都缺少了直接信息来源，地税部门进行事前税源分析、事中控管难度增加，漏征漏管风险增大。同时，发票信息的缺失，使涉税风险识别缺失了比对依据，税收风险管理信息源不足，风险监控作用难以发挥，一定程度上削弱了事后监管力度。日常征管过程中，发票停限供措施的缺失，也使得地税部门的执法保障手段进一步弱化。三是导致地税部门委托代征情况发生变化。比如，原先可以委托交通运输部门代征零星、分散和异地缴纳的各项地方税收，现在无法进行，只能委托国税部门在临开票环节进行部分地方税种的委托代征。以扬州地税部门为例，自2013年8月以来，扬州地税部门委托国税部门代征门临地方税费仅323万元。"营改增"试点以来，地税部门征管手段薄弱，对税收收入和征管质量的影响已初步显现。

3. 人力资源配置和业务流程需调整重组

"营改增"试点以来，地税部门纳入服务窗口发票办理的事项大幅减少，其工作量也大幅降低，原窗口需大量采集的相关数据工作也已消失，纳入服务的操作性服务逐步淡化，这使得地税部门的前台人力资源得以释放。在全面"营改增"后以及新地方税制体系重构之前，这种情况将尤为明显。另外，地税机关用于数据分析和应用部门的职责也发生变化。而新地方税制体系不是一朝就能够建立的，全面"营改增"又迫在眉睫，为了强化地税管理体系，地税部门的机构和人力资源配置需要重新整合。同时，对于税收业务流程而言，由于主体税种营业税的缺失，相应的业务流程遭到弃用；现有的委托代征体系，将会随着地税部门失去发票管理权而彻底散失，委托国税部门进行代征，将成为地税部门构建新委托代征体系的一个重要方面。另外，地税机构和人力资源配置发生变化，也会导致相应的税收业务流程发生变化。

二 对策和建议

(一) 科学划分财权,建立事权和支出责任相适应的制度

1. 科学划分财权,设立税基稳定的地方税种,增加地方财政收入

从"营改增"试点情况来看,"营改增"后不可避免地会影响到中央和地方财权的划分,虽然营业税改增值税部分仍归地方财政所有,但是由于减税等因素不可避免地造成地方财政收入下降,提高增值税地方分成比例,有助于地方财政收入的稳定。从地方税制角度来看,目前除营业税外,地方税种大都零散、税基不稳,这导致地方财政收入不足,非税收入比重有所提高,不利于地方财政收入的健康发展。因此,在构建新地方税制体系时,应考虑税种属性和功能,可将收入波动较大、税基分布不均衡、税基流动性较大的税种划为中央税,将地方掌握信息比较充分、对本地资源配置影响较大、税基相对稳定的税种划为地方税,从而科学划分中央和地方的财权。

2. 建立事权和支出责任相适应的制度,助力地方财政收入理性增长

由于分税制的遗留问题,我国各级政府事权不明确,地方政府的支出责任过大,使得地方财政吃紧,造成地方政府下达地方税收任务时一味考虑政府财政支出,而未能完全考虑地方税源可持续增长,造成税收任务增长速度明显高于 GDP 增长速度。因此,合理划分各级政府的事权与支出责任,将国防、外交、国家安全、关系全国统一市场规则和管理的事项集中到中央,减少委托事务;将区域性公共服务明确为地方事权;明确中央与地方共同事权。在明晰事权的基础上,进一步明确中央和地方的支出责任,中央可运用转移支付机制将部分事权的支出责任委托给地方承担。这样可以减轻地方政府的财政支出压力,对地方政府培养地方税源可持续发展、保持地方财政收入的理性增长有重要意义。

（二）逐步提高直接税比重，重构地方税收体系

1. 以个人所得税和房地产税为主要载体，逐步提高直接税比重

随着我国经济社会发展进入新的历史时期，现行以间接税为主体税制结构的弊端日益显著。从经济合作与发展组织（OECD）发布的有关各国税收收入的税种构成情况来看，间接税和直接税收入之比大致为42∶58。企业缴纳的税收收入和自然人缴纳的税收收入之比大致为55∶45。据调查，目前我国间接税收入与直接税收入之比大致为7∶3，这意味着中国税收收入的绝大部分可作为价格的构成要素而嵌入各种商品和要素的价格之中，使得商品价格的升降同税收制度的变化和税负水平的高低捆绑在一起。从税收来源结构来看，我国企业来源收入与自然人来源收入之比大致为94∶6。只有大约6%的税收收入来源于自然人缴纳，意味着中国税收同自然人之间的对接渠道是极其狭窄的，中国税收收入是难以直接触碰到自然人的。政府运用税收手段调节居民收入分配差距，特别是调节包括收入流量和财产存量在内的贫富差距，便会在很大程度上陷于空谈状态①。

从目前"营改增"情况来看，间接税收入及其比重减少，显然为直接税收入及其比重的增加腾挪了空间。这个空间，可为开征房地产税和建立综合与分类相结合的个人所得税制为代表。旨在以增加自然人直接税为主线索、提高直接税比重的操作铺平道路。

从立法进程上来看，应按照先建立综合与分类相结合的个人所得税制、后开征房产地产税，循序渐进增加对自然人的直接税比重。另外，从长远看，在现代税制体系中，开征遗产和赠与税，也迟早要纳入议事日程。

2. 分步确定地方主体税种，稳定地方税收入水平

从地方税主体税种的特点来看，需具备以下特点：一是税收持续增长潜力较大，二是税基具有非流动性的特点，三是能体现税收受益原则，四是便于地方政府征管。从以上情况分析，房地产税等财产行为税最符合地方税主

---

① 高培勇：《论完善税收制度的新阶段》，《经济研究》2015年第2期。

体税种的特点，但是房地产税目前虽已纳入人大立法规划，由于开征时机和税收征管条件及手段还不成熟，尚不能立即作为地方税的主体税种。因此，目前而言，可依据税种的经济属性划分中央与地方税种收益，将消费税、个人所得税作为"营改增"后省级政府的主体税种。消费税改革后，国内征收的消费税可改为中央和地方共享税，并赋予地方一定的税收管理权，先期作为地方税的主体税种，稳定地方税收入水平。据统计，消费税作为共享税，就全国而言，可补充地方财力1万亿元左右，就江苏省而言，个人所得税及消费税全部作为地方收入后，可以弥补营改增带来的一般公共预算收入缺口的66.4%（假定增值税中央地方分享比例不变），若增加零售环节消费税，则可基本弥补"营改增"影响。另外，根据受益原则，可考虑将车辆购置税作为地方税。

3. 加快其他地方税种的立法进程，调整部分税种的征收机关

一是加快其他地方税种的立法进程，主要是环境保护税、资源税等，立法的同时要注意对现有的契税、耕地占用税、土地增值税、城镇土地使用税等进行整合，增强税制的科学性与公平性。尤其是环境保护税，目前征求意见稿存在诸多问题：征收范围较窄，与保护环境的立法目标差距较大；立法授权过大，易形成区域不当竞争；征管程序不明晰，易产生职责推诿等。当前应抓紧从税制设计要素、征管职责流程、配套措施等方面加以修改和完善，促使环境保护税早日出台。二是调整部分税种的征收机关。建议以预算级次确定税种的征收机关，对于共享税，主要从征管效率和有利于建立规范、公平、统一的市场角度来考虑。

（三）构建现代税制体系，完善配套征管制度

建立面向自然人的税收管理体系，就需要加强对自然人的税收征管制度顶层设计，以解决直接税征管的法律基础问题。目前修订中的《税收征收管理法》应在完善纳税人识别号制度、强化自然人税收征管措施、建立税收优先受偿权制度等方面作出较大补充和完善。

一是完善纳税人识别号制度。将纳税人识别号制度覆盖到所有自然人，

通过识别号可以把纳税人所有涉税事项归集在一起,以实现与有关部门、金融机构、第三方及其他社会单位之间的信息传递与共享。同时,为推广使用纳税人识别号进行配套制度安排,包括纳税人在开立账户、签订合同协议、缴纳社会保险、不动产登记时需要注明纳税人识别号,不按规定使用纳税人识别号,则承担一定的法律责任或者不能享受相关优惠政策。二是强化自然人税收征管措施。应统筹考虑自然人纳税人的凭证资料保管、检查权限、强制措施等,如自然人纳税人应当按规定保管与纳税义务相关的凭证及有关资料;授予税务机关检查自然人纳税人与取得收入相关的涉税账簿和资料的权力;将税收保全和强制执行措施扩大适用于自然人;实行"先税后证",增加对未完税相关部门不予登记的规定。在自然人涉税信息的获取上,要考虑到如果个人所得税一旦施行混合申报制,个人年龄、婚姻状况等信息确认就需要公安部门、民政部门的信息交互比对,不动产交易、股票交易所得需要国土部门和证券部门的信息共享,这都需要政府机关之间进行数据实时互联。三是建立税收优先受偿权制度。税收优先受偿权是指纳税人因故意或者过失,不能履行纳税义务时,税务机关有权针对纳税义务人的某一不动产,设置税收优先受偿权,在纳税人处置时优先受偿。对于纳税人收到税务机关发出的催缴税款通知书后仍未缴纳的,税务机关可向欠税人发出预设优先受偿权通知,即可依法自动获得预设优先受偿权。税收优先受偿权既能保障税权,又能尽量避免对个人财产特别是住房采取强制执行等激烈手段。这对于税制改革后的房地产税、个人所得税等直接税征管非常具有实际意义。

(四)确立大数据和"互联网+"思维,提升税收征管能力

1. 确定大数据和"互联网+税务"思维,提升认知能力

当前,我们已经进入大数据时代,国家层面正在实施"互联网+"行动计划,国家税务总局局长王军指出:"不热情拥抱,主动融入'互联网+',税收工作就没有希望,也没有未来,税收现代化更是无从谈起。"尤其是地税部门在"营改增"后,失去以票控税手段,如何通过大数据加强税收管理显得尤为重要。但目前地税系统内许多人员对大数据和"互联网+税务"

的认识仍停留在概念上，不清楚"互联网＋税务"和大数据技术应用会对税收征管产生什么样的影响。因此，正确引导税务人员培养互联网思维，用大数据理念推进税收征管，依托"互联网＋"的力量，搭建信息治税新平台，从而为税收现代化注入恒久持续动力，是当前亟须解决的问题。

2. 深挖大数据利用价值，提升信息加工能力

大数据时代不仅要掌握数据，最关键的应该是对数据的深度挖掘和利用，发现数据背后的价值。只有通过深度数据挖掘，才能揭示数据背后的潜在规律、逻辑关系和演变趋势。现代税收征管水平在一定程度上取决于对数据的有效分类加工、归集整合能力，以及为分类分级服务管理提供服务的水平。一是要用好大数据，强化税收分析。除了充分利用广泛的数据开展税源分析外，还要加强宏观、行业和微观税负数据分析，加强税收政策、经济和税收关系分析，进一步发现税收与经济之间的关系，从而更好地预测税收走势，科学估算收入规模，增强组织收入工作的预见性。二是用好大数据，实现信息管税。要结合风险管理和大数据理念，将获取的涉税数据作比对分析，准确判断税源状况。例如，通过获取土地权属数据、土地发证信息与土地使用税税源登记数据和土地使用税入库数据进行风险识别和应对，稳步推进"以地控税"，通过国土和房管部门房产土地登记信息，坚持"先税后证"，确保耕契两税应收尽收；要利用大数据，加强政策效应的宏观分析评估，揭示重点类型、行业、领域、群体的税情及税源培植和风险管控方向，并据此开展模型建设，抓好数据深度挖掘应用。从而化解"营改增"对地税机关税收征管手段的影响。

3. 完善大数据应用平台，提升征管优化能力

随着房地产税等涉及自然人直接税改革的推进，纳税人将在现有企业、个体工商户的基础上增加数量庞大的自然人。这既会使税收征管面临更直接、更尖锐、更繁多的矛盾和问题，又将有效倒逼地税部门进一步加快提高管理的集约化水平，不断加快改进税收管理方式。这就需要地税部门进一步完善大数据应用平台，重新审视征管流程，通过信息系统、业务技术重构，规范税源管理事项及机构职能配置，建立数字化、可视化岗责配置体系，加快推

进"互联网+税务"5大板块20项行动。一是优化机构和人力资源配置。随着"营改增"的推进,纳税服务工作的业务结构将发生较大变化,地税部门纳税服务的对象将逐步从以企业纳税人为主转向企业纳税人、自然人纳税人并重的格局。仅从江苏省2014年个税管理对象看,有工薪所得个税申报记录的近3000万人,其中47.1%为有税申报人群;另外,全省还有180多万名自然人股权投资者、10万名来苏外籍个人、50多万名年所得12万元以上个税自行申报的自然人纳税人。面对如此庞大的自然人群体,调整服务策略这个重大而紧迫的问题已经现实地摆在我们面前。这就需要我们确立"互联网+"思维,优化机构和人力资源配置,建立有效支撑自然人纳税人服务的工作机制。二是对业务流程进行重组。由于新地方税制建立后,地税部门从征收间接税转向间接税与直接税相兼容,由主征企业税拓展至企业税与自然人税相兼容,主征现金流税拓展至流量税与存量税相兼容,因此税收业务流程也应相应进行重组。要围绕自然人作为直接纳税人的要求,从法律框架、制度设计、资源配置等各个方面真正转换税收征管机制,尤其是对税收流程进行重造,方能够实现地税部门的税收征管机制与自然人直接税的对接。

(五)落实国税地税合作规范,推进信息共享和业务衔接

"营改增"改革的推进不仅落实了结构性减税政策,而且深化了国税部门和地税部门的协作,以后地税部门委托国税部门代开发票并征收增值税时,代征个人所得税、城市维护建设税、教育费附加、地方教育附加等相关税费,将成为常态化。国税和地税部门虽然征收范围各不相同,但工作性质基本相同,服务对象大体一致,征管基础信息和办税具体流程具有同质性。随着《全国税务机关纳税服务规范》和《全国税收征管规范》的全面推行,这种具有同质性的工作,标准更加统一,流程更加规范。在此基础上,随着《国家税务局地方税务局合作工作规范(1.0版)》的深入推进,依托税务专网实现涉税信息的共享和处理,推动国税和地税部门加强合作,可以促进税务机关转变职能、优化纳税服务,建立常态化、规范化的合作机制,以真诚的合作态度推出更多的便民办税举措,最大限度便利纳税人。

B.14 扬州市社会融资规模分析与建议

张苏煜 潘涵 管宇[*]

摘 要： 社会融资规模是全面反映金融与经济关系以及金融对实体经济资金支持的总量指标。本文深入分析了扬州市社会融资规模的基本情况及特点，并指出扬州市社会融资存在的几个问题，进而提出促进扬州社会融资规模合理增长的六点建议。

关键词： 扬州市 社会融资规模 分析与建议

一 扬州市社会融资规模的基本情况及特点

1. 扬州市社会融资规模的总量情况

从社会融资规模的总量来看，扬州市社会融资规模在2012年出现突破式增长后，随着经济发展近年来呈现稳步上升趋势。2011~2014年，扬州市地区生产总值由2630.30亿元增长到3697.89亿元，年均增速达12.03%。同期，全市社会融资规模总量从2011年的402.42亿元增长到2014年的825.30亿元，年均增速27.05%，远远高于GDP增速，与扬州市经济发展总体趋势一致。此外，2011~2014年扬州市社会融资规模总量占全市GDP

---

[*] 张苏煜，扬州市发改委党组成员、市重大办副主任；潘涵，扬州市发改委财金处处长；管宇，扬州市发改委财金处科员。

的比重从15.30%上升到22.32%（见图1），金融市场对全市实体经济发展的贡献力度不断加大，并呈现稳步提升的趋势。

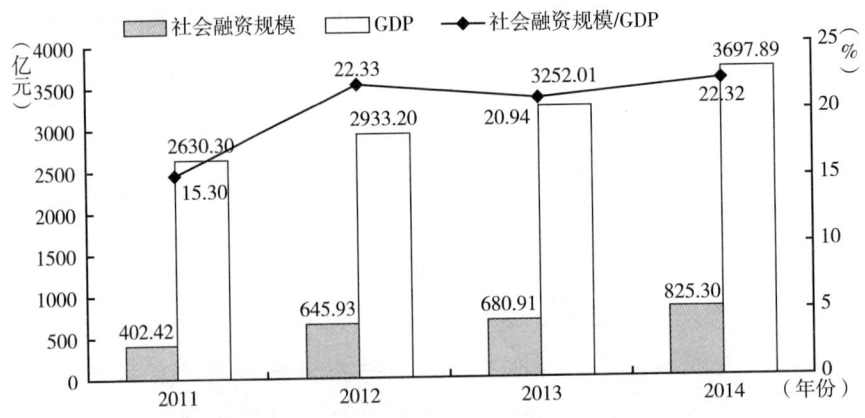

图1 扬州市社会融资规模及其占全市GDP比重变化趋势

从扬州市与全国、全省的对比情况来看，2014年全国社会融资规模16.46万亿元，同比降低4.6%；2014年江苏省社会融资规模总量13440亿元，同比增长11.35%；同期扬州市社会融资规模总量825.30亿元，同比增长21.21%，增速高于全省9.86个百分点。

2. 扬州市社会融资规模的特点

从扬州市2011～2014年社会融资规模结构来看，整体规模稳步增长，非信贷融资渠道获取融资占比不断提升，金融对资源配置的作用不断提高。

（1）各项贷款稳中有升，增速逐步放缓。

2011～2014年，扬州市各项贷款融资从235.92亿元增长到390.56亿元，年均增速为18.30%，低于全市社会融资规模总量增速8.75%，除各项贷款以外社会融资规模年均增速为37.7%，高于全市社会融资规模总量增速10.65%。各项贷款占社会融资规模的比重也由2011年的58.62%，下降至2014年的47.32%，占比总体呈现下降态势（见表1）。这表明以人民币贷款为代表的传统融资模式的增速正逐步放缓，其他融资模式的规模呈现快速增长趋势。

表1　2011～2014年扬州市各项贷款及社会融资规模情况

	2011年	2012年	2013年	2014年	年均增速(%)
各项贷款(亿元)	235.92	291.48	332.64	390.56	18.30
同比增长(%)	—	23.55	14.12	17.41	—
社会融资规模(亿元)	402.42	645.93	680.91	825.30	27.05
各项贷款/社会融资规模(%)	58.62	45.13	48.85	47.32	—

(2)直接融资规模快速增长，债券融资规模总量和类别迅速扩张，股权融资发展有所滞后。

2014年，扬州市企业债券和非金融企业境内股权融资规模合计为120.02亿元，约是2011年的4倍，占同期社会融资规模比重为14.54%，比2011年提高了约1倍（见图2）。预计2015年能够达到"十二五"时期我国金融业发展和改革所提出的"全市企业直接融资占社会融资规模比重提高至15%以上"的目标。

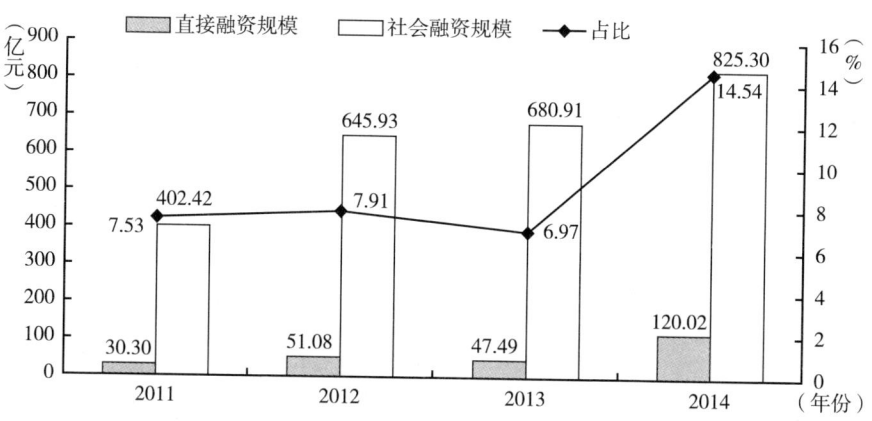

图2　扬州市直接融资规模情况及占比

企业债券发行不断创新高。从发行类别来看，2009年发行了扬州市首支城投类企业债券"09扬州开发债"，2010年发行扬州市首支短期融资券产品，2012年分别发行了扬州市首支中小企业集合债券、产业类企业债券、中期票据、资产支持票据，2013年发行扬州市首支非定向融资工具（私募产品），2015年发行扬州市首支超级短期融资券，债券融资工具不断丰富和完善，成为扬州市非金融企业直接融资的最重要渠道。从发行金额来看，2014年全市共发行企业债券融资额117.40亿元，同比增加70.40亿元。

股权融资发展有所滞后。目前，扬州市共有境内上市公司亚星客车、扬农化工、联环药业、宝盛股份、鸿达兴业、亚威股份、长青股份、扬杰科技、仪征化纤等9家。近两年仅扬杰科技1家企业在创业板挂牌上市，企业通过资本市场融资情况不容乐观。但值得关注的是"新三板"市场取得突破，2014年全市有5家企业挂牌上市，2015年上半年已有20家企业挂牌"新三板"。

（3）表外融资业务受每年政策环境影响较大。

2011~2014年，委托贷款融资从2011年的43.47亿元增长至2014年的77.22亿元，增势有所减缓。信托贷款从2011年的11.71亿元增长至2014年的98.16亿元（见图3），增幅较大，对企业合理有效控制融资成本形成

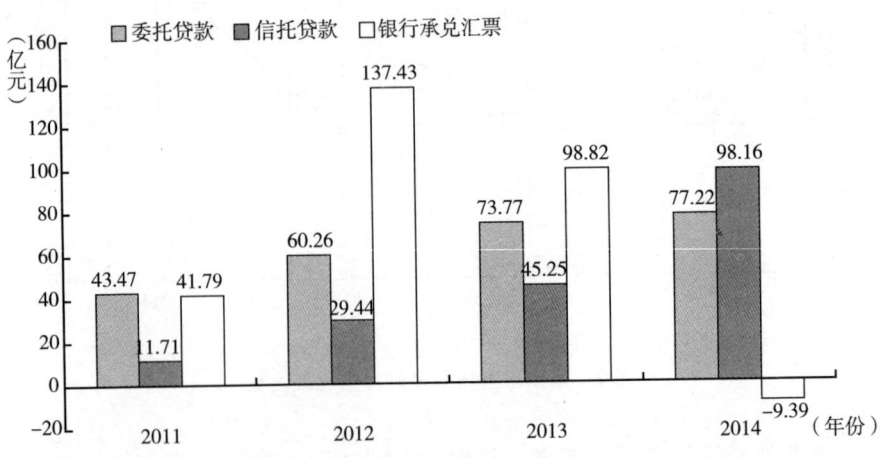

图3 2011~2014年扬州市表外融资业务发展情况

了不小的压力;但2014年上半年受到国家近一年以来定向降准、降息等利好政策的影响,信托贷款规模得到了极大控制,仅为10.51亿元。

3. 2015年扬州市社会融资规模发展情况

从社会融资总量来看,2015年1~6月份,扬州市社会融资规模总量327.50亿元,占全省社会融资规模总量的3.83%,比重有所下降(见图4)。

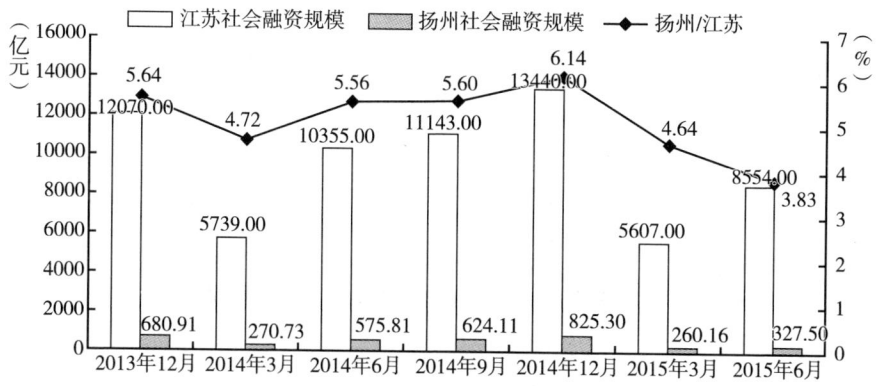

图4 江苏、扬州社会融资规模季度数据及占比情况

与2014年同期相比,扬州市社会融资规模总量首次出现下降趋势,同比少增248.31亿元(见表2)。

表2 2011~2015年6月末扬州市社会融资规模及变动情况

	2011年6月末	2012年6月末	2013年6月末	2014年6月末	2015年6月末
社会融资规模(亿元)	281.34	394.69	491.66	575.81	327.50
同比增加(亿元)	—	113.34	96.98	84.14	-248.31

从社会融资规模结构来看,2015年1~6月,各项贷款占比仍居第一,为71.84%。企业债券融资、银行承兑汇票、信托贷款占比较大,分别为10.08%、7.84%、3.21%(见图5)。

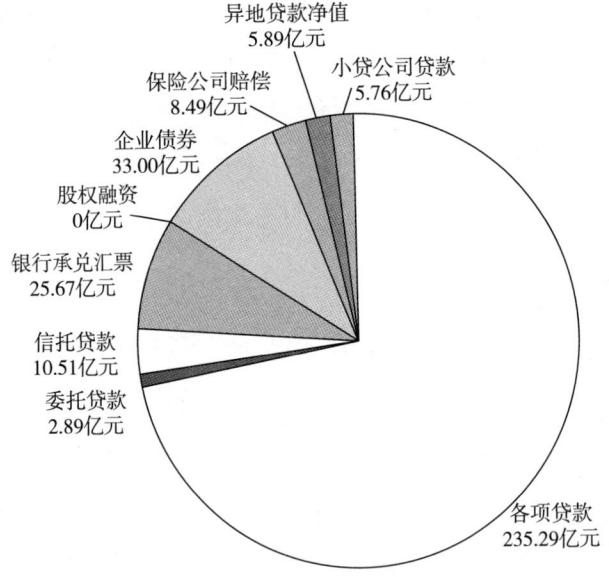

图5　2015年1~6月扬州市社会融资规模结构情况

二 扬州市社会融资存在的几个问题

1. 经济回升基础尚不稳固，增加了金融运行风险

从全市重点产业和企业看，扬州市目前重点产业发展存在一些困难，汽车产业发展低于预期，机械和船舶产业需求不旺、订单减少，石化产业受原材料价格下降影响明显，新能源、新光源和新材料"增产不增效"现象严重。同时，受工业品出厂价格下降和劳动力、土地、资金等成本上涨影响，一些行业和企业的经济效益大幅下滑。全市大型企业不良贷款率也呈上升趋势。扬州市部分地区互保联保企业存在担保链断裂的隐患，个别中小企业债券品种也出现了兑付风险。

2. 社会资金流向存在规模偏好，融资成本高位运行

作为总量调节工具，虽然货币政策工具使用可释放流动性或降低金融市场利率，但社会资金流向显然已经超出货币政策工具所能达到的范围。虽然大中型企业大多不缺乏资金,且融资议价能力较强,但金融机构宁愿少要利息也更倾向于大中型企业。与此同时,虽然央行降息以及相关部门多举措降低企业融资成本,人民币贷款利率稳中有降,但是中小微企业融资成本居高不下,部分企业贷款不能按期偿还、融资附加费用较多以及"贷转票"现象依然存在。不少企业反映融资成本依然较高,贷款利率下降感受不明显,带动整体社会融资成本高位运行。

3. 直接融资渠道不畅推高了中小创企业融资成本

长期以来,我国是以间接融资为主的金融体系,融资链条过长导致企业融资成本高、融资难。虽然近几年以企业债、中期票据等为代表的直接债务融资方式发展迅猛,但发行门槛依然较高,仅一些政府融资平台或个别大型企业能够符合发行要求。而一些亟须发展资金的中小创企业无论是在公开市场发行债券融资还是通过股权上市融资都比较困难。值得欣喜的是,近两年扬州市通过"新三板"挂牌上市的企业已达到25家,成为企业通过股权融资的重要突进。

4. 社会资金存在实体经济外的"体外循环"现象

金融机构同业业务规模扩张和资产管理业务迅速发展,部分社会资金在金融机构之间流动,并未真正投入实体经济。一方面,固定资产投资增速下滑,虽然货币供应量充足,但是有效信贷需求不足,去杠杆压力持续高企,企业"慎贷"与银行"惜贷"共同影响了降息效应。另一方面,2015年上半年股市迅猛上涨,部分信贷资金通过消费贷款等形式绕道进入股市,形成资金空转。在股市大幅波动的情况下,也增加了银行的逾期贷款管理压力。

三 促进扬州社会融资规模合理增长的建议

1. 积极争取更多信贷供给,加大政策性信贷资金申报力度

一方面,要积极争取更多信贷供给。全市各金融机构市级部门要加大对上沟通协调力度,实时跟踪上级最新政策动向,争取更多信贷资金规模的倾斜;政府层面加大对各类金融机构的招引力度,出台更多可操作、有吸引力

的鼓励政策，打造良好的金融生态环境，吸引银行、证券、保险等各类金融机构来扬州增设分支机构，为企业融资提供更多渠道选择。另一方面，加大国家、省级层面政策性信贷资金的申报力度。市级相关部门要加大对国家和省级层面金融政策导向的研究和分析，抓住国家开发银行、农业发展银行等政策性银行下发的专项信贷资金的契机，有针对性地扩大相关产业的信贷投放规模。

2. 积极拓展更多发债途径，扩大直接融资规模和覆盖面

近些年来，企业直接债务融资市场迅猛发展，发展改革委企业债券、银行间交易商协会产品、交易所公司债都在不断创新产品模式，扩大直接债务融资产品发行规模。企业通过债券融资可以降低对银行贷款的过分依赖，优化债务结构，降低融资成本。一要加强政策和产品宣传力度，增强企业对债券市场认知度；二要全面调研，摸底融资需求，有针对性地引导选择合适的发行途径；三要完善担保评级，利用市场化的手段提高企业信用评级，降低违约风险；四要发挥银行、券商、会计、律师等中介服务机构的作用，畅通债券融资信息，规范债券融资行为。

3. 积极培育上市公司资源，增加企业上市融资数量和规模

支持符合条件的企业境内外上市或利用资本市场开展兼并重组。鼓励中小成长型企业积极对接新三板和江苏股权交易中心、上海股权登记托管中心等场外交易市场。加大企业上市政策落实力度，及时兑现税费、土地、改制等政策，项目、资金等优惠政策和资源优先向上市后备企业倾斜。支持企业综合运用各种融资工具，提升核心竞争力，为首次公开募股（IPO）积极创造条件。对企业因场外挂牌规范需要新增税收中的地方留成部分，对在"新三板"挂牌的企业和经认定的区域性场外市场挂牌的企业相关费用，参照有关政策给予补助。

4. 积极运用表外融资渠道，有序做大社会融资整体规模

在规范有序的发展前提下，通过信托贷款、委托贷款两种重要渠道扩大全市社会融资的规模；在风险可控的前提下，支持通过资产证券化或者信托计划，置换出贷款投入新项目建设。在真实贸易和合法合规的条件下，鼓励企业和银行采用银行承兑汇票这一短期融资方式解决企业的短期融资需求，缓解企业现金流压力。

5.合理引导民间资金，加强互联网金融规范和监管

研究制定民间融资管理办法，推动民间融资阳光化和规范化。探索发展民间借贷登记服务机构，引进中介机构提供民间借贷登记、合约公证、资产评估等服务，有序对接民间的资金供给和需求。对各类民间投资公司、咨询服务公司等实行统一扎口管理，合理设定进入门槛，通过扩大注册资本金、提高主发起人出资比例、私募融资等方式，增强发展的可持续性和竞争力。鼓励银行等金融机构创新拓展利用互联网平台实施网银支付以及资金供需信息发布对接业务。支持有实力的电子商务企业、大型商贸物流企业、基金公司和担保机构探索发展互联网金融业务。

6.重视征信体系建设，改善融资环境，降低企业融资成本

依托人民银行征信系统，整合城建、房管、国税、地税、金融、物价、质监、药监、财政、人社、工商、海关、法院、环保、卫生等部门公共基础信息，建立完善企业和个人信用信息平台，扩大信用信息共享范围，支持对各类金融机构、准金融机构以及中小企业开放。推进农村信用体系建设工作，深入开展"信用村镇""信用社区""信用企业"和"信用户"的创建和评定工作，构建良好的区域金融生态环境。

产业发展报告

Reports on Industry Development

B.15
2015年扬州战略性新兴产业发展研究报告

韩长金 朱枫 万东民 鞠斐扬*

摘 要： 本文通过分析扬州战略性新兴产业发展的现状和存在的问题，明确创新能力水平、政策支撑体系、金融服务水平等是制约扬州战略性新兴产业发展的主要因素。结合"一带一路"、"中国制造2025"、长江经济带建设、跨江融合发展等政策机遇，本文提出从规划引导、政策环境、融资体系等方面积极推进扬州战略性新兴产业健康发展，引领全市制造业进一步转型升级。

关键词： 战略性新兴产业 发展 研究

---

* 韩长金，扬州市发改委党组成员、副主任；朱枫，扬州市发改委高技术产业处处长；万东民，扬州市发改委高技术产业处副主任科员；鞠斐扬，扬州市发改委高技术产业处科员。

2015年开年以来，在经济发展步入"新常态"背景下，扬州市战略性新兴产业发展以推进技术创新、优化发展环境为重点，加快项目建设，突破关键技术，提升产业质态，发展势头稳中向好，对产业结构调整和转型升级的引领作用进一步增强。

一 2015年扬州战略性新兴产业发展总体情况

全市战略性新兴产业（新能源、新光源、新材料、智能电网和节能环保）2015年前三季度实现规模以上工业总产值2169亿元，同比增长10.5%，占全市规模以上工业总产值的29.4%；实现出口交货值289.8亿元，同比增长38.2%。预计2015年全年实现产值3000亿元，同比增长11%左右（见图1）。

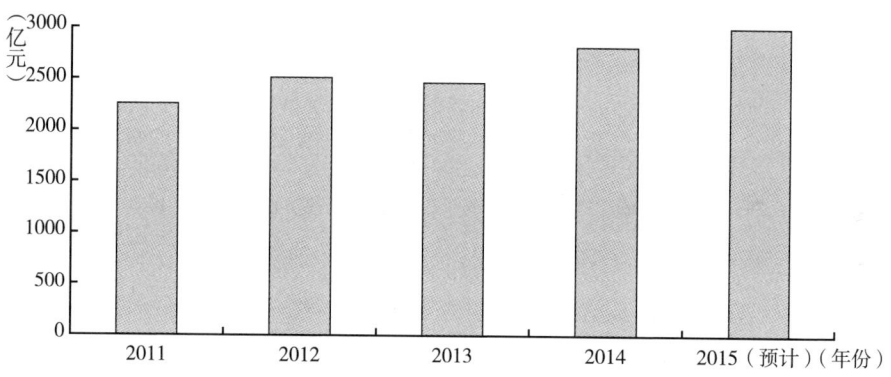

图1 "十二五"期间全市战略性新兴产业总产值情况

前三季度五大产业均保持增长，其中新能源产业实现产值276亿元，同比增长19%；新光源产业实现产值226.8亿元，同比增长14.8%；新材料产业实现产值384亿元，同比增长8%；智能电网产业实现产值841.4亿元，同比增长7.5%；节能环保产业实现产值551.1亿元，同比增长9.5%。

二 2015年扬州战略性新兴产业发展特点

1. 产业集聚进一步加快

近年来,扬州市通过着力引进一批战略性新兴产业龙头型、基地型大项目,产业集聚不断加快,全市战略性新兴产业现有规模以上企业524家,集聚了晶澳太阳能、中科半导体、大连化工、北辰电气、天雨环保等一批龙头企业。围绕"规模化、集约化、高端化"的发展方向,培育建设了绿色新能源、半导体照明、智能电网等一批"国字号"产业基地和光电高技术、再生纤维等省级特色产业基地(见表1)。

表1 扬州市五大战略性新兴产业集聚情况

产业名称	规模以上企业数(个)	2015年预计年产值(亿元)	主要产品及方向	龙头企业	特色产业基地
新能源	44	370	多晶硅、硅片、太阳能电池、组件、新能源储能电池、硅切割液等	晶澳太阳能、协鑫光伏、荣德新能源、欧力特能源等	国家绿色新能源特色产业基地、江苏省高性能电池特色产业基地
新光源	93	300	外延材料、LED芯片、LED器件、LED灯具等	乾照光电、中科半导体、璨扬光电、宇理电子等	国家半导体照明产业化基地、江苏省光电高技术特色产业基地
新材料	80	500	高端金属结构材料、先进高分子材料、高性能复合材料、新型功能材料等	大连化工、扬农锦湖、奥克化学、宏远电子、宏福铝业、新扬科技、奔多新材料等	江苏省化学纤维特色产业基地、江苏省再生纤维特色产业基地
智能电网	211	1100	超导电缆、超高压电缆、智能开关柜、智能用电终端、智能插座、智能电表等	宝胜集团、宝胜睿普司曼、迅达电磁线、北辰电气、国电南自、新概念电气等	国家火炬计划扬州智能电网特色产业基地、江苏省智能电网装备特色产业基地
节能环保	144	730	废车拆解、再生物资回收处理、脱硫脱酸装备、高效节能电机、废弃物处理、城市垃圾发电等	天雨集团、扬州澄露、江澄环保、万德环保、勇龙环保、泰达环保、庆峰环保、惠民再生资源等	扬州环保科技产业园
合计	524*	3000			

* 因部分产业企业有交叉,故此合计数不是以上企业数目加总。

2. 总体形势好于规模以上工业

1~9月，全市规模以上工业实现总产值7380.95亿元，增长8.5%。下半年以来，全市战略性新兴产业在新能源、新光源的带动下保持稳健增长，1~9月增幅达10.5%，增速快于全市规模以上工业总产值2个百分点。在外贸方面，1~9月全市战略性新兴产业出口交货值实现增幅38.2%，高于同期规模以上工业27个百分点。

3. 新能源产业持续增长

2015年以来，国家层面的政策扶持力度持续加强，光伏领域持续获得重磅政策支持。近期，国家能源局明确全国增加光伏电站建设规模530万千瓦，同时表态光伏补贴未来8~10年不会取消。在多重利好的推动下，扬州市新能源产业继续保持稳健增长，晶澳太阳能、协鑫光伏等重点企业经营质态良好，目前在手订单饱满，生产线全面满产。

4. 产业分化较为明显

全市五大战略性新兴产业年内均呈现"先抑后扬"的走势，增幅逐渐企稳回升。五大产业中，新能源、新光源产业发展较好，持续保持两位数以上增幅，占全市规模以上工业比重达6.8%，从销售和税收看，均是扬州市主导产业中增长最好的产业。受实体经济下行、原料成本波动等因素影响，新材料、智能电网、节能环保三大产业增长乏力。

5. 产业投资逐步回暖

2015年前三季度，全市制造业预计完成投资1200亿元，增长13%左右，出现一定的回暖迹象。从投资方向来看，扬州市新增的项目主要聚焦于高端装备、机器人、互联网+、LED等领域。佳明汽车智能系统、晶元光电、耀锋光电、新亚汽车、东大环保除尘设备、苏美达渔光互补光伏发电等一批重大项目落户开工。

三 2015年扬州战略性新兴产业发展问题分析

1. 经济下行压力仍大

当前，经济回稳动力和下行压力仍在相持，新增长动力孕育和传统增长动力减弱继续并存,影响战略性新兴产业持续健康发展的不确定因素较多。虽然下半年来全市战略性新兴产业增幅呈现回升态势,但增长较为缓慢。新材料、智能电网、节能环保三大产业受实体经济拖累,增幅一直处于低位,实现规划目标的任务十分艰巨。

2. 部分产品市场价格持续走低

受国内外市场变动影响,扬州市部分战略性新兴产业市场出现波动,产品价格持续走低。据了解,与2014年同期相比,目前硅片价格下跌15%左右,太阳能电池片下跌25%左右,部分光伏企业出现"增产不增收"的现象。新光源产业中LED外延片、芯片价格出现持续下跌,导致中科半导体、乾照光电等龙头企业开票销售出现一定的负增长。

3. 企业融资仍然困难

战略性新兴产业企业普遍反映融资存在一定困难。晶澳、天保光伏等企业反映,金融机构仍然看空光伏和LED产业,融资政策并未调整,企业获得的资金相对期限短,融资十分困难,部分金融机构的流动资金贷款只收不放。在光伏发电应用领域,中旭太阳能等企业反映,仅有江苏银行发文对光伏电站给予贷款支持,部分收益稳定风险较低的光伏发电项目十分缺乏资金支持。

4. 海外市场开拓阻力较大

日前欧盟将中国光伏玻璃的反倾销税几乎翻倍上调,从最高38.4%调至最高75.4%;美欧等国的"双反"也逐步升级,企业反映海外市场开拓受到一定影响,市场开拓难度和压力大,可实现订单不足,且分布不均衡,产能释放有限。

四 扬州战略性新兴产业发展对策建议

1. 提升规划引领

做好扬州市战略性新兴产业"十三五"规划编制工作,在继续做大做强新能源、新光源、新材料、智能电网、节能环保等五大产业的基础上,培育发展高端装备制造、新一代信息技术、生物技术和新医药等三大产业。合理排定"十三五"期间扬州市战略性新兴产业发展方向和主要指标，并在广泛征求意见的基础上不断修改完善。通过制定科学合理的战略性新兴产业布局规划，避免重复建设、产能过剩。

2. 提升企业引育

发挥企业创新主体作用，推动创建一批高新技术企业、创新型试点企业等高层次企业群，到2020年，战略性新兴产业领域新培育高新技术企业100家，省级以上研发机构120家。策应"一带一路"、长江经济带建设等战略，推动光伏、LED、机械装备等优势企业加强产品服务境内外推介，进一步拓展海外新兴市场，主动参与国际产能合作。

3. 提升发展环境

构建战略性新兴产业普惠性政策扶持体系，推动资金链引导创业创新链、创业创新链支持产业链、产业链带动就业链。在资源要素上继续向战略性新兴产业倾斜，开展战略性新兴产业创业投资引导，重点支持处于起步阶段的创新型企业。引导社会资本更多投入战略性新兴产业，研究提出引导银行业金融机构加大支持力度的政策措施，大力推动股权质押融资、产业链融资等金融服务创新。积极把握国家将在上海证券交易所建立战略新兴产业板的机遇，支持扬州市战略性新兴产业企业通过上市、发债、众筹等方式多渠道融资筹资。

4. 提升示范应用

充分发挥应用市场对战略性新兴产业发展的拉动作用，以示范促辐射，以需求促发展。培育一批新兴业态和商业模式，引导消费模式升级。加大市本级扶持力度，继续推动半导体照明、光伏和风力发电、新能源汽车、智慧城市等示范应用工程，通过建设示范项目或政府购买产品或服务等方式，加速市场推广普及和应用。主动对接《中国制造2025》发展战略，借力"互联网+"、智能制造等试点示范工程推动信息技术和新兴产业深度融合发展。

5. 提升载体建设

加快经济技术开发区、高新区、化工园区等重要产业发展载体建设，在园区建设一批科技研发平台，完善创新服务功能，强化产业孵化功能。抢抓跨江融合发展试点机遇，主动承接苏南、上海战略性新兴产业和先进制造业转移，推进园区共建。大力推进战略性新兴产业创业基地、公共服务平台等的建设，建好用好"两站三中心"等创新平台，探索建立创新平台开放合作共享机制，鼓励企业建立一批专业化、市场化的技术转移平台。"十三五"期间重点建设10个战略性新兴产业先进制造业基地，形成一批在全国全省具有特色优势和影响力的产业集聚区。

6. 提升运行监测

探索建立并发布统一口径的战略性新兴产业统计体系，健全运行监测工作机制，强化产业发展形势分析。定期监测重点企业运行及重大项目进展情况，及时帮助企业解决发展中遇到的难点问题。强化行业发展形势预测预警，增强宏观指导的针对性，引导和推动战略性新兴产业健康发展。

B.16
2015年扬州市服务业发展报告

孙景亮 夏坚 胡新林*

摘 要：	2015年扬州服务业面对严峻的宏观形势，实现了平稳健康发展，日益成为全市经济增长的重要引擎、转型升级的重要抓手、可用财力的重要来源。本报告在对2015年扬州市服务业的发展现状进行细致调研的基础上，提出了2016年扬州市服务业的发展思路、发展重心以及保障措施。
关键词：	扬州市 2015年服务业 发展报告

一 2015年扬州市服务业发展现状

（一）扬州市服务业整体运行情况

1~9月，全市实现服务业增加值1296.80亿元，增长11.5%，比GDP增速高1.3个百分点；比全省服务业增速高2.5个百分点，增速在全省居第2位；服务业增加值占GDP比重43.7%，比上年同期高1.8个百分点。预计全年全市实现服务业增加值1700亿元，增长11.5%，比GDP增速高1个百分点。

1~9月，服务业固定资产投资881.74亿元，增长25.4%，比全部固定

---

* 孙景亮，扬州市发改委党组成员、服务业办公室副主任；夏坚，扬州市发改委服务业处处长；胡新林，扬州市发改委服务业处副处长。

资产投资增速高7个百分点,比全省服务业投资增速高16.7个百分点。预计全年服务业固定资产投资1280亿元,增长19.5%。

1~9月,全市新开工服务业重大项目34个;实现服务业固定资产投资881.74亿元,增长25.4%,增速继续位居全省第一,高于全市固定资产投资增速7个百分点。继扬州首个服务业百亿项目Y-MSD加快推进之后,2015年9月,百亿级的金鹰新城市中心项目、扬州万达广场项目正式落户江都区和邗江区,标志着主城三区实现百亿级服务业项目的全覆盖。预计全年新开工服务业重大项目40个。

1~9月,服务业实现税收总收入159.13亿元,增长8.4%,比全省平均增速低6个百分点,列全省第11位;其中,国税服务业收入34.5亿元,下降12.8%;地税服务业收入124.63亿元,增长14.5%。服务业税收占税收总收入的比重47.5%。

1~9月,全市实现社会消费品零售总额901.97亿元,增长9.6%。预计全年实现1150亿元,增长9.5%。

1~9月,扬州市新增规模以上服务业企业81家,居全省第1位。服务业列入政府统计企业申报9月末累计完成107个。

1~9月,服务业用电175693万千瓦时,同比增长4.6%,增速回升明显,比上半年提高3.8个百分点。

1~9月,商品房销售面积443.50万平方米,同比增长6.7%,增幅略有回落,增速比上半年下降1.7个百分点。

(二)扬州市服务业各重点行业运行情况

(1)旅游业。旅游业稳定发展,1~9月,市区主要封闭景区接待游客722.54万人次,增长14.7%。星级饭店出租率66.6%。预计2015年旅游业实现总收入560亿元,增长17.7%。凤凰岛和瘦西湖创成省级旅游度假区,瓜洲润扬湿地公园通过省级生态旅游示范区验收。

(2)软件和信息技术服务业。1~9月份,全市软件和信息技术服务业累计实现业务收入420亿元,同比增长48.3%,其中通信传输业、软件业、信息技术服务业分别完成业务收入40亿元、50亿元、330亿元,预计全年全市软件和信息技术服务业将实现业务收入500亿元。全市累计认定软件企业222家、登记软件产品477件,省内排名第6位;7家企业被评定为"江苏省规划布局内重点软件企业",6件产品被评定为"江苏省优秀软件产品";怡丰通信被认定为"省级软件企业技术中心",金泉网、阿尼信息、智途科技3家企业先后上市;引进培育了万方电子、恒信仪表、易图地理信息、仕德伟科技等百人以上企业8家,税友软件南方基地、中国·扬州云计算中心、交通银行金融数据服务中心等一批重大项目有序推进;与中兴通讯"智慧城市"、百度"翔计划"、阿里"淘宝扬州馆"、腾讯"互联网+"、谷歌跨境电商等知名互联网企业的战略合作顺利启动。"江苏信息服务产业基地"作为扬州市软件和信息技术服务业发展的先行区,被省经信委确定为全省首个省市共建的"互联网产业园";扬州智谷获批"江苏省大数据特色产业园"。

(3)文化产业。2015年全市文化产业规模以上企业、限额以上批零企业、重点服务业企业合计268家,营业收入在亿元以上的企业71家。居民人均文化娱乐支出1181元,增长11.4%。预计文化增加值为170亿元。扬州工美集团的"江苏省首支文化创意企业集合票据"项目和瘦西湖景区的"瘦西湖文化演艺休闲区""扬州瘦西湖春江花月夜"项目获得中央文化产业发展专项资金。"基于广电私有云的融媒体系统""木偶创意设计制作与服务平台建设"等9个项目共获省级文化产业专项引导资金970万元。扬州486非物质文化遗产集聚区已于城庆期间正式开放,戏曲园区项目已经启动,将打造非遗文化旅游综合体。全市已建成5个国家文化产业示范基地(园区),3个省级文化产业示范基地(园区),52个市级文化产业示范基地,以及多个新型文化产业集聚区。

(4)金融业。前三季度,全市金融机构各项存款余额4784.86亿元,较年初增加504.27亿元,同比增长11.2%,其中境内住户存款2397.50亿元,境内非金融企业存款1437.55亿元,境内非银行业金融机构存款34.14亿元。金融机构各项贷款余额3067.20亿元,较年初增加334.78亿元,同比增长17.3%，其中境内短期贷款1416.90亿元，境内中长期贷款1438.56亿元，境内票据融资209.04亿元，个人消费贷款634.93亿元（住房消费565.48）。江苏阿尼、智途科技等15个企业成功登陆"新三板"，全市总数达24家，总数位居苏中、苏北前列。已发行银行间直接融资工具12单，金额68.5亿元，注册115亿元，报会待注册74亿元。

（5）科技服务业。截至目前，全市共有1926家科技服务业机构（其中研究和试验发展类共计148家，专业技术服务业类共计736家，科技推广和应用服务类共计1042家）。全市科技服务业行业从业人员合计13212人，具有硕士以上学历389人，本科以上学历占总人数的78%。预计全年全市科技服务业实现总收入38.04亿元，同比增长15.6%左右，总收入可达60亿元。2015年5月，全市科技服务行业协会正式成立，首批协会会员合计53家，主要是从事科技服务的企业、中介机构、科研院所等，形成优势互补、利益共享、风险共担的行业创新合作组织。

（6）物流业。前三季度，全市公路货运量4768万吨、增长0.3%，货物周转量833971万吨公里、增长0.1%；水路货运量3902万吨、增长1.5%，货物周转量1494578万吨公里、增长3.4%；港口货物吞吐量6266万吨、减少2.6%，其中沿江实现661万吨、增长20.6%，内河实现1980万、减少18.8%，集装箱吞吐量45.0万标箱、增长8.1%。全市已有4A级以上物流企业8家（其中5A级物流企业1家），省级培育示范物流园区2家，市级以上物流集聚区9家。预计2015年全市物流业增加值260亿元，同比增长12%。

（7）商务服务业。1~9月，全市商务服务业企业完成营业总收入160亿元，同比增长16.5%。积极培育了一批知名会计师事务所、律师事务所、资产评估公司、环境监测公司等商务中介服务机构，产品设计、信用担保、管理咨询、品牌营销等生产性商务服务加速发展。按照市场化运作方式，鼓励支持了一批大型商务中介机构综合化规模化发展，中小商务中介机构"专精特新"发展，提高了商务中介机构的专业服务水平。加大招商力度，在部分机构较少、竞争不够充分的商务行业加强机构培育，有关县（市、区）加大了市外商务中介机构引进力度。

（8）商贸流通业。1~9月，全市全社会消费品零售总额901.97亿元，增长9.6%，增速与上半年持平，总量和增幅可望保持全省第8的位次；实现批发零售、住宿餐饮业增加值290亿元，同比增长9%，约占服务业增加值的20.3%，占GDP的9%。1~9月，全市1110家限额以上批发零售企业实现零售额315亿元，增长4.2%。其中，零售业完成275.1亿元，增长5.2%；餐饮业完成17.6亿元，增长4.2%；住宿业完成3.6亿元，与上年同期持平；批发业完成18.6亿元，下降9.3%。城区现有具备3个以上功能、商业面积超5万平方米、商业自持比例超50%的商业综合体17家。2015~2016年两年，城区投入运营的综合体项目将分别新增3个和7个；商业面积分别达到81.3万平方米、137.4万平方米，比2014年（61.8万平方米）分别增加19.5万平方米和75.6万平方米。1~9月，正常运营的京华城、时代广场、力宝广场、三盛广场分别实现销售18.9亿元、11.7亿元、4.5亿元、2.6亿元，各综合体客流量日均达3万人次。个性化发展态势明显。表现为商业业态逐步由传统百货、餐饮类向儿童教育、文化娱乐等体验类业态拓展。电商发展势头迅猛。1~9月，全市完成电子商务交易额249亿元，同比增长41%。全市跨境电商预计全年交易额1亿元，邮政跨境电商产业园11月底将投入运行，形成日均1万票的仓配一体化寄递规模。

（9）健康服务业。家庭服务业方面，目前登记注册的家庭服务企业有近千家，吸纳就业人数7万多人，其中2家企业获评"中国驰名商标"，1家企业获评"全国家庭服务业百强企业"，3家企业获评"全国家庭服务业千户企业"。2015年1~9月，牵头举办省级以上会展活动1场；全市新增优秀家庭服务企业4家，全年预计5家；新增营业收入过千万龙头企业3家；新增家庭服务培训机构4家，全年预计5家；培训家庭服务从业人员7500人次并取得相应职业资格证书，全年预计将达9200人次以上。养老服务业方面，加大对民生重点建设项目推进和督查力度，全市居家养老服务中心（站）建设取得新进展，启动了新一轮标准化社区居家养老服务中心（站）创建工作，共有20个社区居家养老服务中心（站）达到省标准化水平；启动社区老年人助餐点建设，建设了120个老年人助餐点；市老年活动服务中心顺利建成，集老年人体育健身、休闲娱乐、文化学习、兴趣培养、影视歌舞等多类活动功能为一体，各类场所动静分离、功能互通，有效满足了老年人的不同活动需求。体育产业方面，经国际田联评审并确认，2015年扬州鉴真国际半程马拉松赛再次被授予"金标赛事"荣誉称号，连续第四年获得国际最高荣誉；成功主办扬州鉴真国际半程马拉松赛发展战略高层研讨会，邀请了杭州、宁波、合肥等9个马拉松举办城市，探讨扬州马拉松未来十年的持续健康发展、赛事定位等战略问题；出台了《市政府关于加快发展体育产业的实施意见》（〔2015〕17号文），有力地推动了扬州市体育产业的发展；以城庆为主题，以重点节庆日为契机，以满足各类人群的健身需求为目的，持续开展全民健身体育节活动，举办了一系列大型群众体育赛事活动，影响力大、带动效应明显。医疗服务业方面，2015年1~9月，全市24所二级以上医院总诊疗人次744.99万人次，比上年增长1.26%；预计全年总诊疗人次993.32万人次。产业合作方面，扬州成为长三角协调健康服务业专业委员会牵头城市，下设异地健康养老工作组、健康技能培训与休闲文化工作组、医师多点执业工作组、体育健康工作组等4个工作组，有助于扬州市牵头推进长三角健康服务业实现产业体制机制的创新突破。

二 当前服务业发展面临的挑战

（1）经济下行压力逐步向服务业传导。全市批发和零售业税收持续负增长，住宿和餐饮业税收7月以后才转为正增长；钢材物流业单个客户用钢量下降明显，仓储物流业客户资金压力进一步加大。

（2）服务业内部结构调整有待深化。扬州市软件信息服务业税收仅占服务业税收的1%，且2015年以来持续负增长；住宿餐饮业税收提振乏力，也从侧面反映出旅游业对经济的拉动作用尚不显著。与之相对应，房地产业占全市服务业税收比重超过55%。

（3）服务业企业转型升级有待提速。面对新的市场环境，万润软件、新宇软件、普洛斯物流等企业正加快技术创新、业态创新步伐；万家福、汇银、宏信龙等一些传统服务业龙头企业开始转型并取得了一些成绩，但人才、品牌影响力、市场成熟度等成为主要的限制因素。此外，资金和管理经验的不足，经营模式上的同质化竞争等因素也影响了小微企业的发展壮大。

三 2016年扬州市服务业发展建议

1. 旅游业发展重点

围绕"东水西山一路连，南江北湖一河牵"的思路，以"文化休闲·城市度假"为发展方向，进一步优化扬州市旅游空间布局，重点推动"一核一带一路四大组团"（简称"1114"工程）旅游发展新格局。一是以促进旅游投资和消费为目标，谋划和推进一批重大项目和特色项目建设，推动全市旅游业转型升级发展。加快推进瘦西湖度假区凤凰水街项目、高邮清水潭度假区扬州大马戏及温泉酒店等旅游度假区项目建设，推动全市旅游度假区发展；加快推进扬州自在岛生态旅游岛、仪征捺山地质公园等休闲度假、参与体验类旅游项目建设，完善扬州旅游度假产品体系；加快推进扬州唐子城、宝应泰山殿、高邮神居山等文化休闲旅游项目建设，助力文化旅游名城建设；加快推进瓜洲观音岛直升机游艇基地和扬州国际露营地等旅游新业态项目建设，从传统观光旅游向更多业态转型。二是出台推进扬州市乡村旅游发展的实施意见，解决制约扬州市乡村旅游发展的主要问题，明确具体推进举措；按照"一镇一品、一镇一特色"的思路，发展一批旅游村镇、乡村旅游集聚区，以点带面，推进全市乡村旅游的特色化、规范化、标准化建设。推进沙头、菱塘、天山、射阳等10个特色各异的旅游村镇建设；着手打造沙头夹江生态田园、江都春江花都等5个品牌乡村旅游集聚区；引导农民利用农村现有宅基地、农村集体发展民宿，推出超过10户以上连片的乡村民宿集聚区；实现旅游特色乡镇和重点乡村旅游点的道路、指引标识、游客中心、厕所、停车场等公共服务设施达到3A级景区的标准。通过发展乡村旅游，实现市县旅游的联动发展。三是推进城市旅游公共服务体系建设，重点实施旅游公共信息、便捷交通、便民惠民、行政服务、安全保障等"五大服务体系"提升工程。在全市域的旅游休闲街区、部分旅行社、重点旅游线路科学设置旅游信息服务点，完善智能化旅游信息咨询服务，建成"扬州旅游足迹"分析系统；完善旅游交通干道和乡村旅游道路，发展乡村及江、河、湖滨休闲慢道，构建完善的指引指示系统；实施旅游厕所革命，并积极探索以商建厕、以商养厕、以商管厕的实现途径；按照统一的模式开展全市综合性服务中心的运营和管理。

2. 软件与信息服务业发展重点

围绕"新产业、新人才、新城市"战略的实施，进一步聚焦主城区，从载体建设提升、招商引智突破、企业（项目）孵化培育等方面全面发力，力争2016年全市软件和信息技术服务业实现业务收入650亿元。在载体建设提升上，重点打造"一基地三板块"，努力推进"江苏省互联网产业园"和"江苏省大数据特色产业园"两个省级专业园区建设，积极配合生态科技新城规划建设"扬州软件园"。在招商引智突破上，积极探索与风投、创投等行业机构和BAT等知名互联网企业以及高校院所的合作，重点围绕"云存储"服务、"云应用"研发和"端产品"制造以及工业软件、车（机）联网等领域开展多形式招商。在企业（项目）孵化培育上，深化与"北京大学创业训练营""微软创新中心"等创业服务机构合作，健全"创业苗圃—孵化器—加速器"孵化链条，孵化一批创新能力强、商业模式新的初创企业。

3. 文化产业发展重点

一是强化政策引导。建立扬州市文化产业引导基金，探索建立中小文化企业信贷风险补偿机制，以市场化运作方式助推创业创新和产业发展。推动"文化+""大众创新"的发展模式，鼓励文化企业、爱好者借助"江苏文化创意设计大赛""扬州创新创业大赛"的机会和"创业咖啡屋""车库咖啡店"的平台，将创意梦想变为创业蓝图，进而孵化出切实有效的文化产业项目。二是促进融合发展。促进文化与科技融合，在申报专项资金、重点项目方面向科技含量高的文化产业项目倾斜，鼓励工艺美术、出版印刷等传统文化企业加大自主创新投入,重点发展"数字出版""三网融合""智慧旅游"等新兴业态。促进文化与旅游融合,大力发展"文化休闲,城市度假",在旅游景点运用文化创意、丰富文化内容、增设文化项目,设置文化互动环节,提升文化旅游品位,创造条件在酒吧、咖啡馆、茶座等休闲场所融入地方曲艺表演。促进文化与金融融合,探索建立一个为优秀文化产业项目提供专业金融服务、为市场资本寻找产业投资"潜力股"的双向交流合作平台。三是狠抓重点项目。推进扬州486非遗集聚区、非遗基地戏曲园区、个园花局里"中国古琴第一街"工程、谢馥春古典美妆文化产业基地、数码印刷文化创意产业园、科技文化产业园、电影《扬州,我爱你》在建工程7个。推进"艺景"书画展示交易中心、多媒体文化广场、古籍出版集团、江南传媒股份有限公司等4个新建项目。四是支持文化走出去。认真做好国家文化出口重点企业和重点项目申报组织工作。组织文化企业参加境内外演艺交易会、艺术博览会、图书展、影视展、动漫游戏节等国际大型展会和文化活动,推动文化企业和文化产品走出去。

4. 科技服务业发展重点

一是强化组织领导和政策引导。出台加快全市科技服务业发展的政策意见,加强组织领导,严格落实各类优惠扶持政策,吸引高层次人才来扬州献智出力,加快建立以政府投入为引导、社会投入为支撑的多渠道持续投入体系,完善科技创新载体的政策环境。二是推动科技服务业集聚区建设。目前,全市拥有省级科技服务业集聚区2家,市级2家,将进一步促进高新技术产业与科技服务业的融合发展,引导科技产业综合体和科技企业孵化器等创新创业基地加快有效集聚创新资源,努力培育建成一批集科技创新、成果转化、技术服务于一体的科技服务业产业集聚区。三是提升科技平台创新服务能力。围绕经济转型和产业升级的需求,整合资源重点建设一批区域创新服务中心、重点实验室和工程技术中心。进一步完善科技创新平台布局,依托行业协会与高校、科研院所和行业骨干企业构建产业联盟,形成产学研合作的长效机制。充分发挥现有公共服务平台的作用,强化技术研发和成果转化能力,提高平台创新与服务成效。四是做大做强一批科技服务企业和机构。围绕发展以办公室为载体的软件和信息服务业、以实验室为载体的研发产业、以工作室为载体的文化创意产业的总体目标，做大做强一批科技服务企业和机构。严格落实各类优惠扶持政策，出台扬州市科技服务业示范机构标准，培育一批龙头骨干机构，推动市产业技术研究院、国际技术转移中心、创新驿站等创新平台建设，打造一批具有影响力的科技服务企业和品牌。五是拓宽科技服务业发展融资渠道。创新财政支持方式，积极探索以政府购买服务、"后补助"等方式支持公共科技服务发展。建立多元化的资金投入体系，引导银行信贷、创业投资、资本市场等加大对科技服务企业的支持，建立完善以民间资本为主，政府引导扶持的多元化、多渠道投融资体制，推出一批金融创新产品，促进科技服务业贷款投放的增加，有效扩大金融服务覆盖面。

5. 物流业发展重点

一是规划建设三大现代物流基地。依托广陵食品工业园、亚联农副产品批发市场，加快建设农副产品冷链物流基地，提高城市农副产品综合保障能力和安全健康管理水平。依托扬州泰州机场，规划建设空港物流基地、空港保税物流中心，发展临港产业，引领提升全市现代物流整体发展水平。依托信息化平台和市场力量，规划建设市区综合物流基地，有序引导市区物流企业"退城进园"，整合社会物流资源，改善城市环境。提升一批现代物流节点中心。依托机械装备、汽车及零部件、船舶及配套件、石油化工、新能源和新光源等五个千亿级产业集群，重点支持开发区建设普洛斯物流中心，化工园区建设长江石化物流中心，江都、邗江分别建设第三方钢材给配中心、医药物流中心，仪征、高邮和宝应分别建设汽车物流中心、应急物流中心和粮食物流中心。全面提升重要物流节点的专业化、特色化、现代化水平，大力发展第三方、第四方物流模式，提高物流综合服务能力，引导制造企业剥离非核心业务，实现制造业、物流业"双赢"。二是完善城市配送体系。以邮政物流、快递物流企业为骨干，规划建设城市公共配送中心。以提高重点商品共同配送率为目标，优化城市配送重点功能板块分区，加快建设县（市、区）级城市配送中心。支持流通末端共同配送点和卸货点建设、改造，鼓励建设集配送、零售和便民服务等多功能于一体的物流配送终端。加强配送终端、各级物流配送节点中心和公共配送中心的网络连接，提高配送效率。

6. 金融业发展重点

推进以扬州金融集聚区为主体，以扬州科技金融合作创新示范区为特色的金融功能区建设，形成"一主一辅"发展格局。强化科技与金融结合，拓宽科技产业投融资渠道。推广大型制造设备、施工设备、运输工具、生产线等融资租赁服务，逐步形成渠道多样、集约发展、监管有效的融资租赁服务体系。银行业：继续构建政策性银行、国有商业银行、外资银行、股份制银行、城市商业银行、农村合作金融机构以及村镇银行多元发展、功能完备、服务高效的银行组织体系。证券期货业：充分利用境内境外两个市场，加快推进企业上市步伐，扩大直接融资规模。保险业：完善农业保险政策，拓宽保险服务领域，提升保险创新能力，扩大保险社会管理功能。其他金融业：引导民间资本投资金融领域，参与试点民营银行，加快发展村镇银行、小贷公司等新型金融组织。大力引进培育会计、审计、法律、资产评估、资信评级、证券咨询、保险经纪等中介服务组织，构建配套完善的金融中介服务体系。

7. 商贸流通业发展重点

一是突出问题导向，帮助企业解决实际困难。针对企业需求，探索与相关职能部门、金融机构、高校共建人才培训、融资、法律援助等公共服务平台，为企业提供精准服务。实行商贸业前30强挂钩联系制度，为骨干企业提供"一企一策""一事一议"服务。二是强化结果导向，确保各项政策措施落到实处。根据国家最新的政策导向，及时调整修改扬州市支持电子商务和传统商贸业发展的两个专项政策意见，加快制定这两个意见和商业综合体意见的实施细则和资金使用办法，发挥政策的引领和促进作用。三是着力招大培强，发挥骨干企业支撑带动作用。研究制定专门的激励政策，鼓励限额以下企业升级为限额以上企业，进一步壮大扬州市商贸业限额以上企业数量和规模。引导企业加强资本运作，支持江苏笛莎、宏信超市等本土企

业上市。鼓励汇银、宏信、冶春、陆琴脚艺等骨干企业"走出去",加快市外、省外、国外连锁经营步伐。加大企业招引力度,积极引进中外知名企业落户扬州市或在扬州市设立分支机构。通过以上措施,力争2016年全市建成年交易额突破百亿元的批发市场集聚区3个以上,营业收入20亿元以上的零售企业5家以上,连锁门店超百家的商贸企业10家以上。四是加快电商发展,促进商贸业转型创新发展。重点是推动电子商务在商贸业的普及应用,实现线上线下互动发展。积极申报跨境贸易电子商务服务试点城市,实现"买扬州卖全球"。加快推进扬州市与BAT、苏宁易购等互联网巨头签订区域电商发展合作框架协议,推动电商产业带、跨境电商、电商服务及培训等系统合作共建。继续开展国家级、省级电商示范县、示范基地、示范村、示范企业培育创建,打造多层次电商载体和平台。实施"互联网+商贸"计划,每年培训中小企业500人次,推动传统商贸业加快转型、创新发展。

8. 商务服务业发展重点

提升扬州商务咨询服务聚集区软硬件条件,加快中介咨询机构引进步伐。在各地推进一批商务咨询平台建设,吸引更多外来及本土专业化咨询机构入驻。积极发展资产评估、会计、审计、税务、勘察设计、工程咨询等专业咨询服务。创建知名产品品牌、产业品牌,并共同构建扬州独特的区域品牌。围绕提升产业竞争力,引导商务咨询企业大力发展战略规划、营销策划、市场调查、投资、管理等咨询服务,积极发展资产评估、会计、审计、税务、勘察设计、工程咨询等专业咨询服务。在广陵新城中央商务集聚区、高邮波司登商务集聚区等区域加快打造商务咨询服务中心,开展各类商务咨询专业服务,发挥示范带动作用。鼓励一批有实力、有品牌、有信誉的中介机构向综合型、规模化、国际化发展。引导一般性中介服务企业向"专、精、特、新"方向发展。建立健全商务咨询服务职业评价制度和信用管理体系。

9. 健康服务业发展重点

家庭服务业方面,一是在扬州市街道或社区建设"示范家政服务站",

通过示范服务站的创建活动,建立一套对接行业需求、吻合行业特征、适合行业发展的管理体制与激励机制。充分发挥示范服务站的示范带动作用,从根本上改变行业"小、散、乱"的现状。二是扩大社保补贴实施范围,破解企业"用工成本高,难以做大做强"的难题。对于经认定符合条件的员工制家庭服务企业,在与家庭服务员签订的劳动合同期限内,按照"先缴后补,一年一补"原则,给予社保补贴。三是探索建设公益性的"家庭服务信息平台",确保供需信息"有效对接、无缝对接"。通过平台的建设,建立规范的市场管理模式,形成规范的家庭服务业市场准入与退出机制,对不符合服务要求的,按照市场规律,过滤市场服务主体;有效整合政府、市场、社会的资源,全面提升服务能力,最大限度地满足市民的服务需求;通过点到点的直接沟通模式,保证供需信息有效对接、无缝对接,确保供需信息不缺损;建立服务质量全程监控监督机制,对整个服务过程进行跟踪,形成可持续发展的长效监督机制。体育服务业方面,一是继续推进长三角健康服务业的发展,推进品牌体育赛事合作,探索区域合作城市组队参与其他城市品牌赛事活动;二是强化对体育生产企业培育和体育专业人才的培养,培育和挖掘扬州市体育用品生产企业,提高企业自主品牌研发能力和生产水平,增强产品竞争力,加大体育专业技术人才的培养,逐步缓解体育市场专业人员缺口较大的矛盾,为市民提供科学的健身方法和正确的体育消费观,使体育活动成为居民消费的一种生活习惯;三是继续扩大医保健身定点数量,实施好医保个人账户用于健身的工作,在城区三个定点体育运动场馆进行试点运行(扬州体育公园体育馆、扬州市游泳跳水馆、宋夹城体育休闲公园)基础之上,扩大运行试点范围,尽可能满足健身场馆在个人健身方面的需要。医疗服务业方面,一是支持建立苏北人民医院医疗集团(医联体),每年对集团内每个农村区域医疗卫生中心安排不少于10名医疗、护理、康复专家到成员单位工作,在每家医疗卫生中心重点扶持2~3个特色科室建设,支持医疗卫生中心开展部分三级手术,实现"医院—社区"慢病管理无缝对接,促进集团成员单位的服务更加高效、快捷、安全、价廉,使患者就医感受到明显改善;二是支持促进社会医疗机构发展,市域范围内原则上不新增政府举办的综合医院,规划内的医院设置主要由社会资本投入,积极鼓励社会资本来扬州兴办中西医结合、康复、护理、口腔、儿童、精神等专科医疗机构,落实社会医疗机构扶持政策,支持社会医疗机构以股权融资、项目融资等方式,筹集建设发展资金;三是做实做细"巡护"(在社区接受巡诊护理)服务,在完善老年人健康档案的同时收集老年人对基本医疗的需求,协调市财政、医保和民政等部门出台相关政策,提高报销比例,以便基层医务人员更好地为老年人健康管理服务。

B.17 扬州市健康服务业发展状况研究

扬州市统计局课题组*

摘　要： 本文对扬州健康服务业的总量类型构成、单位发展规模、机构类型、行业构成体系、区域分布等情况进行了分析，研究了扬州服务业面临的机遇与挑战，并从产业体系、区域合作、产业集群等三个方面提出发展建议。

关键词： 扬州市　健康服务业　发展状况　研究

近几年来，扬州市大力发展健康服务业，努力提升城乡居民生活品质，各项医疗卫生服务有较大改善，健康养老稳步推进，健康保险及保障日趋完善，信息化程度不断提高，发展态势良好。同时，对健康服务资源的配置、健康服务产品的供给等问题也要引起重视。针对扬州市健康服务业发展状况的研究，有助于全面、客观地剖析扬州市健康服务业面临的优势、劣势、机遇和挑战，助力扬州市经济转型。

一　扬州市健康服务业发展概况

1. 总量类型构成分析

根据第三次经济普查数据，扬州市健康服务业发展态势良好，全市

---

* 课题组负责人：潘学元，扬州市统计局局长；课题组成员：许崇玲，扬州市统计局社会处处长；石火培，扬州市统计局社会处副处长；钱刚，扬州市统计局社会处副主任科员；成新华，扬州大学教授。

经营性健康服务业单位营业收入为73.74亿元。从健康服务业分类来看，"医疗卫生服务"营业收入5.11亿元，占6.93%；涵盖健康科研、健康教育、健康出版、体育健身、健康护理、健康咨询等方面的"健康管理与促进服务"营业收入2.72亿元，占3.69%；"健康保险与保障服务"营业收入0.015亿元，占0.02%；以药品、医疗用品及器械批发零售为主的"其他与健康相关的服务"营业收入65.89亿元，占89.36%（见图1）。

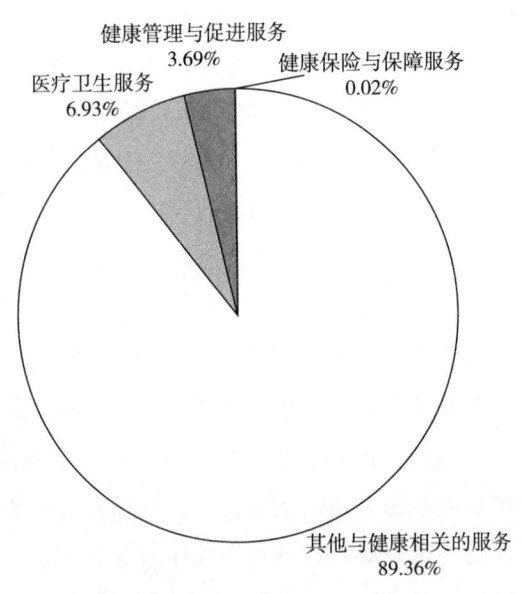

图1　经营性健康服务业类型构成

2. 单位发展规模情况分析

2013年扬州市健康服务业共有61家限额以上单位，仅占全部健康服务业单位数量的4.37%，低于全省近一个百分点，从业人员占全市规模以上经营性健康服务业从业人员的20.78%。全市经营性和非经营性法人中小微单位数量占比均超过90%（见表1）。这些数据说明，规模以上企业的体量并没有形成主体实力，整个产业仍处于成长阶段，小微企业是生力军，有待进一步引导培植和壮大。

表1　扬州市健康服务业单位规模构成

单位：个，%

	经营性法人单位		非经营性法人单位	
大型	2	0.29	17	1.35
中型	14	2.05	45	3.57
小型	142	20.76	286	22.72
微型	526	76.90	911	72.36
合计	684	100.00	1259	100.00

3. 机构类型情况分析

第三次经济普查数据显示，扬州市健康服务业单位涉及6种类型，其中企业性质的法人单位有642家，占总数的33.06%，是主要组成部分；第二大类为事业单位，占20.8%；第三大类为其他组织机构，占18.64%，接下来依次为民办非企业单位、社会团体、机关以及基金会。江苏省一共有14家健康服务业基金会，其中南京4家，常州3家，无锡2家，南通、扬州、苏州、连云港、淮安各1家。

4. 行业构成体系分析

2013年扬州市健康服务业体系基本建立，具体行业分别涉及批发零售业、信息软件业、金融业、租赁商务业、科技服务业、居民服务业、教育、卫生和社会工作、文化体育娱乐、公共管理等行业。从分行业情况看，扬州市健康服务业规模以上企业中营业收入居前三位的是：批发零售业、卫生和社会工作、居民服务业。健康服务业规模以上非企业单位支出主要集中在卫生和社会工作、公共管理（见表2）。

5. 区域分布情况分析

比较分析扬州市各辖区数据，从非企业单位数看，江都位列全市第一，邗江第二，广陵第三。从企业单位数看，高邮、广陵、邗江位居前三。从营业收入看，广陵和邗江优势显著，两个县（市、区）经营性健康服务业企业营业收入占全市比重超过73%，其中广陵占全市比重达59%，邗江占14%。从从业人员看，无论是非企业单位还是企业单位，广陵优势显著，非企业单位从业人员占全市比重达26.14%，企业单位从业人员占比达25.64%

表2　2013年扬州市健康服务业企业、非企业主要指标分行业情况

	企业		非企业	
	营业收入	从业人员平均人数	支出（费用）	从业人员平均人数
	实绩（亿元）	实绩（人）	实绩（亿元）	实绩（人）
批发零售业	65.88	4932	0	0
信息软件业	0	0	0	0
金融业	0.009	7	0	0
租赁商务业	0.37	123	0.03	16
科技服务业	0.62	194	0.21	89
居民服务业	0.76	242	0.03	33
教育	0.06	55	0.38	212
卫生和社会工作	5.23	2444	90.81	28674
文化体育娱乐	0.8	409	0.36	240
公共管理	0.006	6	20.40	3116
合　计	73.74	8412	112.22	32380

（见表3）。这说明，扬州健康服务业企业主要集中在市区，并且广陵区健康服务业集聚优势显著。

表3　扬州各县（市、区）健康服务业单位区域分布

项目 区域	非企业单位			企业单位		
	法人单位数（个）	从业人员（人）	支出费用（万元）	法人单位数（个）	从业人员（人）	营业收入（万元）
广陵区	153	8463	333238	167	2193	429794
邗江区	235	4079	116642	128	1893	103793
江都区	458	6628	209756	66	693	22807
仪征市	98	2959	108157	42	1378	64309
高邮市	126	4454	183479	210	1332	53231
宝应县	125	4756	149579	29	406	47089
生态科技新城	15	170	4627	3	54	447
扬州市经济技术开发区	21	206	2995	29	548	14920
扬州市蜀冈瘦西湖风景名胜区	23	587	13036	10	56	978
扬州市化学工业园区	5	78	688	—	—	—
总　计	1259	32380	1122197	684	8553	737368

二 扬州市健康服务业发展的机遇

1. 经济发展步伐稳健有力,为健康服务业发展提供坚实后盾

2014年全市实现地区生产总值3697.9亿元,增长11%,增速位于全省第1位,连续13年保持两位数增长,人均GDP于2012年首次突破1万美元,2014年达到82654元(见图2),在苏中苏北地区率先超过全省平均水平。产业结构不断优化,三次产业比例由上年的6.9∶52.1∶41.0调整为6.5∶51.0∶42.5。按照国际经验,人均GDP超过1万美元后主要发达国家和国际大都市均有趋同的发展轨迹:从生产为主向消费为主转变,从工业为主向服务业为主转变,从劳动密集型向知识密集型转变。这为扬州市健康服务业的发展提供了经济基础和契机。

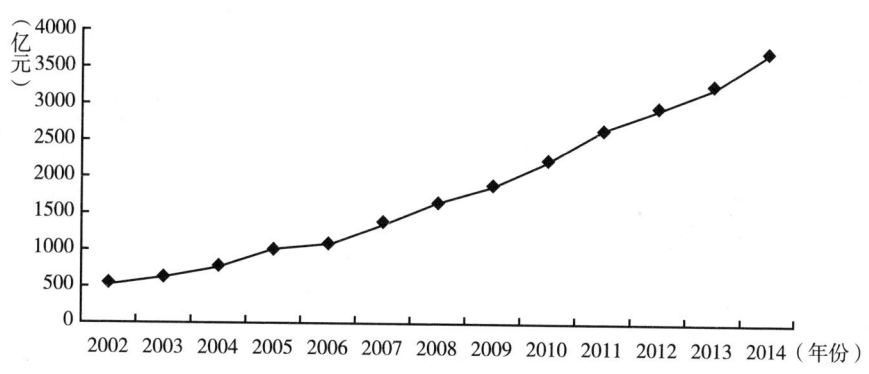

图2 2002~2014年扬州市GDP增长趋势

2. 文化旅游养生资源丰富,与健康服务业发展有着天然契合点

扬州作为建城2500年的历史文化名城,有着深厚的文化底蕴,绿杨城郭,环境优美秀丽,曾获得"联合国人居奖",是中国首批优秀旅游城市,拥有丰富的历史文化宝藏,具体可分为历史文化、民俗文化、工艺文化、宗教文化、饮食文化等,堪称文化资源大市。扬州素来是人文荟萃之地、风物繁华之城,有众多的名胜古迹和雅致园林。良好的生态和怡人的风景名胜,闻名遐迩的扬州"三把刀","早上皮包水,晚上水包皮"的养生文化,这种悠闲滋味已深深渗入扬州。扬州文化与健康养生文化有着天然的契合点,在长三角乃至全国都有先天优势。扬州拥有国家A级景区36家,其中5A级1家、4A级7家、3A级14家。省星级乡村旅游区(点)27家,其中四星级10家。共有星级饭店63家,其中五星级4家、四星级12家。旅行社126家,其中出境游组团社4家。2014年旅游业总收入突破560亿元,增长17.7%,旅游业增加值占GDP的比重达7%,成为全市经济的重要支柱之一。这些丰富的生态旅游文化资源,成为扬州健康服务业发展的先天优势。

3. 跨江融贯南北区位优势显著,搭建区域健康服务业发展平台

扬州地处长江与京杭运河的交汇点,融贯南北,是江浙沪城市美丽的后花园,是长三角都市群中一朵芳香美丽的"茉莉花"。2015年7月28日,长三角协调会健康服务业专业委员会在扬州成立。这是长三角协调会成立的第五个专业委员会,也是首个由地级市牵头设立的专业委员会。2013年江苏省政府决定在扬州开展跨江融合发展综合改革试点,进一步拓展跨江融合发展空间,努力把扬州建成长江经济带的重要节点城市。交通基础设施跨江对接融合,形成与长三角核心区无缝对接的快捷交通网络。产业发展跨江对接融合,加快产业优化升级,推进"宜居、宜游、宜创"城市功能建设,进一步彰显"人文、生态、精致、宜居"的城市特色。扬州作为江苏省先试先行的地区,抢抓国家鼓励发展健康产业有得天独厚的区位优势。

4. 人口老龄化特征凸显,迎健康服务业发展好时机

(1)人口总量持续增加。新中国成立以来,除个别年份,扬州市的总人口呈稳步增加态势,人口规模不断扩大。从六次全国人口普查数据看,到2010年第六次人口普查时,扬州市户籍人口为459.12万人,常住人口446.01万人(见图3)。人口总量的增加,为扬州市健康服务业的需求扩大奠定基础。

(2)人口老龄化程度不断提升。从"四普""五普"和"六普"的人口金字塔演变规律看,人口年龄结构朝着高年龄段比重不断扩大方向发展。以5年等距年龄结构分布看,"四普"期间比重最高的是20~24岁年龄段

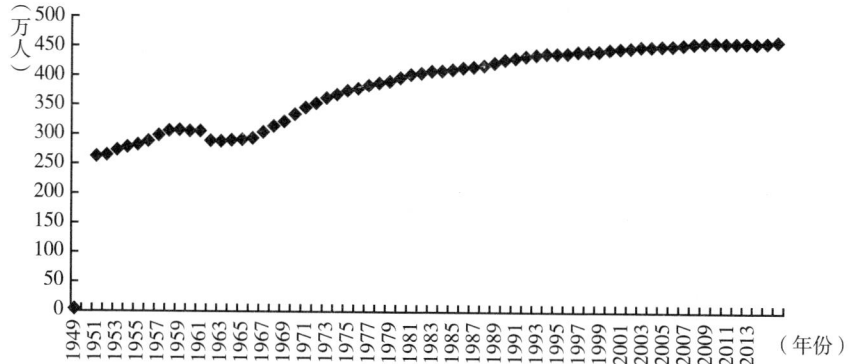

图3 扬州市主要年份总人口趋势

的人口,"五普"期间比重最高的是30~34岁年龄段的人口,"六普"期间比重最高的是40~44岁年龄段的人口。国际上通常认为,一个国家或地区60岁及以上人口比重超过10%或65岁及以上人口比重超过7%,就进入了老龄化社会。扬州市"四普"常住人口中65岁及以上人口比重为6.97%,接近国际老龄化社会的水平,"五普"65岁及以上人口比重为9.07%,超过了国际老龄化社会标准2.07个百分点,"六普"65岁及以上人口比重达到12.45%,超过国际标准值5.45个百分点(见表4)。这充分说明扬州市人口老龄化程度加剧。

表4 国际通用年龄结构类型标准与扬州市普查数据结构对比

年龄段	国际标准			普查数据			
	年轻型	成年型	老年型	四普	五普	六普(扬州)	六普(江苏省)
0~14岁比重	40以上	30~40	30以下	20.97	17.26	11.82	13.01
65岁及以上比重	4以下	4~7	7以上	6.97	9.07	12.45	10.89
老少比	15	15~30	30以上	33.22	52.96	105.23	83.75

5. 居民消费结构不断优化,健康保健即将成为消费热点

城镇居民生活水平稳步提高。2010~2014年,扬州市城乡居民消费性支出逐年增加,消费结构由低层次向中高层次提升,由基本生活型向发展型、享受型转变。一是生存类基础消费支出占比下降。2014年扬州市城镇居民恩格尔系数（食品类支出比重）为30.9%，比2010年下降7.1个百分点。根据联合国粮农组织标准，扬州市城镇居民生活水平进入富裕阶段。支出占比下降的还有衣着、教育文化和娱乐服务、家庭设备用品及服务，占比分别下降2.9、2.2、1.3个百分点。二是发展型、享受型消费支出比重上升。居民消费呈现新特点，居住、医疗保健、交通、通信等个性化的服务性消费支出不断上升，享受型、发展型、服务性消费在城镇居民支出中的比重逐步增加。

三 扬州市发展健康服务业的建议

1. 构建多层次、多元化、全方位的健康服务产业体系

加快构建富有竞争力的扬州健康服务业体系，既要满足基本医疗健康服务需求，又要重点开发高端健康服务市场。在业态形式上，既要加大力度投入发展城乡医疗服务机构（医院、社区卫生服务中心、乡镇和街道卫生院、村卫生室等），建立和完善基本医疗服务信息化、网络化体系，满足群众基本医疗健康服务需求，又要普及多种业态（牙齿健康、心理咨询、美容整形、老年护理等），发展多种所有制形式的小型诊所、事务所、医生办公室等以满足个性化需求，着重做大做强高端健康服务市场以满足居民更高层次的需求，创造条件打造若干个（家）健康服务业品牌（企业）。

（1）培育健康理念和意识。大力支持健康知识传播机构发展，培育健康文化产业。充分利用广播电视、平面媒体及互联网等新兴媒体深入宣传健康知识，鼓励开办专门的健康频道或栏目，倡导健康的生活方式，提高公众健康意识和健康素养，开展心理健康咨询活动，开展全民健身运动，把医保工作重点由花钱治病转到健身防病上来。

（2）大力发展医疗服务。鼓励社会力量举办医疗机构，优化医疗服务资源配置，积极发展康复医院、老年病医院、护理院、临终关怀医院等医疗机构，推进护理服务的专业化、规范化。

（3）加快发展健康养老服务。在加强医疗卫生服务支撑的同时，建立

健全医疗机构与养老机构的业务协作机制，在养老服务中融入健康理念。发展社区健康养老服务，逐步形成规模适宜、功能互补、安全便捷的健康养老服务网络。

（4）积极发展商业健康保险。大力发展与基本医疗保险相衔接的商业健康保险，推进商业保险公司承办城乡居民大病保险，扩大人群覆盖面。鼓励商业保险公司提供多样化、多层次、规范化的产品和服务，加快发展医疗责任保险、医疗意外保险，积极开发儿童保险、长期护理保险以及与健康管理、运动健身、养老服务相关的商业健康保险产品。推行医疗责任保险、医疗意外保险等多种形式的医疗保险，建立商业保险公司与医疗、体检、护理等机构合作的机制，探索健康管理组织等新型组织形式。

（5）全面发展中医药医疗保健服务。提升中医健康服务能力，推广科学规范的中医保健知识及产品，培育知名的中医药品牌和服务机构。加强基层中医药服务体系建设，使社区卫生服务机构、乡镇卫生院和村卫生室具备中医药服务能力，中医医疗机构建立"治未病"中心或中医预防保健科。推动医疗机构开展中医医疗预防保健服务，鼓励零售药店提供中医坐堂诊疗服务。

（6）大力倡导健康的生活方式。建立更多的文化娱乐和体育场所，支持发展健康体检和咨询、全民体育健身，支持发展健康文化和生态度假养生旅游等，进一步培育健康消费市场。

（7）推进健康服务信息化。智慧医疗是产业发展的趋势，更是提升健康服务能力与水平的必由之路。充分发挥高技术企业集聚、互联网服务业发达的优势，大力打造各种类型的智慧医疗平台。大力推进智慧医疗建设，更快捷、更全面地满足百姓的健康服务需求。加快实现信息共享，积极发展网络健康服务，引导各类医疗机构加强"数字医院"、远程医疗和预约诊疗服务平台建设，探索发展药品和医疗器械电子商务平台等。

（8）加强健康服务业人才支撑。强调人力资源保障，加快对健康服务业的专业人才培养，支持各类院校增设、调整相关学科专业，加快培养健康服务业紧缺人才；加大对在岗人员的职业培训力度，促进人才流动，充分发挥健康服务业吸纳就业的作用；加快推进医师多点执业；大力培养和引进高层次人才。

2. 加强经济圈、经济带和城市群内的合作，组建跨地域的医疗集团

目前，我国已经形成了长三角、珠三角和京津冀三大经济圈。从经济实力和影响力来看，长三角的实力最为雄厚。扬州地处长三角的核心区域，是人口数量最多、密度最高和城市数量最多的地区之一，也是我国现代城市发育最早、城市化水平最高、城市体系最完备的地区之一。扬州应积极抓住宁镇扬一体化建设和跨江融合发展的机遇，鼓励扶植一些有实力的名牌医院，主动出击整合区域内的优质医疗资源，创立品牌，组建跨行政地域的医疗集团，实现资源共享、提高卫生资源使用效率。这也是实现资源共享、提高卫生资源使用效率、降低医疗成本、解决卫生资源配置结构性矛盾的重要措施。

3. 集聚健康服务业发展资源，打造健康产业集群

一是依托现有的产业园区集聚发展健康产业。例如，头桥可以充分发挥医疗器械制造与销售资源优势，加快医疗器械名镇规划建设，通过加强与国内外体检医疗机构合作，探索市场化运作方式，加快构建集体检、诊疗、康复、疗养、养老于一体的健康服务管理体系，建设健康产业高地。

二是依托重点生态功能区建设健康旅游区。医疗健康旅游是世界旅游产业近年来增长最快的细分产业领域，是集旅游和健康服务为一体的新型旅游方式。统计显示，全球医疗旅游的游客数量已从2006年的2000万人次增长至2012年的4000万人次。每一个医疗旅游游客在当地的花费可达普通游客的十几倍。各国发展也各有特色，如去韩国整形美容，去泰国接受牙科服务，去瑞士接受抗衰老服务，到美国进行肿瘤治疗等。扬州市生态旅游资源非常丰富，发展医疗旅游也应当有自己的"卖点"，应发挥优势留住国内客户，吸引国际医疗旅游客源。

三是依托优质医疗资源集聚区发展健康产业。扬州可以依托苏北人民医院、扬州市第一人民医院、扬州市中医院、五台山医院等的医疗资源优势，大力发展品牌化的生殖保健、康复医学、老年慢性病、整形美容、口腔修复、心理咨询服务等医疗服务。

B.18 扬州市互联网产业发展调研报告

刘观清 杨宇 陶俊 田维伟*

摘 要： 当前，互联网经济飞速发展，并改变着传统的经济思维和商业模式。本文通过对扬州互联网产业发展基本情况的调研，指出其不足之处，并提出互联网产业发展的思路和目标以及促进扬州市互联网经济发展的意见和建议。

关键词： 扬州市 互联网产业 发展 调研

一 扬州市互联网产业发展基本情况

扬州市作为长三角北翼的重要商贸城市，互联网商务产业经过近年来的培育发展，已经具备了一定的规模。据初步统计，扬州市2013年互联网商务交易额超过了160亿元，2014年全年实现互联网商务交易额231亿元，同比增长44%，其中，网络零售交易额43亿元。全市互联网商务用户超过了3万户，以制造业和批发零售业居多。

1. 龙头企业快速崛起

目前扬州市拥有省级电子商务示范企业和示范基地各1家，市级示范企业11家，示范基地2个。11家企业共拥有注册会员1000多万家，代理商（公司）1800多家，线下实体门店1900多家。其中江苏宏信荣获首批省级

---

* 刘观清，扬州市工商局副局长；杨宇，扬州市工商局人事教育处副处长；陶俊，扬州市工商局市场合同监督管理处处长；田维伟，扬州市工商局市场合同监督管理处科员。

电子商务示范企业,汇银乐虎、笛莎公主等电商企业快速成长,金泉网排名国内 B2B 电商网络品牌企业第三位。

2. 集聚效应逐步显现

江苏信息服务产业基地作为省级电子商务示范基地,集聚了腾讯电商运营中心、1 号店、金泉网等电子商务类企业 60 多家,从业人员达 8000 多人。与电商相关配套企业中,全市现有快递经营许可权的快递企业 46 家,物流企业 3160 家,物流车辆 40856 辆。

3. 专业交易平台渐成规模

中国旅游日化产品电子商务平台、路灯产业集群网和扬州曲之电子商务有限公司等与扬州市特色产业、专业市场相结合,逐步形成一定规模的电子商务交易平台。扬州路灯产业集群网集聚了 130 多家路灯生产企业,并为企业提供了包括行业资讯、在线洽谈、在线交易等服务。中国旅游日化产品电子商务平台现有会员 55 家,运营一年多来,通过 9 个海外子站、32 种语言对企业及商品进行展示,与 200 多个海外商协会进行合作,为企业推送 5 万条精准匹配的贸易信息。

4. 营销渠道不断拓宽

汇银乐虎、笛莎公主等电商企业不仅依托自身电商平台,更搭载了淘宝天猫、京东、凡客诚品等第三方平台,借助第三方电商平台的市场覆盖面,不断拓展电商渠道,实现企业快速发展。笛莎公主淘宝商城店 3~12 岁公主服饰销售占同类产品市场份额的七成,已经成为第一品牌。江苏嘉德光电科技有限公司成为 LED 显示屏行业入驻天猫(淘宝商城)的首家商铺,LED 显示屏销售连续三年排名淘宝网第一。

二 扬州市互联网产业发展的不足之处

1. 发展规模尚有差距

与省内周边城市相比,在发展规模上,2012 年南京市和苏州市互联网商务交易额就分别达到了 4000 亿元和 2600 亿元,而 2014 年扬州市互联网商务才达到 231 亿元；在发展环境上，南京、苏州和无锡等市均已出台了电商扶持政策，苏州从 2011 年开始每年拿出 4000 万元专项资金，用于支持电子商务企业发展，南京、无锡等市也有大笔资金投入；在电商品牌打造上，目前国家电子商务示范企业和示范基地在扬州市仍是空白。

2. 知名企业数量不多

电子商务领域一旦某个企业形成龙头，很难追赶。阿里巴巴旗下的天猫和淘宝网占据了 85% 以上的市场份额，京东、苏宁易购等前 10 位的电商占据了 10% 左右的市场份额。扬州缺乏此类大型电子商务企业，企业采用的 B2C、C2C 和 O2O 运营模式造成了模式创新难，同质化严重。

3. 互联网领域与应用发展不平衡

互联网经济是基于互联网技术所产生的经济活动的总和。在当今发展阶段主要包括电子商务、互联网金融、即时通信、搜索引擎和网络游戏五大类型。扬州市互联网产业所涉及的拓展面并不宽，主要集中在电子商务上。即使是电子商务领域，其应用发展也不平衡，全社会对互联网经济的认识有待提高，扬州部分农村、中小企业和传统流通企业的电子商务应用亟待扶持引导。

4. 统计数据体系建设相对滞后

统计工作缺少国家监管和权威的第三方机构推进、统计口径千差万别、统计数据来源不稳定等，政府、电子商务相关机构、企业及消费者对电子商务行业发展趋势的了解不足，在一定程度上阻碍了电子商务行业的健康发展及电子商务企业的投融资效率。

5. 物流配套体系亟须完善

目前扬州市物流还停留在传统阶段，未完全具备信息化、现代化、社会化的新型物流配送企业特征。物流配套体系不完善，达不到第三方物流企业建设大型仓储物流节点的要求，造成了仓储物流成本高，压缩了电商企业的利润空间。

6. 互联网专业人才缺乏

就专业化教学模式而言，目前本专科院校的互联网、电子商务等专业理论和案例教学远远落后于实务发展和模式创新。扬州市 5 所专业院校一年培训电子商务人才仅 200 人左右，不少还流失到苏南城市。软硬件配套设施滞后，也影响到中高端人才的引进，很多互联网企业很难招到真正合适的人才，互联网人才缺口较大。

7. 网络侵权行为时有发生

网络购物领域侵犯知识产权和制售假冒伪劣产品等违法犯罪现象时有发生，亟须打造可信、安全、便利的网络购物环境。

三 促进扬州市互联网经济发展的意见和建议

扬州要发展互联网经济，首先要强化互联网思维，有运用互联网技术的意识，充分运用"互联网＋"，将互联网与现代制造业、生产性服务业、农业、服务业等深度融合。紧跟互联网发展趋势，在移动互联、云计算、大数据、物联网等方面强化研究和应用。

1. 加强互联网在各行业的应用

一是推进商贸业互联网应用。鼓励联谊蔬菜、亚联果品等专业批发市场和中亚糖酒等批发企业发展新型电子商务模式，扩大中小企业的电子商务应用；推动江苏宏信、万家福商城等大型商贸企业和谢馥春、三和四美等中华老字号企业技术创新，完善网络平台，建立网上超市或搭载第三方平台，培育一批知名度高、运作规范的电子商务批发零售企业。二是推进工业制造业互联网应用。推进企业间的电子商务应用，实现与国内外供应商、采购商之间的无缝集成。重点以发展两化融合为契机，在汽车、机械产业等重点行业进行信息化改造，鼓励有条件的生产企业建立网上商城，拓展销售渠道。三是推进农村电子商务应用。依托广陵区沙头镇、仪征市新集镇、江都区仙女镇等 3 个省级农村信息化应用示范基地，鼓励宏信、东方超市等加强农村农资和农产品现代流通网络建设，拓展万村千乡农家店服务功能，大力发展农超对接、农产品网上批发等商务形式，积极探索扬城网上菜篮子工程，实现网上买菜、配送物流、农超对接、信息追溯的农副产品电子服务体系。四是推进旅游会展互联网应用。依托扬州旅游资源优势，大力发展旅游电子商务和营销网络平台，打造"智慧"旅游，推广旅行社、酒店、景点等网上预订业务、配套服务等功能；引导企业参加网上展会，进一步完善外贸展示交易平台建设，打造网上招商、贸易洽谈与合作交易的一站式商务平台；推进社区电子商务应用，以邗上五里社区、文昌花园等社区为抓手，推动保洁、订餐、家教等社区服务平台建设。

2. 做大做强重点领域、重点企业

一是推动重点企业发展。进一步支持金泉网、仕德伟等一批互联网服务企业发展，支持汇银乐虎、笛莎公主商城、江苏宏信龙快购、宝胜集团等一批企业深化电子商务应用，培育一批国家级、省级电子商务示范企业。推动专业市场换代升级，支持曲江商品城、五亭龙玩具礼品城等市场扩大电子商务应用规模和水平。推动杭集旅游日化用品、郭集路灯等特色产业电商平台建设，打造特色产业电商发展新亮点。二是加强重点企业招引。以江苏信息服务产业基地为依托，针对电商及其配套产业招引淘宝网、拍拍网等第三方专业网购平台企业，京东商城、凡客诚品等 B2C 电商企业和中国制造等 B2B 企业在扬州设立分支机构或研发团队。针对电商行业配套，招引立威德、诚商网等电子商务专业服务提供商和顺丰、申通等第三方物流机构来扬州设立地区总部或仓储中心，做大产业规模。三是打造特色产业互联网强镇。学习借鉴徐州睢宁沙集镇"农户＋网络＋公司""农民自发＋政府服务"和"工业化＋信息化"模式，建设面向杭集旅游日化用品、郭集路灯、江都花木等特色产业、特色经济的专业电子平台，整合乡镇内企业全面利用专业电商平台，转变经营方式和商务模式，推动特色产业集聚发展，进而以特色产业推进电商强镇发展。

3. 打造互联网产业集聚区，做大电商产业示范基地

围绕广陵、邗江、江都和开发区分别建成 20 万平方米，宝应、高邮、仪征分别建成 10 万平方米科技产业综合体的建设目标，加快科技产业综合体建设，重点在楼宇内招引一批涉及电商产业环节的电子商务企业、信息服务公司和快递网点，发挥电商产业集聚效应，打造电子商务楼宇经济。同时

加快电商重点产业园内人才公寓、专家楼宇、商务会所以及购物、文体、医疗等配套设施建设，营造宜业宜居新环境。依托江苏信息服务产业基地，谋划"一园多址"，结合杭集旅游日化用品、李典钢材交易、头桥医疗线缆、沙头现代农业产品等产业门类，扩大产业基地电子商务产业覆盖范围，全面加速发展转型；输出"中国声谷"品牌，共享产业基地服务平台。着力打造园中园——"电商园"，配套扶持小微电商企业优惠政策，逐步形成1万平方米的产业空间，孵化集聚50家中小电商企业的"电商园"。

4. 强化物流体系建设

对电子商务来说，线下实体的转移效率是核心竞争力之一。一是加强物流中心、仓储中心建设。抢抓易迅网并入京东电商和京东、苏宁易购在全国进行物流大区布局的契机，积极招引大型电商区域性的物流中心和仓储中心，打造区域性的电子商务开票中心。重点争取并招引京东商城江苏区域仓储物流中心来扬州布点，打造江苏省内的京东区域性仓储物流中心。二是加强快递分拣中心建设。借鉴淮安市的做法，规划建设快递物流园区，积极招引顺丰和"四通一达"等第三方快递企业自营仓储设施建设，通过引进一批快递企业促进电商企业来扬州。三是加强社区智能快递服务中心建设。学习借鉴杭州市"E邮站"模式，探索试行新型快递服务模式，重点会同邮政管理局、房管局逐步构建以快递服务中心为节点的快递服务网络，并探索试行新型快递服务模式，采取企业投资、政府扶持、快递企业缴费的方法，引进京东等电商企业、顺丰等第三方快递服务企业和江苏鸿燕智能快件箱生产企业，在人员集中的社区投放智能快件箱，试点设立"智能快递服务中心"。

5. 建立互联网人才招引培育工程

加大互联网人才引进力度，每年在市区扬州大学等5家院校举办2场以上互联网人才专题招聘会；组织全市重点互联网企业赴外地大专院校举办扬州互联网企业专场招聘会，帮助企业招引外地互联网人才来扬州创业发展。同时，利用扬州大学商学院、信息工程学院、扬州职业大学商学院等大专院校互联网、电子商务等专业教育资源，鼓励院校与企业联合办学，定向培育专业人才；利用仕德伟、金泉网等企业培训机构和微软IT学院，对从业人员进行再培训。

6.强化互联网产业服务保障

一是加大政策扶持引导。制定出台有关发展互联网经济的规划、政策，重点在引进和培育电商龙头企业、深化企业电商应用、特色产业电商平台建设、产业集聚发展和营造电商发展环境等方面进行政策引导和资金扶持，加快扬州市互联网经济的发展。二是搭建多渠道交易交流平台。积极申报承办全球网络营销大会等大型会议活动，邀请淘宝天猫、京东商城、1号店、亚马逊等第三方平台负责人和专家级演讲嘉宾。加快行业协会组建，每年由会长单位牵头组织省级以上电商活动，加强与外地知名电商企业、培训机构和信息公司的互动交流。三是建立全方位的电子商务支付体系。鼓励金融机构开发面向消费者的手机支付等新型支付产品，尽快形成网上支付、手机支付等新型支付体系，提高普及率。同时加强支付监管和风险控制，推进在线支付业务规范化、标准化。四是建立健全电商监管、监测平台。加强对电子商务从业人员、企业、相关机构的管理，加大对网络活动的监管力度，积极开展对电子交易、信用管理、支付安全、纠纷处理、售后服务、税收等问题的研究。同时结合商务部商贸流通业统计信息平台电子商务企业典型调查统计报表制度和11家市级电子商务示范企业，逐步扩大扬州市电子商务统计企业样本数量，建立20家重点电子商务企业组成的电子商务重点企业统计监测平台，形成电子商务统计监测体系和网络，为政府决策提供依据。

B.19 扬州服务型制造发展现状及金融支持策略研究

叶小玲　周懿　张翼　傅佳伟*

摘　要： 在当前经济增速放缓、制造业产能总体过剩的局面下，服务型制造被认为是制造业企业转型升级的有效途径之一。《中国制造2025》明确提出，要加快制造与服务的协同发展，推动商业模式创新和业态创新，促进生产型制造向服务型制造转变。本文基于金融供求视角，调查了当前扬州地区服务型制造业的发展现状和金融需求情况，分析了现阶段金融支持服务型制造业的主要途径和面临的问题，探索在经济新常态和金融改革背景下，对服务型制造业发展提供金融支持及金融服务的举措和策略。

关键词： 服务型制造　金融支持　策略研究

一　扬州服务型制造的发展情况

整体而言，目前绝大多数扬州服务型制造企业仍处于起步阶段，资产规模、营收能力还较弱，综合实力不强，但不乏一些具有生产性服务模式的领

---

* 叶小玲，中国人民银行扬州市中心支行副行长、高级会计师；周懿，中国人民银行扬州市中心支行科长、经济师；张翼，中国人民银行扬州市中心支行副科长、经济师；傅佳伟，中国人民银行扬州市中心支行科员、经济师。

先企业。例如，具有全产业链布局且掌握核心技术的装备制造业企业，被认为更易于通过实施制造与服务融合提升核心竞争力。而装备制造业正是扬州市的传统优势产业，在数控机床、工业机器人、特种电力装备、先进粮机装备、新能源汽车、高技术船舶、新一代电子信息装备等多个行业具备行业领先和国际影响力。据统计，2015年上半年扬州规模以上高端装备制造业产值达1033.6亿元，同比增长20.8%，高于规模以上工业增速12.6个百分点。

具体到企业方面，通利冷藏集装箱等企业借助母公司中集集团在冷藏箱、集装箱、专用车的全产业链优势地位，运用其在上游的研发、设计，先进的技术储备和制造经验，稳定的产品质量以及大批量的交付能力，不仅能提供专业定制的产品，还能提供安装调试服务，为客户提供一整套物流解决方案，获得了市场认可。企业出口长期居于扬州出口企业排名前20位，2015年在国际海运物流市场行情持续低迷的背景下，前9月企业出口同比增幅达19.3%，保持了较高的增长水平。而牧羊、迈安德等粮食机械生产企业则运用"交钥匙"工程方式为客户提供专一化的设计、生产、安装、调试服务，2015年以来已先后完成包括为舟山国际粮油产业园建设大豆、油脂、仓储等多个项目，获得了较高的赢利。在传统劳动密集型产品领域，也出现了服务与制造融合的趋势，一批生产性服务业企业粗具规模。例如，毛绒玩具是扬州特色产业之一，传统企业以单纯生产特别是为外商贴牌代工为主，而近年来新兴的笛莎公主文化创意产业公司并不直接生产产品，而是致力于玩具品牌塑造、营销推广等，通过整合，利用具有合作关系的100多家企业提供代工的服装和玩具产品，合作的物流企业也超过7家。

二　扬州服务型制造的金融供给和金融需求特点

（一）扬州制造业企业的金融供求状况

1. 制造业贷款增速持续放缓，在各项贷款中占比不断下降

银行贷款是扬州制造业企业融资的主要来源，但从2012年开始，制造业贷款同比增速持续放缓，2013年开始低于各项贷款平均增速，且差距不断拉大。进入2015年已经面临负增长，2015年9月末全市制造业贷款余额594.5亿元，比年初增加2.9亿元，同比下降了1.1%（见图1）。从银行的储备项目（银行已批未放项目贷款）看，制造业储备项目贷款金额为7.7亿元，占比仅为4.2%，虽较上半年占比增加0.5个百分点，但仍大幅落后于基础设施行业、租赁和商务服务业项目储备。

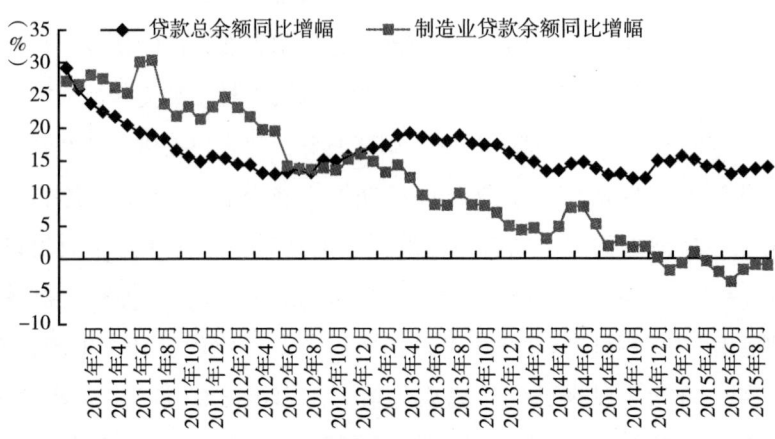

图1　扬州市各项贷款和制造业贷款同比增速（2011～2015年9月）

2. 直接融资特别是直接债务融资发展较快，但远不足以取代信贷渠道

股权融资方面，除了A股主板和境外上市，2014年以来"新三板"（全国中小企业股份转让系统）的高速发展也使中小制造企业获得了从资本市场融资的机遇，截至2015年6月末，扬州共有14家规模以上工业企业在"新三板"挂牌。此外，还有制造业企业尝试了上海股权交易中心挂牌或者股权众筹等新兴的融资方式。在直接债务融资方面，发行债券的制造业企业主体最多时达11家，2014年以来，扬州制造业企业债券融资余额保持在40亿元以上的规模（见表1）。在发债方式上既有单家企业多次发债（扬农化工累计发行7笔34亿元），也有多家企业共同发债（2010年以来共有两批7家制造业企业参与发行了"中小企业集合债"）。

表1　2010年以来扬州制造业企业债券融资统计

	2010年	2011年	2012年	2013年	2014年	2015年9月
制造业企业债券新发生（亿元）	3	6	20.18	12	23.7	15.5
制造业企业债券余额（亿元）	3	6	20.18	29.18	44.88	44.2
制造业企业债券主体存量（户）	1	1	8	8	11	6

说明：制造业企业债券包含直接债务融资工具和企业债两种，其中直接债务融资含制造产业投资，企业债融资含产业债、中小企业集合债。

从企业和银行调查看，直接债务融资的发展拓宽了企业融资渠道，降低了企业综合融资成本和资金流动性风险。但在总体上，直接融资体量较小，规模尚不足以替代银行贷款，同时其不确定性过强。直接债务融资虽然发展较快，但市场主流仍为融资平台和基础设施类企业，9月末扬州市制造业企业的直接债务融资余额仅占同期直接债务融资余额的17.1%，相当于同期制造业贷款余额的7.4%。特别是普通中小型制造业企业，受规模和财务指标限制，很难达到直接融资的要求。

（二）服务型制造业的金融需求特点和金融供给现状

在金融需求方面，与传统的制造业相比，服务型制造业具有"轻资产、广覆盖"的特点。其在厂房仓库、原材料、存货等方面的资金需求少于同行业的传统制造业企业，但同时，在售后服务、物流、咨询、信息平台等方面的投入和资金需求又远高于传统制造业企业。从企业类型上区分，金融支持服务型制造对应两个主体，一个主体是延伸服务功能的先进制造业企业本身（即服务化的制造业企业），另一个主体是向制造业研发、生产及售后过程提供服务的生产性服务业企业。金融支持服务型制造意味着要对两种不同产业的企业开展金融支持，金融需求的广度和深度均远超过传统制造业。

在金融供给方面，2015年以来，在经济增速放缓和结构调整的大背景下，市场基准利率持续下行，银行面临有效需求和优质信贷不足的问题。在政策层面，以利率市场化、多层次资本市场建设加快推进为标志的金融改革

明显加速，金融机构在改革进程加快的背景下，在追求收益与平衡风险之间需要取得新的平衡点，以先进制造业和生产性服务业为代表的服务型制造企业为金融机构的创新发展创造了新的机遇。

从扬州地区的实践看，目前尚没有针对服务型制造的信贷政策和专门统计，但是相关企业银行贷款规模不断扩大。以扬州高新技术企业为例，相当部分的高新企业将服务型制造作为企业转型升级的主要途径。此部分企业银行贷款余额从2010年末的128亿元增长到2015年9月的161亿元，增幅比同期制造业贷款总体增幅高10.6个百分点，户均贷款由不足5600万元提升到7300万元。在银行金融产品方面，由于服务型制造业轻资产的特征，此类企业获得银行信贷支持的难度高于传统制造业企业，而由于生产性服务业企业涉及面广，业态差异大，需要扬州金融机构针对不同生产性服务业企业开展专业化的金融支持。例如，某商行针对江苏笛莎公主文化创意产业有限公司的轻资产模式，综合考量其企业信誉、品牌价值和成长潜力，2012年发放保证担保贷款1000万元，之后根据企业需求采取增信手段，继续提高企业贷款额度，2015年9月末企业贷款余额扩大到2900万元，有力支持了企业发展。某国有银行为汽车经销商设计了产业链金融服务方案，由汽车制造企业承保为汽车经销商开具票据，用于汽车回购、调剂销售等用途，2012~2014年累计为40家经销商开票1.5亿元。通过这种方式，一方面满足了汽车经销商类生产性服务业企业的融资需求，另一方面也促进了制造业企业扩大企业销售、降低库存、加快货款回笼，并进一步增强了汽车制造企业对下游核心经销商的控制力，获得了多赢的效果。

三 金融支持服务型制造业的问题

（一）制造业整体环境及服务型制造所处的发展阶段制约了信贷投放和社会融资

与国内行业状况基本一致，扬州制造业正处于发展瓶颈期。长期以来，制造业是银行信贷重点支持行业,制造业贷款规模一直为各行业之首,三成的银行贷款投向了制造业。但是2015年以来扬州制造企业银行贷款占比有所收缩,9月末制造业贷款仅占银行总贷款的20.6%,比上年末和上年同期分别下降3.1和5.2个百分点。在当前经济增速走低和外部环境趋于严峻的大背景下,传统制造业企业订单骤减,企业生产销售规模难以扩大,融资需求降低。同时由于制造业经营质态下降,制造业贷款风险加大,银行机构也主动压降了部分制造业企业贷款。据调查,2015年前三季度扬州共发生"逃废债"制造业企业21家,涉及贷款余额1.17亿元,占所有"逃废债"涉及企业数量和贷款余额的56.7%和74.1%,给银行带来了较大的不良贷款处置压力。为此部分银行上级行对船舶、光伏等重点行业均实施"一刀切"的压缩、退出政策,相关领域的服务型制造业企业也受到影响。在其他融资方面,由于行业不景气,风险投资的热情也在下降。扬州2012年发行的一笔中小企业集合债原计划发行3年到期后可商议再延长3年,但是2015年满3年时发行机构考虑到市场环境,决定全部收回不再延期,影响了部分发债企业的发展计划。

从服务型制造自身所处阶段看,目前扬州服务型制造还在起步阶段,服务型制造需要制造企业具备核心技术优势,扬州地区还没有形成类似国外罗尔斯—罗伊斯(通过租用服务时间而不是销售产品获利)、IBM、GE公司(服务产值占公司总产值比重达85%)或者国内上海电气的经典服务型制造模式。根据江苏省《推进服务型制造发展的意见》,全省三年后才会形成50个服务型制造集聚基地、300个服务型制造示范企业和一批带动性强的重点项目,其中大多数位于苏南等发达地区。因此,扬州本地的银行机构普遍处于探索或者关注阶段,尚不具备大规模金融支持服务型制造的基础。

(二)制造业企业服务化转型与银行防范风险的矛盾

在制造企业服务化转型过程中,市场不确定性因素加大、账期延长、资金周转压力增加,金融机构的介入风险也在加大,影响了金融机构的

积极性。一方面,在制造企业服务化转型过程中,为了追求核心技术能力,拓展产业链布局,企业需要加大资金投入,用于投资并购、研发投入、专利转化、吸引高端人才等多方面,对企业资金运作水平产生新的要求。例如,为了掌握核心技术推进科技创新,牧羊集团不仅每年单列总经费的5%用于研发,还邀请各国顶尖行业科研专家,投资在欧美设立了两家研究院;而亚普汽车部件为了抢占市场,加强与下游主机厂联系,不仅在国内投资建立了15家生产基地,而且在国外也投资设立了国外6家生产工厂和1个工程中心。另一方面,制造企业在服务化转型过程中,由于企业向服务端延伸,企业不仅需要生产个性化的产品,还需要安装调试,回款周期拉长,垫资压力增加,企业资金周转压力明显增加。某仪器生产企业开发的监控终端、城市安防系统等系列"智能城市"产品,衍生了服务安装环节,企业产品附加值提升明显。但是新产品发货后还需安装测试,企业资金回笼期长达3~4个月,企业垫款少则百万多则千万,企业应收账款占流动资金的比重扩大到60%左右,资金缺口同比增长明显。虽然合作的银行机构加大了信贷支持,但是也难以完全满足该企业的资金周转需求。

(三)生产性服务业资产趋势与银行现有的资产评估模式存在冲突

银行对企业资产评估的方法主要有收益法、市场法、资产法等,但银行最常用的是资产法,此方法以固定资产为主要的第二还款来源,部分流动资产和无形资产等仅仅作为企业还款来源的参考要素。但是生产性服务业多为轻资产模式,生产性服务业价值主要体现在品牌影响力、核心技术、持续研发能力、业务拓展能力、渠道覆盖面等无形资产方面,传统的资产评估方式无法完全体现企业的实际价值。某城商行反映,当前银行授信的风险缓释措施还是以土地、房产抵押、其他保证等方式为主,对于无形资产的评估还不够专业,相应的中介机构发展还不够充分,产权交易市场还不够活跃,这些都是制约金融支持生产型服务业企业的重要因素。

（四）与服务型制造相适应的金融产品和服务仍有待创新

制造业是扬州重要的投资领域，2015年上半年扬州有65.2%的民间投资投向了制造业，扬州制造业获得民间投资同比增长16.5%，达到历史最高的711.5亿元，说明社会资本对扬州制造业未来发展趋势持续看好。在资金配套方面，不管是服务化的制造企业还是生产性服务业企业的设立和升级改造均需要大量的配套资金。但在金融产品端，现有金融产品服务多面向传统型制造业，且多为标准化设计，与服务型制造企业需求的匹配存在一定滞后。如某国有商业银行反映，一方面受技术手段以及银行传统业务模式惯性限制，"互联网+"与银行各业务的结合并未走在市场需求之前，银行通过互联网对接企业购销、生产经营数据等系统暂时还无法全面试行；另一方面，企业自身思维未完全打开，偏好传统授信模式，对创新性、上下游捆绑的供应链金融授信无法完全接受。

四　对策建议

（一）金融机构要抓住传统制造向服务型制造转型的历史机遇，主动开展对接服务

制造业是实体经济的主体，是立国之本、兴国之器、强国之基。从国际趋势看，服务型制造已经成为全球先进制造企业发展的主要趋势和方向，制造业正从提供产品的生产型制造转向为消费者提供产品、服务、支持、自我服务和知识"集合体"的服务型制造；从国内环境看，在当前经济"新常态"下，经济增长的消费驱动愈发明显，个性化需求属性增强对私人定制产品需求提高，《中国制造2025》把加快发展服务型制造和生产性服务业列为重大战略之一，将加快这一转型进程；制造服务化和生产性服务将顺应这一趋势向深度发展。金融作为现代经济的核心，应该抓住这一历史性机遇，加强对金融支持服务型制造的关注和持续研究，扬州金融机构

应密切关注扬州服务型制造业发展的新动向、新需求、新亮点，主动开展对接服务。

（二）政府部门应加强引导，促进金融机构与服务型制造业企业的沟通交流

现阶段，服务型制造作为新兴发展方向，仅凭传统的制造业融资模式难以满足需求，迫切需要政府有关部门主动作为，加快推动。一方面，地方政府和相关部门应加快贯彻落实《中国制造2025》规划和省政府《推进服务型制造发展的意见》，出台融资领域的引导激励和配套服务措施，通过搭建信息平台、组织银企洽谈、提供财政补贴和政策性融资担保等形式，向辖区内金融机构推介本地服务型制造业企业和项目；另一方面，金融机构应重视政府推动引导作用，借力发展，主动对接骨干企业和重点项目，积极向上级机构争取服务型制造的专项资金规模，扩大相关项目储备范围，建立本级金融机构与工业主管部门、上级金融机构与地方政府的多层次对接机制，强化沟通对话协作，进一步提高信贷合作的成功率和运作效率，放大政府扶持效果，推动扬州服务型制造更快更好发展。

（三）针对服务型制造"轻资产"的特点，拓宽担保抵押范围，完善风险控制手段

针对服务型制造业"轻资产"的特点，金融机构应积极借鉴金融支持高科技企业、创业型企业和服务业等领域的成功经验，根据不同客户的特点和需求，结合企业实际情况推出个性化的金融产品。一是利用产业集聚和上下游关系积极开展产业链融资、商业圈融资和企业群融资。二是积极拓宽抵押品范畴为不同企业融资：如为服务型制造企业提供专利权、商标权质押融资，为生产性服务业企业提供仓单质押、存货质押、在途货物抵押、应收账款质押融资等物流金融服务，对外提供仓单作为贷款抵押。三是从供应链金融服务角度出发，搭建供应链金融服务体系，通过提供经销商、供应商网络融资、物流融资、订单融资、设备制造买方信贷融资等供应链融资措施来支持服务型制造发展。四是利用制造企业发行短期融资、中期票据和集合债的经验,研究服务型制造企业的融资特性,设计和推介面向服务型制造的债务融资工具。

(四)充分利用银行"大资管"优势,为服务型制造提供多渠道的综合金融服务

服务型制造作为一种新业态,将对资金融通产生新需求新变化。而金融"大资管"体系以金融行业为依托,能够以融资需求为出发点,打通信贷市场、货币市场和资本市场,整合对接银行、证券、保险、公募、私募,场内场外资源等各类资源,从而为服务型制造企业转型发展、投资并购、境内外资金融通搭建多元化渠道服务体系。"大资管"体系下的银行机构利用综合化平台优势,与金融租赁公司、国外返程子公司及其他金融、非金融子公司合作,有利于充分发挥银行内部的协同优势,为服务型制造企业提供集信贷、资本、信息及其他资源为一体的综合服务。通过多维度、立体化和个性化的资产管理服务渠道,也将增强服务型制造企业对于银行机构的忠诚度,易于达成银企互赢共生的新局面。

参考文献

孙林岩、李刚、江志斌等:《21世纪的先进制造模式——服务型制造》,《中国机械工程》2007年第18(19)期。

汪应洛:《推进服务型制造:优化我国产业结构调整的战略思考》,《西安交通大学学报》(社会科学版)2010年第3期。

陈菊红、同世隆、姚树俊:《服务型制造模式下价值共创流程机制研究——以技术革新为视角》,《科技进步与对策》2014年第1期。

谢文明、江志斌、储熠冰:《服务型制造在传统制造业的应用——上海电气案例研究》,《工业工程与管理》2012年第17(6)期。

丁兆国、金青、张忠:《服务型制造企业的价值创造研究》,《中国科技论坛》2013年第5期。

《中国制造2025》,《船舶标准化与质量》,2015。

杨书群:《"再工业化"背景下的中国制造业发展策略分析》,《实事求是》2014年第2期。

彭本红、周倩倩、谷晓芬:《服务型制造项目治理的影响因素及其作用路径》,《技术经济》2015年第4期。

罗建强、王嘉琳:《服务型制造的研究现状探析与未来展望》,《工业技术经济》2014年第6期。

B.20 扬州市文化产业发展研究报告

扬州市文化广电新闻出版局课题组[*]

摘 要: "十二五"期间,全市文化产业发展势头良好,在政策体系、规模总量、资源开发等方面取得较大进展,但也存在整体实力不强、新兴业态较少、集聚效应不强等诸多瓶颈。建议以融合发展为文化建设的主旋律,从"产城融合"、文化与科技融合、文化与金融融合、文化与"一带一路"融合等方面推动全市文化产业迈上新台阶。

关键词: 扬州 文化产业 发展 融合

一 扬州文化产业发展现状

(一)政策体系趋于完善

1. 发挥规划纲领的引导作用

"十二五"期间,市委、市政府根据文化产业的实际情况出台了一系列政策文件。既有《扬州市文化产业提速发展计划》《关于加快文化事业和文化产业发展若干经济政策的意见》《扶持文化产业发展的若干意见》等纲领

---

[*] 课题组负责人:季培均,扬州市文广新局局长。课题组成员:仲玉龙,扬州市文广新局副局长;周志钧,扬州市文广新局文化产业处处长;王宁,扬州市文广新局文化产业处副处长;魏昕(执笔),扬州市文广新局文化产业处。

性文件,也有《关于进一步做大做强工艺美术产业的意见》《关于扶持发展扬州非物质文化遗产产业的意见》等针对全市特色文化产业门类的专题性文件。2015年7月,结合文化建设发展新形势、新特点、新趋向出台了《关于推动文化建设迈上新台阶的实施意见》。这些政策从重点产业、空间布局、财税扶持等方面谋划了全市文化产业的发展蓝图。

2. 发挥财政资金的扶持作用

截至2015年,共为全市文化企业争取了1.1095亿元市级以上文化产业专项扶持资金,各有侧重、相互配合地覆盖了文化艺术、新闻出版、广播影视等所有的重点产业类别。中央文化产业发展专项资金优先支持获得银行贷款的示范项目,扬州工艺美术集团"江苏省首支文化创意企业集合票据"项目凭借传统文化产业积极利用金融工具的优势,2013~2015年连续三年共获国家级资金1310万元,进一步巩固了全市文化金融合作的成果。江苏省文化产业引导资金覆盖面广、带动能力强,自2008年设立以来共扶持了69个扬州文化项目,其中包括大量小微企业。市级文化产业发展专项资金侧重于培育富有扬州特色的本土优秀文化产业项目,至今已有32个项目获得扶持。在县(市、区)层面,广陵区、邗江区均设立了区级文化产业发展专项基金。此外,扬州工美集团和笛莎公司分别获得了2000万元、1000万元的紫金文化产业基金。

3. 发挥人才激励的带动作用

发展文化产业最重要的是人才,全市高度重视人才对于产业发展的激活效应,将文化产业引进的高层次人才纳入市"绿扬金凤""英才培育"扶持范围。积极推进"科技企业家培育工程",推荐扬州漆器厂、扬州玉器厂等3家文化企业的主要负责人当选为首批省级科技企业家,入选人数位列苏中、苏北第一。成功引进国内唯一"漆器博士"陈秋荣。发挥工艺美术大师的带头效应,进一步实施"师带徒"等人才培育政策。与高校、研究机构和有关单位合作,采用代培、委培等方式,培养特色演艺、琴筝制作、雕版印刷技艺等专业文化人才。推动川奇光电与扬州高等职业技术学校合作成立"川奇学院"。

（二）规模总量持续扩大

"十二五"期间，全市文化产业以超过全市GDP年均增速4个百分点的速度发展（见图1）。全市现有文化从业人数超过15万人，文化企业约为5318家[①]。

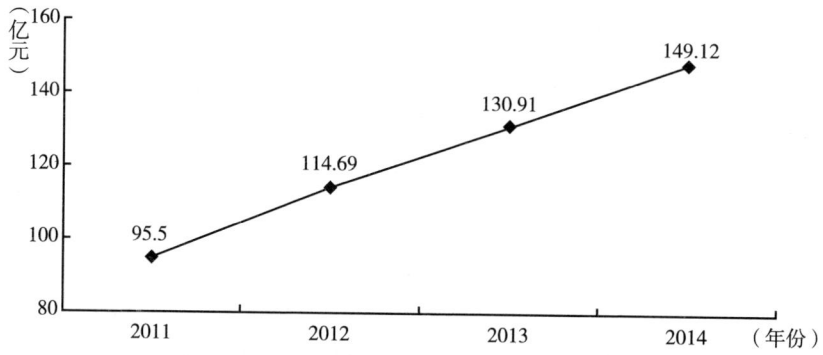

图1　2011～2014年文化产业增加值趋势

数据来源：扬州市统计局。

（1）从区域总体情况看，超过全市总数1/4（1361家）的企业分布在邗江区。广陵区、江都区、仪征市三地企业数量相近，分别为854家、798家、795家。宝应县紧随其后，为628家。高邮市472家，占全市文化企业的9%。开发区、蜀冈—瘦西湖风景区各为240家、170家（见图2）。

（2）从企业质量上看，2014年，全市规模以上工业企业、限额以上批零企业、重点服务业企业（以下简称"'三上'企业"）合计268家，同比增加23家，"三上"企业占全市所有文化企业的5.04%。所有"三上"企业2014年营业收入合计356亿元，其中营业收入在亿元以上企业71家，比

---

① 数据来源：根据扬州市统计局数据整理。具体整理方式：2013年，扬州市统计局"全国第三次经济普查数据"中文化企业5303家。2014年，扬州市统计局划定的268家"三上"企业中有15家未包含在2013年第三次经济普查数据中。将"全国第三次经济普查数据"中的文化企业（5303家）与2014年新补的"三上"企业（15家）相加得5318家。

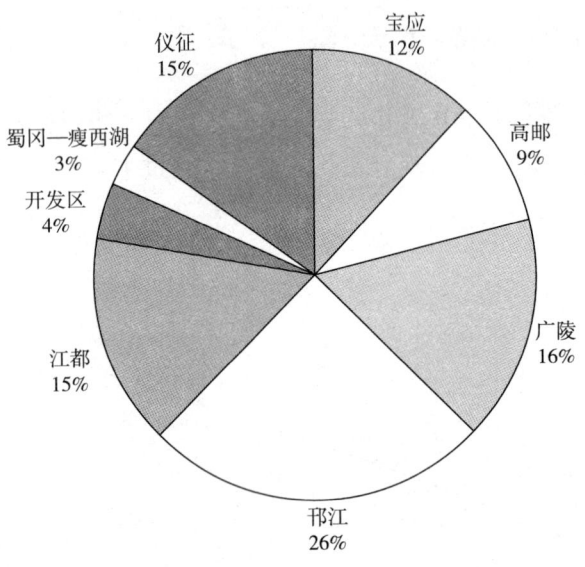

图 2 扬州各县（市、区）文化企业数量占比

数据来源：根据扬州市统计局数据整理。

上年增加 5 家（见图 3），5000 万元至 1 亿元企业 52 家，1000 万元至 5000 万元企业 96 家，1000 万元以下企业 49 家。

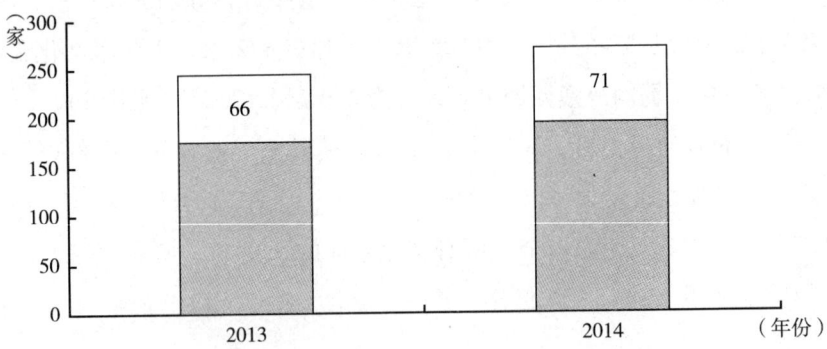

图 3 2013~2014 年"三上"文化企业数量及其中亿元以上企业数量

数据来源：扬州市统计局。

(3)从空间布局看,邗江区和广陵区各类文化产业发展较为均衡,为数不多的文化信息软件类企业也大多集中在这两个区。江都区主要产业门类质态平稳,但文化信息传输、文化创意设计两大新兴产业有待增强。宝应县集聚了全市近一半的工艺美术企业,这338家工艺美术企业也超过宝应所有文化企业数量的一半。高邮、仪征均为"文化用品生产"密集区,文化用品生产类企业分别占高邮、仪征文化企业总数的39.4%和40.8%(见表1)。开发区和蜀冈—瘦西湖风景区定位鲜明,前者为创意设计的兴盛地,后者为工艺美术与文化旅游的交融区。

表1 扬州各县(市、区)文化企业分布

单位:家

类别	宝应	仪征	高邮	广陵	邗江	江都	开发区	蜀冈
新闻出版发行服务	3	3	4	16	14	5	4	2
广播电视电影服务	24	15	30	6	18	35	0	1
文化艺术服务	56	82	56	96	134	118	19	27
文化信息传输服务	4	12	4	18	19	4	13	0
文化创意和设计服务	55	71	55	184	428	88	66	20
文化休闲娱乐服务	58	79	68	119	135	89	47	16
工艺美术品的生产	338	55	18	97	91	39	18	57
文化产品生产的辅助生产	10	139	50	126	105	102	32	20
文化用品的生产	79	324	186	145	413	300	40	27
文化专用设备的生产	1	15	1	47	4	18	1	0
合计	628	795	472	854	1361	798	240	170

数据来源:根据扬州市统计局数据整理。

(4)从产业结构看[1],依据国家统计局颁布的《文化及相关产业分类(2012)》,全市2014年268家"三上"文化企业中,"文化产品生产"类企业127家,营业收入合计51.61亿元。其中,新闻出版发行服务类企业8家,营业收入4.57亿元。广播电视电影服务类企业10家,营业收入6.21

---

[1] 数据来源:根据扬州市统计局数据整理。

亿元。包含扬剧、曲艺、清曲等非遗项目在内的文化艺术服务业营业收入为3329万元。文化信息传输服务业仅有2家"三上"企业，营业收入占"三上"企业总营业收入的0.87%；在目前各产业均要求对接"互联网+"的形势下，该行业已明显成为全市文化产业的短板。文化创意和设计服务类"三上"企业40家，数量在所有产业中排名第三，但其营业收入仅占"三上"企业总量的2.54%；四个细分行业中，科技含量较高、符合新时代趋势的文化软件服务行业仅有2家企业。随着文化、旅游的不断融合，包含景区游览服务在内的文化娱乐休闲服务业有19家"三上"企业，营业收入接近4亿元。以扬州工美集团为龙头的工艺美术产业拥有"三上"企业42家，营业收入接近"三上"企业总营业收入的8%。

"文化相关产品生产"类"三上"企业141家，营业收入合计304.4亿元。其中，包括乐器制造、玩具制造、文具用品等在内的文化用品生产一枝独秀，"三上"企业总营业收入272亿元，打响了全市"中国琴筝产业之都""毛绒玩具之都"的金字招牌。文化产品的辅助生产"三上"企业营业总收入为23.86亿元。文化专用设备"三上"企业生产营业收入为8.53亿元。

（三）未来市场潜力巨大

（1）产业基础坚实雄厚。作为中国长三角的节点城市和南京经济圈、上海都市圈的重要成员，扬州市综合竞争力多年位列全国287个地级市前50强。全市现有5个国家文化产业示范基地（园区），3个省级文化产业示范基地（园区），以及多个新型文化创意集聚区。市级以上服务业集聚区达到38个（其中省级服务业集聚区8个），覆盖金融、科技、商贸、旅游、软件与信息、物流、商务等与文化创意产业紧密联系的相关产业。

（2）文化消费需求旺盛。居民越来越重视对文化产品的消费，文化消费支出在消费结构中比例较高。2014年教育文化娱乐服务支出人均2969元①，同比增长8.5%，是食品支出之外的第二大支出。2014年城市影院票

---

① 孙炎：《去年人均花18417元　都花哪了？》，《扬州晚报》2015年3月10日，第A13版。

房收入达到 1.43 亿元①，比上年增长 40%。文化消费途径转型升级，体现在线上支付和线下体验相结合、虚拟交易与现实消费相结合。

（3）文化市场空间广阔。从世界经济的发展规律来看，当人均 GDP 达到 3000 美元以上时，经济增长与文化创意产业发展开始出现更强的关联。2014 年，全市实现地区生产总值 3697.89 亿元②，人均 GDP 达到 82654 元，这意味着目前文化创意产业已成为新的经济热点。调查显示，青少年已成为文化消费主力，2013 年全市小学、中学、高校等人数超过 48.72 万人③，为发展全市文化产业提供了人口支撑。

（四）当前瓶颈有待突破

（1）整体实力不强。全市文化产业增加值与苏南等地相比仍有发展空间。在最新公布的"2014 年度江苏省文化改革发展绩效评价结果"④ 中，全市文化综合指数 77.27，排全省第七位；具体指数中，除政府投入指数排名靠前外，文化发展指数 29.50，居第八位；文化服务指数 23.68，居第九位；文化消费指数 14.19，居第七位。整体实力相比南京、苏州、无锡、常州等发达城市以及镇江、南通等周边城市尚有差距。

（2）新兴业态较少。全市重点文化产业仍以工艺美术、文化用品等传统门类为主，除了数字出版产业之外，相比其他城市，全市文化创意、动漫游戏等新兴文化产业刚刚起步，创新力量不足、创新成果少。另外，由于从事新业态的文化企业多为新生小微企业，其在投融资方面缺乏实力和经验，也较难得到中央、省、市的财政扶持。

（3）集聚效应不强。全市园区大多数处于起步阶段，创意氛围欠缺。不少园区规划思路出现偏差，没有明确的功能定位，导致最后成为超市型大

---

① 陶敏：《全省第六 去年扬州电影票房 1.43 亿》，《扬州晚报》2015 年 1 月 25 日，第 A06 版。
② 《2014 年扬州市国民经济和社会发展统计公报》。
③ 《扬州统计年鉴 2014》。
④ 中共江苏省委宣传部、江苏省统计局：《关于发布 2014 年度江苏省文化改革发展绩效评价结果的通知》（苏宣通〔2015〕63 号）。

卖场。园区主体提供的服务仍然集中在租赁和物业等传统方面，与普通写字楼无异。园内企业参差不齐，产业关联度不强。

（4）专业人才匮乏。主要反映在以下方面的人才匮乏：一是能够传承工艺美术、评话弹词等非物质文化遗产的新生力量；二是具有宽视野、懂文化、善经营的复合型文化经纪专业人才；三是能够利用扬州特色的素材、资源、产品，讲好扬州故事的原创型宣传推介人才；四是熟悉文化产业领域，并能将信息技术、高端装备制造、节能环保与之有机融合的科研型高新技术人才。

（5）产业统计滞后。由于文化产业涉及范围较广、统计对象底数不清、统计数据收集难度较大、缺乏必要的人力配备和经费支持等各种因素，文化产业统计工作一直未能得到有效推进，难以真实全面地反映行业的发展成果。

二 全市发展文化产业的建议

（一）推动"产城融合"，提升经济实力

1. 因地制宜，构建特色文化格局

推进以人为核心的新型城镇化①，结合地域特征、优势资源和文化企业的分布特点，为不同区域制定精准化、差异化的文化发展规划。将文化产业内容与城市物理空间相结合，打造出有情怀、有情趣、有情调的文化标识和特色品牌，将文化创意融入城市发展的方方面面，实现人文资源与城市环境共生共长、协调发展。

广陵区：一方面传承老城文脉，弘扬湾头玉器文化，仁丰里、小秦淮历史街区民俗文化，"双东"街区历史文化，南河下民居客栈文化；另一方面，结合广陵新城"现代都市水城"的定位，打造京杭时尚创意水镇，进一步提升江苏信息服务产业基地，推进设计瑰谷二期工程。

---

① 李克强：《2014年国务院政府工作报告》，2014年3月5日十二届全国人大二次会议。

邗江区：放大国家级文化产业基地"扬州文化创意产业园"优势，发挥笛莎公司等骨干文化企业的带头作用，调动园区内部资源和外部资源实现有机互动；发展壮大五亭龙玩具商务广场；打造瓜洲古镇旅游度假区，借助甘泉影视服务外包基地拓展影视制作、衍生品生产和文化休闲服务业等产业链。

江都区：借助江都大桥笔刷园项目，扩大江海等笔刷的品牌效应；依托骨干企业京都印务，拓展印刷产业上下游产业链；打造滨江文化创意产业园，传承漆画、金银掐丝等非遗产业；推动建设邵伯文化旅游产业园和沿江文化艺术中心。

高邮市：唱响"邮文化"金字招牌，充分利用"文化遗产"，打造盂城驿商圈；建设"高邮民族器乐产业中心"；依托郭集科技灯具城专业市场，打造版权交易中心及产品展示基地。

仪征市：利用枣林湾原生态乡村风光基础，培育和提升休闲旅游的本土原创性和文化观赏性；利用上海大众生产基地优势，打造汽车文化产业园；发挥天韵琴筝的行业龙头效应，推进琴筝产业集聚。

宝应县：升级完善省级文化产业示范基地鲁垛乱针绣产业园区及小官庄、西安丰玻璃水晶、曹甸镇幼教玩具等文化产业的集聚及园区建设，打造"一镇一品"错位发展的特色产业格局。

开发区：升级完善国家级数字出版基地，进一步引进数字出版、软件服务、数字传输等上下游产业链项目，促进"文化+科技"融合集聚，形成文化产业中新的经济增长点。

2. 全面渗透，营造现代创意氛围

一是改造历史遗存。借鉴北京798、上海红坊创意区、杭州工艺美术博物馆群、深圳创意之都的成功经验，向老厂房、"老字号"、"老遗产"和"老手工艺人"等延续城市文化脉络的历史资源注入新鲜文化设计元素，将老旧建筑资源转化为现代文创资产。完善广场等文化基础设施和书吧、咖啡厅、茶吧等文化服务体系，让公共文化空间与公众日常生活空间紧密结合，让闲置遗存在城市中焕发新的活力。

二是融入日常生活。艺术来源于生活，文化创意产业的宗旨是"让生

活更美好"。杭州工艺美术博物馆将刀、剪、剑、伞、扇等根植于大众日常生活的美学发扬光大，真正实现艺术与生活的碰撞与融合。扬州漆器厂将传统工艺与现代时尚相结合，利用扬州独有的点螺工艺推出了20种漆艺手表，填补了国内空白。全市可借鉴日本、中国台湾文创模式，为餐具、纸张、家具等生活用品注入文化灵魂，在潜移默化中提高大众审美趣味。

三是挖掘创客经济。推动"文化＋"模式，将创意梦想变为创业蓝图，进而孵化出切实有效的文化创业项目。鼓励文化企业、爱好者主动探索用户需求，积极参加"江苏文化创意设计大赛""扬州创新创业大赛"。推动创办"创业咖啡屋""车库咖啡店""创新工场"等区别于传统写字楼、大型办公园区的"小而美"型文创空间，便于有共同价值观的创客尽情碰撞观点，实现"头脑风暴"。

（二）推动文化与科技融合，加大创新动力

1. 加大研发力度

鼓励产业专项资金、重点文化项目评审优先向科技含量高的文化产业项目倾斜，向云智传媒、梦幻科技、幻网软件科技、爬山虎科技等成长型文化科技企业发放"科技创新券"，促进文化企业研发投入快速增长。围绕传统产业提档升级需求，鼓励工艺美术、出版印刷等优势文化产业打破行业壁垒，加大自主创新投入，开发"UV数码漆画技术""全息数字影像技术""绿色印刷"等新技术。增强平台承载能力，鼓励江苏信息服务产业基地、西安交大科技园、扬州国际软件园等高新科技型园区积极吸纳新兴文化企业。实施"科教合作新长征"计划，加快"政产学研金"多方合作，将中科院、中关村、清华北大等高校科研院所及七二三所、扬州大学等本土科研机构纳入全市"科研超市"，加速推进具有自主知识产权的文化科技成果产业化。

2. 借力互联平台

乘"互联网＋"东风，强化互联网思维，借力互联互通平台。在2015年10月15日的"首届互联网＋中国传统文化产业峰会"上，阿里巴巴集

团与33个传统文化产业政府代表团共同宣布开启"中国传统文化互联网+示范产业带"合作①，为全市传统文化产业发展提供了先进经验：一方面，改变传统商业模式，利用淘宝、天猫、京东等电商平台对用户需求、市场动向、口碑评价进行大数据分析，为消费者提供更加个性化、精准化的产品服务；另一方面，拓宽品牌营销渠道，目前扬州漆器厂已与中国最大的海外营销整体解决方案服务商四海商舟签订了合作草案，企业也可选择与亚马逊、沃尔玛海外电商渠道达成合作，或自建跨境平台的方式实现海外营销。

3. 催生新兴业态

一是"智慧旅游"工程，依托"智慧城市"相关资源，借助云计算、物联网、移动通信、基于位置的服务、3D图形处理等技术，探索建立大数据信息共享平台、三维虚拟展览、文化旅游商品网上购物商城、"私人订制"旅游线路，开启"互联网+"旅游新时代。二是"数字内容"工程，升级完善国家数字出版基地扬州园区，拉长内容创作、技术研发、出版投放等上下游产业链条，深入推进"电子书包"试点工程，扩大数字技术在传承雕版印刷等非物质文化遗产中的应用。三是"影音娱乐"工程，一方面加大资金投入，尝试通过声、光、电等高科技舞台效果甚至机器人表演来表现曲艺、舞蹈、木偶等传统文化演艺节目；另一方面，推动电影院、KTV等大众文化娱乐场所投入高新装备，利用四维影院、太空数字、弹幕功能等项目增加对观众的感官刺激。

（三）推动文化与金融融合，激发资本活力

1. 政府层面

可借鉴南京等其他城市推动文化金融合作的成功经验。由政府组建文化金融服务中心，通过各种渠道收集处于初创期、成长期和成熟期的优质文化企业资料，形成文化企业资源库并搭建专属QQ群及微信平台，形成文化金融服务网。招标遴选授牌"文化银行"，建立不同层面的银企对接机制，定

---

① 韩基韬：《首届互联网+中国传统文化产业峰会在京举行》，2015年10月15日，新浪网。

期举办项目对接会,编制服务手册,理清融资的具体操作流程。建立相应的贷款风险补偿机制、信贷利息补贴机制和贷款担保补贴机制,为小微文化企业发放金融服务券。参与到"市场化主体借款+市场化运作+政府组织增信"的融资模式中来,与银行、企业共担风险、共享成果。

2. 金融机构层面

针对不同类型的文化企业,定制贴近其需求的金融产品。

(1) 非营利性项目。对于政府投资的社会效益明显、赢利能力较弱、存在明显溢出效应的社会性、公益性项目,可采用"一拖一"融资方案。同时支持该公益性项目及其周边经济效益较好的赢利性项目,一次性给予大额融资,通过赢利性项目的收入来弥补公益性项目的支出,从而实现整体财务盈亏平衡,兼顾社会效益和经济效益。

(2) "轻资产"型文化企业。对于轻资产、抵押难、无担保、体量小的文化企业,可突破传统抵质押方式,将其"资产轻"的弱点转化为特点,尝试知识产权质押担保、应收账款质押等适合文化产业特点的融资模式。例如,针对工艺美术类文化企业,可由专业机构评估工艺品原料确定抵押价值,由第三方仓储公司对存货实行独立监管并出具仓单,企业以仓单为质押物申请银行贷款;针对拥有中国驰名商标、江苏省著名商标或其他具有一定知名度和影响力的企业,可发放商标权质押贷款;针对在人流量大的文化集聚区、景区拥有商铺的文化企业,可尝试商位使用权质押;针对从事广电、影视产业的文化企业,可尝试著作权、版权质押。

(3) 成长初期的小微文化企业。对于市场前景广阔、技术含量高、发展势头猛、未来潜力大的创新型、创业型、科技型、成长型文化企业,可在传统贷款之外,分析其所处行业和成长阶段,针对其特点开展贴合需求的全方位、量身定制的综合金融扶持,让金融机构成为"融资+融智"型的企业管家,优化文化企业资产结构,提高企业赢利水平。

(4) 出口型文化贸易企业。对于海外出口贸易型文化企业,可根据业务特点选择进出口银行作为企业的"金融后盾",进出口银行不仅会为文化企业提供金融支持,还积极提供"售后服务",帮助企业适应项目所在国社会生态、克服"水土不服"的困难，支持文化项目在海外顺利运营。

（5）投资周期较长的企业。对于未来现金回流较稳定但投资回报周期较长的产业，如动漫产业，建议银行等金融机构放宽企业授信担保方式的准入门槛，并适当延长贷款期限或根据现金流按照不同时间节点提供贷款。

（四）推动文化与"一带一路"融合，释放市场潜力

1. 开展文化交流

开展城市外交，推动与沿线国家、地区之间互结友好城市，实现广泛合作、多方共赢。推动与沿线国家地区举办"国际木偶艺术研讨会"、中国扬州国际音乐节等国际性展会节庆。利用《千古风流》《梦里个园》《扬州，我爱你》等美术、影视、歌舞、曲艺等富有扬州特色的艺术形式，开展"一带一路"和长江经济带主题系列展示、展览、展演活动，全方位拓展扬州市对外文化交流。举办"丝绸之路—和平之旅"国际艺术家采风、"情系大运河"海峡两岸名家运河写生活动，使更多有影响力的各方人士走进扬州、了解扬州、推广扬州，扩大扬州在世界范围的影响力和美誉度。

2. 促进资源共享

传承弘扬丝绸之路开放包容、互利互通的合作精神，利用外部资源推动扬州市文化产业转型升级。一方面，依托现有优势，充分挖掘内涵价值，加强资源整合，形成扬州文化的新地标，共同参与到"一带一路"和长江经济带的建设中来。另一方面，推动全市加强与沿线各地的交流合作，共同对沿途市场、资源、产业进行深度挖掘，创造文化资源在更多领域、更广空间互助、共建与共享的机制。

3. 扩大文化贸易

以"一带一路"建设和长江经济带战略实施为契机，依托上海自贸区文化开放平台，在推动全市更多文化产品和服务"卖出去"的同时，展现全市在大运河申遗、古城保护以及大交通格局日益完善、优势产业逐步壮大等方面的正能量形象。跨越文化鸿沟，说外国人听得懂的故事、演外国人看得明白的节目，表现中西方融合的艺术，用更具亲和力的方式表达以扬州为

代表的中国文化。积极组织本地优秀文化企业和产品参加深圳文博会、苏州文创会、海峡两岸文化展等各类知名博览会。设立文化产业走出去专项资金,引导文化骨干企业到"一带一路"沿线发展中国家拓展文化贸易空间。

参考文献

孙炎:《去年人均花 18417 元 都花哪了?》,《扬州晚报》2015 年 3 月 10 日,第 A13 版。

陶敏:《全省第六 去年扬州电影票房 1.43 亿》,《扬州晚报》2015 年 1 月 25 日,第 A06 版。

扬州市统计局、国家统计局扬州调查队:《2014 年扬州市国民经济和社会发展统计公报》,扬州统计局官网。

扬州市统计局、国家统计局扬州调查队:《扬州统计年鉴(2014)》,扬州统计局官网。

中共江苏省委宣传部、江苏省统计局:《关于发布 2014 年度江苏省文化改革发展绩效评价结果的通知》(苏宣通〔2015〕63 号)。

中共扬州市委、扬州市人民政府:《关于推动文化建设迈上新台阶的实施意见》(扬发〔2015〕36 号)。

李克强:《2014 年国务院政府工作报告》,2014 年 3 月 5 日十二届全国人大二次会议。

白杨:《文创园发展亟须工匠精神》,《中国文化报》2015 年 9 月 5 日,第 5 版。

韩基韬:《首届互联网+中国传统文化产业峰会在京举行》,2015 年 10 月 15 日,新浪网。

文化部文化产业司:《文化金融合作创新案例汇编》,文化艺术出版社,2014。

南京市文化改革发展领导小组办公室:《南京文化金融合作手册》,2015 年 3 月。

李琤、李婧、孔德:《招商银行:"千鹰展翼"计划助文化企业成长》,《中国文化报》2014 年 5 月 31 日,第 4 版。

社会发展报告

Reports on the Social Development

B.21
推进县（市、区）纪委"三转"情况研究报告

扬州市纪委课题组*

摘　要： 转职能、转方式、转作风，是中央纪委根据党章规定、党风廉政建设和反腐败斗争新形势新任务，与时俱进提出的对纪检工作的总体要求。自中央纪委推动纪检监察机关"三转"以来，扬州市各级纪检监察机关自上而下，明确职责定位，聚焦主业主责，扎实推动"三转"，有力保障了全市党风廉政建设和反腐败工作不断深入。

关键词： 县（市、区）纪委　转职能　转方式　转作风　研究

---

* 本文为2015年度扬州市反腐倡廉建设研究课题项目（项目编号为：FFCL15B18）成果。课题组负责人：张跃进，中共扬州市委常委、市纪委书记。课题组成员：陈钧，扬州市纪委研究室主任；张翅（执笔），扬州市纪委办公室纪检监察员。

近年来，扬州市纪委在坚持和深化自身"三转"的同时，严格督促县（市、区）纪委明确职责定位，聚焦主业主责，创新方式方法，强化监督执纪问责，把更多精力放到党风廉政建设和反腐败斗争中心任务上来，取得了一定的成效。

一 扬州市推进县（市、区）纪委"三转"的进展情况

1. 学思践悟转思想，推动县（市、区）党委、纪委"责任归责"

市委中心组及全市各级纪检监察机关精心组织收看王岐山书记辅导报告和"三严三实"专题党课视频，编印《2015 年以来党风廉政建设和反腐败斗争重要言论摘编》，组织各级党政机关、纪检监察组织及主要负责人，系统学习习近平总书记、王岐山书记党风廉政建设和反腐败斗争重要论述和讲话精神。严格落实"两个责任"报告制度，市委常委会、市纪委常委会专题听取各地党（工）委、纪（工）委落实主体责任、监督责任的情况报告并作为一项制度确立下来。严格执行（县处级党政正职向市委）全委会述廉制度，把履行主体责任作为汇报和询问、质询的主要内容。先后出台了"两个责任"实施意见、"一案双查"暂行办法以及"两个责任"检查考核及责任追究暂行办法，层层传导压力，形成一级抓一级、层层抓落实的工作常态。市委、市纪委主要负责同志通过不同场合，分别与县（市、区）党委书记、纪委书记采取交谈、座谈、约谈等方式，明确"两个责任""三转"的政治责任、政策部署、工作要求，层层传导压力，督促县（市、区）党委、纪委积极有效履行职责。

2. 聚焦主业转职能，推动县（市、区）纪委"瘦身强体"

一是推动参与的议事协调机构和纪委书记（纪检组长）分工兼职"瘦身"。市纪委先后两次精简参加的议事协调机构，从 98 个减至 13 个。督促县（市、区）纪委调整清理所参与的议事协调机构，目前都已完成精简瘦身。清理前，县级纪委共参与 560 个议事协调机构，平均每个纪委参与

93.3个；清理后，县级纪委参与的议事协调机构减至83个，平均13.8个，精简比例达85.17%。市纪委认真贯彻关于纪委（纪工委）书记、纪检组长不分管其他业务工作的要求，逐一约谈了县（市、区）纪委书记，要求切实履行监督责任。仪征市加强对纪委书记（纪检组长）分工兼职落实情况的督查，要求单位"一把手"对纪检监察组织负责人分工兼职情况进行签字背书。二是推动调整内设机构"强体"。市纪委新增两个纪检监察室、一个干部监督室，监督执纪职能室增加到9个，占13个内设机构的69%，监督执纪一线人员编制占总编制的64%。认真贯彻落实省纪委关于县级纪检监察机关内设机构调整部署要求，2015年8月底前全部调整到位。调整后，6个县（市、区）纪委共设置纪检监察室20个，平均每个县（市、区）纪委设置3.3个，比调整前增加5个；6个县（市、区）纪委在执纪监督方面的内设机构共有43个，执纪监督部门占机构总数的71.7%，执纪监督编制占编制总数的80.2%。

3. 找准定位转方式，推动县（市、区）纪委"聚焦聚力"

一是坚持问题导向，落实监督责任。由一般性监督向以发现问题为主的监督方式转变，由全过程参与监督向对职能部门履职情况的监督转变，将农村"三资"管理、村级"三务"公开、电视问政、政务信息公开等工作移交相关职能部门。围绕重点工作、针对存在问题开展专项执法和效能监察，通过领导约谈、函询、提出监察建议、实施责任追究等措施，督促职能部门履职尽责、依法行政。江都区由区纪委常委带队，组成由区纪委委员、人大代表、政协委员和党风政风监督员参与的廉政评估小组，每年选择信访量大、作风效能低下、民主评议名次靠后的两个镇、两个部门，通过评估单位自评、评估小组驻点评、召开专题会质询评等方式，重点评估责任制落实、责任分解、重点工作推进情况等。二是强化纪律审查，坚持挺纪在前。推动各县（市、区）纪委认真落实查办案件以上级纪委领导为主的要求，认真落实查办案件线索处置向同级党委报告的同时必须向上级纪委报告的规定，出台《县（市、区）纪委线索处置和查办案件情况报告暂行办法》，建立纪检监察室分区分片联系、促进基层纪律审查工作、纪检监察室对联系地区

（单位）监督检查等制度，加强上级纪委对下级纪委纪律审查工作的监督指导。广陵区出台了《纪检监察系统问题线索集中管理和集体研判使用暂行办法》《乡镇、街道、园区纪（工）委问题线索处置和案件查办情况报告暂行办法》《违纪问题线索收集报送工作联络员制度》等，进一步加强问题线索收集和管理，确保重要案件线索不流失、不沉淀。2015年1~11月份，6个县（市、区）纪委共立案896件，同比上升40.7%。其中，乡科级干部94件，同比上升62.1%。三是创新监督方式，提升监督实效。从直接面向群众服务、直接分配财政资金、直接接触工程建设的重点领域和关键环节入手，连续三年制定出台了三个《"三直接"十大环节操作规范》，并督促各县（市、区）结合各自实际制定配套实施细则或实施意见，进一步提升操作规范的可操作性。创新构建以民意监督、民风监督、民利监督、民生监督、民权监督、民主监督等为主要内容的农村六民"大监督"机制，立足"监督的再监督""检查的再检查"，督促职能部门履职尽责，近三年共查办征地拆迁、农村"三资"管理、惠农资金发放等方面损害群众切身利益的案件500多件。高邮市以市委巡察制度为抓手，通过常规巡察和专项巡察，坚持问题导向，前移监督关口。2015年以来，已组织两轮次四个组对6个单位开展巡察，共移送问题线索44个，立案4人，拟立案2人，移送司法机关2人。

4. 求真务实转作风，推动县（市、区）纪委"锻造队伍"

一是严格教育。各级纪检监察机关深入开展党的群众路线教育实践活动和"三严三实"专题教育，坚持将"三问三为"贯穿始终，常委领导班子带头讲党课、带头坚持学习、带头改革创新、带头联系群众、带头廉洁自律，公开作出坚决反对"四风"等五项承诺。常态化开设"清风月度讲坛""我讲我的业务"等活动，举办"我是党课主讲人"学习主题活动，连续三年组织赴井冈山党性教育专题培训，开展"三为"大讨论，深化岗位练兵。二是严格管理。进一步拓展"开门办纪检"工作，连续三年组织"纪检监察开放"活动，举办反腐倡廉建设互动平台活动53期，定期定向定题面向社会各界咨询研讨反腐倡廉建设中的重点热点难点问题，面对面交流，倾听群众呼声,解答各类疑问,帮助解决难题。各级纪委坚持党组织和党员"统一活动日"制度,深入开展"三下三联三交"活动,组织走访慰问、义务劳动等活动,与基层干部群众面对面座谈交流。三是严格监督。加强系统内部监督,制定出台县(市、区)纪委、功能区纪工委主要负责人月度报告制度,强化个人重大事项报告等机关工作制度执行情况督查,对反映纪检监察组织和纪检监察干部的信访件即查即办,2015年1~11月份,共调查信访件21件,提醒、诫勉谈话13人。宝应县、邗江区纪委出台了《纪检监察干部提醒约谈办法》等制度,严明办案、保密和工作纪律,切实防止"灯下黑"。

二 当前推进县(市、区)纪委"三转"存在的问题

1. 落实"三转"存在边际效应递减问题

从目前情况看,正风反腐存在上热下冷现象,"三转"深化也有逐级递减问题,上级纪委力度大,越往下力度越弱。各级党委、政府和纪检监察机关一起"三转"、部门联动配合转的一致性、协调性不够,从而导致"三转"在基层未真正落地生根。少数基层党委政府存在"不揽重担"的心态,认为纪检监察机关办事有权威,基层纪委书记是基层工作中的"精兵强将",信得过、过得硬,希望他们在中心工作、项目建设等重大问题、重要工作上多挑重担,继续安排纪检监察机关或者纪委书记从事和分管主业主责外的工作。目前,仍有少数基层纪检监察机关对"三转"持观望态度,简单地认为"三转"就是清理议事协调机构和内设机构调整,工作安排、工作方式还是沿用老套路、采用老办法,不敢轻易"转",仍然等待上级纪检监察机关给予明确政策。

2. 对深化"三转"的方向"把纪律和规矩挺在前面"的要求把握不准、落实不力

"三转"是一项长期的任务,把纪律和规矩挺在前面是"三转"工作的深化。少数基层纪委把不该管的事坚决交了出去,但并没有把该干的工

作紧紧抓起来。特别是对坚持把纪律和规矩挺在前面，切实转变工作方式，强化监督执纪问责，走内涵式发展道路，进一步回归党章"原教旨"，尚未理清、想透，仍存在"违纪只是小节、违法才去处理"的惯性思维，未坚持抓早抓小、挺纪于前，把关注点从"盯违法"转向"盯违纪"，加大对违纪问题的处理力度。比如，有的基层纪委认为没举报就没问题，坐等群众举报再去按图索骥。但群众举报的问题往往已是成形的违纪问题，这使"抓早抓小"的效果大打折扣。有的基层纪委总是在问题已经演变成严重违纪违法的大问题之后，才去挖掘其中的轻微违纪问题，偏离了"三转"的方向。

3. 基层纪检监察干部顾虑重重、能力不够，存在"不想转"和"想转转不动"的问题

少数基层纪委和领导同志怕影响与地方党委的关系，怕得罪人，怕被腐败分子"反咬一口"，因而缺乏担当意识不愿监督。少数基层纪检监察干部认为只有管得多、干得多，才有权威、有地位，才能赢得党委的信任，个人才有前途，不愿主动撒手、完全退出，工作泛化、职能异化、主业弱化的现象还不同程度地存在。一些地区和部门，纪委书记、纪检组长尽管分工作了调整，实际工作中仍或多或少或明或暗地参与了其他工作，有的地方纪检组织还在忙于参加各种议事协调机构的会议，更有个别的纪委书记依然参与纪检工作以外的分工，工作精力明显不集中。此外，随着社会发展与科技进步，腐败现象不断趋于"智能化"，纪检监察工作的专业性、技术性要求越来越高。在"三转"过程中，很多过去没有从事纪律审查、监督执纪的干部突然走上"一线"，无法适应监督执纪工作。基层纪委普遍存在编制不足、人手短缺现象；基层纪检监察干部流动性强，培训机会少，造成干部整体业务不熟，且长期在一个固定地域工作，存在"熟人监督熟人"的顾忌，很难做到从严较真。这既有能力素质跟不上不好转的问题，也有不敢得罪人转不好的问题，因而，难以适应新形势下纪律审查、监督执纪的需要，也直接影响着基层纪委"三转"的顺利推进。

三 进一步加强县（市、区）纪委"三转"的对策建议

十八届中央纪委五次全会报告强调，要重点研究探索县及县以下纪检机构职能定位、工作方式和作风转变问题，通过组织制度创新，把更多力量集中到主业上。深入推动县（市、区）纪委"三转"，既需要自上而下、循序渐进、加力推动，又需要创新思维、调整路径、加强指导，积极营造有利于"转"的内外部环境，强化县（市、区）纪委思"转"、抓"转"、促"转"的动力。

1. 层层传导压力，推动县（市、区）党委压实主体责任

一要加强宣传培训。有针对性地加强学习培训，及时传达中央纪委、省纪委关于"三转"工作的一系列精神和部署，统一县（市、区）党委、政府的思想，通过上级纪委约谈下级党政主要领导、举办主体责任研讨班、分阶段适时召开推进"三转"座谈会等，实现党委、政府、纪委"三转"同步，争取地方党委、政府对纪检监察机关"三转"工作的重视、理解和支持。二要严格落实制度。严格执行党委主体责任和纪委监督责任"双报告"、党委负责人全委会述廉、党政正职接受评议、廉政谈话、纪委约谈、组织专项检查、强化责任追究等各项制度。在纪律审查和监督执纪中严格实行"一案双查"，对没有履行主体责任的党委负责人进行责任追究，推动主体责任落到实处。三要强化考核追究。上级党委和纪委对下级党委主体责任考核应实行单列考核，严格奖惩，从而保证下级党委对主体责任年初有承诺有部署、平时有检查有督导、重大事项有措施有成效、年终有考评有奖惩，并以主体责任的落实带动纪委监督责任的落实，切实增强深化"三转"的工作合力。

2. 加强示范指导，推动县（市、区）纪委向管住纪律方向深化"三转"

基层纪委深化"三转"，不能停留在转职能、不分管其他业务工作等显性要求上，而是要盯准"把纪律和规矩挺在前面"这个方向，切实转变工

作方式,监督执纪问责都冲着纪律去,各个环节和全过程都围绕纪律展开。上级纪委要充分发挥业务上的领导和指导作用,以上率下、先转一步、转深一步,为下级作示范、指方向、当表率,以实际行动推动基层纪检监察机关会转、快转、主动转、转到位。要推动下级纪委结合实际研究思考"三转"中更具本质、更富内涵的东西。突出执纪特色,加大纪律审查力度,既严查严重违纪问题,严惩腐败分子,又从小错抓起,早发现早处置。以纪律从严治党,使咬耳朵、扯袖子、红红脸、出出汗成为常态,逐步让党纪轻处分、组织调整成为大多数,重处分的是少数,严重违纪涉嫌违法立案审查的成为极少数。另外,对于在实践中已经证明比较好的经验和做法,要及时上升为制度,以制度规范保证"三转"要求在本地区同步推进、同步落实,不断巩固深化"三转"成果。

3. 创新组织制度,推动县(市、区)纪委打消思想顾虑、打造过硬队伍

明晰上级纪委和基层党委对纪委的管辖范围和事权界限,特别是在选人用人问题上,落实纪委书记、副书记的提名和考察以上级纪委会同组织部门为主的要求,不断强化基层纪委对上负责的导向作用。制定出台关于做好县乡纪委换届的指导意见,有效加强基层纪检监察组织建设。不断拓宽培养渠道,强化人才储备,制定职业标准和行为规范,严格资格准入制度。加强对基层纪检监察干部的培训和轮岗交流,由上级纪检监察组织采取跟班学习、以岗代训等方式进行培训,积极推进干部跨系统、跨区域、跨部门交流,减少纪检监察干部不愿监督执纪的顾虑。上级纪委可有计划地从下级纪委抽调人员协助办案,通过传、帮、带,培训办案人才。上级纪委可采取"重心下移、力量整合"等方式解决县(市、区)纪委人员少、兼职多、能力弱等问题。建立完善内部监督制度,探索实施退出制度,对基层纪检监察干部综合履职能力进行摸排,对不适合从事纪检监察工作的坚决予以清退和调离,对基层纪检监察干部违纪违法行为"零容忍",用铁的纪律打造忠诚、干净、担当的纪检监察干部队伍。

B.22 2015年扬州人才工作分析与展望

张宝娟*

摘　要： 扬州市高度重视人才工作，坚持"人才为纲"的发展理念，正在逐步构建有利于人才创新创业的社会环境。针对目前在人才保障、人才资源结构、人才载体、人才发展体制机制等方面的不足，报告结合扬州基本情况与借鉴国内城市的特色做法，提出了实施六大人才工程与落实"八大措施"的建议。

关键词： 2015年　扬州　人才工作　分析与展望

一　2015年扬州人才发展现状

1.人才政策体系渐趋完善配套

市委、市政府高度重视人才工作，坚持"人才为纲"的发展理念，大力实施人才强市战略，创新人才工作机制，加大人才开发投入力度，人才创新创业的氛围日益浓厚，"人才资源是第一资源"的观念渐入人心，有利于人才创新创业的社会环境逐步构建。"十二五"期间，市委、市政府出台《关于加强高层次人才队伍建设的意见》《扬州市人才发展行动计划》《市政府关于加强企业人才引进和培养工作的意见》《扬州市科技和金融结合行动计划》等政策文件。2013年，又对原有人才政策进行全面整合、提升和扩面，制定出台了本土人才培养、人才载体建设、人才住房保障、金融支持创

---

* 张宝娟，中共扬州市市委常委、组织部部长。

业、人才子女就学、人才健康服务等政策,形成"6+1"人才政策体系,党委统一领导、组织部门牵头抓总、有关部门各司其职、社会力量广泛参与的人才工作新格局初步形成。

2. 人才资源总量实现较快增长

至2014年底,全市人才总量为65.08万人,对比"十一五"末(下同)增加20.08万人,年均增长率9.7%,全市每万人口拥有人才1420人。其中:党政人才1.82万人,保持稳定;企业经营管理人才10.7万人,增加1.98万人,年均增长率5.2%;专业技术人才30.1万人,增加8.6万人,年均增长率8.8%;高技能人才16.06万人,增加7.11万人,年均增长率15.6%;农村实用人才5.35万人,增加2.35万人,年均增长率15.6%;社会工作人才1.05万人,是"十一五"末的2.3倍。

3. 人才资源综合素质逐步提升

至2014年底,全市高层次人才4.31万人,比"十一五"末增加1.16万人,占人才资源总量的6.6%。具有中高级专业技术资格的人才14.2万人,占专业技术人才总量的47.2%。高技能人才占技能劳动者比例从"十一五"末的15%提高至24%。目前,全市拥有"两院"院士3人,国家"千人计划"专家48人,享受国务院政府特殊津贴专家98人,国家级有突出贡献中青年专家6人、省级93人。

4. 人才工作品牌效应逐步增强

扬州市深入实施"绿扬金凤计划",启动实施"扬州英才培育计划",为扬州市经济社会发展提供保障。持续完善"绿扬金凤计划"实施方案。2013年在"绿扬金凤计划"中设立扬州大学专项,鼓励和引导扬州大学教授博士到地方创业创新。同年实施"拨改投"工作,对入选创业人才的重点项目,改变以往全部无偿资助的方式,将市财政承担的50%资助资金改为债权投资,进一步提高人才责任意识,努力让财政资助资金发挥最大效益。2014年,在全省率先制定出台《创业创新领军人才项目绩效评估暂行办法》,加强对受资助人才项目的动态管理和绩效考核。2010年启动实施"绿扬金凤计划"以来,共遴选资助创业创新人才262人,优秀博士人才456人,累计完成投入34.47亿元,新增销售99.9亿元,纳税8亿元,新增就业7045人。2013年启动实施"扬州英才培育计划",共遴选培育对象206人。

5. 人才资源发展环境不断优化

至2015年底,市区财政和相关企业分两批,共兑现人才住房保障资助资金2200万元,资助人才1698人。全市重点推进建设22个科技产业综合体,西安交大科技园、广陵科技产业综合体等已建成投入使用,各综合体累计入驻企业634家,2014年实现销售收入38亿元,本科以上从业人员达6727人。市财政设立规模3000万元的天使基金,委托英飞玛雅专业团队运作,已对智途科技、网畅科技等企业实施投资。全市已设立2家科技支行(农行、招行)和5家科技小贷公司,累计发放科技贷款27.48亿元。有126名引进人才享受到子女就学优惠政策。建立高层次人才医疗保健"绿色通道",印发服务证1083份,组织高层次人才体检1100多人次。

6. 人才资源发展绩效日益彰显

近年来扬州市入选省级人才计划人数居全省前列,245名创新创业人才、12个人才团队、271名博士入选省"双创计划",221人入选省"333高层次人才培养工程",57名企业家入选省"科技企业家培育工程",42名企业家入选省"产业教授",获省级以上人才项目资助累计达3亿元。先后争取6批科技镇长团共282人次派驻扬州,先后组织2661名教授博士柔性挂职企业,签订产学研合作合同10.8亿元,推动校企共建研发平台416个。自主创新能力不断提升,创新成果较快增长,至2014年底,全市人力资本投资达478.6亿元,占GDP比重为12.94%。全社会研发经费投入81.34亿元,占GDP的2.2%,全市实现高新技术产业产值4268亿元,占规模以上工业企业总产值的45.4%。

二 人才发展存在的主要问题

1. 人才优先保障的力度尚显不足

人才工作财政投入相对不足,对待人才投入存在"见效慢、不愿投,

风险大、不敢投，不熟悉、不会投"等倾向。企业作为用人主体的积极性、主动性不强，有效投入总体不足，引才用才作用发挥还不够明显。

2. 人才资源结构性矛盾较为突出

人才队伍总体竞争力有待提升，高层次人才总量不足，人才结构与产业结构的匹配度有待提高。缺乏一流的研发人才、工程师及创新团队，职业经营管理人才、产业发展急需的专业技术人才和高技能人才的数量也相对不足，基层、农村地区和生产一线人才数量偏少、结构不合理。

3. 人才载体平台作用发挥不明显

支撑人才创新的平台载体总量不足、层次不高，平台特色不明显，同质化现象比较突出。各园区虽然都出台了一些人才政策，但缺乏系统性和规范性，政策存在碎片化现象。一些创业园区软硬件设施不配套、功能不完善、管理制度不健全，孵化器和加速器作用发挥有待进一步加强。

4. 人才发展体制机制不够完善

适宜创业的金融环境还不够宽松。人才队伍建设还处于数量规模型阶段。人才引进方面，引才形式、引才渠道还比较单一。人才培养方面，还存在部门重视程度不够均衡等问题。人才服务方面，人才创新创业服务体系还有待进一步健全。

三 推进人才发展的对策措施

（一）实施六大人才工程（计划）

1. 深入实施"扬州英才培育计划"

切实加大本土人才培养力度，定期遴选扬州英才培育对象，通过组织专题培训、发放工作经费、建立导师制和带徒制、开展联谊交流活动等举措，进行重点支持和培养。建立完善名师带徒制度和人才技能代际传承机制，组建一批非遗保护、教育卫生、工艺美术、传统技能等领域的市级"名师工作室"，在全市形成梯次衔接的人才培养局面，到2020年重点建设100个

"名师工作室"。各县（市、区）、功能区结合实际，组织实施本土人才培养计划，完善目标管理、实绩考核、保障激励等机制，健全上下联动、统分结合的人才培养体系，推动各类本土人才队伍健康发展。

2. 持续打造"绿扬金凤计划"引才品牌

紧扣人才发展形势和全市产业发展需求，组织和参与各类人才招引活动，每年引进100名左右创新创业领军人才和200名左右优秀博士人才，提高人才引进层次，促进产业结构调整，加快构建现代产业发展新体系。注重引才质量和效益，加大文化、卫生、旅游、高技能等类别人才引进力度。完善"绿扬金凤计划"扬州大学人才专项，健全"绿扬金凤"扬州大学服务团机制，引导更多扬州大学高层次人才到地方创新创业，到2020年，扬州大学服务团成员动态保持在150人左右。推动各县（市、区）、功能区深入实施人才引进计划，争取国家"千人计划"、省"双创计划"等人才工程的更多资助和支持。

3. 实施人才产业融合发展计划

依托科技镇长团资源，深入推动"教授博士柔性进企业"活动，从省内外高校院所、大中型国有企业、省级机关柔性引进各类专家教授，担任企业"科技副总"，广泛开展人才、科技等方面的交流合作。建设完善科技镇长团创新创业基地，吸引集聚更多高校院所优秀人才来扬州创业，带动更多先进成果在扬州转化，实现产业化。深入开展"科教合作新长征"，建立健全校地、校企紧密联系及产学研合作联盟，采取技术入股、专利授权、项目合作、共建研究院等多种引才引智形式，促进企业科技创新。到2020年，全市企业柔性引进教授博士动态保持在2500人。

4. 推进创新创业载体建设工程

推进省级以上高新区建设，在软件信息、食品生物、节能环保等领域新增2家以上国家级特色产业基地。力争到2020年，形成涵盖3个国家级创新型园区、8个省级创新型园区、10个国家级特色产业基地的产业创新集聚区。提升科技产业综合体建设水平，重点推进单体10万平方米以上科技产业综合体建设，建立规范有效的人才项目孵化服务体系，提供一站式服务。

布局发展众创空间,加快打造支撑创新创业的新型孵化器。到 2020 年,全市各类科技产业综合体孵化面积达到 1000 万平方米,新增孵化企业 3000 家,"千人计划"和"双创计划"人才团队 50%以上集聚到科技产业综合体;众创空间面积达 100 万平方米。

5. 实施创新型企业家培育工程

深化推进"科技企业家培育工程",整合市县科技人才项目、教育培训、科技金融等资源,加强对科技型企业家的集成支持,不断提升职业化、现代化、国际化水平,培养具有全局视野、现代理念和改革创新精神的科技型企业家,促进新兴产业发展、传统产业升级,促进更多本土企业做大做强。启动实施"千名企业家培养提升计划",加强对科技型企业家、民企新生代等的集成支持。力争到 2020 年,集聚和培养领军型企业家 500 名,新生代企业家 500 名,新增省、市级"科技企业家"培育对象 300 名。

6. 整体推进人才队伍素质提升工程

强化各类人才队伍的培养,构建人才培养目标与经济社会发展目标相适应、人才素质结构同产业结构调整相协调的人才培养开发机制。结合岗位实际需求,组织国(境)内外学术交流、技术考察、能力培训等,加快培育各领域的专业技术人才;加大对职校技校的投入,优化专业设置,积极培养符合扬州市产业需求的技能型人才,充分发挥市职业教育集团的整合作用和企业培养人才的主体作用,加强职教实训基地校企共建共享;以软件与信息服务、金融、旅游、现代物流等产业为重点,与省内外知名高校深化人才培训合作,常态化、模块化举办各类培训研修班,加快培养现代服务业各类专业人才;实施文化人才"育才聚贤"计划,建立与专业院校共同培养文化人才的合作机制,聘请引进 100 位左右名人大家,开展"师带徒"行动,重点培养新闻出版、广播影视、创意设计及传统工艺美术领域的中青年文化人才,到 2020 年,宣传文化人才总量达 5000 人;推进名医名师培养工程,通过重点学科建设、在职培训研修、智力交流合作等方式,培养造就一批德才兼备的名医名师,到 2020 年,医学博士等高层次人才达 200 人,新增名校长、学科带头人和中青年教学骨干 1000 名左右。

（二）推进落实"八大措施"

1. 坚持人才投入优先保证

加大政府引导投入力度，市、县设立人才发展专项资金，纳入年度财政预算，并建立持续增长机制，确保不低于本级公共财政预算收入的3%，专门用于人才引进、培养、使用、奖励等。完善资金投入方式，试点完善"拨改投"等方式，采取无偿资助与债权投资等相结合的方式资助人才项目，全面落实《扬州市"绿扬金凤计划"创业创新领军人才项目绩效评估暂行办法》，加强人才投入产出效益评估，切实提高人才资金的使用效率。强化企业主体投入，引导企业按不低于销售额0.6%的标准设立人才发展资金。推动社会参与投入，深入推进"人才贷""科技贷"等措施，鼓励社会组织、创投机构等深度参与人才开发，构建多元化的人才投入体系。

2. 发挥市场的人才资源配置功能

充分发挥市场在人才资源配置中的决定性作用，进一步强化市场发现、市场认可、市场评价的人才选用机制。加强与全国重点市场、长三角人才市场的对接与融合，打造便捷快速、国际化的网上人才交流平台。加速集聚全球人力资源服务名企，积极引进和培育一批具备招聘派遣、外包服务、培训测评、管理咨询等功能的人才服务机构、中介机构，鼓励人力资源服务产品创新，加大政府购买人力资源服务的力度，推进人才资源市场体系建设。建立健全与市场经济体制相适应、充分体现人才价值、鼓励人才创新创造的人才激励保障制度，努力形成市场有效配置、单位自主用才、人才自主择业的人才发展体制。

3. 引导人才向企业和基层集聚

积极培育骨干龙头企业，推动中小企业转型升级，加大对科技型企业的扶持力度，加快引进和建设一批龙头型、基地型大项目，进一步推动项目聚人才、人才引项目。切实优化企业创新环境，激励企业加大研发投入，推进"三站三中心"扩量提质，发挥好创新平台的聚才作用。完善双向挂职、短期工作、项目合作等灵活多样的柔性用才政策，引导人才向企业和基层流

动。大力引进高层次人才到县（市）发展，采取措施引导市区人才资源向县（市）柔性流动，着力提升县（市）存量人才能力素质。加强基层教育、卫生、文化等人才队伍建设，促进基层人才队伍总量提升、加速发展。

4. 拓宽人才创业金融支持渠道

逐步扩大政府主导的天使基金规模，加强科技支行、科技保险、科技小贷、科技担保等金融机构建设，形成较为完善的人才创业金融服务体系，各县（市、区）均新建科技金融服务公司5家以上。鼓励各类创业投资机构来扬州发展，新引进和培育20家以上。深化与金融机构合作，鼓励发展以企业、人才信用为基础的信贷创新产品，降低科技型小微企业服务门槛，提供优质的创业金融服务。引导鼓励众筹融资、互联网金融平台规范发展，为人才创业提供股权众筹等投融资新模式。

5. 加强人才创业创新服务跟踪

不断完善人才创新创业跟踪评估体系，根据人才项目的类型、产业领域，定量评估与定性分析相结合，全面准确地跟踪评估人才项目。对项目进展中出现的问题和困难，及时予以协调解决，对产生显著效益的人才项目给予后续激励。加大对人才项目的扶持力度，在政府采购中优先选用相关产品。用好人才项目跟踪评估结果，进一步审视完善人才计划、政策，提升人才项目经济社会效益，探索创业创新人才"引得进、留得住、用得好"的新路径。

6. 强化人才服务保障体系建设

完善市高层次人才服务中心功能，与区、县人才服务中心和科技产业综合体服务平台等联网互通，提升服务水平。着力为各类高层次人才提供登记注册、社会保险、健康医疗、子女就学、出入境办理等综合服务。深化落实人才住房保障政策，加快推进各县（市、区）、功能区和重点企业人才公寓建设，逐步扩大人才住房保障面。按照"便捷化、规范化、个性化、均等化"的原则，健全社会化人才服务体系，破解人才创新创业中的公共性、基础性难题。

7. 建立健全人才国际化政策

实行便利的人才准入政策和人才流动政策，逐步形成开放的国际人才资源开发模式。完善国外智力资源供给、市场准入、使用激励、成果共享等政策办法。鼓励和资助科技、教育、卫生、文化、金融等各类人才参与国际重大科技工程计划和学术研究。积极建立海外招才引智联络站，着力加大海外各类高层次人才的引进力度。

8. 全面优化人才效用发挥路径

注重人才发展高端引领与整体开发相结合，通过高层次人才队伍引领示范，带动人才队伍整体素质持续提高。促进外部引进与内部培养有机互动，通过人才联谊、主题讲座、专题沙龙等形式，发挥引进人才的"传帮带"作用，探索在不同层次人才之间建立师徒传承关联，加快本土人才队伍建设，形成人才培养、人才集聚的良性循环。

B.23
扬州全面推进依法行政
加快法治政府建设的对策研究

扬州市政协社会和法制委员会课题组*

摘　要： 依法行政、加快法治政府建设是全面推进依法治国的关键环节，也是全面深化改革的重要保障。本文阐述了扬州市近年来在推进依法行政和法治政府建设方面所取得的成绩，全面对照分析了十八届四中全会确立的法治政府建设的新目标、新要求，扬州在推进依法行政和法治政府建设中值得研究、探讨并亟待解决的困难和问题。最后从法治信仰提升、政府职能转变、行政执法体制探索、保障机制的完善和组织领导的强化等方面提出针对性的对策建议。

关键词： 依法行政　法治政府　建设　对策

一　扬州市在推进依法行政和法治政府建设方面所取得的成效

1. 法治政府建设工作体制机制不断健全

市和各县（市、区）政府把推进依法行政、建设法治政府工作放在重

---

* 课题组负责人：刘亚军，扬州市政协副主席、扬州市公安局局长。成员：苏迎春，扬州市政协副秘书长；徐跃，扬州市政协副秘书长、市民建副主委；杨哲，扬州市政协社会和法制委员会主任；刘柏，扬州市政府法制办主任；王亚民，邗江区政协副主席；李峰，扬州市监察局局长；李浩，扬州市地税局稽查分局副局长；李秀华，扬州大学法学院法律诊所主任；曹卫国，扬州市政协社会和法制委员会副主任；高玉波，扬州市政府法制办副主任；沈芳，扬州市政协社会和法制委员会秘书处处长。执笔人：沈芳。

要位置，加强组织领导和统筹协调。2015年3月，市政府以1号文件形式在全省率先制定了《关于深入推进依法行政，加快建设法治政府的实施意见》。3月25日，召开全市法治政府建设推进大会，对进一步推进依法行政、加强法治政府建设工作进行了全面部署。市、县两级政府每年召开依法行政工作会议，对依法行政工作进行项目化管理。全市实现了依法行政考核工作的制度化，根据不同时期的工作重点，制定年度依法行政考核标准，增强考核针对性。

2. 政府职能转变和机构改革积极推进

通过全面梳理、清理、审核、协调，取消市级行政审批事项43项，调整行政审批事项153项，公布"行政审批事项目录清单""行政权力清单""政府专项资金管理清单""行政事业收费目录清单"，强调目录之外无审批。一是深化三区"同级同权同责"工作，逐步理清区级政府事权与财权。二是全面推进政务公开。积极推进以"开门立法""开门监督""开门复议"为主要内容的"三开门"法治政府建设工作模式，出台《关于进一步推进参与式行政程序建设的实施意见》，将"三开门"工作模式进一步上升为政府系统制度安排。通过政府网站、政风行风热线、"12345"政府服务热线等形式，推进政务公开，实现行政权力阳光运行。三是全面推进监管体制改革。在县（市、区）和开发区、功能区市场监管领域实行工商、质监、食药监"三合一"体制改革，组建市场监督管理局和市场综合执法大队；理顺城市管理执法体制和运行机制，落实区级政府主体责任，推行市、区分级管理、两级执法改革，城管执法重心下移。

3. 依法行政工作水平有效提升

出台《市政府关于进一步加强依法科学民主决策的意见》，从指导思想和基本原则、决策范围、决策程序、决策监督等方面进一步规范政府决策。出台《关于进一步加强规范性文件制定过程中公众参与和审核协调工作的通知》《扬州市规范性文件听证会、论证会和新闻发布会工作规范》，进一步完善了规范性文件制定公众参与机制，增强了制度建设的科学性与民主性。进一步提升行政执法人员的执法能力和淘汰制度，持续提升执法人员的行政执法能力。

二 需要研究解决的问题和薄弱环节

对照十八届四中全会确立的法治政府建设新目标、新要求，扬州市在推进依法行政和法治政府建设的过程中，仍存在以下值得研究、探讨并亟待解决的困难和问题。

1. 依法行政的理念有待强化

重经济发展、轻法治建设现象依然存在，少数领导干部和行政执法人员对依法行政、建设法治政府的内涵理解不深，运用法律思维和法治方式解决问题、避免风险的意识不强，能力较弱。有的部门执法理念滞后，重管理轻服务、重审批轻监管、重处罚轻指导、重权力轻责任问题较为突出。在行政执法过程中，重实体轻程序、突击式运动式执法、过罚不相当、同案不同罚等不规范行为不同程度存在。在基层，由于行政权力行使不当引发的社会矛盾和社会稳定事件时有发生。全市两级法院各类行政案件大量增加，2015年1~9月受理一审行政案件550件，审结370件，其中撤销、判决履行职责、确认违法、判决赔偿共计37件，行政机关败诉率达10%。诉讼过程中，行政机关负责人出庭应诉实质性效果有限，有时"出庭不出声"，一定程度上反映了部分行政执法机关尊重相对人权利、遵守行政规则、程序意识等理念需要增强。

2. 行政体制改革需进一步推进

一是行政执法体制未完全适应依法行政需求。行政执法联动机制尚未有效建立，因部门职能划分不清或职责交叉，在社会管理的部分热点、难点领域难以形成工作合力。在日常执法工作中，多头执法、重复执法等不科学、不合理问题仍然存在。比如，城管部门依据《行政处罚法》"相对集中行使行政处罚权"的规定，行使相关执法职能时，因部门间沟通协作渠道不畅，支持配合不到位，对违法建设、占道摆摊等城市管理难题，难以有效解决。经过改革和调整，城管工作重心下移，但编制、人员、经费等未能同时配置到位，加之执法手段单一，执法环境欠佳，影响了城管执法成效。二是政府职能转变与简政放权的要求仍有一定距离。各区权力清单标准不一，"同级同权同责"尚未完全落实到位，相关职能没有完全理顺，市与区之间、区与区之间的权力名称、权力依据等差异较大，不利于统一监管。部门之间的信息各自为政、缺乏沟通共享，当事人需反复提交相关信息，手续繁杂，造成资源浪费。部分削减或下放的行政审批事项含金量不高，对有利事项，仍是部门清理、调整的难点。例如，仪征市2014年承接的54件行政审批事项，基本属于在系统权力库予以挂起（即1年以上不使用的）的"少遇见、可不用"事项。调研发现，审批流程不规范、前置审批过多、效率不高、推诿扯皮、"证明你妈是你妈"类证明等仍有反映，审批事项取消或下放后的监管机制也有待进一步健全。三是行政执法监督制度建设仍不完善。在执法责任制和追究制的落实上，还存在失之于"宽"，失之于"软"的现象。

3. 功能区主体地位亟须理顺

功能区的社会管理和社会服务压力越来越大，法制基础相对薄弱，与推进依法行政工作的要求不相适应。因缺乏明确的立法界定，功能区的行政主体资格备受质疑，行政执法权限大多集中在市各行政机关，功能区对相关社会管理事务实际上既无权也无人，难以适应行政管理需要，有的甚至在相关领域出现执法空白。经区划调整，一些乡镇（街道）划归功能区管理，因相关职能调整未同步研究，一些社会事务的责任主体不明确，引起群众不满。一些行政复议和行政诉讼案件，因功能区的法律地位问题，影响了案件的受理和审理。

4. 保障投入与建设法治政府的要求不相适应

一是法制机构建设亟须加强。县（市、区）法制机构人员少、任务重，2015年1~9月，全市收到行政复议申请308件，2014年同期169件，增长率82.2%；市政府收到复议申请76件，2014年同期47件，增长率61.7%。随着2015年5月1日新《行政诉讼法》的实施，复议机构维持也作为被告，意味着行政诉讼量将面临巨大压力。县（市、区）职能部门大多无专门法制机构，法律人才严重不足，法律水平普遍不高。二是乡镇依法行政工作压力较大。基层工作面临诸多矛盾及执法难点，而各种行政优质资源集中在上

级机关，乡镇没有设置专门法制机构，法制工作以大学生村官代管为主，基层基础薄弱；基层执法人员少、变动大，能力与需求有差距，不利于执法队伍专业化建设，成为基层执法权责脱节、执法难度大的重要原因。三是投入不到位。特别是基层行政执法部门存在执法人员编制不足、执法装备欠缺、经费困难以及执法人员的素质有待提高等突出矛盾。因执法人员严重短缺，城管、公安等部门大量聘用协管人员，个别地方甚至出现非公务人员从事执法活动现象。部分协管人员业务能力有限，素质参差不齐，管理难度大，且业务经费由各部门以收定支，易形成趋利执法等执法隐患。

三 全面推进依法行政、加快法治政府建设的意见和建议

党的十八届四中全会通过了《中共中央关于全面推进依法治国若干重大问题的决定》，依法行政、加快法治政府建设是全面推进依法治国的关键环节，也是全面深化改革的重要保障。扬州市提出到2020年基本建成法治政府的阶段性目标。针对以上问题，调研组提出如下意见和建议。

1. 深化认识，进一步提升全社会法治信仰

法治政府是法治国家的核心，深入推进依法行政、建设法治政府是建设社会主义法治国家的重要内容。各级党政机关及领导干部应进一步强化法治理念，努力提高运用法治思维和法治方式深化改革、推动发展、化解矛盾、维护稳定的能力，将所有政府行为纳入法治化轨道运行。各级领导干部要带头依法行政，带头依法办事，发挥好"关键少数"的作用，尤其是对各类行政执法案件不得以任何形式进行影响和干预。加强法制宣传教育，进一步提升行政执法人员的法律素养，强化依法行政的责任意识，在文明执法、规范执法的过程中，维护法律权威，传播法治理念。做实做好全民普法守法这一依法治国的基础性工作，按照"谁执法、谁普法"的要求，健全普法机制，创新普法模式，弘扬法治精神，增强社会公众的法治信仰，自觉遵法守法用法，以各方合力推进法治政府建设。

2. 简政放权，进一步推进政府职能转变

一是推进行政权力的统一规范工作。在三区同权工作的基础上，进一步加强市、区行政审批事项目录统一管理，纳入目录的行政审批事项，其名称和代码、审批依据、程序、条件、申请材料、审批期限等要素和内容，建议尽快做到市与区、区与区之间的一致性。增强改革的自主性，凡下级政府能够履行的行政审批事项，应充分发挥基层的就近管理和服务作用，最大限度地方便企业和群众办事，放好权、真放权。积极推进政府责任清单的制定与公布，确保责任明确，权责一致。对各级政府和部门已经出台的相关文件，要进行全面清理规范，使之符合法律法规的要求。二是注重做好简政放权后的监管工作。加强对行政审批改革调整事项的事中事后监管，确保监管不缺位、不滞后。加强行政审批事项目录的动态管理，对行政审批权的运行过程加强服务效能监察；对削减的行政审批事项，通过其相关活动开展及其结果的事中事后监管，促使其依法重质守信；对转移的行政审批事项，重点监管其承接能力，促使其依法行政等。三是切实提升行政审批的规范化程度。积极治理行政审批办理时间长、红顶中介多、收费多、盖章多、材料多等"一长四多"突出问题，增强服务意识，推行马上就办。建议推动同类事项及同一部门负责事项的归并办理，大幅压减审批事项的前置条件，重视实行并联审批，优化审批程序，整合工作流程，减少审批环节，设置明确的办理时限；大力推行网上审批，建立健全集信息公开、网上办事、便民服务、电子监察于一体的网上办事大厅，充分利用电子政务信息互通平台，实现审批信息共享，提升审批效率。

3. 整合资源，积极探索运转高效的行政执法体制

一是规范相对集中行政处罚权的行使。实行相对集中行政处罚权是解决多头执法、职责交叉、重复处罚、执法扰民等突出问题的重要举措。建议相关行政执法机关摒弃部门利益、进一步调整职责权限、明确职能分工，避免出现多头执法或执法盲区。完善城管部门与其他部门之间的协调联动机制，对相对集中行政处罚权行使机关的行政执法行为，原行政处罚权行使机关要给予积极支持，有效配合所需的调查取证、事实认定或行政强制措施，集中

执法资源，充分发挥执法效能。不断总结市管理领域相对集中行政处罚权行使经验，积极探索并加强在农业、交通、环境、文化等诸多领域的综合行政执法新模式，以整合资源，优化部门职能配置，切实提升综合执法规范化水平。二是逐步理顺行政执法体制。根据中央要求和相关文件精神，人随事走，充实基层执法力量，减少行政执法层级、推进执法工作重心下移。例如，针对目前的两级城管执法体制，伴随县（市、区）城管独立执法权的行使，建议尽快配套相应的执法力量，确保能力与职责相匹配，并明确上下级机关的职责，合理分工、各有侧重、协调运作。三是完善行政执法责任制。进一步强化行政执法的评议考核，通过对执法主体资格、执法权限、执法依据、执法程序、执法决定内容、案卷质量等的评议，对行政执法部门和执法人员的职责履行情况进行全程监督，全面落实执法责任制和执法过错责任追究制。对行政执法绩效突出的予以表彰奖励，有过错或违法行为的严肃追究责任，并在相关媒体或执法信息平台定期公开执法评议考核结果，以科学有效的执法监督机制，确保每个执法环节公平公正。

4. 破解难题，有效提升功能区依法行政水平

建议加强对功能区依法行政工作的研究探索和实践。一方面，明确功能区的功能定位。功能区不是独立的法人执法主体，不同于一般的行政区，它是按照区域资源优势发展起来的特定经济发展空间，以发展经济为主要功能。功能区的权力应来源于派出机关的依法授权，受委托行使的职能应与其功能密切联系且匹配。建议处理好各功能区与所在区及乡镇党委、政府的关系，理清功能区的职能定位，利用现有的政策和社会资源，强化功能区的经济发展职能，逐步减少城市管理等相关社会管理事务，使各功能区集中精力谋求经济发展。另一方面，推进功能区依法行政工作。功能区的法治建设，既是功能区经济发展的保障，也是扬市法治政府建设的重要组成部分。提高功能区行政效能，在授权范围内，按照权责统一、政务公开等要求，依法行使相关部门授予的经济管理权限和审批职能，提供高效便捷的服务。适应依法行政的基本要求，重视各功能区在行政执法和行政监督方面的法治化建设，可借鉴苏州等地的做法，由功能区原所属区的相关职能部门承担功能区的行政执法功能，探索区域综合执法和相对集中许可权等方式，有效规范功能区的行政执法体制，提升依法行政水平。

5. 夯实基础，完善法治政府建设保障机制

一是充分发挥法制机构功能作用。按照十八届四中全会精神要求，合理配置、整合资源，尽快组建政府法律顾问工作办公室，积极发挥其实务操作和指导协调功能。配齐、配强市县两级政府法制机构和法制队伍，保证法制机构规格、设置、编制和人员结构与法治政府建设职责相适应。强化功能区、市级部门法制机构建设，有计划地在乡镇（街道）配备专职或兼职的法制工作人员，将具有较高法律素质和业务能力的干部充实到基层法制岗位。二是加强行政执法队伍建设。进一步加强行政执法主体资格合法性审查，健全行政执法人员的资格管理，定期开展行政执法业务培训和业务考核，不断提高执法能力和水平，积极探索行政执法队伍的职业化道路。加强对协管人员的管理，按照省法制办关于城市协管人员规范化建设的意见，协管人员数量不得超过本地实有人口万分之六，并应逐步减少。严把协管聘用关，明确协管人员工作职责，建立健全考核机制，对不称职的协管人员，应及时清退。三是加大经费投入。完善行政执法经费保障机制，按照事权与支出责任相适应的原则，行政执法所需的人员、业务、执法装备等经费，按行政执法实际需要，尽可能予以财政全额保障。借鉴江苏省宿迁等兄弟市做法，协管人员收入实现财政保障。严格执行罚缴分离和收支两条线管理，行政执法机关的收费与罚没性收入，切实与业务经费和执法人员的工资收入完全脱钩。

B.24
2015年扬州政府法制现状与形势预测

刘柏　徐晓明*

摘　要： 2015年，全市共制定出台规范性文件28件，行政复议机关办理行政复议案件410件。在工作措施方面：一是高规格部署，政府法制工作高标准有序推进；二是工作基础有了新强化，支撑力进一步增强；三是工作重点有了新深化，影响力进一步加大。2016年，政府法制工作面临的外部形势：一是法治政府建设工作要求进一步明确，二是政府法制工作内涵与外延进一步拓展，三是政府法制机构建设短板问题进一步凸显，四是重大行政决策规范要求进一步强化，五是行政应诉工作压力进一步加大。2016年，政府法制需要重点做好五个方面的工作：一是以更务实的措施运行好地方立法权，二是以更精细的措施确保规范性文件的合法性，三是以更丰富的内涵拓展政府法制监督格局，四是从全局定位加大行政复议规范化建设力度，五是以更有效的举措推进政府法律顾问工作。

关键词： 扬州　政府法制　现状　预测

一　2015年扬州政府法制工作基本状况

2015年，全市共制定出台规范性文件28件，比上年度下降12.5%。其

---

* 刘柏，扬州市政府法制办公室主任；徐晓明，扬州市政府法制办公室处长，副研究员。

中，市政府制定出台规范性文件7件，比上年度下降22.2%。全市行政复议机关收到行政复议申请410件，受理372件；其中，市政府收到行政复议申请101件，占申请总数的30.1%；县（市、区）人民政府收到行政复议申请128件，占申请总数的41.4%；市级部门收到行政复议申请90件，占申请总数的37.5%。在受理审结的330件案件中，维持164件，撤回终止138件，责令重作1件，驳回行政复议申请25件，告知2件，正在审理42件。

1. 深化立法制度规范建设

一是积极启动地方立法权准备工作。抓住《立法法》修改给扬州市地方立法权新配置带来的机遇，注重和人大协调对接，协同推进地方立法权启动进程，赴苏州、无锡、徐州、山东等地开展立法权运行工作调研。制定《扬州市规章制定程序规则》，完善立法工作规则。二是推进规范性文件制定公众参与。按照推进参与式行政程序建设的要求，对《大运河扬州段遗产保护办法》《扬州市公路安全保护实施办法》等规范性文件分别征求25个立法民情联系点、工青妇和社会群众的意见，运用网络平台，发挥基层组织作用，协同做好规范性文件征求意见工作。三是启动规范性文件清理、后评估和主体资格确认工作。适应行政诉讼法修改对规范性文件制定质量提出的新要求，对全市规范性文件清理、实施后评估和制定主体资格确认三项工作进行部署。在对市级规范性文件制定主体进行清理审核的基础上，对市政府和市级部门规范性文件进行了审核确认，拟保留79件、修改37件、废止16件。

2. 规范行政决策机制

一是制定《扬州市若干重大行政行为程序规定》。依据《江苏省依法行政程序规定》，立足于防范行政决策风险，针对一些重大行政决策行为，制定了《扬州市若干重大行政行为程序规定》。二是政府法律顾问工作深入推进。在机构设置层面，组建政府法律顾问办公室；在制度建立层面，建立政府法律事务专家库成员工作规则、法律服务报酬支付办法等工作制度。三是合法性审查职能充分发挥。随着重大行政决策程序的不断规范，2015年以来，政府法制机构合法性审查职能日趋强化。2015年，市政府法制办对90件政策性文

件开展了合法性审查,与上年同期相比增加 25 件,增长率为 38.46%。审查工作主要呈现审核文件层次高、涉及金额大和内容多样化等特点,所审查文件既有市委迈上新台阶等系列高层次规划决策类文件,又有公司债券发行、国有资本经营预算等多个涉及亿元以上重大个案的决策类文件。

3. 加强执法监督

一是系统性开展"行政执法监督效能提升年"活动。在 2014 年成立行政执法监督局的基础上,2015 年在全市启动开展了"行政执法效能提升年"活动,制订"行政执法效能提升年"活动方案,召开全市行政执法监督工作专项会议,通报全市行政执法工作情况,通过前移执法监督关口、全控执法过程、完善执法监督机制、加强执法监督公众参与等四大环节,对全市行政执法监督工作提出十项任务要求。二是创新性推进执法体制改革。积极推进城管行政执法体制改革,推动城市管理行政执法由一级执法调整为市、区两级执法。探索开展景区相对集中行政处罚权试点工作。三是常态性做好执法监督基础工作,规范化开展行政执法资格清理和处罚备案审查工作,联合编办、人社等部门开展行政执法人员资格清理工作。

4. 推进行政复议应诉

一是深化推进行政复议委员会试点。一方面,召开市政府行政复议委员会第二次全体会议,调整市政府行政复议委员会委员,修改完善四项行政复议委员会运行工作规则;另一方面,积极推进县(市、区)行政复议委员会新试点。在 2014 年邗江区开展行政复议委员会试点工作的基础上,又推进了高邮市行政复议委员会试点工作。二是积极应对行政复议与诉讼高发态势,高质量办理各类案件。在办理案件的同时,注重强化源头治理,将行政执法风险提示制度引入办案程序。

二 2016 年全市政府法制工作形势预测

1. 法治政府建设工作要求进一步明确

2015 年 1 月,江苏省政府下发了《省政府关于深入推进依法行政 加快建设法治政府的意见》，江苏省全面推进依法行政工作领导小组制定了《江苏省法治政府建设指标体系》。在此基础上，扬州市也制定了相关的实施意见。不同层面政策文件的落地对法治政府建设提出了明确的工作要求，推进路径进一步明晰。法治政府建设各项工作任务的完成需要更细化的安排作支撑、更有效的措施来作保障。2016年，各地各部门要根据省、市政府法治政府建设督查工作要求，根据省、市法治政府建设推进部署安排，结合各地实际，进一步找准薄弱区域和薄弱环节，明确列出时间表，按照切实可行、切中要害的要求谋划各项工作方案和措施，明确各项任务完成情况的评价标准，确保各项工作任务切实落到实处。

2. 政府法制工作内涵与外延进一步拓展

在全面建成小康社会、全面深化改革、全面推进依法治国、全面从严治党的大背景下，党和政府对法治政府建设的重视程度前所未有，政府法制机构承担的工作职能和任务得到了极大拓展和深化。从法治建设的要求来看，政府法制机构不仅要切实履行好依法行政领导小组办公室的职能作用，加强依法行政工作的统筹规划、综合协调、督促指导，还要扎实抓好依法行政考核、制度建设、合法性审查、行政复议等日常工作。政府法制工作的内涵和外延进一步拓展。

3. 政府法制机构建设短板问题进一步凸显

在政府法制工作内涵与外延进一步拓展的背景下，政府法制机构在党委政府决策和各项工作中扮演着越来越重要的角色，政府法制部门工作压力也进一步加大。而随着政府法制部门责任的日益加大，长期以来一直存在的"小马拉大车"的机构建设格局被进一步放大，政府法制机构建设"短板"问题与工作需求之间的矛盾正不断凸显。如何通过不断加强政府法制队伍能力建设，确保法制机构规格、设置、编制和人员结构、条件保障与其职责任务相适应成为今后一个时期推进法治政府建设必须要重点关注解决的基础性问题。

4. 重大行政决策规范要求进一步强化

十八届四中全会对依法决策体制进行了重新构造，提出将公众参与、专

家论证、风险评估、合法性审查、集体讨论决定落实为重大行政决策法定程序的要求。与此同时,为进一步倒逼行政机关依法决策、科学决策,还一并强化了重大行政决策法律责任,明确了决策终身责任和责任倒查机制。重大行政决策运行体制的新变化对政府及部门行政决策体制都将产生非常重要的影响,规范行政决策,强化行政决策监督进一步凸显,成为推进依法行政的核心内容。为此,在今后的决策中,行政机关都需要对现行行政决策模式进行反思、评估,并及时补充、修正,以适应科学决策、民主决定的现实形势需求。

5. 行政应诉工作压力进一步加大

2014年,全国人大对《行政诉讼法》进行了修订。修订后的《行政诉讼法》对管辖制度、诉讼被告资格等规则作出调整,进一步强化了对行政权力的司法监督导向,对行政管理产生了非常重要的影响。从2015年的情况来看,各地政府及部门的行政应诉量大幅增加,2016年,行政机关在行政应诉工作方面的压力将进一步加大。

三 对策建议

1. 以更务实的措施运行好地方立法权

按照地方立法工作要求,坚持立法决策与经济社会发展相适应原则,加强立法工作统筹,主动向社会公开征求立法建议项目,扩大立法公众参与,围绕重点民生事项、事关经济社会发展的全局问题、城市管理、生态保护等现实需要,制定出台政府规章和规范性文件,不断提高制度建设质量,真正发挥立法制度引领城市发展的功能。加强立法能力建设是地方立法权高效有序运行的前提和保障。

2. 以更精细的措施确保规范性文件制定的合法性

在司法监督压力不断加大的背景下,进一步提升规范性文件制定质量显得非常重要和迫切。各地各部门要积极发挥规范性文件制定的合法性审查职能作用,立足当地经济社会发展的实际需要,抓住改革发展、保障民生等重点领域和关键环节，科学做好规范性文件制定立项工作，做实做细审核工作，组织做好公众有序参与、专家提供论证、承办单位风险评估、法制合法性审查、政府集体讨论决定等相关工作，探索开展委托第三方制定规范性文件的工作方式创新。进一步强化备案审查工作，明确备案审案范围，健全规范性文件备案审查工作通报制度，切实落实好规范性文件后评估和定期清理制度。

3. 以更丰富的内涵拓展政府法制监督格局

按照行政执法监督工作要求，丰富和创新行政执法监督方式和载体，提升行政执法监督工作质态。通过深入推进城管和景区综合执法体制改革，全面清理规范行政执法主体，组织开展涉企行政处罚备案审查，加大涉企行政处罚决定网上公开力度，制度化推进行政行为风险提示制度，努力构建在内控中规范、在阳光下运行、在网络上监督的"三位一体"涉企行政权力运行监控体系。根据全省"两法衔接"工作专项督查活动要求，深入推进"两法衔接"等工作。

4. 从全局定位，加大行政复议规范化建设力度

行政复议是政府法制部门的一项重要传统职能。在推进社会治理创新，提升国家治理能力的大背景下，加强行政复议工作，提升政府纠纷吸纳与化解能力已成为一项不容回避的课题。各地要积极主动适应行政复议决定全面可诉的背景，进一步动脑筋，下力气，认真研究，在实践中不断总结积累经验，提高依法受理和解决行政争议案件的工作能力和水平。要根据全省行政复议规范化建设现场会要求，通过推进行政复议规范化建设，深化行政复议委员会试点，努力在行政复议办案场所建设、行政复议办案人员配备、行政复议流程标准化等方面实现新突破。

5. 以更有效的举措推进政府法律顾问工作

按照党的十八届四中全会提出的工作要求，"积极推行政府法律顾问制度，建立政府法制机构人员为主体、吸收专家和律师参加的法律顾问队伍"，进一步整合政府法律顾问资源，组建政府法律事务专家咨询委员会和政府法律事务专家库，高效运行政府法律顾问工作办公室，统筹协调推进政

府法律顾问工作。制定包括市政府法律顾问工作办公室工作职责、政府法律顾问工作规则、政府法律顾问报酬支付、绩效考评办法等的各项工作制度，科学构建政府法律顾问工作运行机制。以落实合法性审查、行政应诉工作为重点，建立重大决策合法性审查和行政应诉工作运行机制，制度化、常态化地发挥推进政府法律顾问的参谋职能。

B.25 扬州市人口老龄化现状、问题和对策研究

扬州市民政局课题组*

摘　要： 人口老龄化现象是社会经济发展到一定阶段的必然产物。目前，中国大部分地区已经步入老龄化社会的行列。扬州市人口老龄化的水平更是超过了全国平均值（数据统计截至2014年末，下同）。本文分析了扬州市人口老龄化的进程、特点及其成因，并对未来发展趋势进行预测，阐述了老年人口面临的突出的养老问题，进而提出扬州市应对老龄化问题的对策和建议。

关键词： 老龄化　养老服务　对策

加快发展养老服务业，是扩内需、促就业和转方式的重要途径，是全面建成小康社会的客观要求，也是彰显扬州城市宜居特质的主要方式之一。随着人口老龄化速度的不断加快，如何加快推进养老服务业的发展，给老年人提供多样化的养老服务，已成为各级党委、政府面临的重大而又紧迫的课题。我们必须正视扬州市人口老龄化这一必然趋势，仔细分析其现状及特点，进而提出一些切实可行的对策和建议。

---

* 课题组负责人：张俐，扬州市民政局局长、高级会计师。课题组成员：杨向林，扬州市民政局办公室主任；陈刚，扬州市老龄办副主任；余浚，扬州市民政局办公室，中级职称。

一 全市人口老龄化的基本情况

（一）基本概况

截至2014年末，全市60岁及以上老年人口104.56万，占户籍总人口的22.67%（见表1），其中65岁及以上老年人口68.75万，占户籍总人口的14.91%。从全市老年人口分布情况来看，城镇老年人口占55.81%，农村老年人口占44.19%。

表1 全市老年人口基本情况

区域	总人口数		60岁及以上	
	（人）	占总人口比重(%)	（人）	占总人口比重(%)
生态新城	63222	1.37	15169	23.99
广陵区	434306	9.41	102442	23.59
邗江区	486441	10.54	94743	19.48
开发区	169179	3.66	34924	20.64
江都区	1068773	23.17	262314	24.54
瘦西湖景区	95952	2.08	18828	19.62
宝应县	911117	19.75	201801	22.15
仪征市	565568	12.26	119417	21.11
高邮市	817807	17.73	195975	23.96
合 计	4612365		1045613	

在60岁及以上的老年人口中，60~69岁的占58.16%，70~79岁的占28.69%，80~89岁的占11.87%，90~99岁的占1.25%，百岁以上的占0.03%（见图1）。

（二）基本特点

（1）老龄化时间早、老年人比例高。扬州市于1986年进入人口老龄化城市行列，与全省同步，比全国提前了13年。截至2014年底，全市老年人口约104.56万，老年人口的比例比全国高出6个百分点，比全省高出2个百分点。

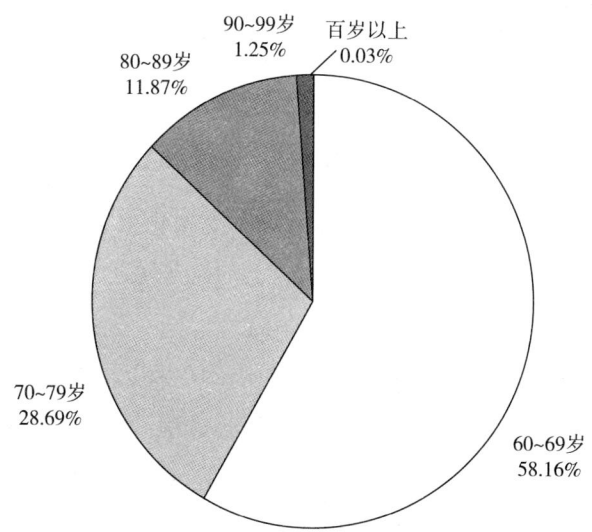

图 1　全市 60 周岁及以上老龄人口年龄结构

（2）老年人口基数大，增长速度快。全市老年人口接近 95 万，平均每 5 个人中就有一位老年人。1986～1999 年，全市 60 岁以上老龄人口比例从 10% 增长到 13.7%，增长了 3.7 个百分点；1999～2012 年，这个比例从 13.7% 上升至 20.7%，增长了 7 个百分点，增速是前 13 年的近两倍。从 2008 年到 2012 年全市老年人口增加了 13 万，老年人口年均增长速率接近 4%。从 2012 年到 2014 年全市老年人口增加了 9.78 万，老年人口平均增长速率约 4.55%。

表 2　近年来老龄人口及比例变动情况

年份	老龄人口数（人）	占总人口比例（%）	增长率（%）
2008	817914	17.84	4.90
2009	853356	18.36	4.33
2010	882107	19.23	3.37
2011	915061	19.90	3.74
2012	947796	20.69	3.58
2013	986178	21.45	4.05
2014	1045613	22.67	6.03

(3) 高龄化趋势日益明显。近年来，随着老年人社会保障和医疗保障水平的不断提高，长寿老人越来越多，其中 80 岁以上高龄老年人口已占老年人口总数的 11.87%。

(4) 空巢化比例越来越高。近年来，"三代同堂"式的传统家庭越来越少，独居老人或仅与配偶居住在一起的老年人越来越多。据抽样调查统计，扬州市城乡"空巢"老人约占老年人口总数的 56%，其中 80 岁以上高龄"空巢"老人家庭占"空巢"总数的 20% 以上。

(5) 农村养老形势日益严峻。扬州市有 60 岁以上农村老人 46.2 万人，占全市老年人口总数的 44.19%。随着城市化进程的加快和农村青壮年劳动力持续向城市转移，农村人口老龄化问题日趋严峻。"留守"老人、"失地"老人越来越多，由于没有固定的经济来源，许多农村老年人养老、医疗、服务均难以得到有效保障。相较于苏南发达城市，扬州市的农村养老和城市养老存在很大差距，城市老年人已追求"老有所乐""老有所为"，而农村老年人"老有所养""老有所医"问题依然十分突出。

(6) 介助介护需求量大。调查显示，全市老年人口中，生活能够自理的人数比例为 75%，需要介助（介助是指日常生活行为依赖扶手、拐杖、轮椅和升降等设施）的人数比例为 18%，需要介护（介护是指日常生活行为依赖他人护理）的人数比例为 7%。80 岁及以上高龄老年人口中，生活能够自理的老人只有 60%，需要介助的比例为 25%，需要介护的比例为 15%。在这些老年人中，首位需求是生活照料，其次是医疗康复，最后是心理抚慰。

（三）发展趋势

据预测，未来 10 年，全市老年人口将以年均 3.5%～4.0% 的速度持续增长。到 2020 年，老年人口将占全市总人口的 25% 以上，扬州市将从"人口红利"期步入"人口负债期"，社会赡养系数急剧升高。到 2030 年，老年人口将占全市总人口的 30% 以上，扬州市将进入重度老龄化时期。随着高龄老年人、空巢老年人和失能老年人的日益增多，家庭对老年人照料的功能日趋弱化，传统单一的居家养老照料模式将面临前所未有的挑战。

二 扬州市养老服务业的发展现状

近年来,市委、市政府高度重视养老服务体系建设,积极出台扶持政策措施,大力发展社区居家养老服务,不断强化养老设施建设,持续提高养老保障水平,不断创新养老服务形式,养老服务工作取得明显成效,初步形成了政府主导、民政牵头、社会参与,以居家养老为基础、社区服务为依托、机构养老为支撑、信息服务为辅助,具有扬州特色的社会养老服务体系。

(一)养老服务政策体系初步建立

2010年至今,扬州市先后下发了《扬州市加快发展养老服务业的意见》《关于加快扬州市老龄事业发展的实施意见》《扬州市老龄事业发展"十二五"规划》等文件。市民政局和相关部门也配套出台了《关于进一步加强乡镇敬老院建设的意见》《扬州市市区居家养老政府购买服务实施办法(试行)》《扬州市社区老年人日间照料中心(托老所)建设实施意见》《扬州市城区养老机构新增床位经费补助办法》《扬州市城区养老机构运营经费补助办法》等,不仅从全局上为扬州市养老服务工作的发展指明了方向,而且从具体操作上作出了制度性的安排,为扬州市养老服务业发展提供了支撑。

(二)各类养老机构建设持续发展

通过连续多年实施"霞光计划""关爱工程",通过整合资源和调整布局,鼓励扶持社会力量兴办,全市各类养老机构呈现出蓬勃发展的局面,国办养老机构的示范作用不断强化,乡镇敬老院的建设水平不断提高,民办养老机构的管理水平不断规范,较好地满足了老年人不同层次的养老服务需求。扬州市现有养老机构98所,其中五保供养机构(敬老院)72家,公办养老机构8家,民办养老机构18家(见图2),养老床位34295张,占老年人口总数的3.28%。现有护理型床位2200张,占总床位数的7.4%。民办床位

2129张，占总床位数的7.1%。全市所有的县（市）均建成一所政府主办的示范性养老机构。扬州颐和养老康复中心、扬州曜阳国际老年公寓等养老机构已成为扬州市国办、民办养老机构中的新亮点。

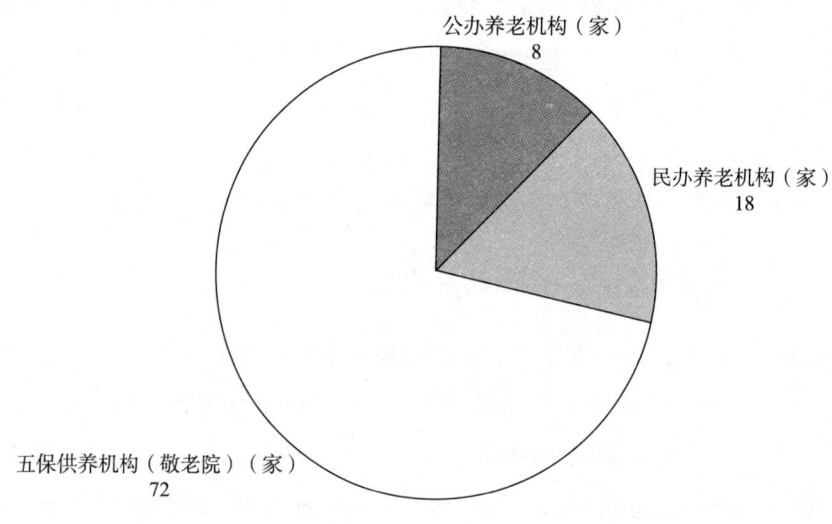

图2　扬州市机构养老构成

（三）社区居家养老服务工作深入推进

全市通过整合利用社区为老服务资源，着力推进居家养老服务设施和项目建设，初步建立起覆盖城乡的居家养老服务体系。社区居家养老服务网络建设成效显著，2009年以来，全市共建立社区（村）居家养老服务中心（站）1229个，实现了城镇社区全覆盖，农村覆盖率90%，其中有140个社区（村）居家养老服务中心（站）达到省级示范性标准（见表3）。社区居家养老服务机构建设稳步推进，为适应大部分老年人习惯在家、在社区（村）颐养天年的实际情况，2013年以来，通过政府、社区（村）集体出资的办法，建成一批城市社区日间照料中心，其中市区69个，较好地满足了广大老年人的就近就便养老服务需求（见表4）。居家养老政府购买服务工作全面启动，制定了《扬州市市区居家养老政府购买服务实施办法（试行)》,对五大类补贴对象,按不同年龄,根据自理能力情况,分别实行每月80~260元购买服务补贴,服务项目主要包括生活照料、家政服务、精神慰藉三大类,2014年居家养老政府购买服务补贴的对象将达7600人。从2013年起,在全市范围内实施老年人意外伤害保险工作,其中80岁以上老年人购买保险费用全部由财政承担。

表3 全市居家养老服务中心(站)建设情况

单位:个,%

地区\类别	社区居家养老服务中心(站)	省级示范性居家养老服务中心(站)
广陵区	144	14
邗江区	161	24
开发区	43	3
蜀冈—瘦西湖	17	6
江都区	272	36
仪征市	160	13
高邮市	196	19
宝应县	236	25
合计	1229	140

表4 市区社区日间照料中心(托老所)建设情况

单位:个,%

地区\类别	社区数	社区日间照料中心建设数	城镇社区覆盖率
广陵区	54	26	48
邗江区	47(新城区1个)	28	60
开发区	25	7	28
蜀冈—瘦西湖	17	7	41
江都区	65	1	1.5
合计	208	69	33

(四)养老服务信息化建设取得突破

2012年,通过"政府主导、企业参与、市场化运营、三方合作"的建设运营模式,扬州市建成了养老服务平台,平台由呼叫中心、养老服务中心、管理系统、终端呼叫器等组成，以"安全、健康和便捷生活"为服务宗旨，以信息化为手段，以居家养老和应急服务为切入点，以实体服务为支撑，为居家养老的老年人提供紧急救助、生活照料、精神慰藉、信息咨询、商品配送等全方位服务。目前，扬州市县（市、区）两级共建成养老服务平台5个，共吸收加盟企业856家，24小时为老年人和居民提供服务。为包括"三无"孤寡老人、失独老人、空巢老人在内的3000名市区政府购买服务对象发放了应急呼叫终端（老人机）。

（五）养老队伍专业化建设逐步加强

培养合格的服务人员，造就一支专业化的服务队伍，是提高养老服务质量的保证。2012年起，扬州市民政局与省民政厅指定的养老护理员培训基地——扬州大学医学院联合开展了养老护理员培训项目，全市已培训养老护理员900名；逐步推行了养老服务从业人员持证上岗制度，养老护理员持证上岗率已达75%，养老服务队伍整体素质有了新提升。扬州市逐步推行养老服务从业人员持证上岗制度，市民政局还联合相关部门，积极探索引入专业社会工作人才开展养老服务，市社会福利中心被列入社会工作人才队伍建设试点单位，在人才培育、制度设计、实际操作等方面取得了阶段性成效。

（六）养老服务经费投入逐年加大

近年来，扬州市建立了一系列推动养老服务体系建设的经费保障机制。市财政按市区60岁以上老年人口数提取养老服务事业费（不含各级政府原来对"三无""五保"老人的保障经费），建立养老服务事业费投入机制，所需经费列入年度预算，经费投入逐年加大。国办养老机构建设所需经费由市、县（市、区）财政列入年度预算，保障供给。对市区按标准建设、依规定运营社会养老机构新增的床位，市财政给予每张床位10000元的建设补贴，对已开业的社会力量兴办的养老机构和公建民营的养老机构，依据实际入住老年人数按全护理、半护理、自理、分别给予每人每月100元、70元、

50 元的运营补贴,市财政还按每位老年人每年 6 元标准安排老年活动经费和老年教育经费。

(七)养老服务内涵不断深化

在满足老年人基本养老服务的同时,不断向精神领域拓展,全市以老年人身心健康为重点,以精神快乐为取向,实施了一批老年精神关爱项目,组织了一系列丰富多彩的老年精神关爱活动。老年精神关爱试点项目顺利推进,全市先后实施了老年痴呆专业照料社区管理、养老服务心理咨询热线、舞动夕阳老年文艺展演、社区老年教育课堂、老年时装国际交流等试点项目,为今后开展老年精神关爱工作积累了经验。精神关爱活动丰富多彩,成功举办了"幸福扬州市民日——百寿宴"活动、市老年艺术节和老年人才艺大赛等活动,并在省内外形成影响。关爱空巢老人志愿者服务活动深入开展,全市以"三五"、"五保"、孤寡、独居、"失独"、高龄空巢等重点困难老年人为重点,开展了"情暖空巢—送服务进家庭,送健康、欢乐、法律进社区活动,并通过建设"社区空巢老人之家"、开设"爱心门铃"、建立"空巢老人守望制"、推行"爱心储蓄"等形式,实现了精神关爱方式的创新。

三 当前扬州市养老服务发展存在的主要问题

近年来,扬州市养老服务体系建设虽然取得了长足的进步,但与日益增长的社会需求相比,与周边兄弟城市发展现状相比仍有较大差距,主要存在养老市场体系尚未健全、养老服务队伍专业化程度不高、社区居家养老体系效能未充分显现、市场准入及运行机制不规范、未实现常态化等问题。

(一)养老市场体系尚未健全

①养老机构总量不足。全市各类养老机构(含敬老院)现有床位 34295 张,仅占全市老年人口的 3.27%,与国际社会通行的标准 4% ~ 7% 相比,

均有不小的差距。城乡养老机构发展不平衡。现有养老床位中,60%为农村敬老院床位,城市养老机构的床位占比远低于农村,这与城市庞大的需求形成较大的反差。一些新建居住区没有配套建设养老服务设施,部分老旧小区未开辟养老服务设施区域和对相关公共基础设施进行无障碍改造。②养老机构供给结构不合理。不少高档豪华的养老机构入住率不足50%,而面向中低收入老年人的养老机构却一床难求,难以满足市场需求。③布局不合理,运营质态较差。除原有在市中心建立和租赁的养老机构外,多数新建的养老机构位于交通不便远离城区的城郊结合部,80%的民办养老机构是租赁房屋从事养老服务工作,租金高、投资大、收效低,只能维持或亏本经营。

(二)社区居家养老体系亟待完善

①覆盖面相对偏窄。目前扬州市居家养老服务的目标人群为"三无"、"五保"、低保、优抚等传统意义上的民政救助对象,居家养老服务在养老服务体系中的重要作用还未充分发挥。②服务内容不够丰富。从各地开展的居家养老服务情况看,虽然承诺的服务内容和项目较多,但大部分居家养老服务中心提供的居家养老服务项目还不够丰富,深层次家政服务、精神慰藉等养老服务项目欠缺,这与老年人的需求存在较大差距。③经费保障机制不完善。近年来,省、市财政在社区居家养老服务中心和日间照料中心建设上给予了一定的资金支持,但在如何保证常态化运转上,各县(市、区)还未建立经费保障机制,居家养老的基础作用尚未得到有效发挥。④市场化氛围未形成。不少人对居家养老服务社会化的内涵缺乏了解,认为居家养老服务全都是应由政府包揽的福利性、公益性服务,居家养老服务社会化、市场化氛围尚未形成。⑤信息化水平相对低。扬州市养老服务平台2014年运营以来,目前参与受惠的老年人还不够多,服务网络和救援系统还未实现城乡全覆盖。

(三)养老服务队伍专业化程度不高

①专业技能和服务水平较低。养老机构中现有的从业人员,多为一些下岗失业人员或农村妇女,年龄大多在50岁左右,有的甚至是60岁以上的老

年人，文化水平较低，大多没有经过专业培训，专业技能和服务水平较低。②养老服务人员流失严重。大多数养老机构护理员的月工资在1200~1500元，处于社会最底层，由于其付出的劳动与收入不相称，也缺少应有的社会保障，导致许多养老机构护理员队伍不稳定，流失严重。③专业人员数量不足。通常专业化养老服务机构中，4~5张床位就需要1名护理人员，据此推算，全市约34295万张床位至少需要6859名护理人员，而全市98所养老机构中，养老床位与护理人员的比例仅为20∶1。经过培训的护理人员偏少，专业性、高端性养老人才更是短缺，绝大多数养老机构只能为入住老人提供基本生活照料。

（四）准入门槛和机制不够规范

①相关政策操作性不强。近年来，省、市先后出台了一系列关于加快发展养老服务体系、鼓励社会力量兴办养老服务业的政策措施，但由于政策刚性不够、操作性不强、缺乏配套措施，导致政策的应有效用难以发挥。例如，对于养老服务项目的土地供应政策，扬州市文件普遍规定，"养老机构建设应当采取划拨方式供地的，一律划拨供地；应当采取有偿方式供地的可采取'双向竞价'、'综合评标'等多种方式合理控制地价，降低建设成本"，由于上述政策过于笼统原则，相关部门难以执行。②社会力量参与度低。社区居家养老服务机构多为社区组织建设、运营和管理，由于社区人少事多，且缺少相关保障经费，造成运营难以为继。一些社会组织、家政服务企业和民营机构虽有参加的意愿，但由于缺乏相应的政策支撑，特别是缺少政府购买服务或服务外包的配套政策，导致养老服务业市场化局面还没有打开。③扬州市虽已制定了一些针对社会办养老机构的扶持政策，但由于部分地区和部门认识不到位，加之一些政策措施刚性不够、操作性不强，很多政策很难落实，没有发挥好优惠政策对社会力量兴办养老机构的扶持和激励作用。全市民办养老机构床位数仅占养老机构床位总数的7.1%，与省政府要求，"到2020年，社会投资兴办的养老机构床位占养老床位总数的比例达到70%以上"存在较大差距。

（五）对养老服务业重视程度不够

①重视程度不够。一些地方和部门对人口老龄化的严峻形势认识不到位，对政府应当履行的职能认识不到位，致使行动上没有形成共促发展的合力，人力、物力、财力投入相应不足。②对民办机构的扶持支持力度不足。有的地区将主要力量直接用于组建养老服务机构，组织人员从事具体养老服务工作，对民办养老机构的扶持政策迟迟没有出台，导致社会化养老服务工作滞后。③相关协调机制不够健全。促进养老服务业发展，需要民政、发改委、人社、财政、房管、国土等多个部门共同努力，但扬州市目前还未建立联席协调会议或定期会商制度，也没有将养老服务事业的核心指标纳入各级政府考核。2011~2013年养老机构资金投入见图3。

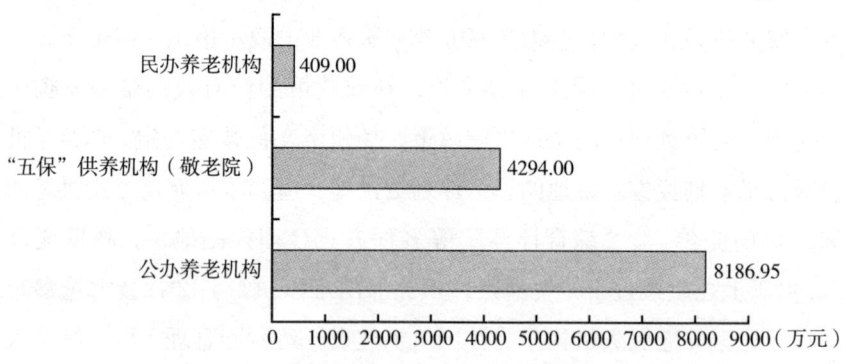

图3　2011~2013年养老机构资金投入一览

四　扬州市养老服务发展建议

（一）进一步强化政府主导引领作用

1. 统筹养老服务业发展规划

把发展养老服务业纳入经济和社会发展总体规划，合理确定发展目标，统筹等安排养老机构和设施的数量、布局、规模档次以及资金、用地等；掌握老年人的实际消费需求，结合扬州市经济社会发展水平，确定近期、中期和长期养老服务优先发展的领域，确保养老服务业持续发展。

2. 健全基本养老服务制度

推进基本养老服务均等化，以满足养老需求为目标，建立提供基本生活照料、康复护理、精神慰藉、紧急救援、法律服务、社会参与等服务的基本养老服务制度；建立养老服务评估制度，对城市"三无"（无劳动能力、无生活来源、无法定赡养人）人员和农村"五保"对象中的老年人实行政府供养，保障其基本养老服务需求。建立对低保、特困、空巢、失独、高龄、重点优抚及有特殊贡献等特殊困难老年人提供政府购买服务的制度。探索建立长期医疗护理保险制度，减轻参保人将来养老时接受长期医疗护理服务的自付压力。

3. 完善养老服务设施规划

将各类养老服务设施建设用地纳入城镇土地利用总体规划和年度用地计划，按照人均用地不少于0.1平方米的标准，分区分级规划设置养老服务设施。可将闲置的公益性用地调整为养老服务用地。新建居住区要根据规划要求和建设标准，配套建设养老服务设施，列入土地出让合同，与住宅同步规划、同步建设、同步验收，由开发商移交给民政部门统一调配使用。老旧小区在2015年前通过购置、置换、租赁等方式开辟养老服务设施，并对相关公共基础设施实施无障碍改造。按照市老龄事业发展"十二五"规划，力争2015年前建成扬州市老年活动服务中心。

（二）着力提升居家养老基础性作用

1. 推进居家养老服务体系建设

充分发挥居家养老基础性作用，大力推进居家养老服务中心（站）、日间照料中心建设，整合各类服务资源，为老年人提供上门的居家服务和走出家门的社区服务，到2020年，实现全覆盖，农村（社区）居家养老服务中心（站）达到80%、日间照料中心达到50%。强化社区居家养老服务中心功能，主要任务是建立本辖区老年人信息库，负责养老援助补助的评估、初审、审核与兑现，指导并检查运行类居家养老服务组织的工作。同时，协调社区资源，满足老年人文化娱乐、学习教育、体育健身、精神关爱、社会参与、权益维护等多种需求。到2015年，每个社区至少设置1个居家养老服务公益性岗位。

2. 推进日间照料中心有效运营

日间照料中心根据社区老年人实际需求进行设计，重点完善生活照料、配餐就餐、健康保健、文化娱乐、精神慰藉等五项基本服务功能，优先提供给日间没有家人照顾的体弱老年人，对行动不便的老年人可提供上门服务。可采取多种运营方式，积极将其交由养老机构或社会组织（民办非企业）、公司运营，分类为老年人提供无偿、低偿和有偿服务。研究制定根据日间照料中心规模大小、服务质量、服务人数给予运营补贴的具体办法。建立并完善居家养老服务的工作规范和服务标准，推进居家养老服务的规范化、标准化建设。

3. 推进居家养老服务信息化建设

充分利用现代信息技术和现有网络资源，努力为广大老年人提供高效便捷的养老服务。到2015年，养老服务信息管理系统、老年人居家呼叫服务系统和应急救援服务网络基本实现城乡全覆盖。强化"12349"养老服务热线、市养老服务平台的运营和建设，使之成为支持居家养老服务、组织养老服务商进入家庭和社区的集成中心和运行枢纽，为老年人居家养老构建起"没有围墙的养老院"。探索开发老年家庭医疗监测和传感系统，为老年人提供居家生活、医疗保健、紧急救助等方面的远程监护服务。

4. 推进居家养老政府购买服务

将低保、特困、空巢、失独、高龄、重点优抚及有特殊贡献等特殊困难老年人纳入购买服务范围，通过建立和完善评估机制，分类分情况通过发放服务券等方式提供购买服务。加强对政府购买服务资金的绩效管理，确保专款专用。按照经济社会发展水平，不断扩大政府购买服务的覆盖面，并提高标准，至2020年实现购买养老服务老年人数占老年人口总数的10%。

（三）不断推进养老服务专业化、规范化建设

1. 推进养老服务人员专业化、职业化

大力发展老年护理、康复治疗、家政服务、社工与管理等方面的专业教育，有计划地在高等院校和中等职业学校增设养老服务相关专业和课程，开辟养老服务培训基地。建立养老护理员免费培训、持证奖励、岗位津贴制度，至2020年，全市分别培训3000名初级、300名中级、30名高级养老护理人员，全市各类养老护理人员持证上岗率达到80％以上。推行从业人员职业资格认证和持证上岗制度，制定从业人员职业技术等级评定制度。

2. 稳定扩大养老服务从业人员队伍

认真落实养老服务人员社会保险政策，提高养老服务从业人员工资福利待遇和公办养老机构工作人员工资福利待遇，按照不低于当地职工平均工资标准发放，并实现自然增长。鼓励大专院校对口专业毕业生从事养老服务工作，建立养老服务从业人员工资待遇与专业技能等级、从业年限挂钩制度，逐步提高从业人员收入。

3. 加快培育养老服务社会组织

加大政府购买服务力度，制定政府向养老服务社会组织购买生活照料、康复护理、辅具配置、精神慰藉、紧急救援、法律服务等养老服务的政策。支持社会组织参与管理、运营养老机构和社区养老服务设施，开展养老服务教育培训、研究交流、咨询评估和第三方认证等服务。支持市社会福利协会、市专业照料学会开展养老服务行业标准制定、服务质量评估、服务行为监督。加强基层老年协会建设，支持老年群众组织开展自我管理、自我服务和服务社会活动。

（四）加快落实鼓励社会力量参与政策措施

1. 完善土地供应政策

民间资本举办的非营利性养老机构与政府举办的养老机构应享有相同的土地使用政策，应当采取划拨方式供地的，一律划拨供地；应当采取有偿方

式供地的，可采取"双向竞价""综合评标"等多种方式合理控制地价，切实降低建设成本。

2. 落实税费优惠政策

认真落实老年服务机构税收减免政策，对养老院提供的养老服务免征营业税，对非营利性的老年服务机构符合条件的免征企业所得税。养老机构自用房产、土地，暂免征收房产税、城镇土地使用税。对新建老年服务设施的市政公用设施配套费酌情给予减免。个人通过非营利性组织和政府部门向福利性、民办养老机构的捐赠，在缴纳个人所得税前准予全额扣除。企业对养老机构的公益性捐赠支出符合规定的，在年度利润总额12%以内的部分，准予在计算应纳税所得额时扣除。养老服务机构使用水、电、燃气、暖气、有线（数字）电视和宽带互联网，有关单位按照居民用户标准收取费用，有初装费的应当减半收取。

3. 健全医疗服务政策

支持在养老机构内设置或合作设立医疗站点，对符合条件的要纳入城镇职工（居民）基本医疗保险和新型农村合作医疗定点范围。加快推进城乡医保省内异地就医联网结算，方便老年人看病。基层医疗卫生机构应当免费为辖区内老年人建立居民健康档案，定期为老年人提供健康管理服务。鼓励和引导社区卫生服务机构转变服务模式，主动为长期卧床、80岁以上和独居等行动不便老人提供上门服务。

4. 创新养老服务产业政策

研究制定养老服务产业政策，大力推进养老服务产业发展。适当扶持经营性养老机构发展，通过土地参股等方式，支持养老服务机构资产进入资本市场运作。鼓励国有资本与社会资本合资合作兴办养老服务机构，积极支持民间投资兴办或参与兴办养老服务机构。公办养老机构可采用服务外包、委托管理、合作经营等方式吸引社会参与。着力培养一批大型老年服务龙头企业，打造一批老年服务知名品牌。积极探索养老护理保险，推行养老服务意外伤害保险。

B.26 扬州教育资源均衡化发展研究报告

孙永如 沈宏跃 江晓昀 晁 雨*

摘　要： 教育资源均衡配置既是一种教育理念，也是一种科学的教育发展观，教育均衡发展体现了教育领域公平公正的理念，是教育事业发展水平的重要表现形式。本文通过研究扬州经济社会与人口发展新常态下教育均衡化发展的特点与内在要求，分析扬州市教育资源配置的具体指标参数，对区域、城乡、学校间教育资源配置情况作横向和纵向比较，探讨促进扬州市教育事业发展的资源配置均衡化方向、方法与途径。

关键词： 扬州城乡　教育资源　均衡化　发展研究

扬州地处长三角经济带，"保障教育公平、打造教育名城"作为名城建设的要素之一正在有序推进。近三年来，扬州市围绕建设教育名城、实现教育现代化的总体目标，全市以发展建设现代国民教育体系为重点，着力提升各级各类教育的普及水平，通过实施区域教育现代化工程，普及了从学前教育到高中教育的15年教育。至2014年，3~5周岁学前三年教育毛入园率达99.1%，义务教育入学率、高中阶段教育毛入学率均达100%，高等教育毛入学率达49.7%（见表1）。建立了较为完备的现代国民教育体系，形成了学前教育、义务教育、高中教育、高等教育协调发展的格局，社会各类群体及其子女的教育权益得到有效保障，教育供给不足的矛盾得到根本缓解。

---

* 孙永如，扬州市人大常委会副主任；沈宏跃，扬州市人大常委会教科文卫工委主任；江晓昀，扬州市人大常委会教科文卫工委副主任；晁雨，扬州市人大常委会教科文卫工委副主任科员。

表1　2012～2014年扬州教育发展概况统计

年份	学校类型	学校数(所)	学生数(人)	毛入学率(%)	备注
2012	幼儿园	285	—	98.5	省教育现代化先进县(市、区)2个、省优园13所、中职省品牌和特色专业9个
	小学	215	224400	100	
	普通中学	170	197728	100	
	普通高校	7	72639	本二以上升学率50.6	
2013	幼儿园	286	98722	98.5	新创义务教育样板区4个、省义务教育现代化学校50所、省优园率达73%
	小学	207	220633	100	
	普通中学	169	190223	100	
	普通高校	8	76370	本二以上升学率57.44	
2014	幼儿园	283	96092	98.7	新创省优园5所,省义务教育现代化学校60所、中职订单培养率70%,就业率98%,在扬就业率80%
	小学	208	218829	100	
	普通中学	168	184175	100	
	普通高校	7	75289	本二以上升学率58.4	

同时，随着经济社会的发展和教育改革的不断深化，教育领域面临的主要矛盾表现为：人民群众和经济社会发展对高质量教育的迫切需求与优质教育资源供给短缺的矛盾。这个矛盾给教育事业的发展带来了新的机遇和挑战，如何转化矛盾，适应经济社会发展的新常态要求，调整教育发展重心，提高教育质量、促进教育公平、推进教育国际化成为今后一个时期教育发展的途径。教育资源配置正在从以规模扩张为主的外延发展，进入以全面提高质量为核心的内涵发展新模式。在新形势下，扬州教育要适应全市经济社会发展的新战略、产业转移的新趋势，积极整合优质教育资源，推进扬州区域内教育更加均衡发展，努力办人民满意的教育，让适龄受教育者享受优质、公平的教育是扬州教育名城建设的首要课题。

一　扬州教育资源均衡发展的现实基础

人力资源、物力资源和财力资源构成了教育资源的三个主要要素。这种要素构成决定着教育资源配置外延上受区域国民经济和社会发展的影响，主要受人口发展和物力资源的影响，内涵上受人力资源的影响，最重要的是教师。近年来，扬州教育事业发展抓住教育资源要素建设，坚持从实现基本公共服务均等化出发，以全面实现教育现代化为契机，着力推进教育资源的优质均衡配置，探索适合扬州教育公平发展的路子。

（一）扬州人口发展对优质教育资源配置的影响

（1）出生人口缓慢上升，教育资源配置进入新常态。近三年来，扬州市人口自然增长率保持低水平，户籍人口缓慢增长。据公安部门统计，"十一五"期初总人口为458.42万人，2014年末总人口为461.34万人，九年共增加了27000人，年均增加3000人（见表2）。据卫生计生委统计，近十年间，生育旺盛期妇女人数有所下降。"十一五"期末扬州市20~29周岁生育旺盛期妇女人数为28.36万人，到"十二五"期末，生育旺盛期妇女人数达30.17万人，比"十一五"期末多1.81万人；"十三五"期末这一人数则下降为23.49万人，比"十二五"期末减少6.68万人。实施"单独两孩"新政后符合再生育条件的育龄夫妇增多。截至2014年8月31日，全市符合新政、妇女年龄在20~40周岁的目标人群为33000人，目前有生育意愿的近14000人，已经领取再生育证的夫妇1168对，已出生134人。到2015年4月底，新增单独出生2285人。同时，随着扬州市经济社会发展、人居环境改善，"十三五"期间在扬州市落户的外来人口仍将不断增加，全市总人口继续保持缓慢增长趋势。人口发展持续缓慢增长的趋势，决定着扬州市优质教育资源配置必须根据受教育人群数量和结构变化作出相应规划。

表2　2012~2014年扬州市人口发展概况

单位：万人，‰

年份		户籍人数	自然增减率	净增数	净增率	登记出生数	出生率
2012	全市	458.42	-1.36	-1.63	-0.35	4.04	8.71
	市区	230.13	0.08				
2013	全市	459.84	1.67	1.4212	0.31	4.01	8.74
	市区	230.88	0.13				
2014	全市	461.34	2.26	1.4919	0.32	4.10	8.91
	市区	231.84	0.42				

（2）人口结构城乡变化趋势决定了优质教育资源配置发展布局。随着城市化进程的加快、户籍制度改革和农村剩余劳动力向城市的转移，扬州市人口城乡构成发生明显变化。"六普"数据显示，2010年全市居住在城镇的人口占总人口的56.75%，比2000年"五普"时的42.69%增长了约14个百分点，10年城镇人口共增加57.19万人（见表3）。2014年末常住人口城镇化率为61.2%，比2013年提高1.22%。这些数据表明，人口结构城乡变化的趋势将在今后10~20年直接影响优质教育资源在各级各类学校之间的分配。

表3 扬州市"五普""六普"人口城乡构成

单位：万人，%

年份	人口总数	城镇		乡村	
		人口数	占总人口比重	人口数	占总人口比重
"五普"	458.86	195.90	42.69	262.95	57.31
"六普"	446.01	253.09	56.75	192.92	43.25

（二）扬州教育资源配置实践探索

（1）适应城乡统筹发展的要求，推进优质教育资源建设协调发展。近年来，按照扬州统筹城乡教育发展的总体要求，政府及有关部门以教育现代化创建为抓手，教育资源硬件设施配置从城市向相对薄弱的农村基础教育倾斜。一是已基本建立起协调发展的优质教育体系。到2014年末，全市达省优标准的各级各类学校有490所，是2010年的1.1倍。全市省级优质教育资源在全市各级各类学校中占比都超出60%。其中省优质园达75%、省实验小学达61%、省示范初中达85.6%、省三星以上高中达81.8%、省重点职业学校80%。二是已基本完成城乡联网的信息化数字化校园建设。目前全市已建成数字化校园360所，占各市中小学校数的95.7%，农村中小学与城市优质学校结对共建率达94%以上，促进了优质教育资源放大共享。

（2）适应人口发展趋势，推进各级各类学校合理布局。近年来，扬州市着眼推动城乡公共教育服务体系的标准化、均衡化、一体化发展，适应学龄人口变化、城镇化进程、人口迁移和地理交通环境改变等，稳妥推进中小学及幼儿园的布局调整。一是以规划为龙头，引领优质教育资源配置。编制完成《市区中小学及幼儿园布点规划（2012~2030年）》《全市农村义务教育学校布局规划》。二是建立新建居民区配套建设机制，提高规划的刚性约束力。制定出台《市区新建居住区教育设施配套实施意见》，高标准配套建设了一批中小学及幼儿园。学校布局趋向合理，优质基础教育资源配置与人口布局结构相适应的教育空间体系已基本建立。

（3）适应公平教育时代要求，推进教育资源均衡配置。近年来，扬州市通过实施以实验、图书、体育、艺术器材配备为主要内容的农村中小学"四项配套"建设工程、"数字化校园"创建工程、"城乡学校网上结对"、"公办幼儿园建设"、"中小学校舍安全"等系列工程，极大地改善了城乡学校的办学条件。2011年以来，全市累计投入19.3亿元，改造新建了145万平方米校舍，校舍安全比例由实施前的42.6%提高到69.3%，校园面貌焕然一新，育人环境更加优化，促进了城乡教育的优质均衡发展。公办幼儿园由2010年的152所增加到2014年的165所，占比由2010年的56.5%提高到2014年的57.7%，"入园难""入园贵"等问题得到一定程度的缓解。

（4）适应教育资源均衡化建设需求，提升财政保障水平。近年来，市政府把教育切实放在优先发展的战略位置，积极落实教育投入政策，公共财政对教育的保障水平大幅提升。2013年全市公共财政教育支出56.9767亿元，2014年达65.3748亿元，增幅达14.74%。其中市级财政教育支出2013年0.73905亿元，2014年达0.86295亿元，增幅达16.76%。着力推进校安工程建设，市财政安排区级校安工程奖补资金及学前教育校安工程专项4800多万元。同时积极化解高中阶段学校的基本债务，为保障教育公平建设提供了财力保障。

（5）适应教育资源配置的内涵建设要求，提升师资队伍整体素质。近年来，扬州市积极创新教师队伍建设，培育和壮大了教师骨干群体。一是迅速提升高层次学历教师比例。2014年，全市幼儿园、小学专任教师具有大专及以上学历的比例分别达90.8%、91.9%，较2010年分别提高了15.4和

8.5个百分点；初中教师具有本科及以上学历的比例达88.9%，高中教师具有研究生及以上学历的比例为8.5%，较2010年分别提高了7.1和2.6个百分点。二是努力优化职称结构。中小学专任教师具有高级职称的比例达17.8%，较2010年提高了6个百分点。三是着力加强骨干教师队伍建设。目前全市拥有"江苏人民教育家"培养对象6人、教授级和正高级教师45人、省特级教师121人、市特级教师152人、名校长48人、中青年教学骨干和学科带头人2228人，职业学校"双师型"教师比例达66.4%，形成了良好的骨干教师梯队和培养机制。

（6）适应社会经济与城镇发展的新常态，完善扶贫助学体系。近年来，扬州市完善以财政为主体的家庭困难学生帮扶体系，扎实做好农村留守儿童、外来务工人员子女、残疾儿童、家庭经济困难学生和学习困难学生等5类群体的助学工作。以"宏志班"为特色的集群式帮扶在全国产生了一定影响。实施"54321"农村留守儿童关爱行动，义务教育阶段外来务工人员子女入学率为100%。推进市特殊教育学校异地新建工程，加快特殊教育学校现代化建设步伐。连续多年开展"爱心助成才"活动，每年面向社会募集善款100多万元，用于资助家庭经济困难学生1000多名。

二 扬州教育资源均衡发展的制约瓶颈及归因

《国家中长期教育改革和发展规划纲要（2010～2020年）》颁布实施后，2011年3月，江苏省政府与国家教育部签署了义务教育均衡发展备忘录，在省部级层面上进一步强力推动义务教育均衡发展工作。根据这些部署要求，扬州市要在2015年底实现县域义务教育优质均衡发展，2020年前所有县（市、区）实现县域义务教育优质均衡发展。近年来，扬州市在推进教育公平与内涵建设方面做了大量工作，义务教育阶段学校在办学条件和硬件设施设备上有了明显改善，为学校向优质教育发展提供了可能和条件。但在教育资源均衡配置过程中还存在一些问题需要研究和解决。

1. 部分中小学布局与城市发展不相适应

一是区划调整对学校布局的影响较大。近年来，由于扬州市行政及功能区划调整，同一区域存在不同的管理体制，中小学施教区难以保证基本稳定等因素，特别是扬州市老城区内集中了大多优质教育资源，生均用地及生均建筑面积不足较为普遍，学校超规模办学。从2013年底统计的小学基本情况看，扬州城区（三个行政区、三个功能区）共有小学99所，广陵区18所小学中地处老城区的有14所。这14所小学中，生均用地不足10平方米的有9所，其中4平方米左右的有3所，是省政府规定新建小学生均22平方米用地面积的1/5。生均建筑面积的情况与此基本相似。而功能区中小学布点相对匮乏，目前3个功能区共有小学11所，初中4所，班均学生数达45人左右。个别区域预留教育用地不足，中小学布点呈空白点。二是老城区部分学校校门临近主干道，存在明显安全隐患。因为历史原因，老城区多所学校校址处于城市主干道旁，大门正对主干道，造成了上学、放学期间的交通不畅及安全隐患。三是学校布局规划在实施过程中遭遇调整。尽管规划的实施意见已经明确了中小学及幼儿园配套约束机制和监督管理的责任主体，但是对于违规行为还是缺乏监督管理力度。个别功能区在实施中出于发展经济的考虑，拟将规划中的小学建设用地与地产开发用地调换，将学校建设用地调整至主干道附近，同时临近城市垃圾处理场，建成后的隐患十分明显。

2. 部分学校教育资源硬件设施投入与利用情况不均衡

一是区属学校教育资源硬件设施建设与现代化学校建设标准有差距。统计显示，城区中有18所小学和7所初中学校达不到现代化学校建设标准。这些学校都隶属于各个区（功能区），或是因为校外环境制约，或是校内环境和基础设施不达标，目前都凭借着优质师资团队在维持运转。二是乡镇农村教育教学设施闲置与城区教育教学设施不足并存。根据2013年底的统计数据分析，城区共有99所小学，平均班额达44人。其中，超过国家规定标准平均班额45人的学校，老城区小学占54%；平均班额不足40人的学校占27.69%，主要是7所民办小学、乡村及城市老旧小区附近的公办小学。

城区共有72所初中学校,平均班额为41.4人。其中,超过国家规定平均班额标准50人的学校约占15%,主要是市直和江都中心城区初中;平均班额不足40人的学校约占53.66%,主要是乡镇中心校。从笔者走访的高邮和仪征部分农村乡镇中小学来看,2010年以前学校在册学生1000人左右,近3年来在校学生数锐减到500人以内。同时扬州中心城区学校外来务工子女入学大幅增加。2014年,广陵区解放桥小学757名在校生中有550名外来务工子女,占比为72.7%。工人子弟小学一年级新生140名中有102名外来务工子女,全校683名在校生中有458名外来务工子女,占比为67.06%。

3. 教师结构性缺编需要引起重视

据中央编办、教育部、财政部《关于统一城乡中小学教职工编制标准的通知》(中央编办发〔2014〕72号)精神要求,农村中小学教职工编制标准统一到城市标准。若是单纯从数字上讲,农村教师总数并不少,有许多学校因为生源锐减,按师生比来算还超编。但是农村学校学科结构性缺编现象普遍存在。不仅不少中小学心理健康教师、卫生保健师等难以配备到位,音乐、体育、美术教师也严重缺乏。教育部提出目前在上海市、浙江省试点的"不分文理科"高考改革方案,预示着未来很多学校将面临物理、历史教师多,政治、地理、化学、生物教师少的问题,这又是新形势下的结构性缺编。

4. 师资队伍建设有待进一步加强

一是教师交流机制有待完善。城区区域内的学校教师交流较为顺畅,而城市与乡村之间及乡镇区域内的学校,尤其是地理位置偏远的农村学校,由于交通不便等教师交流工作受阻,有的学校难以达到"教师每年不低于15%的比例进行交流"的要求。二是基层学校骨干教师外流增多。在调研中还发现,一些县(区)级的教育教学骨干教师流向工资高、待遇好的主城区和其他城市,挫伤了当地学校和教育主管部门培养骨干教师的积极性。三是功能区师资队伍建设相对较为薄弱。各功能区所辖学校规模小,无法配备齐全的义务教育阶段教学科研队伍,日常的教学科研活动开展受限,对学校内涵建设及提升教师队伍素质形成制约。

三 扬州教育资源均衡发展的策略建议

当今教育改革发展的内涵是以公平为基础，以质量为核心。没有公平的质量是不完整的质量，没有质量的公平是低水平的公平。学生受到平等而有差异的教育才是教育公平更本质的要求。教育规划纲要提出，"把促进教育公平作为国家基本教育政策。教育公平是社会公平的基础"，"把提高质量作为教育改革发展的核心任务。树立科学的质量观，把促进人的全面发展、适应社会需要作为衡量教育质量的根本标准"。教育资源配置的过程，就是要逐步将"教育机会均等"的关注重点由"资源投入的均等"引向结果公平的"教学效果的均等"，从而实现真正意义上的教育资源均衡化发展。

1. 强化规划引领和调控，推进教育基础设施配置适应优质教育资源均衡发展的要求

教育规划是公共利益分配的重要手段，教育资源布点的全局性和公平性是教育资源均衡配置的前提条件。要把教育资源配置工作纳入扬州城镇近期详细规划、中远期建设总体规划，逐步形成与城镇化建设、产业发展、人口变化相协调的学校布局，建立与人口布局结构相适应的教育空间体系。目前，《扬州市中心城区中小学及幼儿园布点规划（2012～2030）》《全市农村义务教育学校布局规划》已经报批出台。政府及相关职能部门要明确责任，认真执行好规划，维护规划的刚性，规范规划变更的程序，杜绝随意性及"先上车后买票"行为。特别是对扬州功能区区域间的教育资源配置、扬州市大型安置小区等新建区域教育资源配套建设要按照既有规划，加紧启动实施，对新建的商品房、保障房，要建立教育资源均衡布局的保障机制。

2. 一张图纸建所有同类型学校，推进教育资源外延配置公平

根据国家教育规划纲要的部署，启动实施义务教育学校标准化建设项目，通过完善义务教育长效机制，实施薄弱学校改造计划、初中工程等项目，缩小城乡、区域间义务教育学校建设的差距，推动义务教育学校标准化建设。2015年5月省政府下发了《江苏省义务教育学校办学标准（试行）》，

对学校设置、校园建设、教育装备、教师队伍、教育教学、学校管理、质量评价、经费保障提出了明确的建设标准。同时下发了《江苏省义务教育学校资源配置标准（试行）》，要求新建学校严格按照本标准建设管理。现有学校不符合标准的，应采取综合措施，尽快达到本标准要求。省政府的这一举措，绘出了一张均衡化建设学校的图纸，为推进教育资源均衡化建设提供了详细的标准。市级有关部门要认真执行省政府关于深入推进义务教育优质均衡发展的意见，明确区与区之间的施教地域范围，落实各个区县办好教育的责任，逐步做到分级办学。

3. 发挥市级财政统筹调配功能，强化教育资源均衡发展的物力保障

教育设施的现代化是实现义务教育优质均衡的前提条件。要认真贯彻落实国务院关于加大财政教育投入的政策措施，从经济社会发展的战略高度，进一步调整优化财政支出结构，让有限的财力向教育倾斜，加强对落实教育投入法定增长、提高财政教育支出比重、拓宽财政性教育经费来源渠道各项政策的监测分析和监督检查，及时发现和解决政策执行中的问题。教育附加税费、土地出让金提取等政策性资金要足额到位，在建好每一所学校的同时，保障学校正常运行的经费逐年提高。市级相关部门要合理统筹规划教育建设资金，对当前存在的区（功能区）属各级学校的资源配置情况进行摸底，制订出相应的提升改善方案并指导实施，缩小城乡、区域办学差距。要提高各类教育设施设备的综合利用率，实现资源共享，避免重复建设和资源浪费。

4. 提升教育教学管理队伍能力，强化教育资源均衡建设的人力资源

一是探索教师编制配置管理的新途径，着力解决结构性缺编问题。要适应新型城镇化和"零择校"政策带来的生源变化，不单纯按生源数核定教师编制标准，应由各个区统筹配置中小学教育编制资源，以实现在更大范围内统筹配置城乡中小学教育资源。探索新的编制管理模式，将有限的机构编制资源向中小学倾斜，向紧缺学科倾斜，打破教师交流中的编制障碍，推进教师从"学校人"变成"系统人"，逐步解决教师结构性缺编问题。二是研究功能区属学校教师队伍的建设模式。针对功能区内学校少、规模小、师资力量薄弱的现实，研究探索适合区域功能发展的教学教研活动、教师评聘、

师资配备、公办学校管理等业务工作,提升教师队伍的综合素质,实现均衡化发展。三是逐步缩小城乡学校师资差距。要大力推动优质师资支援薄弱(农村)学校,并在职称评定、培训及薪酬等方面给予保障,提升教师交流工作的示范作用。四是加强教师资源培养平台建设,提高教师培训质量。加强师范生培养基地建设,为教育均衡发展提供充足的师资力量。五是加强教育信息化建设,通过"城乡学校网上结对"等工作,促进优质师资力量和教育资源普及共享。

5. 深化课程改革,促进教育资源配置中公平和质量和谐发展

教育资源均衡发展,不是简单的拉高就低,教育设施建设的标准统一,更重要的是在促进教育公平的同时提升教育质量,实现公平与质量的统一。联合国教科文组织指出,教育质量大体有两项因素至关重要:一是确保学习者认知能力的发展,二是强调教育在促进学习者的创造力和情感发展以及帮助他们树立负责任公民应有的价值观和处世态度方面所发挥的作用。优质教育应有利于获取知识、技能和具有内在价值的处世态度,并且有助于实现重要的人类目标。公平环境和公平规则将会培养学生的公平价值观,从而培植学生的公民意识和民主意识。这是教育质量的重要构成。在基本实现"普九"后,基础教育的目标是追求"有质量的教育公平"。教育公平应从标准化、均衡化到多样化发展,从同质到多元发展。学生受到平等而有差异的教育才是教育公平更本质的要求。因此,要注重教育的内涵发展,全面贯彻党的教育方针,推进素质教育,深化教学内容、课程体系和教学方法改革,促进学生德智体美全面发展。

参考文献

诸燕、赵晶:《胡森教育平等思想述评》。
2012~2014年《扬州国民经济和社会发展统计公报》。
扬州市卫生计生委:《人口发展"十三五"课题研究报告》。
扬州市教育局:《2013年扬州教育发展报告》。

B.27
扬州教育事业发展研究报告

扬州市教育局课题组*

> **摘　要：** 2015年扬州基础教育均衡发展，职业教育、教育教学质量、队伍素质不断优化提高，民生建设进一步推进。在此基础上仍然存在学前教育供需矛盾突出，优质教育资源总量不足、分布不均，教育热点问题的压力还很大等问题。基于此，报告提出了教育事业发展的目标任务。
>
> **关键词：** 扬州　教育事业　发展　研究报告

2015年，全市教育一直坚持以科学发展观、党的十八大和十八届三中、四中全会精神为统领，深入贯彻落实市第六次党代会和市委六届八次、九次全会精神，围绕建设教育强市、全面实现教育现代化的总体目标，全面建设教育质量攻坚推进年，"努力办好人民满意的教育"。

一　教育事业发展的基本情况

目前，全市共有各级各类学校694所、在校生631128人、专任教师46838人。其中，全市共有幼儿园290所、在园学生103516人、专任教师

---

* 课题组负责人：夏正祥，扬州市教育局局长。课题组成员：王朝勃，扬州市教工委副书记；邵学云，扬州市教育局主任；姜师传，扬州市教育局处长；房磊，扬州市教育局处长；赵春喜，扬州市教育局处长；赵云，扬州市教育局处长；杜稼锋，扬州市教育局处长；王力耕，扬州市教育局处长；杨广斌，扬州市教育局处长；崔柏君，扬州市教育局主任；辜伟节，扬州市教科院副院长；刘荣，扬州市电教馆馆长；谈雷，中学一级教师。

6034人；小学205所、在校生216263人、专任教师13454人；初中131所、在校生11858人、专任教师10299人；普通高中35所、在校生66985人、专任教师6177人；特殊教育学校7所、在校生890人、专任教师199人；中等职业学校16所、在校生48012人、专任教师2388人；普通高校7所、在校生77868人、专任教师7755人。

1. 基础教育均衡发展

6所公办园建设稳步推进，其中广陵汤汪幼儿园已竣工，江都、仪征、蜀冈—瘦西湖风景区、高邮、邗江各1所幼儿园已开工。确定全年完成中小学校舍安全改造12.15万平方米，新邗沟中学（暂名）等11个新（迁）建项目有序实施。市特殊教育学校新校区征地拆迁、规划设计方案基本完成。推进义务教育公办学校标准化建设，编制了《全市义务教育学校2014～2018年薄弱学校改造规划》，全市所有县（市、区）均创成国家级义务教育基本均衡县（市、区）。确认省级、市级幼儿园课程游戏化项目23个，创成省薄弱初中质量工程2个、省小学特色文化建设项目2个、省高中课程基地2个。

2. 教育教学质量不断提升

扬州市中学生在第三届中国汉字听写大会省选拔赛中取得冠军，代表江苏参加全国汉字听写大赛。扬州微课网正式运营，新审核上传微课900节。新增省、市教师专项规划微型研究课题105个。拍摄"同步课程"80节。扬州市高考普通类本二上线连续第三年突破万人大关，在2015年全省普通类本二上线人数减少13000人、扬州市考生减少2565人的情况下，扬州市普通类本二以上达线10616人，净增160人；达线率为49%（全省平均达线率为35.77%），同比提高1.1个百分点。达线人数和达线率均创历史新高。在全省普通类本一招生计划减少2351人的情况下，扬州市普通类本一达线3962人，净增40人；达线率为18.3%（全省平均达线率为12.22%），同比提高1.6个百分点。全市理科400分以上考生有26人，增加10人，增长62.5%，理科最高分419分；文科最高分404分，为近几年最好成绩。7名考生跻身全省前100名，同比增长40%。全市在清华、北大自主招生中，

有20人获得10~60分的加分。

3. 队伍素质不断提升

新一轮师德师能建设双"百千万"工程全面启动。开展了"最美老师"学习宣传活动,其中顾晨葵老师被授予"扬州市十大杰出青年"称号。完成市级以上各类培训2.7万人次。59名省、市特级名师到农村开展送培送教活动,受培训农村教师近5100人次。组织扬州教育讲坛和江苏教育名家教育思想报告会12场,3000多名一线教师参加活动。对新教师继续开展师生同考活动。开展免费男幼师招生,293人面试合格。实施教师招聘制度改革,取消公共基础知识考试,招考办法更加契合教师岗位实际。组织修订市直初中学校教师和校长交流方案,各地交流工作相继启动。

4. 民生建设有效推进

扬州院士广场完工揭幕。新华中学、扬大附中东部分校、美琪学校等3处固定应急避难场所建设正在完善设计,2015年6月底完成预算及招投标工作。制定了扬州市中小学及幼儿园中心城区用地控制性规划编制工作方案和技术路线图。义务教育学生全面免学杂费、教科书费、作业本费;在全省率先将市直学校普通高中城乡低保特殊困难家庭学生国家助学金提高至每生每年2500元;春季学期为市直学校初中、高中、中职学校家庭经济困难学生发放生活补助351.8万元,受益学生3452人;发放市直学校初、高中宏志班生活补助57.3万元,受益学生593人;市直学校募集善款104885元。16所中小学社区辅导站开展辅导300余场次,受益学生6200余人次。全面落实义务教育免试就近入学、"热点高中70%定向指标分配"和取消公办普通高中招收择校生等措施,进一步缓解了"择校热"。实施中考网上报名、市直招生区域普通高中网上填报志愿,建立市区普通高中网上招生平台。采取措施进一步加强中小学食堂管理,严格实行大宗食材(物资)招标采购,规范财务管理。启动了首届全市学校安全教育微课大赛,组织了安全教育微课、学生公交专线、防恐应急演练现场观摩,市直学校和市区各学校安装了与"110"联网的"一键通"。

二 教育事业发展过程中存在的问题与不足

1. 学前教育供需矛盾依旧突出

全市学前教育资源总量不足,幼儿园基本办园条件跟不上规模发展的需要,区域之间、城乡之间和园与园之间的发展仍然存在不平衡现象。学前教育投入不足,教师的待遇有待进一步改善。

2. 优质教育资源总量不足、分布不均的状况仍然存在

一是总量不足。反映优质教育资源建设水平的指标,达省优标准的各级各类学校比例为70.1%,与省现代化建设达90%的要求相比,还存在较大的差距。二是普通高中优质资源建设相对滞后。三星以上普通高中比例低于全省平均水平。三是分布不均。达省优标准的各级各类学校比例县域间差距还较大。

3. 教育热点问题的压力依然很大

区域内学校办学规模、办学条件、师资队伍、管理水平等仍不平衡,"择校热"、教师有偿家教等问题的关注度依然很高。

三 教育事业发展的目标任务

1. 进一步推进教育优质均衡

完成新(改扩)建公办幼儿园5所任务,创成省优质园5所。再建成一批幼儿园课程游戏化项目。创成第二批省义务教育现代化学校60所,省义务教育现代化学校达50%。新创省三星级高中2所,省三星级以上高中达88%,在省三星级高中以上学校就读的学生达93%。发挥扬州中学等"老七所"重点中学在拔尖创新人才培养中的主体作用,高考质态稳步提高。创成省初中课程基地2个、省小学特色文化学校2所。推进创建省第二批义务教育优质均衡发展县(市、区)。

2. 进一步提升职教服务经济社会发展能力

以八大专业中心为纽带,推进职业教育资源整合。进一步规范中等职业学校专业设置。支持每个县(市、区)办好一所职业技术学校。中职完成招生计划2万人。中职教育实施订单培养专业达70%以上,毕业生就业率保持98%以上,其中在扬州就业比例达到80%以上,获得技能等级证书比例达95%以上。争取全市四星级以上职业学校达到省定国家教育信息化建设标准。新创1个省级高水平农科教结合富民示范基地和5个省级标准化乡镇社区教育中心,新建50个省级标准化村(居)民学校。

3. 进一步提升教育教学质量

完成全市"教育质量攻坚推进年"系列工作目标。继续推进扬州创新人才实验班招生和拔尖创新人才培养工作。培育第二批中小学、职业教育教研星级学校30所。打造第三批富有本校特色的中小学课堂教学模式30个。培育首批10个职业教育学科教研中心组。完成全年中小学生素质教育实践活动3万人次。培育30个市级特色文化建设项目。全市每学年小学开设不少于2课时、中学不少于8课时的"快乐成长"心理健康课程,再推出一批"十三五"心理健康教育课题。完成"同步课程""名师大讲堂"等600课时摄制工作。"常规管理百校行"摄制组明察暗访中小学100所以上。

4. 进一步强化师资队伍建设

深化师德师能建设"百千万"工程。再完成中小学教师全员培训1.1万人次以上。完成以"领雁工程"为主要内容的名师名校长培养"222计划"。组织江苏教育名家及"扬州教育讲坛"报告8场以上。再完成41名以上省、市特级教师到基层学校支教、送教、送研任务。实施"十百千"教研员暑期培训。新聘基教、职教学科兼职教研员50名。培育100名教学视导指导教师。推进全市中小学教师异校交流。实施"职教名师"及优秀"双师型"教师培养工程,选派200名教师参加国家级、省级培训,500名左右教师进企业实践锻炼。启动教师培训发展中心基地建设。推进中小学、幼儿园教师普惠式体检。

5. 进一步提高教育保障水平

编制《扬州市"十三五"教育事业发展规划》。支持广陵、江都教育现代化示范区建设。制定《全市公办学校标准化建设规划》，促进公办学校标准化建设。编制《扬州市中心城区中小学及幼儿园用地控制性详细规划（2014~2030年）》。完成中小学校舍12.15万平方米安全改造任务，其中市直学校校舍安全改造0.57万平方米。完成新邗沟中学（暂名）、梅岭小学北校区、振兴花园小学等11所中小学新建任务。创建"数字化校园示范校"15所、"数字化学习应用示范校"5所。建成扬州中学院士广场。推动落实公办幼儿园聘用制教师最低工资不低于当地企业职工最低工资的2.5倍、公办学校校安工程建设所需经费全额纳入市县（市、区）财政预算等政策。积极化解高中学校债务。创建市级"平安校园"20所以上。推进校车安全工程。

B.28 2015~2016年扬州卫生计生事业现状与发展对策研究

扬州市卫生计生委课题组*

摘　要： 2015年扬州卫生计生事业启动新一轮深化医改工作，医疗管理、服务水平不断提高，计划生育管理依法得到强化。但仍存在影响发展的因素：城乡居民日益增长的健康需求对卫生计生事业的发展提出了更高要求，卫生计生工作长期积存的深层次、体制性、结构性矛盾仍未消除，公立医院改革全面推进的难度较大，现行计生利益导向政策有待完善。针对以上问题，本文从财政政策、创新体制、人事分配制度等方面提出对策建议。

关键词： 扬州　卫生计生　发展　现状　对策建议

一　2015年扬州卫生计生事业发展现状

1. 启动新一轮深化医改工作

2015年江苏省作为国家综合医改4个试点省份之一，全面启动新一轮医改。市委、市政府高度重视深化医改工作，先后出台了《关于深化医药卫生体制改革　建设现代医疗卫生健康体系的实施意见》《关于建设农村区

---

* 课题组负责人：黄为民，扬州市卫生计生委党委书记、主任。课题组成员：周信，扬州市卫生计生委组织宣传处处长；陆盛华，扬州市卫生计生委组织宣传处副处长。

域性医疗卫生中心的意见》《关于支持建立苏北人民医院医疗集团（医联体）并推进分级诊疗工作的政策意见》等三个重要文件，着力围绕"一个中心任务、一套规定动作，两项试点工作"开展新一轮医改。一个中心任务，即深化医药卫生体制改革、建设现代医疗卫生健康体系，明确提出到2017年，完成国家和江苏省关于深化医药卫生体制改革意见明确的医改任务；到2020年，实现人人享有更高水平基本医疗卫生服务，医疗卫生体制机制活力显著增强，医疗卫生发展整体水平位于全省前列，城乡居民健康主要指标达到国际先进水平，基本建成现代医疗卫生体系。一套规定动作，即城市公立医院综合改革，明确了包括价格综合改革、医保支付、管理体制、编制管理、财政投入、分级诊疗、绩效考核等七个方面的改革任务。两项试点工作，一是以苏北医院为龙头，组建医疗集团（医联体），首批成员单位包括高邮、仪征2家县级医院、10家农村区域性医疗卫生中心，苏北医院对成员单位内农村医疗卫生中心每年每家安排不少于10名医疗、护理、康复专家和1~2名管理人员派驻蹲点，在每家医疗卫生中心重点扶持2~3个特色科室建设，支持医疗卫生中心开展部分三级手术。积极推进医疗资源纵向整合，建立有利于分级诊疗的政策体系。二是建设农村区域性医疗卫生中心。计划用2年时间，在全市重点建设18家达到二级医院水平的农村区域性医疗卫生中心，实现"服务、人员、资金、管理"等重心下沉。

2. 医疗管理和服务水平不断提高

进一步改善医疗服务，改善门诊、急诊、住院、护理服务，推动医院临床路径管理、医院感染管理、药事及高值耗材管理，努力提高医疗质量。完善院前急救医疗网络，新增"扬州市急救中心妇幼急救点""仪征市中医院急救点"，清理非院前急救系统救护车警灯、警报器及外观标识，规范院前医疗急救行为。已经出台《关于推进医疗与养老服务融合发展的意见》，切实提升老年人的医疗服务水平。配合长三角健康服务业专业委员会筹备工作，积极筹建医师多点执业组，积极推进医师多点执业。起草《扬州市医患纠纷预防与处置管理办法》，加强人民调解委员会建设，至三季度，未发生由医患纠纷引发、造成较大社会影响的群体性事件。

着力抓好中医医疗机构建设，市中医院被遴选为国家首批中医诊疗模式创新试点单位，确认为国家首批中医住院医师规范化培训基地，并顺利通过省中医药局持续改进活动的省级评估。9月份全面启动市名中医评选活动。继续实施基层中医药能力提升工程项目，把中医药健康管理纳入基本公共卫生服务项目实施考核。

全市新农合筹资标准提高到人均480元，全市参合总人口281.87万人，参合率达99.8%。1~8月份有199806人次享受了住院医疗补偿，最高补偿限额提高到18万元，政策范围内住院报销比例达75.79%。全面实施新农合大病保险制度，对全市参合农民自付超过15000元以上的合规费用按政策给予不低于50%的补偿。推进市区范围内新农合"五统一"管理，努力让参合农民报销更方便、获益更实在。全市人均基本公共卫生服务经费提高到40元，规范实施12类45项服务项目。

3.计划生育管理依法得到强化

加强对出生人口的跟踪监测，完善全员人口数据库，促进人口信息与孕产期保健、住院分娩、儿童预防接种等个案信息交换与共享。开展"单独两孩"政策实施情况跟踪监测，建立月报、动态分析制度，严格控制政策外生育。改进宣传倡导方式，优化计生社会化宣传平台，引导群众转变婚育观念、消除性别歧视。全面推进免费孕前优生健康检查，落实家庭健康服务。深化流动人口计划生育"一盘棋"工作格局，进一步巩固和完善区域双向协作，全面完成流动人口动态监测和跨省流动人口个案信息核查，上半年新增入库信息85014人，入库率提高42.4%。

二 扬州卫生计生事业发展影响因素

1.城乡居民健康需求的日益增长对卫生计生事业的发展提出更高要求

随着经济社会的不断发展、医疗保障水平的逐年提高以及疾病谱的不断变化，人民群众健康保健意识不断增强，群众对健康的需求已经从"疾病管理"发展到"健康管理"。计划生育相关法规条款调整后，如何推进计生育国策，使人口的增长与经济社会发展相适应，更好地落实计划生育家庭服务，这些都对卫生计生事业发展提出了更高的要求。

2. 卫生计生工作长期积存的深层次、体制性、结构性矛盾仍未消除

卫生计生与人民群众日益增长的医疗保健需求还不相适应，尤其是公共卫生和基本医疗服务发展不充分、不平衡，影响了医疗卫生服务的公平性与可及性。基层医疗卫生机构建设仍然滞后，基层人才匮乏，人才招不进、留不住的现象普遍存在，严重制约了基层卫生计生服务能力和水平。

3. 公立医院改革全面推进的难度较大

全面实施药品零差价后，人事、财政、医保、药品供应、监管等配套政策尚未完全跟上，离广大人民群众的需求还有很大差距。政府财政投入明显不足，物价补偿新机制未完全建立，公立医疗机构经费存在较大缺口，债务负担很重，影响公益性作用的充分发挥，群众看病就医费用仍相对较高。城乡居民医疗保障水平较低，与城镇居民的医疗保障水平差距还较大。

三 2016年推进扬州医疗卫生事业发展的对策措施

1. 着眼于解决医药卫生体制改革深层次矛盾问题

要全面落实中央深化医改的部署要求，坚持把基本医疗卫生制度作为公共产品向全民提供的基本理念，坚持保基本、强基层、建机制的基本原则，坚持统筹安排、突出重点、循序推进的基本路径，在中央顶层设计的大框架下，创造性地开展工作。要抓住用好升级、深化医改试点的重大机遇，注重从制度层面谋划推进医疗卫生事业发展，体现市情特点，突出问题导向，找准选好改革切入点，向前整体推进全市医改工作。

2. 完善和落实财政对卫生事业的投入补偿政策

进一步明确各级政府对卫生事业的投入责任，逐步提高政府卫生投入占经常性财政支出的比重，政府卫生投入增长幅度高于经常性财政支出增长幅度。确立政府在提供公共卫生和基本医疗服务中的主导地位，全面落实政府卫生投入政策。政府投入重点用于支持公共卫生、基层医疗和基本医疗保

障,加大对公立医院改革、卫生科技和人才队伍建设等的投入。探索实行政府购买服务等多种形式的政府卫生投入方式,促进医疗卫生服务机制转变和效率提高。在加大政府投入的同时,鼓励社会力量投资发展医疗卫生健康事业,形成政府主导、社会参与的多元投入格局。2017年,个人卫生支出占卫生总费用的比重控制在25%以内,全市各级政府卫生投入达到50亿元以上。通过实施医药价格综合改革,发挥医疗保险的支付和约束功能,落实政府对公立医院的财政投入政策等,启动实施市级公立医院以药品零差率销售为核心的医药综合改革,破除"以药补医",构建稳定长效的公立医院补偿机制。

3. 创新体制机制,构建现代医疗服务体系

一是健全完善城乡医疗服务网络。按照未来5年城乡人口布局,进一步整合医疗卫生资源。完善医疗机构设置规划,继续推进乡村卫生机构一体化管理、乡镇卫生院领办村卫生室进程,开展乡镇卫生院(社区卫生服务中心)特色科室创建,保障居民就近得到医疗卫生服务。从2015年起,用两年时间在全市规划建设18个功能比较完善、服务周边乡镇、在农村医疗卫生工作中发挥骨干作用、逐步满足人民群众基本医疗需求的区域性医疗卫生中心,使群众在家门口就能享受到二级医院的医疗服务。二是实施医疗资源纵向整合。发挥大医院龙头作用,推进苏北人民医院医疗集团成员单位管理项目化、标准化,促进成员单位服务更加高效、快捷、安全、价廉,切实推动医疗卫生重心下沉、优质医疗资源下移,推进分级诊疗,提升基层医疗卫生服务能力。三是切实发挥中医药特色优势。加强中医药队伍建设和人才培养。制定市名中医评选管理办法,加强硕士以上中医人才、骨干中医人才培养工作,加强与省中医院、南京中医药大学的合作,强化特色专科建设。每年开展中医药文化科普巡讲和中医药"六进"工程活动。四是加快构建分级诊疗制度。根据"基层首诊、双向转诊、急慢分治、上下联动"的总要求,制定分级诊疗办法,综合运用医保、医疗、价格等方面引导措施,推动形成基层首诊、分级诊疗、双向转诊的就医秩序。充分发挥医保杠杆作用,支付政策进一步向基层倾斜,拉开不同级别定点医疗机构间的报销比例差

距。引导建立合理的就医流向，推进县级医院标准化、规范化建设，加快建立基层医生和居民契约服务关系。五是探索建立符合行业特点的人才政策和人员培训培养、人事薪酬制度。加强基层人才队伍建设，按配备标准核定人员总量，建立编制内人员动态使用机制，积极探索县、乡、村编制共享，由县（市、区）卫生计生行政部门统筹使用管理。适当降低医学院校毕业生招录门槛，降低基层卫生人才和紧缺专业人才招录开考比例。建立以全科医生为重点的住院医师规范化培训制度。实施全科医生特岗计划、免费定向培养、基层骨干医生培训，市财政给予适当补助。鼓励城市医院卫生技术人员、退休职工到农村区域性医疗卫生中心工作，允许乡镇卫生院人员向区域性医疗卫生中心有序流动。稳定优化乡村医生队伍，保障乡村医生合理待遇，促进乡村医生向执业（助理）医师转化。

4. 积极探索新型人事分配制度改革

创新卫生计生机构编制和人事管理，实行"标准核定、备案管理、岗位设置、分类聘用"。科学制定公立医院人员配备标准，合理核定人员总量；公立医院原核定的事业编制基数不变，仍按原办法管理，编制空额主要用于引进高层次人才和聘用关键岗位、骨干人员；按标准核增的人员总量由机构编制部门实行备案管理，每两年动态调整一次。编制内人员和备案管理人员全面实行岗位管理，备案管理人员在岗位设置、收入分配、职称评定、管理使用等方面与在编人员同等对待，实行同岗同酬，并按照国家规定参加相应社会保险，参照事业单位职业年金水平建立年金制度。针对医疗卫生行业高技术、高风险等特点，改革完善收入分配制度，真正体现多劳多得、优绩优酬。

B.29
完善扬州城乡均等的公共就业创业服务体系研究

扬州市人力资源和社会保障局课题组*

摘　要： 完善城乡均等的公共就业创业服务体系是促进就业创业的重要保障，是推进社会事业改革创新的重要内容。扬州市当前城乡公共就业创业服务体系既面临困境也存在机遇，扬州市公共就业创业服务体系建设将以推动实现更高质量就业为宗旨，以实现城乡均等为目标，科学合理设计政策制度，不断优化服务措施，切实发挥公共就业创业服务在稳就业、保民生、促和谐中的积极作用。

关键词： 扬州　城乡均等　公共就业创业　服务体系　研究

一　扬州市城乡公共就业创业服务体系现状

1. 就业创业政策制度有突破

一是落实就业帮扶政策。以社保补贴、岗位补贴为重点，积极鼓励企业吸纳就业困难人员再就业。2015年1~9月，扬州市市区共发放各类补贴资金1643.87万元，其中，社保补贴2626人，1404.35万元，岗位补贴1685

---

* 课题组负责人：臧民，扬州市委组织部副部长、扬州市人社局局长。课题组成员：颜军，扬州市人社局副局长；李德江，扬州市劳动就业服务中心主任；林强，扬州市劳动就业服务中心副书记、副主任；黄旭，扬州市劳动就业服务中心办公室主任。

人，239.52万元，政府购岗合计支出1137.09万元。继续落实税费减免、小额担保贷款等政策，减轻企业、个体负担，截至目前累计发放金额4.6亿元。坚持落实好农民就业失业登记制度、农民求职登记制度、农村困难家庭就业援助制度和农民创业服务制度，大力推进农民就业创业。二是制定创业引导政策。近年来，我们高度重视创业带动就业工作，在推进创业带动就业五年行动计划的基础上，2012年，扬州市出台了创业引导资金、创业项目、创业实训基地和创业孵化基地四个管理办法，2014年又对创业引导资金政策进行调整，取消户籍和社保缴费限制条件，提高初始创业补贴标准。3年来，共拨付1500多万元引导资金，用于开展创业培训活动、创业项目征集推介、创业孵化基地、实训基地建设、创业宣传表彰，以及对初始创业和创业租金给予补贴等。三是巩固失业保险政策。充分发挥失业保险"保生活、防失业、促就业"的基本功能，全市各地积极开展失业保险扩面工作，提高失业保险基金存量。到2015年9月底，全市失业保险参保人数为63.46万人，当期基金征缴2.94亿元。大力推进失业保险市级统筹工作，多次调整失业保险金待遇和灵活就业人员医保报销标准，实施阶段性降低失业保险费率政策。同时，进一步落实动态物价补贴政策，坚持开展失业动态监测，建立健全失业预警机制。

2. 供求对接活动有成效

一是拓宽供求信息发布渠道。深入基层开展用工需求调查和劳动力就业情况调查，形成调查分析报告，科学研判用工和就业形势。充分利用信息化手段，将免费的、规范的岗位信息通过电视、手机、网络、LED显示器等媒介，传送到劳动者手中，逐步解决供需双方的信息不对称问题，达到信息资源共享。二是做好调查和分析。每年初组织开展企业用工需求调查和劳动力就业需求调查，为全年企业用工摸清底数，做好用工对接。每月、每季开展就业形势分析，包括就业情况分析、失业情况分析、企业用工分析和人力资源市场供求分析，及时掌握就业动态和走势，有针对性地开展就业服务。三是办好各类职业介绍活动。每年组织开展"春风行动"、就业援助月、民营企业招聘周、高校毕业生网络联盟招聘周等专项活动。在抓好规定动作的同时，扬州市还与媒体合作开展跨省招工大联盟，与部门、院校合作开展针对妇女、退役军人、残疾人、大中专毕业生的专项职业介绍活动。扬州市每年举办各类招聘活动达到200多场，提供岗位10多万个，达成意向的有4万~5万人。

3. 困难群体就业援助有重点

一是对离校未就业高校毕业生的援助。实施大学生就业促进计划和大学生创业引领计划，连续两年通过街道（乡镇）劳动保障所等基层公共就业服务机构开展实名制调查登记工作。同时，明确要求公共就业基层平台主动对申报登记的离校未就业高校毕业生提供就业帮扶，告知可享受的优惠政策、可参加的技能培训、适合的就业岗位信息等。每年高校毕业生调查登记率和就业服务率均为100%。二是对城镇下岗失业人员的援助。在用足政策鼓励企业吸纳就业的基础上，每年通过开发社区保洁、保绿、保安、康复等公益性岗位实行托底安置。加强对下岗失业人员技能提升、转岗技能的培训，帮助其自主实现再就业。同时，大力开展"充分就业示范社区"创建活动，将下岗失业人员再就业的压力传递给基层，目前，扬州市便益门社区是国家充分就业示范社区，省级充分就业示范社区有30个，实现"零就业"家庭97个月动态清零。三是对农村劳动力的援助。在对农村劳动力的就业帮扶过程中，扬州市围绕市场供需结构，依托传统产业优势，紧盯市场紧缺工种，采取"定向式""订单式"的培训方式，开展针对性的农村劳动力转移培训。落实农村劳动力转移培训获证奖补政策，动态跟踪并及时引导农村劳动力参加更高等级的技能培训，获得更高等级的职业资格证书，从而形成初中高有机衔接的职业培训补贴机制。农村劳动力技能培训从"补过程"向"补结果"、从"重数量"向"重质量"转变取得了明显成效。

4. 全民创业推动有力度

一是组织创业培训。连续多年开展以创业意识、创业能力培训为主导的创业培训"进高校、进社区、进乡村"活动，对初始创业人员开展SYB培训；利用农民农闲时间开展集中培训，将创业培训课堂搬到农民家门口。同时，邀请资深创业培训讲师到扬州大学、扬州技师学院、江海职业技术学院、扬州职业大学等高校进行巡讲,增强大学生的创业意识,帮助其提升创业能力。全市每年组织创业培训1.2万人,成功创业5000人,带动就业1.5万人。二是搭建创业载体。扬州市始终把创业载体建设作为创业服务体系的重要内容之一,抓紧抓牢。每年认定10个创业孵化基地,以及一定数量的创业实训基地。同时,通过资源整合、政府租赁、购买公共服务等方式,积极建设省级大学生创业园。目前,扬州市成功创建省级创业型城市,建成省级创业示范基地4个。三是搞好创业服务。突出创业项目征集推广服务和创业专家志愿团点对点服务。通过组织创业指导专家对项目进行评析论证,创业项目持有人现场推介,评委进行打分评选,每年评选出优秀创业项目100多个,通过编印《优秀创业项目选编》、举办创业项目交流大会、在人力资源网创业项目专栏展示等形式,免费向社会推介。两年来,扬州市64个大学生创业项目入选省级优秀创业项目。建设了一支由多个部门参与、创业成功人士参加的50人的创业专家志愿团,形成了创业者有需求、专家上门或"会诊"的一对一、多对一的帮扶机制。还举办"创业服务月""创业·家"沙龙等宣传交流活动,扩大创业社会影响力。

5. 公共就业服务更高效

一是推进人力资源市场建设。2010年,扬州市从服务民生、惠及民生出发,率先在全省建起了统一规范、功能齐全的人力资源市场,建筑面积1.1万平方米的人力资源市场内,办事大厅、招聘大厅、职业指导室、能力测评室、远程面试室等设施设备一应俱全,为社会提供了高效便捷的服务。扬州市人力资源市场也成为江苏省首批五星级市场。在县一级,各地对人力资源市场进行功能区域划分,设置信息发布区、自助求职区、招聘洽谈区、综合服务区等区域,为用人单位和求职者提供个性化、专业化服务。在镇和街道一级,做到了有场所、有人员、有制度、有经费、有活动,确保了基本服务到位。目前,扬州市有五星级市场4家,四星级市场3家,三星级市场1家。同时,扬州市1028个行政村已建成村级公共就业服务平台,并通过基层平台开展了政策调研、情况摸底、数据收集、信息发布等工作,实现了从"建平台"向"用平台"的转变。二是提升就业服务信息化水平。在市、县人力资源市场功能化改造过程中，设置自助求职和招聘系统、远程面试与培训系统、职业素质测评系统、就业服务信息发布系统、数据分析决策系统等，通过几大系统的共同作用，彻底改变以往登记就业培训靠"记"、就业形势分析靠"算"、外出招工靠"跑"的情形，降低了劳动者和企业的求职招聘成本，也提高了就业服务工作的效率。在办好人力资源网站、开发数字电视就业频道的基础上，扬州市开发了"就业 e 图"、人力资源配置服务网、"就业云"软件和手机创业服务平台，将岗位培训信息和登记、招聘求职活动等全部放到网上运行，真正实现了"指尖上的就业""指尖上的服务"。三是管好用好就业专项资金。扬州市认真落实中央、省、市关于财政资金管理使用的各项规定，严格执行财务制度，对就业再就业专项资金、失业保险基金和农村劳动力转移培训资金等，加强监督管理，做到专款专用，资金使用效益进一步提高，确保各项资金运行"零风险""零差错"，对公共就业服务体系建设起到了保障作用。

二 公共就业创业服务体系面临的困境和机遇

通过这几年的努力，扬州市公共就业创业服务体系虽然得到了长足发展，但随着经济形势和劳动者需求的不断变化，公共就业创业服务体系也面临着发展和提升的困境。一是政策体系的城乡差异。总体上讲，城市促进就业创业的政策要比农村多，覆盖的范围、对象要比农村广，政策的针对性、操作性要比农村强，政策知晓率、执行力要比农村高。二是服务对象的城乡差异。这主要是由于农村劳动力的知识水平、技术能力与城市居民、产业工人有一定差距，城乡劳动者接受就业创业服务的理念存在差异。三是公共投入的城乡差异。由于各地财力状况不同，普遍存在农村公共就业创业服务基础设施建设落后于城市的情况，加之城乡服务机构工作人员服务意识、服务能力、服务素质的差别，对实现城乡均等的公共就业创业服务加大了阻力。

当然，在面临困境的同时，也有走出困境的机遇。一是新一轮五年规划的实施。根据江苏省人力资源和社会保障"十三五"规划的思路，拟从基础设施、信息化、均等化等方面，进一步加强公共就业创业体系建设，扬州市人力资源和社会保障"十三五"规划也将对这一体系建设作出明确要求。二是新型城镇化推进。《江苏省新型城镇化与城乡发展一体化规划（2014～2020年）》对有序推进农业转移人口市民化、优化城镇化布局和形态、提高城市可持续发展能力、推动城乡发展一体化、改革完善城镇化发展体制机制等方面提出了目标任务和路线图，这有助于城乡均等的公共就业创业服务体系建设。三是信息网络技术的发展。近年来，扬州市依托信息网络技术建立了"十五分钟公共就业服务圈"，各项服务在空间和时间上得到延伸，提高了服务效率。随着科技进步和新一轮技术浪潮的到来，特别是当前大力推进的"互联网+创业"模式，将有力助推大众创业、万众创新，这给进一步完善公共就业创业体系带来了新机遇。

三 扬州市公共就业创业服务体系建设的设想和举措

公共就业创业服务是满足民生需要的基本公共服务，是政府提供公共服务的重要组织部分。2016年及今后一个时期，扬州市公共就业创业服务体系建设以推动实现更高质量就业为宗旨，以实现城乡均等为目标，科学合理设计政策制度，不断优化服务措施，切实发挥公共就业创业服务在稳就业、保民生、促和谐中的积极作用。

1. 深入推进城乡统筹的公共就业创业政策体系

一是建立健全就业促进政策。对现有的就业政策进行梳理，制定完善促进就业创业的扶持政策，并抓住失业保险基金扩大支出使用范围政策的机遇，进一步提高政策的扶持力度和待遇标准。统一城乡就业和失业登记制度，规范就业和失业登记行为，劳动者在市域范围内享受平等的就业创业扶持政策。继续实施援企稳岗政策，落实岗位补贴、社保补贴、培训补贴等措施，鼓励企业吸纳就业。加强对就业困难群体的就业援助，重点加强城乡零就业家庭和零转移家庭的就业保障工作，确保有就业需求和就业能力的就业困难人员实现就业。加强农村劳动力转移就业工作，鼓励农村劳动力就地就近就业。二是建立健全创业扶持政策。贯彻国家和省市关于推进大众创业、万众创新的决策部署，形成政府激励创业、社会支持创业、劳动者勇于创业的新机制。继续对创办企业的、建设新型孵化器和众创空间的、推介征集创业项目的，给予创业引导资金补贴。进一步完善小额担保贷款政策，适当提高小额担保贷款额度。进一步简化创业担保贷款手续，降低或者免除反担保条件。加大鼓励农民自主创业力度，针对转移就业已成为城市居民的、返乡创业的和仍然留在农村的农民，制定符合其身份特点的创业扶持政策。出台"互联网+创业"政策，加大对网络创业的扶持力度，通过一定指标如销售量、信用度、经营项目等来判断是否自主创业成功，衡量创业对象是否能够申领创业补贴。三是建立健全职业培训政策。完善落实城乡一体的职业培训补贴政策，健全以获取国家职业资格证书和专项能力证书为主要评价依据的政府购买培训成果机制，为城乡劳动者提供普惠均等的培训补贴。完善企业主导、政府推动与社会支持相结合的职业培训格局，引导行业企业组织开展在职职工培训，进一步加强校企合作培训，全面提高劳动者技能水平。

2. 扎实做好城乡一体的公共就业创业服务

一是突出重点服务对象。在巩固好面向全体劳动者提供就业创业服务成果的基础上，根据不同时期、不同地域、不同需求的情况，突出抓好高校毕业生、农村劳动力、新成长劳动力的就业服务。当前及今后一个时期重点是高校毕业生的就业创业工作，主动与教育部门对接，及时掌握高校毕业生就业意愿、就业动向、家庭情况等信息，继续实施好大学生促进就业计划和创业引领计划，认真开展实名制登记工作，对有就业意愿的，开展就业登记、岗位推介、职业指导等服务；对有创业想法的，提供创业培训、创业孵化、贷款融资、开业指导等服务，切实帮助他们毕业后即就业创业。更加重视农村劳动力就业创业，鼓励外出务工人员返乡就业创业，进一步加强来扬州务工人员的就业服务。同时，对复退军人及随军家属、解除劳教人员、下岗失业人员等群体，积极提供免费就业帮扶，确保做到就业创业服务群体全覆盖、对象有重点。二是拓展服务内容。坚持抓好以就业失业登记、职业指导、技能培训、创业服务为主的基本公共服务。进一步加强与社保、劳动关系、人事管理、争议仲裁等方面的对接，将就业创业服务贯穿于每个劳动者就业所有过程。进一步加强部门联动，整合部门资源，协作提供补贴申报、税费减免、证照办理等服务。更加重视增设和改进农民服务项目，特别是在土地流转过程中产生的"离土农民"，协同有关部门，针对性地提供农业技术和农业机械操作等方面的培训，引导市场就业。同时，根据现代农业的发展趋势和农民的实际需要，适时选拔推广一批涉农创业项目，引导农民创业。三是加大服务投入。进一步稳定并适时增加市本级财政资金在困难群体就业帮扶、创业引导、技能培训及基础设施建设等方面的投入，用足用好失业保险基金，扩大支出政策，并通过政策杠杆引导各地加大对本地区就业创业服务的财政投入，提高就业创业服务资金的效益。在人员方面，根据本地区服务对象总量，通过公益性岗位等政府购买服务成果的形式，适时更新和吸纳一批劳动保障协理员，不断缩小服务人员与服务对象的比例，提高服务效率。

3. 努力提升城乡同步的公共就业创业服务水平

一是机构队伍建设专业化。坚持统筹谋划、因地制宜、整合提升、适度集中的原则，进一步明确基层公共就业服务机构设施建设、设备配置、人员配备等具体标准，依托现有就业服务机构，建设创业指导中心和站所，加大基本公共服务资源向基层和农村倾斜力度。以基层平台为重点，加强业务培训和作风建设，全面推行持证上岗制度，不断提高工作人员的业务素质、操作技能和服务水平。普遍推行综合柜员制，促进服务模式由"一站式"向"一窗式"转变。进一步加强就业创业实训基地、技能培训基地、创业孵化基地、各类创业园的建设，全面提升培训能力和创业服务能力。二是服务程序标准化。随着公共就业创业服务项目的拓展和服务方式的转变，积极参与国家标准和行业标准制（修）订，完善配套政策的制定和执行，逐步建立扬州市公共就业创业服务标准体系，进一步细化服务内容，规范服务流程，建立服务标准，全面推行"微笑服务""人本服务"，为服务对象提供规范、便捷、优质的公共就业服务。三是服务手段信息化。大力开发"就业三版"信息系统，将就业创业服务的所有内容、项目、流程、管理均纳入信息系统管理。进一步拓展网上服务事项范围，对能上网办理的事项均实现网络办理。进一步整合就业e图、就业创业服务网、手机就业创业服务平台的资源，拓宽就业创业信息发布渠道，延伸服务空间。进一步加强与社保、劳动关系等系统的对接，做到数据共享，联网服务。四是服务管理绩效化。根据公共就业创业服务机构承担的免费服务工作量、服务效果和服务成本，研究建立公共就业创业服务绩效考核管理制度，定期开展绩效考核和评价，将评价结果纳入就业创业工作考核体系，并作为资金奖补的重要依据，切实提高公共就业创业服务效率和水平。

B.30
扬州市行业商（协）会承接政府职能转移研究报告

扬州市工商联课题组＊

摘　要：	十八届三中全会提出，要切实转变政府职能，优化政府组织结构，实现科学的宏观调控和有效的政府治理。将政府职能中"凡社会能办好的，尽可能交给社会力量承担，加快形成改善公共服务的合力"。"简政放权"成了发展趋势，"小政府、大社会"成为中国政治发展和社会管理努力的目标，而面广量大的社会组织，则有望成为"小政府"服务"大社会"的桥梁。本文深入研究扬州市行业商（协）会的发展情况及承接政府职能转移工作的情况，结合国外、省外行业商（协）会在承接政府职能转移方面的有益经验，重点分析当前工作中遇到的困难、存在的问题和原因，以及新形势下政府有关部门、行业商（协）会类社会组织应如何积极有效开展工作，逐步承接政府职能转移，更好地发挥行业商（协）会的功能作用，更好地促进民营经济健康发展，真正实现"小政府、大社会"的发展目标，为整个经济社会发展增添活力。
关键词：	行业商会协会　政府职能转移　调研报告

＊ 课题组负责人：赵振东，扬州市委统战部副部长、市工商联党组书记、市总商会党委书记。
　课题组成员：严峰，扬州市工商联秘书长；田德兵，扬州市工商联主任科员；刘凯（执笔），扬州市工商联科员。

一 扬州市行业商（协）会基本情况及承接政府职能情况

（一）扬州市行业商（协）会整体发展情况

1. 全市行业商（协）会总体情况

据统计，截至2015年6月，全市在民政部门依法登记注册的社会团体共有1727个，其中，行业商（协）会326个，占比18.9%。市直社会团体438个，其中市直行业商（协）会94个，占比21.5%。行业涵盖了汽车、通信、房地产、建筑、法律、旅游、保险等经济社会生活的方方面面。根据行业类型不同，分别由工商联、经信委、商务局、发改委、旅游局等25个部门作为业务主管部门或业务指导部门。

2. 市工商联所属商（协）会情况

商会建设是工商联工作的重要组成部分，商会组织也是工商联有效开展工作的重要载体和平台。2007年6月，国务院办公厅下发了《国务院办公厅关于加快推进行业协会商会改革和发展的若干意见》，此后，扬州市出台了《关于加快推进全市行业协会改革发展的意见》，包括行业商（协）会在内的商会组织由此进入了快速发展期。截至2015年9月底，全市工商联系统共组建各类商会组织202家，其中行业商会82家，占总量的40.6%。市工商联组建的直属商会达53家，其中行业商会24家，占直属商会总量的45.3%。涵盖行业类型较广，既有房地产商会、建安商会、船舶商会等涉及扬州支柱性产业的商会，又有玉器珠宝商会、餐饮商会、休闲服务业商会、路灯产业商会等扬州特色产业商会，还有家具协会、装饰行业商会、物业管理商会等与百姓生活密切相关产业的商会。

（二）现阶段扬州市部分行业商（协）会承接政府职能转移的情况

1. 承接内容

近年来，各行业商（协）会立足本职工作，努力发挥桥梁纽带作用，积极搭建交流平台，促进企业健康发展，引导企业履行社会责任，取得了良好效果。各行业商会与相关政府部门密切配合，已承接了部分政府职能，目前已转移的部分职能主要有业务培训、职称评定、标准制定、矛盾调处、行业调研和规划等。

2. 承接方式

政府职能转移主要有直接移交、委托、授权、政府购买服务等方式，调研发现，目前扬州市行业商会承接政府职能转移以政府部门直接移交、委托和授权为主，而政府购买服务等其他形式较为少见。

3. 作用效果

总体来看，扬州市行业商会承接政府职能转移虽处于起步阶段，但已取得了一定成果。①为行业培养输送了大批人才。市建筑安装行业商会、市船舶商会、市装饰行业商会、市玉器珠宝商会、市保险行业协会等均积极开展行业内的业务培训和专题讲座，为行业培养输送了大批专业人才，提升了从业人员的专业知识和技能。②对行业进行了有效的自律规范。市房地产协会、市房地产商会、市保险行业协会等制定了严格的会员自律公约，对有违规行为的会员可以处以违约金或提请监管机构来处罚，对行业进行了有效的自律规范；市家具协会根据国家有关法律法规，制定了《扬州市家具行业产品修理更换退货规定》，严格规范会员企业的销售行为。③调解处理了大量矛盾纠纷。市船舶商会与税务部门、环保部门密切配合，协调处理了商会会员企业的多起税费征收、环保处罚问题及企业间的矛盾纠纷等问题。市家具协会与市消费者协会合作，成立了家具行业消费维权专家委员会，协调处理了多起家具行业的消费维权纠纷。④有力促进了行业繁荣发展。市玉器珠宝商会牵头制定了全国玉器行业标准，同时每年参与承办工艺品展销会，有力推动了扬州玉器行业的健康有序发展；市建筑安装行业商会针对扬州市建筑安装行业发展状况进行了深度调研，提出了"建筑工业化"的建议，得到市委、市政府领导的高度重视并在实际工作中大力推广；市房地产协会和市房地产商会经过认真细致的市场调研，向市委、市政府提交了"关于进一步促进市区房地产行业健康稳定发展的建议",得到了市委主要领导的批示,为扬州房地产行业的健康发展作出了重要贡献。

4. 存在的问题

虽然行业商(协)会承接政府职能转移工作已在实践中开展并被证明其可行性,但从实践中我们发现仍然存在一些问题。①承接职能的商(协)会比例较低,作用不显著。在市工商联24家直属商会中,已承接政府职能转移的不到半数,而在已承接的职能中,以业务培训、行业自律为主,其他职能如职称评定、标准制定等承接较少,作用并不显著。②不同类型的行业商(协)会不平衡,协会多、商会少。行业商(协)会在组建过程中存在两种模式,一种是在政府职能部门主导下建立,具有半官方背景的行业商(协)会,另一种是同行业企业自发组建的纯民间行业商(协)会。以第一种模式组建的商(协)会由于与政府职能部门有着业务上的联系,因而承接了较多政府职能;而第二种模式组建的商(协)会承接政府职能转移的比例明显较低,有的行业商会则没有承接任何政府职能。③放权形式较为单一。相对于政府部门直接移交、委托、授权,政府购买服务的方式更有利于将竞争机制引入政府职能转移工作,让真正有意愿有能力的行业商(协)会来承接职能转移,使得职能转移更加公平、规范、高效。但目前,扬州市的政府职能转移均以直接移交、委托、授权方式进行,少有政府购买服务。④转移的职能缺乏实质性。有些政府部门将涉及行业企业切身利益的职能紧紧抓在手中,只是把烦琐的工作交给行业商会去做,有些商(协)会承接过来的职能属于"苦力活",仅仅是为政府有关部门打工。例如,市某商会虽然协助政府部门开展了行业资格审查评定的工作,但参与的仅仅是打电话、收集资料等辅助性工作,并不介入真正的评审,因而并不能看作是真正意义上的职能转移。⑤商会被动参与介入,缺乏主动性。行业商(协)会能不能承接职能、能承接哪些职能往往是政府相关部门通过主观判断来决定的,并没有一个科学的评价标准和体系。行业商会基本没有太多选择权,只是被动地参与和介入,因而也缺乏主动性。

二 在承接政府职能转移过程中产生问题的原因

(一)基础性法律法规、政策体系仍不完善

1. 新商会法缺失,地方条例不完备

改革开放以后,商会法等基础性法律法规的缺失,导致商会的法律地位始终处于模糊状态,大大制约了行业商(协)会的发展和作用的发挥。2011年11月,江苏省人大颁布的《江苏省行业协会条例》对规范江苏省行业商(协)会组织和行为,保障行业商(协)会依法开展活动,促进行业健康发展意义重大,但是,条例重在规范行业商(协)会的管理,对政府职能转移工作并未过多涉及,且缺乏具体执行规范。

2. 承接政府职能转移的政策乏可操作性

2013年9月,国务院办公厅印发了《关于政府向社会力量购买服务的指导意见》,2014年7月,扬州市发布了《扬州市政府购买社会组织服务实施办法》。但这些政策侧重于提出宏观指导意见,对包括行业商会在内的社会组织作为服务提供方的地位、权利和义务并无明确规定,政府也未提供意向购买的社会组织的具体服务内容,实施政府购买服务由于涉及多个部门,在没有专门机构协调的情况下执行难度也比较大。

(二)大部分政府部门思想认识不够到位

1. 对行业商(协)会的功能作用认识不足

新中国成立后,由于实行单一的计划经济机制,行业商会曾经一度销声匿迹,政府部门完全取代行业商(协)会,直接管理各行业经济发展。直至1991年,中共中央15号文件明确工商联可组建同业公会性质的商会,行业商(协)会才逐步重新发挥功能。因而不少政府管理部门对行业商会是何物,以及行业商会的功能、作用并不了解,从而对转移职能给行业商会始终心存疑虑。

2. 不愿放权或不知放权给谁

随着政府职能转变工作的不断深入推进,简政放权成为发展趋势,但有些政府部门将权力与自身利益挂钩,始终不愿放权。有些政府部门长期以来直接和企业打交道,事必躬亲,面对成千上万个企业,不仅工作量过大,而且"外行人"管理"内行事"的效果并不好,它们愿意放权,但不知放权给谁。权力意味着责任,这些组织是否有能力来承接?权力如果放出去了,履行不好引发社会矛盾该怎么办?一直以来这些问题并没有得到很好解决。

(三)可借鉴的经验较少

1. 国外经验不可简单复制

国外商会组织经过百多年的发展,其法律地位、组织架构、功能作用等均较为成熟,在履行政府职能方面,法国、美国、日本等均有一定成功经验可借鉴。但国外商会发展是与本国的历史、政治、法律、经济、社会发展状况相适应的,这些经验不可简单复制,需要结合我国国情进行再加工方可吸收。

2. 国内尚处于探索起步阶段

随着中央对简政放权和转变政府职能工作的不断推进,国内多地已先后开展了行业商会承接政府职能转移的实践,特别是浙江宁波、嘉兴等地,已出台了具体的政策,取得了一定成果。但目前,这项工作在实践层面仍然处于起步阶段,需要摸着石头过河,所取得的经验也比较有限,还需要不断去完善。

(四)行业商会自身能力欠缺

1. 作用认识不到位

目前,行业商(协)会建设已进入快速发展阶段,社会各阶层组建行业商(协)会的积极性不断提高,但同时,对于行业商(协)会的作用认识却普遍不到位,甚至有部分行业商会的管理层认为行业商会只是企业"抱团发展"的平台,对行业商(协)会如何更好地承接政府职能转移,在新时期如何更好地发挥作用、承担社会责任缺乏深刻的思考和认识。

2. 人才匮乏

商（协）会能否承接好政府职能，高素质的人才是关键。调研显示，行业商会人才匮乏是当前制约商会承接政府职能转移的重要因素之一。目前扬州市不少行业商（协）会的专职人员数量较少，有的仅有1~2人，极少数行业商（协）会没有专职人员。在专职人员队伍中，有不少是退休的老同志，也有的是刚刚工作的年轻人，他们能够做好商会基础性的事务工作，但是对行业的发展、需求较为外行，对政府的运作方式也不熟悉，难以担当承接政府职能转移的重任。

3. 财力有限

调研显示，大部分自下而上自发组建的行业商（协）会的经费来源90%以上靠收取会员会费，这其中，又主要靠商会会长班子出大头，除去办公经费及惯例性的活动开销，商会经费所剩不多。承接政府职能必须要有经济基础作支撑，由于没有"造血"功能，行业商（协）会很难主动承接政府职能转移，而只能先满足基本的生存需要。

4. 意愿强但能力有待提高

在调研中，各行业商（协）会负责人均表示愿意积极参与承接政府职能转移工作，但各个行业商（协）会自身条件差异较大，有的行业商（协）会管理规范，能力较强，工作开展成效显著，得到行业内的认可，但也有部分行业商（协）会存在管理制度不完备同时执行制度又不到位的现象，影响了行业商（协）会功能作用的发挥。

5. 覆盖面较窄，权威性欠缺

为了大力推动行业商（协）会的发展，同时贯彻"一业多会"原则，目前扬州市对行业商会会员的数量要求，只要达到《社会团体登记管理条例》规定的30家单位会员就可以，但随着商事登记制度的改革，各行业企业大量涌现。例如，市家具协会的会员虽已达到100多家，但主要是规模较大的家具企业，而全市家具行业企业近万家，面广量大的小微家具企业并未加入协会。和家具协会类似，不少行业商（协）会都存在会员覆盖面不够宽、代表性不够强等问题，因而缺乏权威性。

三 对进一步加强行业商(协)会组织功能建设，承接政府职能转移的意见和建议

（一）推进完善立法，建立工作机制

1. 呼吁尽快出台商会法

随着新时期商会组织的迅猛发展，商会法的制定出台已是迫在眉睫。目前，江苏、广东、云南等不少省份已出台地方性行业商会协会条例，而全国性的商会法始终未出炉，应当通过多种渠道，呼吁全国人大尽快出台商会法，为行业商会存在和发展提供法律依据，并进一步规范商会运行管理，保障商会合法利益，明确商会功能作用。

2. 建立工作机制，制定试点政策并推进落实

2014年，扬州市发布了《扬州市人民政府职能转变和机构改革方案》和《扬州市政府购买社会组织服务实施办法》，明确提出"让适合由社会组织提供的公共服务和解决的事项交由社会组织承担"①，同时推行政府购买服务制度。但政府购买社会组织服务等政府职能转移工作始终没有继续深入有效推进。政府职能转移工作一方面需要成功的顶层设计，另一方面也需要完善的工作机制来保障落实。下一阶段，建议建立一整套工作机制，并根据部门和商会实际制定具体的试点政策，以点带面，逐步迈出行业商会承接政府职能转移的坚实步伐。

（二）加强宣传力度，提高思想认识

1. 大力宣传商会的功能作用

随着商会的不断发展壮大，商会的功能作用也为更多人所知晓，但不少政府部门管理人员对商会并不了解。建议有关部门加强对商会功能作用的宣

---

① 《扬州市人民政府职能转变和机构改革方案》，2014年12月。

传,一方面鼓励政府部门积极主动与行业商会保持沟通联系,另一方面,行业商会在开展工作的过程中也可以邀请政府有关部门共同参与,通过互动加深了解。

2. 政府部门管理层和商会管理层要解放思想,勇于担当

政府部门管理层要真正解放思想,了解政府职能转移的必要性,认真研究政府部门应该做什么,应该怎么做,真正做到有所为有所不为,在实现政府职能转变的同时也创新和改善政府管理,加速向服务型政府转变。商会管理层要深刻认识当今时代赋予行业商会等社会组织的历史性任务,增强使命感和责任感,顺应时代要求,勇于担当,在管理好商会,为会员企业做好服务的同时,积极主动承接政府职能的转移,为国家和社会的发展贡献力量。

(三)积极学习借鉴国外、省外经验

1. 组织专家学者对国外、省外的有益经验进行研究并交流讨论

国外、省外在促进行业商会发展、推进行业商会承接政府职能方面有不少宝贵经验,但是由于国情省情、社会制度、法律体系、思维习惯、工作方式等的差异,这些经验并不能简单"拿来",究竟哪些适合,哪些不适合,怎样取其精华、去其糟粕,可以组织专家学者对这些经验做法进行研究讨论,找出真正适合扬州市发展的方式。

2. 组织政府部门和商会负责人"走出去",实地学习国外、省外的经验做法

组织相关人员"走出去",到宁波、嘉兴等周边省市甚至国外现场感受和学习,有利于开阔眼界,拓宽思路,转变思想观念,主动研究、推动行业商(协)会承接政府职能转移工作。

(四)政府部门厘清"可转移清单",明确可转移职能

1. 明确牵头部门,统筹推进工作

建议成立市级层面的政府职能转移工作领导机构,可由市领导挂帅,发改委、民政局、人社局、财政局、工商联等部门形成工作机制,负责统筹、

指导、规划政府职能转移和政府购买社会组织服务工作,并协调解决重大问题。

2. 明确职能转移领域,厘清"可转移清单"

政府各部门要对自身职能进行全面梳理和分解,进一步明确职能转移的领域,划分可供转移的职能范围,厘清"可转移清单"。出台分类分层次的政府购买服务指导性目录,明确哪些职能是应该保留的,哪些职能是应该转移的,依据清单划清政府和行业商会的权力责任界限,逐步建立完善转移职能的制度体系。

(五)积极有序开展试点,树立典型并推广

1. 在具备条件的政府部门、商会之间开展试点工作

各政府部门、各行业商会情况千差万别,特别是行业商会的发展也相当不平衡,为积累经验,选择代表性强、主动性强、工作能力强的行业商会和具备条件的政府部门开展试点工作。

2. 及时总结试点经验,深入研究并推广

开展试点工作后,要进行相应的跟踪和评估工作,及时发现并处理出现的问题,进行总结,积累经验。在试点工作结束后,树立部分优秀典型并推广经验做法,为全面开展工作打好基础。

(六)强化行业商会内部管理,培训商会人才,提升商会能力

1. 管理是基础

要进一步提高行业商(协)会的工作能力和管理水平,部分行业商(协)会的随意性较大,不按章程办事的现象时有发生。各行业商(协)会要在规范化、制度化方面做更多工作,加强管理,夯实基础,为承接政府职能转移做好准备。

2. 人才是关键

行业商(协)会会长和秘书长是决定商(协)会发展和能否成功承接政府职能转移的关键人物,要选出有思想、有远见、有实力、有奉献精神的

会长,以及执行力强、协调能力强,同时熟悉政府和商(协)会运作模式的秘书长。行业商会只有培养和储备一批能干事、肯干事的人才队伍,才有可能真正承接好政府职能转移,实现行业商(协)会的更大发展。

3. 经费是保障

经费不足是困扰不少行业商(协)会发展,影响其承接政府职能转移的难题,行业商(协)会要主动作为,充分发挥商(协)会的平台作用,适当开展一些企业想做而没有能力做,政府应做而没有精力做的事情,如行业展销会等活动,来赢得政府和企业的肯定,在开展工作的同时扩大和丰富经费来源,使行业商(协)会逐渐具备自我"造血"功能。

参考文献

刘晔:《"三只手"的功能、失灵和协调机制研究》,《新乡师范高等专科学校学报》2005年第6期。

平新乔:《微观经济学十八讲》,北京大学出版社,2001。

黎军:《行业协会的几个基本问题》,《河北法学》2006年第7期。

余海大:《五大样本的革命性意义——商会承接政府职能转移的宁波实践》,《中国工商》2015年第3期。

《扬州市人民政府职能转变和机构改革方案》,2014年12月。

B.31
基于旅游服务国际化的扬州旅游服务设施建设研究报告[*]

扬州旅游服务国际化研究课题组[**]

摘　要： 扬州实施旅游国际化战略，打造"国际旅游名城"，必须以旅游服务设施国际化改造与建设为基础。目前，扬州市通过系统研究与规划，科学引领全市旅游公共服务发展，在旅游服务设施建设方面采取了一系列举措，启动综合性旅游服务中心建设，积极推动旅游交通便捷服务设施、旅游信息化设施、旅游惠民服务设施的优化与完善，取得了显著的成效。但对照旅游服务国际化要求，仍存在诸多不足。扬州旅游服务设施建设应该遵循符合国际惯例、整体优化、以人为本、尊重自然和历史、审美与实用结合等原则。本报告从扬州旅游服务国际化的角度，就旅游交通指引标识、旅游停车场服务设施、旅游换乘中心、旅游专线、旅游慢行系统、旅游信息化设施、旅游厕所、旅游休憩设施等方面的建设，提出了相应的对策建议。

关键词： 扬州　旅游服务国际化　旅游服务设施　建设原则　对策

---

[*] 本报告是江苏省社会科学基金项目重点课题"扬州旅游服务国际化研究"的系列成果之一。
[**] 课题组成员：王志海，扬州市旅游局局长、党组书记；许金元，扬州职业大学党委副书记、副校长、教授；董广智，扬州职业大学旅游学院副院长、副教授；李芸，扬州职业大学旅游学院院长；段七零，扬州职业大学教授；戴斌，扬州市旅游局副主任科员。

扬州实施旅游国际化战略，是抢抓旅游业发展战略机遇、打造"国际旅游名城"的必然要求。旅游国际化战略的构成要素包括：旅游产品国际化、旅游服务国际化、旅游营销国际化、旅游环境国际化。这些要素都离不开旅游服务设施的建设。优良的旅游服务设施，可以有效提升旅游环境质量、旅游产品品质、旅游服务层次和旅游营销效果，为实施旅游国际化战略提供坚实物质基础。

一 扬州旅游服务设施建设现状

1. 启动综合性旅游服务中心建设

根据市政府提出的"打造全市域游客服务中心系统"的要求，扬州市启动建设一批综合性旅游服务中心，主要布局在扬泰机场、扬州古城区、西客站、城北以及江都、邗江、仪征、高邮、宝应等地。服务中心内设咨询接待区、自主查询区、智慧旅游区、扬州好礼销售区、国内外旅游攻略区、文化体验区等多个功能区，有的服务中心还设有大型停车场，借助高科技手段和旅游顾问专业化 1 对 1 服务，满足市民和游客咨询、休憩、出行、换乘等多样化需求，缓解城区、景区交通压力，促进市县旅游联动发展。2015 年全市启动建设了 6 + x 综合性旅游服务中心，目前古城区和城北的旅游服务中心已建成运营。

2. 旅游交通便捷配套设施日趋完善

完善道路旅游指示牌。2014 年，市旅游局在扬州高速出口、城区主干道和重要交通节点增设旅游指示牌 117 块。2015 年，对因道路改造导致指示不合理的 23 块指示牌进行了内容调整，新增旅游指示牌 44 块，特别增设了一批立体多向指示牌，强化了旅游指示牌的指示合理性和内容衔接性，有效解决了旅游道路指示牌密度不够和景区"最后一公里"指示缺失的不足。同时，在 4A 级以上景区实现了中、英、日、韩多语种指引指示。

提升城市旅游停车容量。一是停车场配套建设稳步推进。2015 年新改建停车场 30 座，停车位近 5000 个，总建设面积 16.79 万平方米，总投资

5400万元，其中新建停车场15座，新建面积5.61万平方米。二是启动智能停车管理系统建设。对城区占道临时停车泊位实行智能收费管理，通过POS机智能连接，实时了解各个占道临时停车泊位停车信息，缓解旅游旺季行车难、停车难问题。三是旺季开辟大量临时停车场。缓解了旅游旺季尤其是小长假和黄金周停车难的压力。以瘦西湖景区为例，目前瘦西湖景区有固定停车场12个，固定停车位1200个。经过沟通协调，每逢节假日瘦西湖景区临时开辟停车位1万多个。

优化旅游专用交通工具。投入使用30辆旅游观光巴士；建设公共自行车租赁系统，设立站点300多个，投入公共自行车1万辆，覆盖城区主要景点，实现了"一卡在手、骑行无忧"；在扬州泰州机场提供落地自驾服务；建成"出租汽车服务管理信息系统"和"城市智能公交指挥监控调度系统"，开通了公交出行服务查询、公交车实时监控、车辆智能调度、电子站牌信息发布、手机召车、失物查找等功能。

3. 旅游信息化设施建设成效显著

"无线扬州"覆盖全城。2014年开始实施"无线扬州"建设项目，全市新增1万个免费Wi-fi热点，信号覆盖全市3000多个公共场所。全市4A级以上景区、四星级以上酒店均已实现免费Wi-fi全覆盖。此外扬州30辆旅游观光巴士实现了免费Wi-fi覆盖。下一步将扩大"无线扬州"覆盖范围，全面升级扬州免费Wi-fi信号品质、传输速率、信息安全等技术，为国内外游客提供更稳定、更快捷、更安全的免费Wi-fi服务。

建设完成100个扬州旅游信息服务点。到2015年底，市旅游局在全市范围内建成旅游信息服务点100个，为国内外游客提供方便、快捷的旅游信息咨询服务。服务点遍布在旅游景点、机场、火车站、汽车站、星级饭店、特色民宿等游客集中的区域，免费向游客提供系列旅游宣传资料，配备数字海报机，滚动播报扬州近期的旅游资讯，为游客提供全天候、全方位的旅游信息服务。

开通景点免费语音导览系统。已开通瘦西湖、大明寺、个园、何园、双博馆、茱萸湾等主要景点的免费语音导览系统。推出全国首创的智能旅游腕表,除了兼具旅游休闲卡的旅游消费功能外,还预装了"景点语音讲解"APP,具备景点中英文语音讲解功能,游客携带腕表可享受"走到哪儿,讲到哪儿"的智能体验。

为了给扬州游客提供智能、便捷的旅游导览服务,建设并完善智能导引导览系统。在主要景点出入口安装高清摄像头,借助人脸识别技术,自动统计景点入园人数、出园人数和在园人数,随时掌握各大景点客流状态,引导游客错峰入园。通过扬州旅游微信平台或"寻美扬州"APP,为游客播报景点客流量、游览舒适度指数、交通路况等信息,使游览更加顺畅便捷。

为了让外国游客方便快捷地了解扬州,建设扬州旅游多语种网站。网站现有中文、英文、日文、韩文等多语言版本,为世界各地游客打造了食、住、行、游、购、娱一站式的资讯服务平台,成为宣传和推介扬州旅游的重要载体。开通扬州旅游官方微博和微信公众平台,其中,扬州旅游新浪微博粉丝突破150万人。扬州旅游官方微信平台在全国旅游政务新媒体排行榜排名前10位。

巧妙利用"城市家具",即变电箱、电线杆、公交站台、公共厕所指引牌等城市户外环境设施,发布扬州旅游交通地图、旅游活动等旅游资讯,为游客提供无处不在、无微不至的旅游导览服务。

4. 旅游惠民服务设施更加优化

提升旅游厕所建设管理水平。2015年,为贯彻落实国家、省"旅游厕所革命"工作要求,推进国际文化旅游名城建设,解决旅游厕所数量不足、分布不均、管理缺位的问题,市政府制定了《关于全市旅游厕所建设提升工作的实施意见》,规划到2016年底,全市重点区域、度假区、3A级以上景区建设旅游厕所105座(新建51座、改建54座),实现"数量充足、干净无味、实用免费、管理有效"的目标。2015年全市新改建旅游厕所60座,总建设面积4829平方米,总投资约2500万元,其中新建厕所19座,新建面积1559平方米。

扬州景区全国首创金融IC卡刷卡入园。市旅游局与"蜀冈—瘦西湖"风景名胜区管委会联手人民银行扬州市中心支行,合力推进普惠金融服务的平台化战略，开辟了金融IC卡"闪付"绿色通道。目前，金融IC卡快捷支付已经实现瘦西湖、大明寺景区通用，并将在2016年推广覆盖到全市所有景点。金融IC卡运用到景区，扬州为全国首创，既简化了购票环节，又有效缓解旺季景区拥堵难题，推动了旅游行业支付方式的智能化、快捷化。

发行扬州旅游景点电子年卡。2015年1月，扬州旅游景点电子年卡正式发行。电子年卡彻底解决了市民长期反映的纸质年卡不能补办、不能全年办理等突出问题。电子年卡不仅具有景点年卡功能，还具有市民卡的乘坐公交、出租及小额消费等功能。电子年卡共分为100元（儿童80元）、120元（儿童100元）和200元等面值，适用于不同的使用范围。

二 扬州旅游服务设施建设存在的不足

（一）旅游交通便捷服务设施方面的不足

随着我国社会交通的快速发展，扬州旅游"大交通"越来越快捷，但"中交通"在旅游旺季时有一定的拥堵，"小交通"与文化路、生态路、旅游路、交通路四路一体的要求有一定差距。旅游交通便捷服务设施建设涉及多方面，自驾游有一套需求，公交游有一套需求。扬州自驾游或旅游大巴的交通便捷服务设施不断优化，但自助游散客的公共交通便捷服务设施相对滞后。扬州城区有较好的旅游交通便捷服务设施，但县级城区和乡村相对缺失。

1. 景区外旅游交通指引标识

景区外旅游交通指引标识，是指为游客提供旅游景区名称、项目类别图案以及通往旅游景区的方向、距离等信息的标识，主要分为自驾车或旅游大巴的交通指引标识、乘坐公共交通自助游散客的交通指引标识两类。

扬州市在自驾游或旅游大巴的交通指引标识方面，做了不少工作。但相比城区景区而言，一些通往乡村旅游点的公路还没有设置旅游交通标识，驾驶员寻找旅游点有一定难度；或者由于乡村旅游点多而分散，造成一些区域乡村旅游标识牌较为混乱，不太规范。

扬州虽然在机场、火车站、汽车站设有旅游信息咨询点，对于乘坐公共交通的自助游散客来说，咨询点提供的旅游交通指引信息比较有限。随着西部客运枢纽和机场综合性游客服务中心的建成，旅游交通指引得到改善，但在汽车东站出口处，仍缺乏较为明显的旅游交通指引；在市区转乘公交时，也得不到明确的旅游交通引导，使得散客游不能很好地实现自助。

2. 旅游停车场设施与服务

扬州在旅游停车设施建设方面已做了很多工作，但仍不尽如人意。一是旅游高峰期主要景区的停车位还不能完全满足停车需求，拥堵问题仍然存在。例如，每逢节假日在瘦西湖南大门的西侧和南面马路上车辆乱停乱放，一些社会人员趁机乱收费，影响了扬州旅游形象。二是个别停车场的位置标识、引导标识以及车位动态信息标识缺失，使得驾驶员不能便捷地找到停车场和迅速停好车。例如，刚刚建好的虹桥坊地下停车场，好多游客不易找到它的位置。三是少数停车场选址距离景区较远，超过了游客期望的步行时间。四是停车场内的车位结构设置不太合理，有的停车场小车与大巴的车位比例不太合理，需要进一步优化。五是一些停车场的泊位周转率较低。例如，瘦西湖西门停车场小车和大巴的平均停车时间都较长，造成白天机动车泊位周转率较低，引起"虚胖"的停车需求。六是停车场是一个景区的"门面"，但扬州好多景区停车场的景观设计缺少艺术性，没有彰显扬州特色和景区特点；一些停车场的生态化程度较低；扬州景区停车场往往是平面的，极少有立体停车场，造成土地资源浪费。七是停车场的管理水平和效率需要进一步提高。例如，有的景区停车场乱收费，管理人员服务态度不好，人车道没有分离，仍是采用人工收费、人工引导、人工管理，出入口较少且不太通畅。由于管理效率不高，一定程度上延长了泊位周转时间，增加了停车拥堵现象。八是一些乡村旅游点停车场的设施很少，就是一块空地，较为破旧，但仍要收费。九是景区普遍不太注重非机动车的停车设施建设和停车服务。

3. 旅游换乘中心与旅游专线

扬州已经启动了包含换乘功能的综合性旅游服务中心的建设，逐步改善旅游观光巴士和城市公交，但扬州游客换乘中心和旅游专线的建设与服务，仍有一些需要改进的地方。一是从高速、国道进入扬州市区主要入口处的外围换乘中心，扬州2014年规划建设四个具有换乘功能的旅游服务中心，除了汽车北站的服务中心刚刚建成，功能还有待完善，其他3个还没建好，目前也没有从这些外围服务中心到市区的旅游专线，所以，目前外地自驾车和旅游大巴大多数还只得开进市区，造成市区旅游高峰期的拥堵和景区停车场的乱象。二是扬州西部客运枢纽、汽车东站、扬泰机场对于自助游散客的换乘设施建设和服务，还有不尽如人意的地方。例如，有些站场直接开往并停靠市区各主要景区、酒店、购物点、娱乐场所的旅游专线较少，或者有专线，但间隔时间长，或者线路规划设计不太合理；在汽车东站出口处没有设置扬州市区旅游交通图，有的站场出口处旅游交通图的内容标示较简单，且只用中文标示，由于设置时间较长，有的图示已经模糊、缺失，有的图示内容没有及时更新；这些站场没有设置用于专门标示旅游专线图的标识牌，而是与其他公交线路放在一块标识牌上，使得外地自助游客眼花缭乱，不能便捷地找到有用的旅游交通信息；有些站场的旅游换乘咨询引导工作人员态度不热情，引导不主动，业务不熟悉，也很少看见旅游志愿者的身影，这与扬州打造"世界旅游名城"的要求不相吻合。三是市区内的游客换乘点，主要设置在重点景区、酒店、旅游购物点、旅游娱乐场所等处，通过旅游专线或城内旅游观光车将它们连接起来。景区换乘服务，应成为景区游客中心的服务内容之一。扬州市区内的景区基本上都能为游客提供一定的换乘服务，但有些景区的游客中心只设置了本景区的游览标识牌，还没有该景区与外界交通连接的换乘标识牌，游客只得口头咨询，特别是对于外国游客，口语交流较为费劲；对于入口与出口分开的景区，在景区出口处看不到旅游换乘标识牌，出口处也没有标明旅游专线站台在大门的哪个方位。而在扬州市区内的主要酒店、旅游购物和娱乐场所等处，可咨询到一些旅游信息，但设置游客换乘标识牌的很少，这些场所的工作人员也往往不能提供准确的换乘咨询与引导服务。相对于扬州市区，各县市的旅游换乘和旅游专线建设与服务比较薄弱，有的县市没有旅游专线。

4. 旅游慢行系统

旅游慢行系统包括骑行、步行、滑行等类型。骑行系统与步行系统可以分开建设，也可以结合起来建设。扬州旅游慢行系统建设较为滞后，主要表现为以下方面。一是扬州骑行慢行系统与休闲旅游点系统的耦合一致性不高。骑行游的自行车，主要包括公共自行车和租赁服务点提供的专门自行车两大类型。公共自行车，只能一人骑行且外观和款式都一样，骑行乐趣比较单一；而后者可以有一些特殊外观和功能的自行车，如两人或三人共骑的自行车、三轮自行车，增加游客的骑行体验和乐趣。随着扬州公共自行车布点和车辆数量的快速增长，城区主要景区点已有公共自行车租借点，但不是所有景区点都有，而且除了景区点外，其他上百家旅游休闲场所有的还没有公共自行车布点，有的车辆数量不能完全满足游客需求。目前只有宋夹城体育公园建有专门的自行车骑行慢行系统，但设施与服务还不太完善；其他地区，尤其是观光休闲带，还没有设置专门的自行车骑行慢行系统；全市区范围内更没有形成完整的骑行慢行系统网络。二是扬州的步行系统有待增多与升级，目前市区内在古运河两岸和明月湖周围等处设有专门的开放式步行系统，但安全、游憩、无障碍设施陈旧、偏少，地面砖块缺失、坑洼不平，慢行通道不完全畅通。三是公共自行车的租借手续便捷度虽然目前比建设初期有了很大的提高，拥有支付宝和手机的游客扫描二维码即可租借，但一些没有开通支付宝的中老年外地游客，还需办当地卡，租借手续仍不便捷。

（二）旅游信息服务设施方面的不足

经过近几年的不懈努力，扬州旅游信息化服务设施建设取得突出成就，在某些方面已处于全国领先地位，达到旅游国际化要求，但仍有待完善。例如，扬州市县（市、区）旅游局网站关于旅游信息的更新比较快，但不够全面，而大部分旅游企业由于缺少相应的网站维护人员，网站内容缺少必要的管理，更新较慢。游客很难获得最新的旅游信息，也无法与企业在线进行咨询和交流。另外，旅游信息的丰富化程度不够，不能满足游客个性化的需求。自助游客所需的特色旅游活动、经典旅游线路推荐、饭店入住、餐饮名店餐位、特色小吃位置等信息涉及很少。

（三）旅游惠民服务设施方面的不足

1. 旅游厕所建设

扬州厕所总量供给不足。国家旅游局局长李金早曾提到，据测算，国内旅游一趟平均每人上8次厕所，扬州2014年共接待境内外游客4327万人，游客每年在扬州旅游的如厕次数达到3.5亿次。由于扬州旅游季节性较强，在旅游旺季的一些热门景区出现排队上厕所的现象，这反映出扬州的移动备用厕所、中性厕所数量明显偏少。

扬州旅游厕所总体分布不平衡。扬州4A级以上景区厕所数量较多、标准较高，但有些旅游景区、休闲绿道、乡村旅游点的厕所配备不足。例如，运河风光带绿道、大多数体育公园、瓜州国际露营基地、宝应湖湿地公园等，不能充分满足游客的如厕需要。

大多数厕所的建筑外形和内部装饰的设计缺乏特色，缺乏文化，不能成为融入旅游环境的亮丽景致，影响了扬州旅游形象。

一些旅游厕所内设不到位、不合理。男女厕位比例大多是男多女少。厕位隔板、管理间、挂钩、通风除味、洗手干手等设施设备缺失严重。厕位以蹲厕为主，没有坐厕或坐厕数量少，这不符合国际惯例。这种现象在扬州古城历史街区、乡村旅游点、加油站等地尤为严重。

大多数厕所管理不到位，卫生状况堪忧，厕所有异味、污迹甚至垃圾，坐厕垫圈不能及时消毒或没有提供纸垫。厕所的综合功能（如旅游宣传、商业广告、商业经营）未能充分发掘，难以做到"以商管厕，以商养厕"。

厕所信息化水平低。开放性旅游区域和商业区的公共厕所指示标志缺失，游客很难找到厕所。厕所信息未能系统纳入扬州旅游电子地图、旅游APP。

2. 休憩设施建设

打造旅游休憩空间，是提高人们生活质量，满足游客生理和心理需求，推动慢生活、慢旅游，打造"度假休闲第一城"的重要手段。近年来，扬州城市公共休憩空间有了很大的改观，但仍然存在旅游休憩设施缺乏科学规划、管理水平偏低、总量偏少、空间布局不当、休憩环境质量不高、设计缺乏人性化、艺术性和地域性等问题。

从宏观角度看，政府各部门对扬州旅游休憩设施建设不够重视，休憩设施建设和管理缺乏系统规划，随意散漫，无法可依，长期处于低水平运作状况，严重拖了扬州打造度假休闲城市的后腿。

休憩设施总量不足。不能根据游客量设置足够的休憩空间，游客常常抱怨疲累时无地可歇。在人群密集的大型风景区、漫长的绿道、商业购物休闲区，休憩坐具数量不够，远远不能满足游客游憩需要。例如，东关街等历史文化街区，休憩座椅主要集中在花局里、个园附近，而其他区域很少；文昌商圈及周边是人们集中游憩的地区，但休憩空间配置严重不足，未能营造良好的购物休闲氛围；双博馆、美术馆、音乐厅、图书馆的建筑极具特色，临湖环境优美，但户外休息、交往的场所偏少，缺少休闲配套设施，户外休憩的人气一直不旺。

休憩设施多样性不够。扬州旅游休憩坐具比较单调，以条凳、长椅为主，难以满足人们休闲的多种需要。除了古典园林、公园，其他旅游区域体现扬州特色的园林休憩设施较少。在游客量大的区域，辅助性坐具未能融入环境设计之中。

休憩设施艺术性不强。休憩空间没有经过精心设计，缺乏内涵，没有特色，艺术效果不佳，未能起到应有的提升风景质量、满足游客文化需求的作用。

有些休憩场所的维护管理不到位，坐具老化、残缺、损坏，不仅让游客无法休息，而且影响环境质量。

三 扬州旅游服务设施建设原则

（一）符合国际惯例原则

扬州旅游服务设施建设要符合国际惯例或国际标准，借鉴旅游发达国家和地区的先进思路和做法，规划和设计要具有前瞻性和先进性，切实推进扬州旅游服务国际化的进程。

（二）整体优化原则

要充分认识到旅游服务设施建设对做强做优扬州旅游业的作用，制定扬州市旅游公共服务设施体系规划，整体规划、优化建设、全面推进，协调各部门、各企业和个人业主的关系，统筹现有资源和建设资金，改变过去随意、零碎、各自为政的做法。聘请一流的规划设计单位，高规格、高水平、高质量地建设具有扬州气派的旅游服务设施，在全国范围形成示范效应和影响力。引入市场机制，实现精细化、常态化管理，保障旅游服务设施的长期优质运行。

（三）以人为本原则

"以人为本"是旅游服务设施建设的核心理念，也是旅游服务国际化的通行准则。要适应旅游多元化、自助化、个性化的发展趋势，打造更便捷、更舒适、更安全、更美观的旅游服务设施，满足游客的休闲、便捷、卫生、安全、交流、隐私、审美等各种需求，充分体现人性化。要考虑到残障人士的旅行需求，建设相应的无障碍度假休闲设施。

（四）尊重自然和历史原则

扬州旅游服务设施建设规划和设计应尊重自然和历史，要保留和适应原有生态环境，要充分体现扬州传统文化特色，旅游服务设施的风格、形式、材料等要与自然环境、文化背景协调，与整体景观协调，宣传扬州旅游形象，增强扬州旅游魅力。

（五）审美与实用结合原则

可视的旅游服务设施应实现美观与实用的平衡。旅游服务设施的实用性是基础，要充分考虑到功能的全面、亲和、明晰，方便游客辨识和使用。同时，也应该追求旅游服务设施的艺术性、人文性，有利于提高品位和格调，提升区域环境的观赏性，更好地体现扬州的自然人文特点，让游客"在旅行中感受大美"。

四 扬州国际化旅游服务设施建设对策

（一）优化旅游交通便捷服务设施

1. 不断完善道路旅游指引系统

现在扬州有许多新的高速公路、城区干道相继开通，也有许多新的景区点开放。所以，扬州旅游交通标识系统每年都需要不断新增、补齐、维护，扫除各级道路上旅游指引的"盲点"，要做到科学化、规范化、便捷化。清晰、准确、醒目的旅游交通指引标识，能够帮助游客快速识别通往景区的方向、距离。

要普查市区主要道路的交叉口，进一步补齐和增加旅游交通指引牌，而且要明确、醒目，指引驾驶员最便捷地到达景区。要在景区出口处标示临近公交站台的方位，在景区进出口处要设置触摸屏，至少有中英两种文字和语音，方便游客了解旅游交通等信息。在县级层面上，建立一套信息完善、功能健全并富有当地特色的旅游交通标识系统。可以分为车辆导向牌、全县导览牌、方向指示牌三类。车辆导向牌即为道路交通指引标识，车辆行驶在通往各乡镇的干道上，都能看到景点的指引牌；全县导览牌位于乡镇的主入口或游客接待中心；方向指示牌侧重引导游客前往乡村的各旅游点。三类标识牌各有所指，相辅相成。

2. 加快停车场建设与服务提升

扬州要根据游客的停车需求来合理规划与建设景区停车场，要数量适当，方式多样。一是在 2015 年的基础上，继续在主要景区附近新建和改扩建停车场，以减缓或消除高峰期停车难现象。新建停车场的选址应注意其服务半径。国内外研究表明，泊车者期望步行时间为 5~6 分钟，距离为 200

米以内，最大不宜超过500米；停车场建设要注意景观设计的艺术化，要与景区的特征相吻合，使之融合成景区一个能够体现"门面"的景观，而不仅仅是停车功能；要注重立体化停车场的建设，采用地面机械、地下、停车楼等形式，以增加单位土地面积的车位数；要注意保护环境，采用环保材料，建设生态停车场，地面采用网格，既可泊车，又可在网格中种草，上面设置藤架，种植藤蔓植物，美化绿化环境，也起到遮阳作用。二是旅游高峰期可以在景区附近的非机动车道上临时免费停车，而且要有交警管理与引导，但绝不允许在机动车道上停车，因为这样反而会引起景区附近道路不畅；节假日高峰期白天还可以开放景区附近的单位和小区停车场，且要有专人引导与管理。三是在景区停车场周边500米范围内的主要道路交叉口，完善停车场的位置标识牌、引导标识牌；同时在停车场设置停车引导电子屏，告知驾驶员车位数量信息，减少车辆无效绕行。四是通过改造，使得停车场内人车分离，调整大小车的车位比例，科学合理地设置出入口。根据规定，少于50个车位的停车场，可设一个出入口，其宽度宜采用双车道；50~300个车位的停车场，应设置两个出入口；大于300个车位的停车场，出口和入口应分开设置，出入口之间的距离应大于20米。五是要鼓励自驾游客使用公共交通出行，如公共交通游客享受优惠票价和住宿，鼓励更多大巴在旅游高峰期及时接送游客（在外停车），缓解景区停车压力。六是采用现代管理技术和提升管理人员素质，进一步提高景区停车场的管理水平和效率。设计并运用景区停车智慧系统，以计算机网络为核心，将电子收费系统、停车管理信息系统、停车诱导系统、安全监控与紧急状况处理系统综合起来，为车辆进出、停放提供安全、有序、科学的智能化保障。七是注重景区非机动车的停车设施建设，非机动车停车场也要设置位置标志；如果位置较为隐蔽，则要为其设置导向标志。八是加快乡村旅游点停车场设施的建设与完善，增设房车营地，以吸引更多游客观赏体验乡村旅游项目。

3. 尽快建好旅游换乘中心与旅游专线

一是尽快打造好扬州市区的外围换乘中心，并开通旅游专线。换乘中心的旅游服务功能要综合齐全，设立功能区、大型停车场，还需增加快速换乘功能、加油功能、餐饮娱乐功能、医务室、特殊人群专用区等，而且内外建筑装潢设计要有艺术品位和扬州特色。增加外围换乘中心到市区的旅游专线班次，满足游客快速换乘要求，不能间隔太长，班次多少可根据淡旺季调整；旅游专线的线路设计要合理，要能够停靠主要景区、酒店、购物点、娱乐场所附近，但停靠站点不能太多，节省班次的运营时间；旅游专线交通工具应多样化，包括大巴、中巴车、SUV、小轿车等，但都得有旅游专线营运资质，这样游客就有了安全的可选择的余地。专线交通工具必须做到干净、美观、舒适、便捷，政府需出台优惠政策（例如，换乘中心免费停车，乘坐旅游专线进城的游客购买景区门票和住宿享受打折优惠），鼓励外地自驾游和旅游大巴将汽车停泊在换乘中心，然后换乘旅游专线进入市区到达各主要场所。总之，要采取一切可行的办法，大大提高扬州外围换乘中心的换乘效率。

二是完善扬州自助游散客的交通枢纽换乘中心设施。在西部客运枢纽要增设新的旅游专线线路和增加各线路的班次，减少旅游专线的循环时间；要开通汽车东站开往市区的旅游专线；目前扬泰机场提供落地自驾服务，这实际上增加了市区景区的拥堵，应开通旅游专线。旅游专线的线路设计和停靠点设置一定要合理，不能像目前的旅游专线公交存在非旅游场所的站点，耽搁了游客的游览时间。线路站点只停靠主要旅游场所，其他地点不设站台，让旅游专线真正"专"起来，只为游客服务，以区别于普通公交。增设、维护和及时更新扬州站场的旅游交通图，在站场与公交线路标识牌分开，设置专门用于旅游专线的标识牌，减少游客的交通信息干扰。

三是完善市区内的游客换乘点设施。所有3A级以上景区的游客中心都应设置景区与外界交通连接的换乘标识牌；对于入口与出口分开的景区，在出口处应设置旅游换乘标识牌，出口处需标明旅游专线站台的方位。在扬州市区内的主要酒店、旅游购物和娱乐场所等处，要设置游客换乘标识牌，换乘标识图可由旅游局统一设计与规定，但标识牌的大小和外观，各旅游场所根据自己特色来制作和安置。

四是完善扬州市内旅游休闲巴士的运行。由于从扬州外围换乘中心、客运枢纽开往市区的旅游专线的线路比较长，间隔时间较长，应重新设计目前在城内开通的旅游观光巴士（可改名为旅游休闲巴士）线路，要停靠城内绝大多数景区点、酒店、旅游购物、文化休闲等场所，而不仅是主要场所，其线路上的站点要能与旅游专线上的主要站点连接起来，并要增加休闲巴士的班次。这样游客乘坐旅游专线到达市内，就可换乘城内旅游休闲巴士，游完想去的旅游场所后，在连接站点再换车旅游专线，回到外围换乘中心或客运枢纽、机场。这样在设计旅游专线停靠站点时，只需考虑最主要的旅游场所，大大缩短旅游专线的班次运行时间，提高游客运送率。

五是各县市要尽快开通连接本县域范围内各主要旅游场所的旅游专线。

六是提升旅游换乘工作人员的素质和技能。要经常培训和教育换乘场地的工作人员，让他们熟悉扬州旅游及其交通等方面的信息，热情待客、主动工作，提高外语交流水平。制定科学的工作规范和严格的奖惩制度，规范换乘工作人员的行为。工作期间应统一着装，佩戴工牌，仪表整洁得体。杜绝岗位上无人在岗的现象。要鼓励旅游志愿者到换乘场所进行咨询与换乘引导工作，在大的换乘中心可设立旅游志愿者工作站（或点）。旅游专线和休闲巴士的驾驶员，不仅要有驾驶证，还需取得旅游局核发的旅游专线服务上岗证。对于酒店、旅游购物、娱乐休闲等场所的前台或门口引导人员，要能保证提供准确的换乘咨询与指引服务。

4. 打造全市区相通的慢行系统网络

扬州的文化休闲度假城市特质，非常适宜和需要建设旅游慢行系统，让游客得到一种身心完全放松的慢节奏体验。在欧洲，已有里昂、巴黎、赫尔辛基、伦敦等30多个城市建立了城市慢行系统。国内许多城市，如杭州、北京、上海、武汉、株洲等，也相继开始构建城市慢行系统。在此背景下，扬州需要加快建设具有扬州特色的旅游慢行系统。建议扬州将骑行、步行系统结合起来考虑与规划。

一要适应旅游发展趋势、转变观念，树立加快发展旅游慢行系统的理念。二要在所有景区点和大多数旅游休闲场所的出入口布置公共自行车租借点，起码要覆盖市区90%以上的旅游休闲场所。三要加快规划扬州市区完整、贯通的以骑行步行为主体的慢行系统网络，全市区一盘棋。在整体规划的基础上分步建设慢行系统，建议先考虑将古运河沿岸、明月湖周边等处已有的步行系统改造升级为骑行步行结合的慢行系统，以及在大运河沿岸、廖家沟沿岸先行规划建设骑行步行相结合的慢行系统；然后建设几条横向的慢行系统，如盐阜路、万福路、老328国道等沿线；最后，通过绿道、廊道等将这些慢行系统连接起来，逐步形成全市区相通的慢行系统网络。慢行系统的建设主要包括节点和通道建设，节点是指服务点，通道是指专用慢道。服务点应设立自行车停车场、车辆交接区，要有厕所、无线网、医药箱、标志牌等设施，有的还需设有小型就餐场所和商品售卖区；服务点要配有具备专业知识和技能、熟知扬州旅游信息的工作人员，能够提供租车、咨询、餐饮、简单医疗、安全保障、商品买卖、开水和行李托管等相关服务。慢行通道应是兼具旅游、生态、环保、教育、健身、休闲等功能的线性开敞空间；通道的选址应遵循安全性、便捷性、连通性、生态性和经济性原则，优先选择绿道；在途经主要村落、景点、路口要设立标志；慢行通道应配置安全应急、环境卫生、游憩休息、无障碍等设施，应充分考虑老年人、儿童、行动受限等特殊人群的需求。四要简化中老年外地游客租借公共自行车的手续。利用支付宝和先交押金的租借办法，都是基于不信任租借方、预先确保服务提供方利益的理念。要转变理念，充分信任游客，只需游客刷有效身份证件，就可租借公共自行车，产生的租金和损坏赔偿由游客在事后规定时间内主动支付，如果不支付，可记入游客的诚信档案，当然这需要在自行车租借点安装身份证扫描识别系统，或者扩充金融IC卡和扬州旅游休闲卡租借公共自行车的功能。

（二）强化旅游信息服务设施建设

1. 全方位推进智慧旅游，不断提升游客体验

随着旅游信息化的升级和智慧城市建设的兴起，智慧旅游成为进一步完善旅游信息服务的关键。当前，旅游者的需求越来越多样化、个性化，越来越注重旅游体验，通过全方位推进"智慧旅游"，可以让游客足不出户，全

面了解目的地旅游信息，量身定制旅游行程，进行网络 3D 全景虚拟旅游；旅游过程中，游客可以享受景区智能导览系统的自动讲解服务，可以自己规划景区游览路线、自助导航，可以获得周边餐饮娱乐等优惠信息的推送服务；旅游结束后游客可以通过手机、iPad、电脑等终端在各种社交网络与好友分享自己的旅游感受。智慧旅游为游客提供了行前、行中、行后的全程化服务。游客能够根据自己的需要，选择性消费，如根据自己的需要选择导游讲解语种、讲解风格、讲解深度等，借助虚拟旅游系统能够全面、直观、深入地进行旅游体验。

2. 加强旅游信息服务设施间的合作，拓展服务功能

加强各类旅游信息服务设施之间的合作，满足旅游者多样化、人性化的旅游需求。通过旅游咨询服务中心与旅游集散中心合作，实现旅游信息咨询与旅游集散功能的融合；选择枢纽站点、交通换乘点为旅游咨询点，实现咨询—换乘功能、旅游一站式服务功能、行程制定功能等。旅游信息服务功能的拓展需要与旅游活动过程的上下游相连接，以实现功能的延伸。

3. 主动发送旅游信息，为游客提供便捷的信息服务

政府加强与通信运营商的合作，进一步扩大扬州信息供给方的影响力，开通移动信息服务和手机导游服务，给来扬州的游客发送问候手机短信，客人一进入扬州区域，便能接收到欢迎问候短信，感受到扬州人的热情好客，并且为来扬州的游客发布扬州旅游咨询、投诉热线电话、旅游网站及旅游集散中心、旅游咨询服务中心等信息供给方的电话、地址等，保证旅游者随时随地获得便捷的旅游信息服务。

鉴于游客自己查找信息比较困难，可以采取旅游信息"许可推送"模式。当游客来到扬州某一景区景点时，通过智能手机等终端设备询问游客是否需要帮助，在得到肯定回答之后，可将景区相关资料以短信、彩信等形式发送给用户，这种宣传推广方式具有较强的针对性，效果更佳，游客能在最快、最短的时间内初步了解旅游景点的情况。

4. 提高旅游信息的动态性，丰富服务内容

在各类旅游信息服务载体上，一方面细化和增加旅游信息，如自助旅游者比较关注通往景区的路况、客流、路标、景区的停车状况、景区游览图、开放时间、景区舒适度指数等信息，这些信息都是动态的，需要及时更新；另一方面，增加与旅游相关的其他信息服务，如天气信息、安保信息等。

5. 构建丰富多样的旅游信息指示系统

旅游信息指示系统在扬州应用比较多的是指示牌和目的地的游览图。根据目前扬州旅游市场特点，构建丰富多样的旅游信息指示系统。例如，通过建设景区全景牌、标识牌，在旅游集散中心、各服务中心、景区接待中心建立旅游触摸屏，做好户外广告和流动广告的宣传，同时还需在专业报纸、客流量较为集中的机场、车站、港口、商场、公园、酒店、餐饮企业、特色小吃店等人群较为集中的地方，加大城市观光宣传力度和周边旅游资源宣传力度，包括周边景区景点信息、区域内娱乐休闲活动安排信息、专题旅游活动信息等。通过动静两种不同的方式让游客在任何地方只要有需求，就可以马上找到相关的信息。

（三）完善旅游惠民服务设施

1. 切实推进"旅游厕所革命"

坚持规划引领和标准控制。统筹规划全市旅游厕所建设，对全市旅游景区、旅游休闲区、游乐场、旅游线路沿线、重要交通集散点、旅游餐馆的厕所进行摸底，根据游客需求确定旅游厕所建设的数量、布局和标准，达到总量充足、布局合理、标准严格、特色鲜明的要求。明确各旅游厕所建设的质量等级标准，严格序时推进。以国家《旅游厕所质量等级的划分与评定》为标准，蜀冈—瘦西湖风景名胜区、扬州古城范围内的4A级以上景区、旅游度假区的主要厕所达到AAA级标准，3A级景区以及具备旅游价值的历史街区、南通路—泰州路—盐阜路—瘦西湖路旅游线路沿线的主要厕所达到AA级以上标准，其他区域的厕所达到A级以上标准。坚持国家标准和扬州特色相结合，结合选址环境，在建筑外形和内部装饰等方面体现扬州特色和文化品位，建设一批主题鲜明、有特色、有亮点、有品位的旅游厕所，让旅游厕所也成为旅游"景观"，打造"扬州厕所"品牌。改造提升旅游线路沿线政府单位的内部厕所,对游客开放。

坚持人性化和国际化建设原则。在新建和改造厕所过程中,要努力改善使用空间,配齐厕所设施。一要考虑到男女如厕特点,提高女厕面积比例,达到男女厕位1∶1比例,适量设置中性厕所;二要考虑母婴、老年人、残疾人等特殊人群适应性,设置残疾人、老年人专用厕位,设置亲子厕所(厕位);三要尊重游客的隐私权,旅游厕所均应设置厕位隔板,可学习日本做法,播放会发出流水声的音乐来缓解如厕尴尬;四要尊重国际惯例,在所有的旅游厕所设置座厕,并加强消毒,提供纸垫;五要在旅游旺季设立够用的移动生态旅游厕所。

坚持政府引导和市场运作相结合。在政府引导下,通过"属地负责、部门配合、主体参与"的形式推动旅游厕所建设。积极推行旅游厕所管护市场化运作,通过政府购买服务等方式将旅游厕所保洁和设施维护等交由有资质的社会企业负责。通过设立墙体灯箱广告、企业冠名、多功能商业经营、旅游服务等多种形式,推行"以商管厕,以商养厕"。建立长期有效的保洁养护机制,定岗、定人、定时进行卫生保洁和设备养护、维修。

加强旅游厕所信息化建设。为打造厕所信息化系统,便于游客寻找,要为厕所进行命名或编号,并在道路显著位置设立标识,标识设计应醒目、美观、体现特色,旅游地图上应添加厕所位置信息。在"互联网+"背景下,要将旅游厕所信息纳入旅游基础数据库,开发"扬州公厕查询"软件,自动定位,推送周边的公厕位置,规划步行路线,让游客可以便捷地"搜得到、找得到"。旅游厕所是游客必到的集散点,是最佳的扬州旅游宣传点之一,应在旅游厕所设置宣传电子屏、宣传图(册、单)等旅游信息设施。

2. 建设休憩设施,营造休憩空间

建设旅游休憩设施,打造休憩空间,是实现人们慢生活、慢旅行的必要条件,是促进旅游转型升级的重要抓手,可以实现休闲度假创新,全面提升休闲度假服务,提高扬州度假和生活品位。市政府要针对旅游休憩空间建设开展详细调研,对扬州自然、历史、社会、旅游资源以及游客、市民的需求进行分析评价，在此基础上制定建设方针和实施规划，建立相应的管理体制，秉承一定的理念和原则，开展创意设计。要按时序推进旅游休憩设施建设，打造数量充足、布局合理、舒适美观的休憩空间，把扬州打造成一个超大的游憩休闲胜地。

休憩设施的布局重点应放在人群聚集或经过的区域，如风景区、度假区、公园、旅游集散地、绿道、广场、古街巷、商业购物区等，数量要充足够用，设计要合理美观。大力营造小型休憩空间，设置各种配套休憩设施，如座椅、茶吧、书吧、甜品店、便利店、厕所等。法国巴黎的塞纳河两岸，划出两段区域，铺上沙子，放上仿真棕榈树，摆了许多沙滩椅、沙滩桌，成了巴黎市民和游客晒太阳休闲放松的地方。扬州的运河或廖家沟两岸也可以借鉴这种做法。

在休憩设施的设计方面，应注重人性化，增强休憩设施的多样性。例如，可设计各种弯角性坐具、树下坐具、遮阳挡雨坐具、儿童座椅、园林休憩设施（如亭、舫、轩、榭、长廊、花架等）等，满足人们交流、夏季遮阳、冬季避风、亲子活动、下棋打牌等各种实际需要。在游客量密集的区域，可设计各种辅助性坐具，如高台阶、矮墙、花坛护台、树木护栏等，与环境融为一体。在旅游旺季，应多准备活动桌椅供游客休息。英国的海德公园在这方面做得很好，在休闲区域摆了很多休闲椅，休闲椅是可移动的，游客各取所需，有人晒太阳，有人坐在树下，有人看书，有人围坐聊天，利用率非常高。

休憩设施的设计还要注重艺术性。在舒适耐用的前提下，讲究美观、有趣、有韵味，要体现扬州文化元素，使人们形成对扬州休闲空间的认知；不仅满足人们的精神需求，而且自身也构成一道风景，提升了环境质量。日本北海道的一个港口旁，设置了许多船桅形的座椅，桅杆就是路灯，造型别致，符合海滨风光的特点，这种创意值得研究和学习。

加强休憩设施的日常管理维护。本着"谁建设，谁维护"的原则，强化管理维护责任。指定专门的机构负责检查，发现问题及时整改，做到无死角。让每一片休憩空间都有人打理，保持长期、优质运行。

参考文献

国家质量监督检验检疫总局、国家标准化管理委员会:《城市公共休闲服务与管理导则》(GB/T 28002-2011),2011年9月。

国家质量监督检验检疫总局、国家标准化管理委员会:《城市中央休闲区服务质量规范》(GB/T 28003-2011),2011年9月。

国家旅游局:《城市旅游公共信息导向系统设置原则与要求》(LB/T 012-2011),2011年2月。

国家旅游局:《绿道旅游设施与服务规范》(LB/T 035-2014),2014年12月。

国家质量监督检验检疫总局:《旅游厕所质量等级的划分与评定》(GB/T 18973-2003),2003年2月。

国家旅游局:《全国旅游厕所建设管理三年行动计划》,2015年4月。

扬州市人民政府办公室:《关于全市旅游厕所建设提升工作的实施意见》,2015。

扬州旅游服务国际化研究课题组:《扬州旅游服务国际化研究报告》,《扬州经济社会发展报告(2014)》,社会科学文献出版社,2014。

魏小安:《深化旅游公共服务 推动城市全面提升》,《中国旅游报》2014年4月11日。

沈苏彦:《德国城市旅游步行指引系统的启示——以班贝克古城为例》,《旅游论坛》2011年第4期。

韩玲华、姚国章:《江苏省智慧旅游公共服务平台建设》,《郑州航空工业管理学院学报》2014年第3期。

蔡姬煌:《浙江:完善标识,服务自驾客》,《中国旅游报》2015年1月28日,第9版。

缪江华:《广州长隆旅游度假区公共停车场规划研究》,《交通与运输》2014年第7期。

杨旸:《风景区游客服务中心换乘空间设计研究》,湖南大学硕士学位论文,2009。

罗成书、周敏、钱苗:《都市自行车旅游慢行系统空间布局优化研究》,《地域研究与开发》2011年第4期。

屈直:《旅游景区停车场规划与管理问题研究》,长安大学硕士学位论文,2010。

黄超:《面向智慧城市的公共旅游信息服务体系构建研究》,首都经济贸易大学硕士学位论文,2013。

扬州市旅游局:《提升旅游公共服务 推进宜游城市建设》,2015年3月。

B.32
"十二五"时期扬州市住房公积金运行分析研究报告

扬州市住房公积金管理中心课题组*

摘　要： 报告对"十二五"时期扬州市住房公积金运行情况进行了分析。第一部分从业务指标、政府支持力度、缴存扩面、保障力度、管理水平、监管与风险管控能力等六个方面阐述了"十二五"期间的主要工作及成效，第二部分指出了住房公积金运行存在的问题和面临的挑战。

关键词： "十二五"　扬州市　住房公积金　运行　分析研究

一　"十二五"时期扬州市住房公积金主要情况

（一）主要业务指标稳步增长

（1）住房公积金扩面方面。预计2015年底，住房公积金缴存总人数将达72万人，缴存总额将达330亿元。其中"十二五"期间扬州市住房公积金新增缴存38.6万人200亿元。预计2015年当年新增归集7万人50.8亿元，比2010年增长123.2%。

---

* 课题组负责人：杨云，扬州市住房公积金管理中心主任、扬州市住房保障和房产管理局副局长、党组成员。课题组成员：杨传林，扬州市住房公积金管理中心业务处处长。朱银龙，扬州市住房公积金管理中心科员。

(2) 住房公积金提取方面。预计 2015 年底，住房公积金提取总额将达 184 亿元，占归集总额的 55.7%。其中"十二五"期间共提取住房公积金 113 亿元。预计 2015 年职工提取住房公积金 32 亿元，比 2010 年增长 152.9%。

(3) 住房公积金贷款方面。预计到 2015 年底，扬州市累计发放贷款 87.52 亿元。其中"十二五"期间共发放贷款 150 亿元。预计 2015 年共发放住房公积金贷款 15000 户 41.5 亿元，分别比 2010 年增长 85.6%、133.1%。

(4) 增值收益方面。预计 2015 年实现增值收益近 3.5 亿元。比 2010 年增长 196%。"十二五"期间共实现增值收益 11.5 亿元。

（二）政府支持力度逐年加大

"十二五"以来，市委、市政府对住房公积金工作的重视程度逐年提高，将住房公积金事业发展列入全市经济社会发展"十二五"规划，把年度扩面指标作为为民办实事的重要内容，写入政府工作报告，并作为年度住房保障工作目标考核的重要内容。"十二五"期间，市政府出台三个政策性文件，推动住房公积金制度改革和事业发展：2009 年 7 月《市政府办公室关于加快推进扬州市住房公积金制度扩面工作的通知》（扬府办发〔2009〕110 号），2011 年 1 月《市政府关于住房公积金制度支持城镇低收入家庭解决住房困难的若干意见》（扬府发〔2011〕8 号），2013 年 10 月《市政府办公室关于进一步加强和完善住房公积金归集管理，促进缴存公平的意见》（扬府办发〔2013〕155 号）。文件的出台为进一步推动扬州市住房公积金制度建制工作奠定了坚实的基础，2012 年市政府在高邮专题召开全市归集扩面工作推进会议，进一步推进扬州市扩面长效机制建设。

各县、市、区政府由政府主要领导或分管领导牵头，成立住房公积金制度扩面工作领导小组，召开住房公积金制度扩面联席会议和专题工作会议，定期研究各个阶段工作重点和时间要求，并将住房公积金制度扩面工作纳入政府工作目标，同布置、同检查、同考核。江都分中心积极争取区委、区政府及当地编委、人社部门的支持，在乡镇建立基层住房公积金服务站，打通服务企业群众"最后一公里"。

市中心主动向市人大、市政协领导汇报归集扩面工作情况，争取他们的支持，进一步加大住房公积金归集扩面的行政推力。制定专项扩面考核办法，定期通报扩面工作情况，对各县（市、区）扩面工作实施情况进行专项检查，督查落实到位，进行专项考核和奖励。

（三）缴存扩面成效显著

"十二五"期间，中心紧紧围绕"扩大制度覆盖面"的中心思想，多策并举，扩面成效显著。

一是宣传扩面。中心把开展政策宣传作为推进缴存扩面的常规工作来抓，充分利用报刊、电台、电视台、网络等多种传媒进行住房公积金法规和政策宣传，举行企业专题政策讲解会4场次，举办住房公积金专场30多期，发表各类信息数百条；创作住房公积金漫画。采用群众喜闻乐见的广场文艺会演等形式，加强住房公积金制度宣传。以市政府名义召开住房公积金建制20周年纪念座谈会，市政府分管领导和省住建厅领导到会讲话。通过宣传，住房公积金制度的社会影响力和普及率进一步提高。二是联合扩面。中心加强与相关职能部门的合作，借助各方力量共同推动扩面工作：利用办理人大代表、政协委员建议提案的时机，积极争取工商、税务、质监等部门的配合支持，督促企业依法建立住房公积金制度。工商部门在命名重合同守信用企业时，主动征求公积金部门的意见；人社部门把企业为职工开户缴存住房公积金写入劳动合同电子文本；工会组织在推行工资水平集体协商及和谐劳动关系企业创建工作时，把企业是否建立住房公积金制度作为一项重要内容加以落实。三是执法扩面。围绕扩面工作目标，加强对扩面对象的调查摸底，通过发放住房公积金龙卡，建立起比较规范、完整的建制单位和职工的信息资料库。组织行政执法知识竞赛和专题培训，市中心被市法制办评为依法行政示范单位；加强同工商局、人社局、法院等部门的沟通配合，五年累计立案15起，对6个单位进行了行政处罚，提高了执法水平和执法能力。四是"红黑榜"促扩面。创新行政处罚前告诫工作，会同市信用办等部门建立住房公积金诚信"红黑榜"制度，对住房公积金建制缴存好的企业上"红

榜",予以褒奖,对多次催建催缴不执行的上"黑榜",形成住房公积金诚信建制缴存的常态化。会同总工会,连续举办三届住房公积金诚信缴存企业评选活动,激励诚信缴存。多措并举,扬州市扩面工作取得了显著成效。

(四)住房公积金的保障作用日益凸显

在扬州市住房公积金稳步扩面的前提下,中心出台多项措施,确保住房公积金的公平合理运用,扩大住房公积金制度的受益群体,使公积金的住房保障作用日益凸显。

一是严格执行"控高保低"的基本政策,缩短缴存差距。2013年,中心借助市人大政协重点督办议案契机,针对住房公积金缴存公平性问题认真调研,积极提出解决对策,并提请市政府下发了《市政府办公室关于进一步加强住房公积金归集管理 促进缴存公平的意见》。对住房公积金的缴存、提取和贷款作了明确的规定,预防个体差异过大。对住房公积金缴存下限及缴存比例作了硬性规定,下限基数上调至同期社保水平,上限由一年一调变为两年一调。目前,最低缴存基数以下的汇缴职工人数已由2013年的56333人下降至当前的22530人,占比下降了近10个百分点。二是提高中低收入缴存职工解决住房问题的能力。2011年,市政府下发了《市政府关于住房公积金制度支持城镇低收入职工家庭解决住房困难的若干意见》,明确支持中低收入人群开户缴存住房公积金以及在住房公积金提取、贷款政策上降低门槛予以倾斜。与此同时,中心探索建立了个人住房公积金缴存托管平台,累计为819名自由职业者、个体工商户等低收入人群建立住房公积金制度,让低收入人群也能享受到住房公积金政策带来的优惠,借此降低了中低收入者住房公积金的贷款门槛,力求解决中低收入家庭的住房问题。三是充分发挥住房公积金的社会效益。通过允许外市户籍职工离职提取、失业提取及租房提取,新增突发事件和重大疾病造成家庭生活困难、职工享受最低生活保障等情况下的提取等措施,帮助生活困难职工重建家园。此外,5年间,扬州市公积金管理中心累计提取了2.02亿元增值收益用于廉住房补充资金,为城市住房困难的低收入家庭提供了更多支持,充分体现住房公积金的人文关怀。

(五)住房公积金的监管和风险管控能力不断加强

五年来,中心注重加强资金监管和风险防范管理,确保资金安全管理。

一是强化财务管理,严格把关。"十二五"期间,中心紧紧抓住"抓管理促发展,以管理防风险,向管理要效益"的工作主线,不断完善健全监管机制,严格执行住房公积金财务管理办法和中心资金调拨规定,建立了市中心和各分支机构的资金统一调度使用平台,根据个人贷款使用需求和资金流动性状况,全面实行资金年度统筹安排、月度适时调节的统一配置制度,初步形成中心内部资金流通格局。强化财务分析和财务指标监控功能,完善统计报表体系和资金平衡调控机制,对收入与支出、费用与成本的核算建立相应的审核机制,在会计核算的各个环节借助计算机的复核功能完成审核及预警等控制管理。加强财务监控力度,使会计监督从事后监督为主转向实时监控为主,从结果控制为主转向过程控制为主。二是加强资金流向管理,防止骗贷骗提。中心加强贷款审批跟踪,通过引入个人征信贷前查询机制,规范贷款审批程序,加强监管贷款代办机构,设立专岗跟踪贷款回收情况及逾期贷款催收工作等措施有效防止骗贷。2014年中心专项开展打击骗提活动,通过实施查询个人征信、检验发票、网上核查、发函调查等手段,从源头遏制"骗提"行为,对经查实的87笔持伪造证件提取行为开展追回行动,成功追回81笔387.15万元。三是内审监督有力有效。加强内部审计监督,发现问题,及时整改。建立了信息化审计监测系统,对归集、提取、贷款等业务进行全方位实时监管,对业务操作进行全程检查。健全资金使用管理制度,强化资金安全监督。完善内控机制,建立健全不相容的岗位分离制度,明确业务工作流程、操作规范和各个业务岗位职责,形成有效的内部制约机制。自觉执行防范措施,提高岗位风险防范能力,坚决杜绝操作性风险。

(六)住房公积金管理服务水平迈上台阶

"十二五"期间,中心致力于提高管理服务水平,始终把窗口建设摆在工作的突出位置,坚持全心全意为人民群众服务,推动制度创新和服务创

新。

一是服务设施全面升级。加强服务设施建设，用优质的服务换取缴存职工对公积金事业的关注与支持。"十二五"期间中心累计投入8000多万元，对市中心和6个分中心、管理住房公积金服务窗口进行了环境改造和基础设施建设。市中心服务大厅整合主营业务、银行和担保服务功能，功能更加齐全、布局更加合理、交通更加便捷。公积金业务全部实行综合柜员制，增设了绿色通道，配全了便民服务设施，真正实现了"一站式、一条龙"服务。二是作风建设明显加强。进一步推进和落实政务公开，通过服务网络、办事大厅、信息网站等载体，实施阳光操作和透明办公，办好公积金客服热线；中心网站业务咨询专栏的回复率与满意率达100%，"寄语市长"、寄语"市委书记"回复率达100%，满意率达95%以上。认真对待人大代表建议、政协委员提案，五年共办理6件，满意率100%，2013年处理的孙玉培等代表13号重点议案，受到市人大领导的表扬。公积金系统在市级机关作风建设和目标管理综合考评中不断进位，先后两次被表扬，2014年获"先进单位"表彰。三是服务质态全面提升。重视加强服务窗口软环境建设，精心打造具有扬州公积金特色的"诚心、虚心、尽心、贴心、真心""五心"服务品牌；完善住房公积金服务规范，实现标准化、规范化服务，统一各分支机构窗口服务方式和服务标准，每年举办服务窗口从业人员培训，创造了对中心窗口、银行服务窗口、担保窗口工作人员的统一培训发证、持证上岗、定期年检的窗口工作人员统一管理制度；精心维护住房公积金网主任信箱，开通12329住房公积金服务热线、住房公积金微信公众号，拓宽咨询和信息互动渠道；会同承办银行开展"共建亮丽风景线，同创满意公积金""三服务、三提升"等主题实践活动，出台"感动住房公积金缴存人细节"若干条，建立完善以职工群众满意为标准的服务评价制度，建立健全了"首问负责制""一次性告知制度""延时服务制度""预约服务制度""周六工作制度"等一系列便民服务制度，人性化服务职工，满足职工多元需求。五年来，住房公积金服务的社会满意度不断提升。四是推进信息化建设，提升便民服务水平。大力开展信息化建设，建立完善的办公自动化系统及业务管理系统,实现业务办公、信息传递、信息交换和信息处理的电子化和网络化。同时,通过开发建设网上汇缴平台,缴存单位和个人可以通过互联网登陆中心网站办理业务申报,自助办理缴存申请、信息修改等业务,扩大服务范围,充分利用公积金网页建成面向缴存单位和职工的电子化信息服务平台,全面提升住房公积金便民服务水平。

二 存在问题、不足和面临的挑战

(一)宏观背景形势严峻

"十三五"时期是全面建成小康社会的关键时期,也是全面深化改革开放、加快转变经济发展方式的攻坚期。适应新常态,抢抓新机遇,在更高起点上理清"十三五"住房公积金发展思路,对推动扬州市住房公积金"做大做强""应缴尽缴"两个建设具有重大意义。但同时我们要清醒地认识到,"十三五"时期,国际国内环境将发生深刻变化,我国经济将进入"新常态"。经济正在向形态更高级、分工更复杂、结构更合理的阶段演化,正从高速增长转向中高速增长,经济发展方式正从规模速度型粗放增长转向质量效益型集约增长,经济结构正从增量扩能为主转向调整存量、做优增量并存的深度调整,经济发展动力正从传统增长点转向创新驱动、全要素驱动的增长。同时,各种矛盾、困难、挑战相互交织,形势复杂严峻。

扬州市城镇企业绝大多数以传统行业为主,随着经济发展新常态影响的逐步深入,赢利能力将大幅下降,市场压力骤增,员工人力资源成本加大,这都将共同制约扬州市住房公积金制度扩面的进一步深入和覆盖。但城市城镇化水平的进一步提高,对公积金制度发展是一大助力。综合判断,未来五年,扬州市住房公积金事业发展机遇与挑战并存,挑战越来越大。

(二)制约住房公积金事业进一步发展的问题

"十三五"期间,扬州市住房公积金事业发展具体面临以下几个问题。

（1）顶层设计不完善。《住房公积金管理条例》2004年修订后至今已有12年，早已显现出与时代需求不一致的诸多不足。面对新形势，适应经济发展新常态，都要从维护广大职工的根本利益出发，排除利益纠葛的干扰，着力解决制约住房公积金发展面临的问题，加快推进住房公积金制度改革，尽快完成条例的修订并颁布，为住房公积金的改革和发展提供法律支持。

（2）归集扩面工作离"应建尽建、应缴尽缴"的目标还有不小差距。"十三五"期间，城镇化水平进一步提高，必然创造更多的城市就业岗位，公积金制度扩面压力"山大"，同时当下公积金制度覆盖面比例还不高，仍有相当比例的非公有企业还没有建制；已建制缴存的，缴存比例、缴存基数较低，或是企业单位未实现全员缴存；在建在缴的企业基数调整工作绝大多数也未能完全落实到位；单位欠缴住房公积金的现象还比较严重；等等。诸多问题都亟待解决。

（3）资金流动管理的长效机制尚未完全形成。一方面，扬州市公积金归集缴存规模虽不断壮大，但同期提取占比较高，不能有效结余资金，无法形成"蓄水池"效应；另一方面，住房公积金实行的是封闭式管理，资金来源单一，在贷款需求高度集中的情况下，很容易出现资金流动风险，但当前公积金有关业务单一，资金流动应急机制缺乏，面对资金流动紧张的矛盾，无法有力确保住房刚需和改善型需求。

（4）信息化建设与业务发展水平不匹配。当前，中心的"数字化公积金"水平仍然较低，程度不高。信息化系统建立以来虽然每年升级、维护，一定程度上满足了公积金业务的发展需求，但面对越来越庞大的数据、信息，越来越深入的多元化需求，系统的支撑作用已严重不足。住房公积金归集、贷款、财务、统计分析的升级改造，迫在眉睫。

（5）行政推动和部门联动程度仍不够紧密。少数地方关注企业负担较多，对企业缴存住房公积金和职工维权重视不够；公积金部门加强部门联动的主动性仍需进一步增强；执法制度不健全、组织结构不完善、人员配置缺乏；行政执法，特别是规模企业的执法存在畏难情绪，不敢亮剑。

三 "十三五"期间扬州公积金运行发展对策

住房公积金制度是一项民生制度。"十三五"是扬州市住房公积金制度完善和发展的重要时期，随着经济和社会的发展，本地居民的自住及改善住房需求、保障性住房需求以及各类外来人员的住房需求对住房公积金制度的发展提出了新的更高要求。中心将坚持不断满足居民自住和改善住房的消费需求，扩大对缴存职工住房消费的支持力度，坚持认真贯彻房地产宏观调控政策，促进房地产市场健康平稳发展，充分发挥住房公积金的住房保障作用，切实做好为民服务工作。

（一）围绕"公开、规范"，全面推进依法行政，健全完善管委会决策体系

对于扬州市住房公积金事业发展来说，"十三五"期间，要推进住房公积金法制建设，加快职能转变，不断健全完善管委会决策体系与行政决策程序。一是完善科学民主决策机制，建立健全扬州市住房公积金行业重大行政决策前的合法性论证制度、听证制度、行政决策公开制度。二是积极推动和参与立法调研工作，配合省厅出台《江苏省住房公积金管理条例》等政策法规；加快扬州市《住房公积金管理办法》《住房公积金提取和贷款实施细则》等政策文件的修订和实施；同时加强扬州市住房公积金规范性文件管理，坚持规范性文件法律审查前置制度、备案审查制度和清理工作制度。三是进一步加强扬州市行政执法工作，健全行政法规制度体系，建立健全行政执法联动机制，切实维护缴存人权益。

（二）围绕"公平、广泛"，扩大制度覆盖面，提增制度保障功效

"十三五"期间，扬州市将紧紧围绕"制度更广泛覆盖"的重点目标，开展"十三五"五年住房公积金扩面专项行动。通过进一步完善和落实扩

面工作目标责任管理考核,健全各级政府、有关部门、公积金管理中心三方联动的扩面工作机制;通过政策宣传、行政推动、部门联动、强化执法、严格考核,多措并举,进一步完善实践证明行之有效的多层次扩面工作机制。积极贯彻国家、省有关制度保障要求,通过制度创新、工作创新,针对农民工、城市低收入职工群体试行"定额补贴"制度,以推动低收入群体大范围建制,努力实现制度覆盖由体制内单位向体制外单位扩大拓展,由城区单位向乡镇单位延伸拓展,由成建制单位向个体工商户、自由职业者全面拓展,确保完成"十三五"期间扬州市新增开户职工20万人的既定目标。

(三)围绕"住有宜居",加大住房消费支持力度,促进房地产平稳健康发展

"十三五"期间,扬州市将继续围绕"住有宜居"的重要目标,以全面建成小康社会服务的发展导向,确立从有效使用向更高效使用提升发展的新目标。进一步加大住房消费支持力度,积极适应未来缴存人对住房消费的多样化需求;通过积极推进使用政策、使用业务、使用审批的改革创新,努力跨上更高效使用的新台阶。一是进一步扩大住房消费提取。把住房公积金提取范围覆盖到购房、建房、大修、装修、租房和支付物业费等住房、养房、租房全领域;推行逐月提取住房公积金偿还商业性住房贷款业务,提高提取住房公积金支付物业费、房租标准,试行提取住房公积金支付电梯大修改造费用、装修等涉房消费。二是进一步加大购房融资支持力度。实施差别化住房贷款政策,合理引导住房消费,优先保障首套房需求,兼顾改善型住房需求;结合房价水平和资金运作状况,适时适当持续提高住房公积金贷款最高额度。继续完善住房公积金个人住房贷款与公转商补息贷款的互转机制,扩大公转商补息规模。大力推进住房公积金异地贷款业务,实现住房公积金异地缴存贷款互认互通。针对低保、特困家庭等特定贷款对象,开展住房公积金贷款贴息业务。

（四）围绕"安全增值"，加强资金精益化管理，完善风险管控体系和流动性调控机制

"十三五"期间，扬州市将进一步加强资金精益化管理，注重内外联控，强化运营监督管理。一是严防廉政风险，进一步贯彻落实住建部住房公积金廉政风险防控指引，将每个风险点和每项防控措施分解落实到各内设机构和具体责任人。二是加强内部民主决策机制建设，建立"三重一大"事项特别是大额资金存储、调拨、购买国债等使用的集体决策制度。注重风险防控，保障资金安全。三是加强内部制度建设，建立审贷分离、分级审批贷款、财务交叉复核和内部审计等制度，合理划分中心与受委托银行的权限，严格实行贷款三级审批制度，严格做到事权财权和不相容岗位分离，定期开展提取、贷款等业务审计。四是严防骗提骗贷，通过开展专题培训，提升审核把关能力；建立公安、检察、法院、住房公积金管理等多部门共同打击骗提骗贷违法行为的联动机制；建立健全对骗提骗贷违法行为的追究机制。五是加强贷后管理，开展多种方式催还，确保贷款职工按时还款，严控逾期。六是完善流动性预警和应对措施，在发展和完善资金调度平台和公转商补息贷款业务模式的同时，探索和开展以资产证券化为重点的住房公积金融资课题研究与实践，逐步打通扬州市住房公积金融通管道，完善流动性调控机制。

（五）围绕"数字化公积金"发展，加大信息化建设投入，实现高效、便捷的数据共享交换

"十三五"期间，扬州市将继续围绕"数字化公积金"发展，加大信息化软建设投入。一是较快启动扬州市住房公积金信息系统升级改造项目，尽快完成对现行业务经办流程的全面梳理和完善工作，从突出扩展网上业务和过程控制功能出发，从加强重点业务、重点环节的监督和预警功能出发，从实现较为先进的分析决策功能出发，从拓展信息系统的管理模式和服务形式出发，从发展"互联网+"和大数据应用出发，科学规划，认真实施，致

力打造能够实现业务流程化、管理全面化、风险内审现代化、服务多样化的新一代信息系统。二是加强机房安全环境建设，严格执行国家信息安全等级标准，建设完善信息系统运行维护警报系统和灾备系统，努力打造业内先进信息化管理模式。三是加强住房公积金信息数据标准化建设，促进信息系统对接和数据交互；加强住房公积金大数据共享平台建设，与住建、人社、民政、公安、工商、人民银行等部门对接，实现住房公积金与房产交易、社保缴纳、婚姻登记、个人身份、工商登记、征信等信息共享。四是深化大数据在住房公积金事业的创新应用，深入分析处理住房公积金数据，充分挖掘数据价值，推动管理流程优化再造，为住房公积金管理决策提供有力信息支撑。

（六）围绕"服务型公积金"建设，创新互联网＋服务，拓展住房公积金服务新领域

充分发挥扬州市"数字化公积金"的现有基础，大力发展以互联网为载体，线上线下互动的新型住房公积金管理服务模式。一是依托互联网平台、程序化交易和计算机快速、自动化处理技术，打造"互联网公积金"，建立住房公积金网上营业厅，简化优化业务办理流程，完善以网站、12329服务热线、短信、微信、微博、手机应用等为媒介的综合服务平台。二是推行远程服务，规范信息公开。积极推行网上咨询查询、缴存、缴存信息变更、部分提取业务申请、贷款申请、贷款预审、贷款偿还、投诉等远程业务；加强信息披露，打造阳光政务，通过报纸、网络、电视和电台等宣传平台，以政策告之、业务指南、服务宣传片、年度报告等宣传方式加强住房公积金政策宣传，健全完善信息披露制度，形成宣传和信息公开长效工作机制。三是从便民利民出发，在加强信息安全和隐私保护的前提下，加强与住建、人社、民政、公安、工商、人民银行等部门的互联互通，并应用于提取审核和贷款审核等环节，以缩减缴存人办事所需要件。四是进一步健全服务网络，延伸服务触角。根据市区缴存职工分布状况合理设置服务网点，以单建或联建方式全面推进住房公积金乡镇服务站建设，以就近服务缴存单位和职工。

B.33 扬州市大气污染治理研究报告

金春林*

摘　要： 2013年开始，随着灰霾天气的频发多发，大气污染防治工作逐渐提上议事日程，成为各级政府高度重视和大力推进的重要工作之一。扬州市认真贯彻落实国家、省有关要求，积极开展燃煤锅炉、机动车尾气、施工扬尘、烧烤油烟、挥发性有机物等污染治理，取得了明显成效，空气质量逐年提升，蓝天逐渐增多。但是，随着人民群众对良好生态环境的期望越来越高，产业结构调整和经济转型升级等治本之策的实施需要一个过程，因此扬州大气污染防治工作仍然面临严峻形势。深入研究分析前三年扬州大气污染防治工作措施及其取得的成效，有助于进一步摸清大气污染源和灰霾成因，更加有针对性、实效性地开展工作，加快实现蓝天碧水、建设美丽扬州。

关键词： 大气污染　空气质量　研究　污染治理

一　扬州市区空气质量状况分析

自2013年1月开始，扬州市区四个空气质量自动监测站具备PM2.5、

---

* 金春林，扬州市环境保护局党组书记、局长。

PM10、SO_2、NO_2、O_3 五项指标监测能力,并按《环境空气质量标准》(GB3095-2012)实行常态化监测。现将2013~2015年市区空气质量及五项指标监测结果作一对比分析(2015年的数据截止到9月,下同)。

(一)空气质量达标状况分析

1. 近三年空气质量优良天数变化趋势

除2013年3~9月外,其余月份空气质量优良天数呈现逐年上升趋势;从月份看,每年4~9月为全年空气质量最好的时期,空气质量优良天数明显高于其他月份(见图1)。

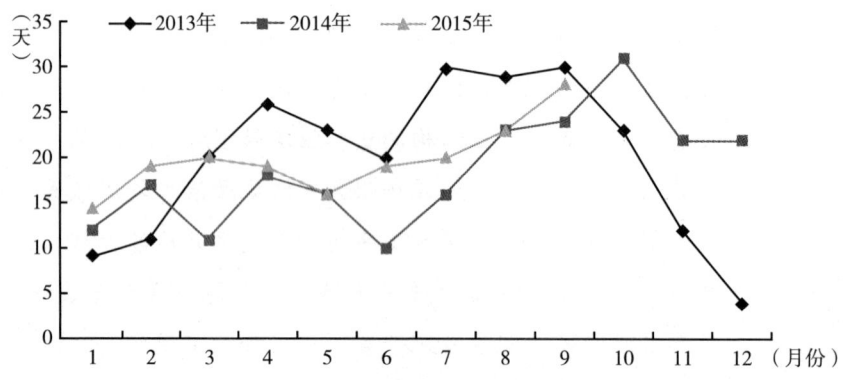

图1 2013~2015年每月空气质量优良天数变化趋势

2. 近三年六级空气质量状况占比分析

2013~2015年空气质量优良率分别为64.9%、65.5%、68%,呈现逐年提高的趋势(见图2~图4)。

3. 与全省对比及排名

2015年1~6月,依据国家环境保护部发布的城市空气质量综合指数,扬州市在省辖市中排名分别为第3、3、8、6、11、9位;在第一批实施新空气质量标准的74个城市中排名分别为第32、33、43、48、60、56位(见表1)。

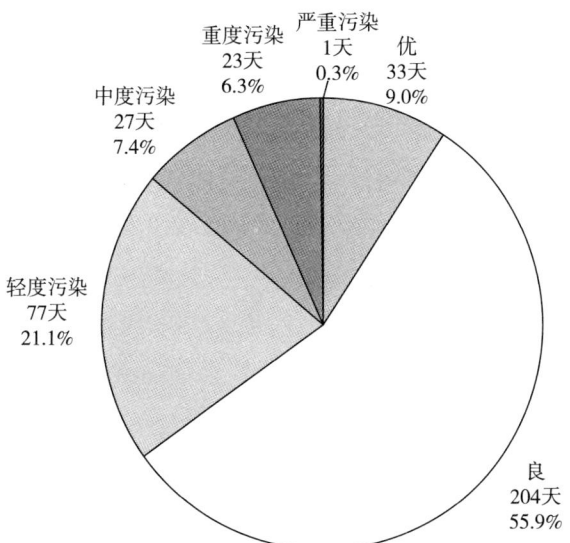

图 2　2013 年扬州市区空气质量等级占比

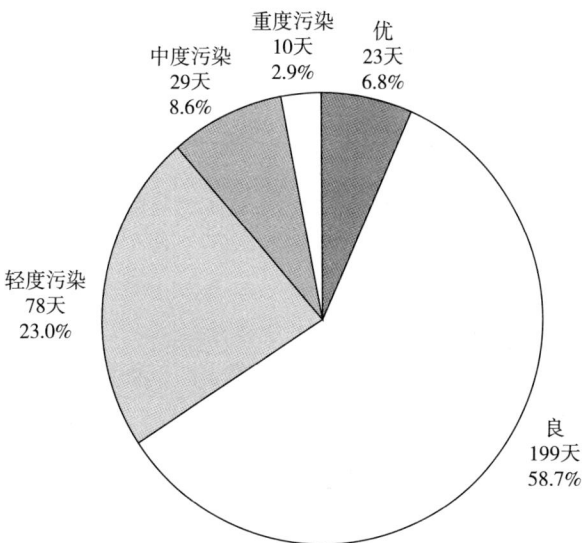

图 3　2014 年扬州市区空气质量等级占比

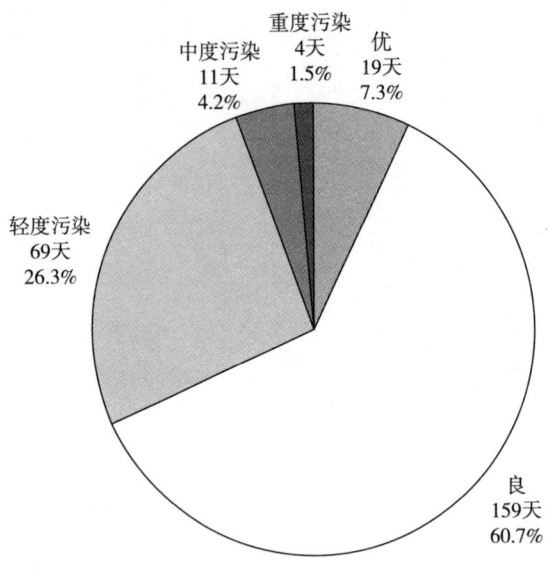

图 4　2015 年 1～9 月扬州市区空气质量等级占比

表 1　2015 年 1～6 月扬州市空气质量排名

名次	1	2	3	4	5	6	7	8	9	10	11	12	13	全省排名	全国排名
1月	盐城	淮安	扬州	泰州	宿迁	连云港	镇江	南通	苏州	无锡	南京	常州	徐州	3	32
2月	镇江	泰州	扬州	盐城	南通	苏州	无锡	连云港	淮安	南京	常州	宿迁	徐州	3	33
3月	盐城	连云港	泰州	淮安	无锡	苏州	镇江	扬州	南通	南京	宿迁	常州	徐州	8	43
4月	盐城	连云港	淮安	宿迁	泰州	扬州	南京	南通	镇江	无锡	徐州	苏州	常州	6	48
5月	盐城	连云港	淮安	南通	宿迁	泰州	苏州	无锡	镇江	南京	扬州	常州	徐州	11	60
6月	盐城	连云港	宿迁	常州	淮安	苏州	无锡	南京	扬州	南通	镇江	泰州	徐州	9	56

（二）近三年污染物排放状况分析

1. 近三年污染物动态变化趋势

由图 5 可见，近三年 PM2.5、PM10、SO_2、NO_2 浓度总体呈现逐年下降趋势，说明扬州市推进大气污染防治行动计划取得积极成效，污染物排放量明显下降。与此同时，PM2.5、PM10、SO_2、NO_2 浓度最高峰一般出现在当年 12 月份到次年 1 月份，O_3 浓度高峰一般出现在 4~9 月份，成为影响夏季空气质量的主要污染物。

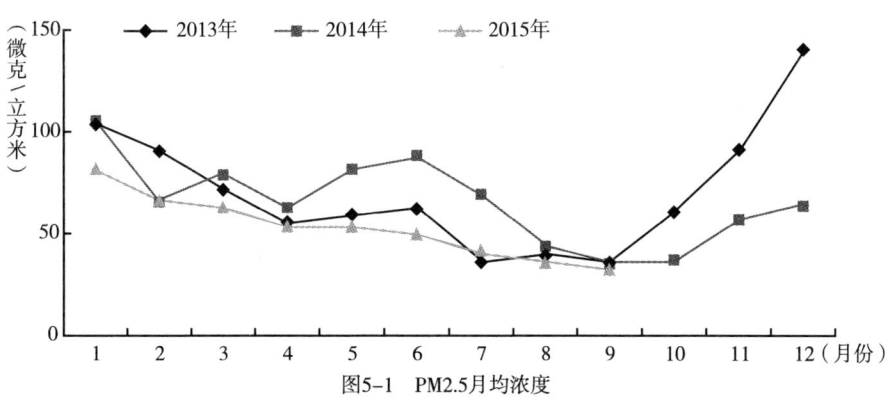

图5-1　PM2.5月均浓度

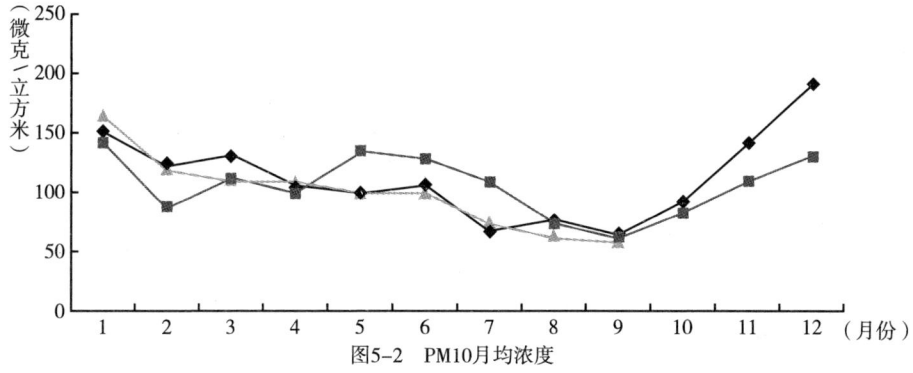

图5-2　PM10月均浓度

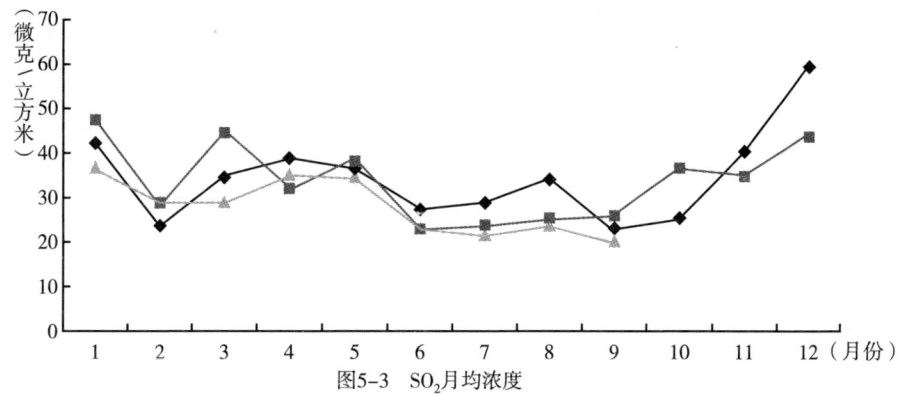

图5-3　SO_2月均浓度

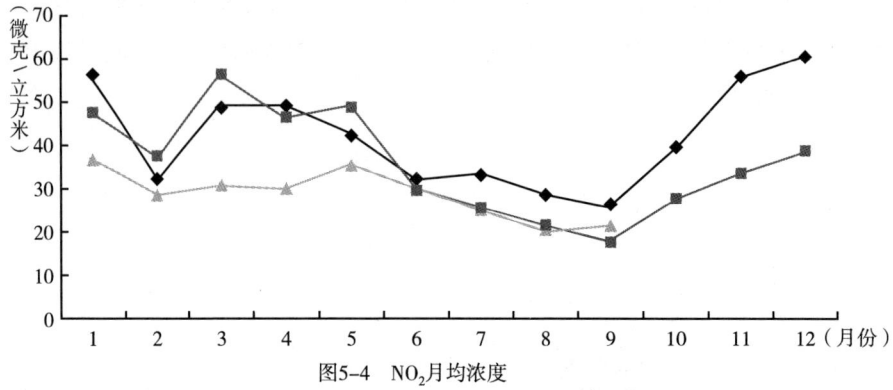

图5-4 NO₂月均浓度

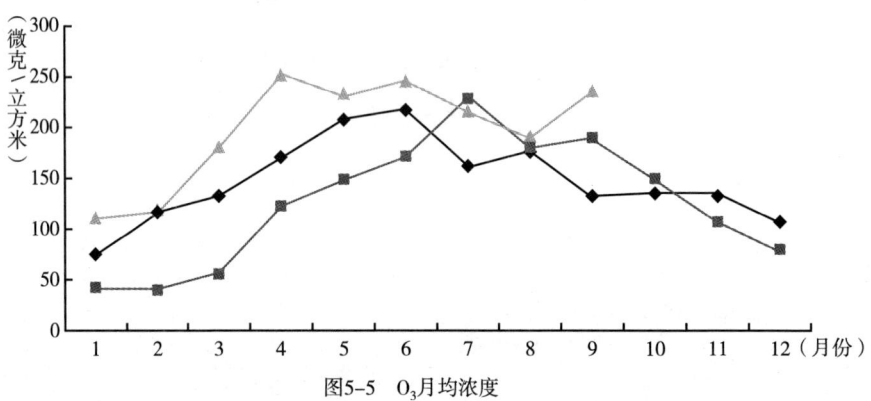

图5-5 O₃月均浓度

图5 近三年5项污染变化趋势分析

2. 空气质量超标因子分析

由表2可见，近三年影响扬州空气质量的三大超标污染物依次为PM2.5、

表2 2013～2015年大气超标污染物情况分析

年份	指标	PM2.5	PM10	O_3	NO_2	SO_2	CO
2013	超标天数(天)	121	67	11	17	0	0
	超标率(%)	33.2	18.4	3	4.7	0	0
2014	超标天数(天)	111	55	12	1	0	0
	超标率(%)	30.7	16.2	3.4	0.3	0	0
2015 1～9月	超标天数(天)	42	40	43	0	0	0
	超标率(%)	16.0	15.3	16.4	0.0	0.0	0.0

PM10、O_3,而且这三种污染物超标率相对较高,说明持续削减的压力较大;NO_2 除 2013 年有所影响外其余两年基本不受影响,SO_2、CO 从未超标。

二 扬州城区 PM2.5 污染源解析初步研究

采用单颗粒气溶胶质谱仪(SPAMS 0515),在扬州市环境监测中心进行 PM2.5 源解析初步检测。检测结果显示,扬州大气中颗粒物主要成分为有机碳,其次是富钾。PM2.5 来源:二次源占 19.14%、机动车尾气占 18.59%、燃煤占 17.39%、生物质燃烧占 13.62%、工业源占 12.06%、扬尘占 9.27%、其他占 9.93%(见图 6~图 9)。

检测结果同时显示,白天汽车尾气占比增大,夜间生物质燃烧略微增长;早高峰、晚高峰汽车尾气污染增长明显。

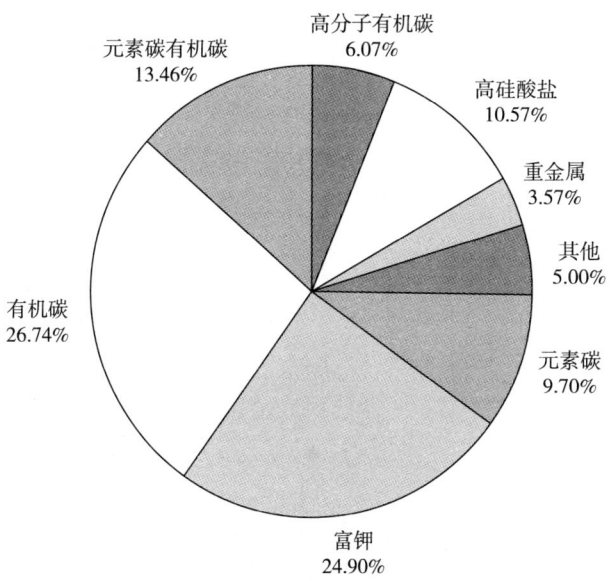

图 6 PM2.5 源解析结果

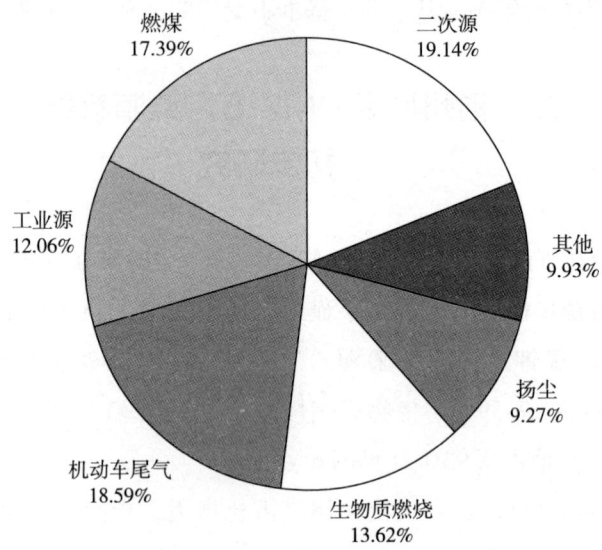

图7 二次源、机动车尾气和燃煤等污染占比

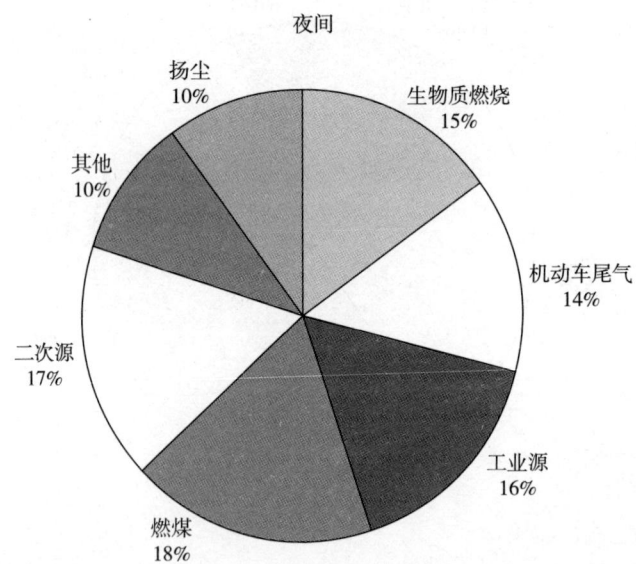

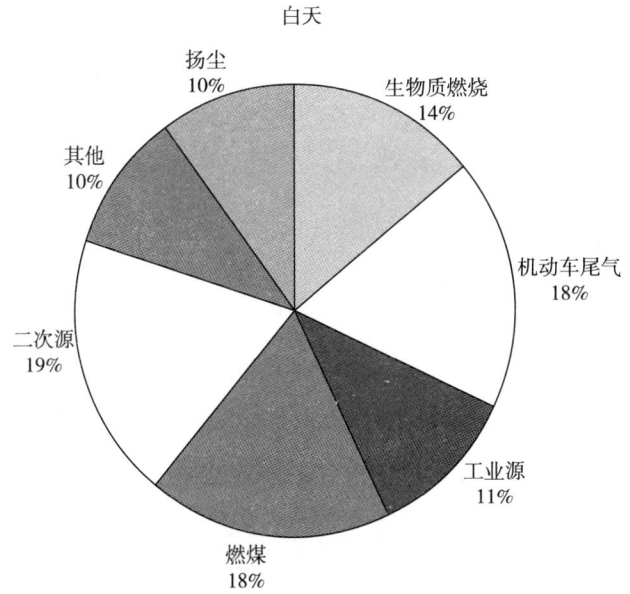

图8 白天与夜间颗粒物来源对比

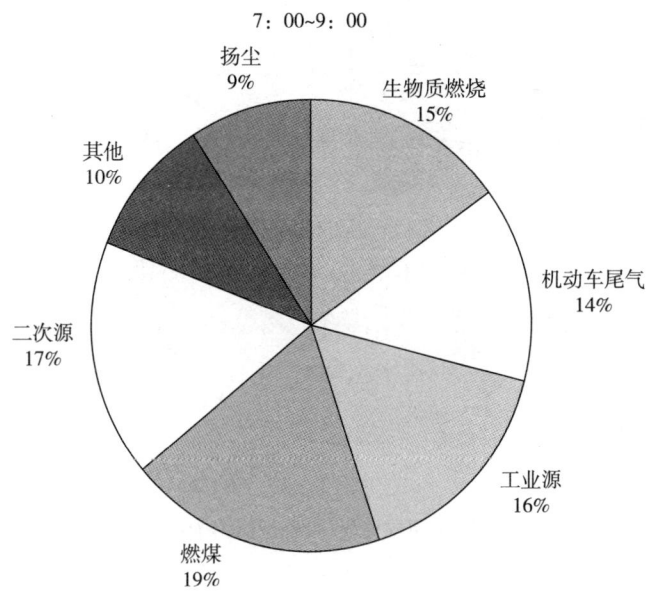

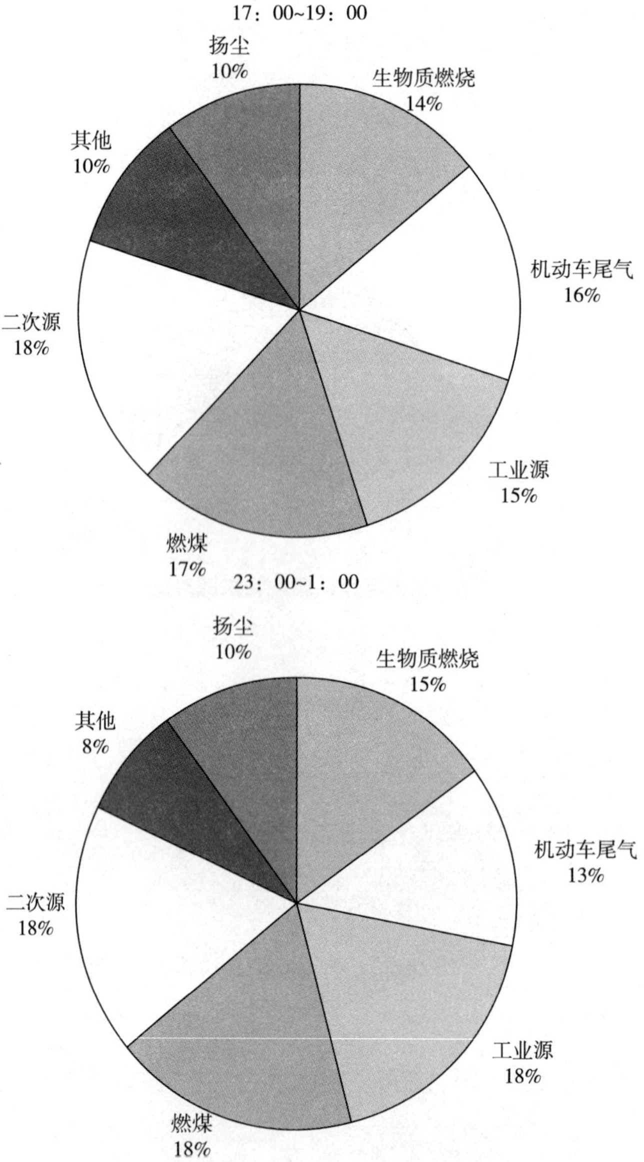

图 9 不同时段颗粒物来源对比

三 扬州市大气环境治理措施及成效分析

扬州市认真贯彻落实国务院《大气污染防治行动计划》《江苏省大气污染防治行动计划实施方案》，采取综合措施全力推进大气污染防治工作，主要有以下几个方面。

1. 大力压减燃煤污染排放

煤炭是扬州市消耗的主要能源，其产生的污染主要来自燃煤锅炉。据2013年统计，全市共有锅炉1700多台，其中燃煤锅炉1400多台，占锅炉总数的82.35%；全市煤炭消费量约1600万吨/年，其中锅炉煤炭消费量1350多万吨/年，占全市煤炭消费总量的84.38%。2013年4月市政府正式印发《扬州市燃煤锅炉大气污染整治工作方案》，分类别、分阶段、分区域对各类锅炉开展整治。一是全面淘汰10蒸吨及以下燃煤锅炉。采取集中供热，煤改电、油、天然气、太阳能、生物质等措施，实施清洁能源替代，截至2015年11月底，全市共计淘汰替换燃煤锅炉634台，其中2013年53台、2014年淘汰210台，2015年371台，全市剩余的约1200台燃煤锅炉按计划将于2016年底前完成整治。二是实施10蒸吨以上燃煤锅炉提标治理。全市10吨以上燃煤锅炉共20台，主要采取提标改造方式进行治理，截至11月底15台锅炉已完成治理，5台锅炉确定在完成提标工程前保持目前的停用状态。三是开展电厂燃煤锅炉提标治理。全市12家执行火电行业排放新标准的企业，除1家停炉转型外，其余11家企业全电厂燃煤锅炉，通过高效脱硫除尘、低氮燃烧、烟气脱硝等技术全面实施提标改造脱硫、脱硝、除尘工程，都于2014年7月1日前达到国家新标准。四是开展茶水炉专项整治。2015年组织开展市区茶水炉专项整治，将排查出的92台茶水炉全部整治到位。燃煤整治系列工作的开展，为城区大气环境质量的改善奠定了坚实的基础。

2. 加强施工扬尘污染防治

建筑施工扬尘是PM10污染物的主要来源之一，为此市政府专门印发

《扬州市区建筑施工扬尘污染专项整治工作实施方案》，明确由市建设局牵头组织开展整治。一是强化建筑施工扬尘管控。全面收取施工扬尘排污费，新开工项目严格执行防尘措施标准化管理，对未达要求的工地下发整治通知，不予核发施工许可；同时强化工地日常扬尘考核监管，对治理不达标的工地予以"挂黑牌"，严格挂牌督办。二是加强渣土运输管控。严格落实"三管一重一评比"管理办法，新建7处渣土消纳场，通过市数字城管系统平台对7处消纳场、53处工地出入口的视频信号和635辆渣土车实施24小时渣土管理运输监控，发现问题及时处置。三是加强城市道路保洁。城管部门加强道路清扫扬尘管理，目前市区大型洗扫车、高压冲洗车等大型机械化作业车辆达82台，对主干道全部实施机械化清扫，城区道路机械化作业率达到85%以上。与此同时，市区每年新增绿地面积100万平方米，通过浇水作业、裸土绿化等措施，加强绿化养护过程中的扬尘防控。采取加强巡查、建章立制等措施，减少烟花爆竹燃放、露天焚烧等活动中产生的烟尘、粉尘和扬尘。

3. 加强机动车尾气污染防治

随着人民生活水平的不断提高，扬州市机动车保有量急剧增加，据初步统计，截至2015年全市机动车保有量达85万辆，随之带来的尾气污染排放大幅上升，治理刻不容缓。一是布点建设机动车尾气监测场站。目前全市共建成机动车尾气检测场站10个，其中市区7个，高邮、宝应、仪征各1个；共建成尾气检测线62条。二是划定高污染车辆禁行区。市区划定黄标车禁行区逐步扩大到全市主城区范围，禁行区面积扩大到64.95平方公里，严格执行高污染车辆区域限行制度，并多次联合公安局，邀请新闻媒体参与联合执法。三是加快淘汰黄标车。市公安局严格执行省补贴淘汰老旧车每辆1500元标准，严格利用登记、年审、路检等环节，加大老旧机动车淘汰力度，截至11月底，已累计淘汰黄标车老旧汽车14311辆。四是加快推进油品升级。加强农村地区油品升级工作，实现全市苏五汽油、国四柴油全覆盖。五是推广使用新能源汽车。2014年推广应用新能源汽车445辆，配套建设80个充电桩，2015年计划推广应用新能源汽车880辆，已完成上牌159辆。

4. 加强烧烤油烟污染防治

遍布大街小巷的烧烤摊点产生的大量油烟，给周边造成一定的空气污染。为此，市政府专门印发《扬州市烧烤油烟污染专项整治工作实施方案》，由市城管局牵头，持续组织开展专项整治行动。一是加大取缔力度。2015年以来市区开展集中整治18次，整治取缔露天烧烤95处，古城区和瘦西湖景区核心区露天烧烤全面取缔或入室经营。二是强化日常监管。推行露天烧烤"点对点"监管模式，对114个保留的露天烧烤分别明确专人负责，督促油烟净化装置正常开启。三是加强督查巡查。8月份起市城管局、市环保局联合开展了市区露天烧烤整治情况专项督查，印发通报5期，对发现的72个违规问题进行交办和督办。

5. 挥发性有机物污染防治

挥发性有机物是灰霾产生的主因之一，必须强化整治，阻断形成灰霾的化学反应链。为此，2015年开始我们启动开展重点行业挥发性有机物污染整治，计划用三年时间，对全市的化工园（集中）区、重点行业及石化、表面涂装、包装印刷等行业92家企业的挥发性有机物进行综合整治，2015年计划实施43项，目前20家企业已完成治理；在9家化工企业推广LDAR技术应用，目前3家完成试点。同时，大量加油站产生的油气也是挥发性有机物来源之一，目前全市231座汽油加油站（其中老市区64座）、16辆油罐车全部完成改造并通过环保验收，6座储油库已完成4座，另有2座因搬迁等原因暂缓整治。加强对油气回收治理工作的日常监管，建立油气回收管理"一站一档"，并督促企业建立和完善油气回收治理日常维护台账。

6. 加强工业污染治理

工业污染排放是大气污染排放的重点领域，近年来扬州采取关闭淘汰与限期治理相结合的方式，努力推动工业污染排放量持续下降。一是落后产能淘汰。完成铅蓄电池行业310万千伏安时极板、纺织行业1万吨纱锭、电镀行业1000吨镀铬等落后产能淘汰任务，列入省计划任务已提前完成。二是重污染企业关闭、搬迁。一批老厂区已停产关闭，对不达标的机组实施了关闭淘汰。三是重点行业限期治理。对火电、水泥行业企业实施提标治理，全

面完成了国家下达扬州市的36项限期治理任务。四是石油化工行业脱硫治理。推进实施石油、化工行业催化裂化装置脱硫工程,实友化工相关设备已安装到位,即将调试运行,扬州石化正在调研立项。五是垃圾焚烧发电企业提标治理。泰达公司在实施二期工程时同步对一期工期环保治理设施实施了提标改造。

7. 秸秆焚烧污染防治

每年夏秋两季的秸秆焚烧是一大季节性大气污染源,近年来全市上下齐心协力共同推进秸秆禁烧和综合利用,基本上遏制住了秸秆焚烧污染。一是切实加强组织领导。市政府成立分管市长担任组长,市监察、农委、农机、公安、交通、环保等部门为成员的秸秆综合利用和禁烧工作领导小组。每年提前制订下发农作物秸秆禁烧督查方案,建立了网络体系,细化职责分工,明确了工作目标和要求,并与各县(市、区)签订目标责任状。二是持续加大舆论宣传力度。《扬州日报》《扬州晚报》《扬州时报》、扬州电视台电台等都开辟了专栏;各地采取悬挂横幅、组织宣讲队、配备宣传车、与农户签订承诺书、小手拉大手等方式,深入农户和田间地头,面对面、零距离地开展宣传。三是大力推进秸秆综合利用。综合利用途径进一步拓宽,采取多元利用、市场运作的办法,积极探索秸秆综合利用的新途径,重点推广秸秆能源化、基料化、饲料化、原料化等多方面的秸秆综合利用工作。四是全力加强禁烧督查。市环保局提出"全面发动、全力以赴、全员出动、全覆盖巡查"的禁烧工作方针,在全系统组织140多人的禁烧督查队伍,分为7组,分别由一名局领导带队包干负责一个县(市、区),秸秆禁烧24小时节假日不间断组织巡查。五是严格落实奖惩措施。邗江区财政安排200多万元专项资金,按10元/亩的标准对秸秆还田或其他形式综合利用予以补助,还安排100多万元专项资金用于新增新型农机具的作业补贴;仪征市2015年用于秸秆禁烧奖励和补助资金达1000万元。在奖励兑现的同时,对秸秆焚烧和秸秆禁烧工作不力的,严格按照考核办法给予扣除保证金、评优一票否决、罚款等惩戒措施。通过努力,秸秆禁烧形势逐年好转,仅2015年5月25日~6月25日夏收期间,空气质量优良天数达到21天,比上年同期上升110%，细颗粒物（PM2.5）平均浓度为52微克/立方米，比上年同期下降44.7%。

8. 重污染天气应急

近年来，扬州与全国各地一样，一到春冬季节，灰霾污染天气频发多发，给人民群众日常生活和身体健康带来一定影响。为科学有效应对重污染天气，2013年市政府制定印发《扬州市大气重污染预警与应急预案》；2014年2月，省政府对原有应急预案作了修编，为确保与省级预案同步，市政府根据要求重新修编并印发《扬州市大气重污染预警与应急预案》，该预案建立了蓝、黄、橙、红四级预警响应机制，明确了每级应急响应措施和责任分工，确保重污染天气情况下及时发布预警信息，提醒市民加以防范，同时迅速采取各类应急措施尽力减少本地污染排放量。自2013年以来，扬州已累计发布各级预警信息20多条次，启动应急响应程序10多次，切实有效保护广大市民的身体健康。

四 大气环境存在的问题和挑战

近三年来，尽管扬州市大气污染防治工作取得了突出的成绩，各项治理工作正在积极推进，但在综合施策、有序治理上，以下一些问题需要进一步重视和加强。

（1）燃煤锅炉整治面临困难。随着锅炉整治由中心城区向周边地区推进，因天然气相对燃煤成本大幅度提高，再加上供热、供气管网等基础设施相对滞后，全面淘汰分散式燃煤锅炉难度很大。

（2）施工扬尘整治有待提升。近几年来，建筑施工扬尘整治工作取得了明显进展，但由于建设工程数量多、分布广，再加上防尘降尘的监督管理和建设单位的主动防治都未能完全跟上，整治成效有待巩固和提升。

（3）机动车、船尾气排放管控有待加强。近年来，机动车保有量急剧增长，高污染车辆区域限行制度执行不够严格，黄标车出行未能得到严格限制，车辆冒黑烟现象还比较严重。另外，对于机动船舶、挖掘机等非道路移动设备的尾气管控尚未全面开展，机动车、船氮氧化物排放量呈逆势增长趋势。

（4）能源结构、产业结构调整有待加快。目前，扬州市产业结构仍显偏重，煤炭消费总量保持高位，在工业化进程仍将持续的背景下，产业结构、能源结构不合理的现状短期内还难以根本改变。

五 大气污染防治工作建议和对策

下一步，扬州市将严格对照省、市年度工作目标，加强对各地、各部门年度目标任务完成情况的督查考核，积极研究破解治污难点问题，协调、督促、推进重点工程，确保各项治污任务全面完成。

1. 建立健全大气污染防治体制和机制

总结前三年大气污染防治工作经验和教训，针对薄弱和关键环节，加强组织领导，建立健全工作机制，进一步凝聚各方力量，形成齐抓共管的工作合力。一是建立完善联席会议制度。建立健全大气污染防治联席会议制度，每两个月召开一次全市大气污染防治联席会议，通报空气质量、调度工作进展、研究工作举措、解决存在问题。二是探索建立网格化执法监管制度。按照"条块结合、以块为主、重心下移、属地管理"的原则，建立"市、县（市、区）、街道（乡镇）、社区（村）"四级网络监管体系，层层分解责任，对污染源监管"定人、定位、定责"，实行网格化、全覆盖环境监管。三是建立定期通报制度。实行空气质量按月通报制度，按照国家、省下达扬州市的空气质量目标要求，确定各县（市、区）空气质量目标值，每月通报各地空气环境质量状况和排名，每季通报重点任务工作进展。四是建立考核奖惩制度。研究制定扬州市大气污染防治工作考核办法和细则，建立严格的考核体系，对各地、各相关部门领导班子和领导干部履行大气污染防治职责进行综合评价，并作为领导干部年度考核和任职考核的重要内容。

2. 加快产业结构、能源结构调整

强化污染源头管控，严防严控新污染源，加快推动经济结构高位转型。

一是严控高污染行业新增产能。强化节能环保指标约束，提高节能环保准入门槛，倒逼企业转型发展。对钢铁、水泥、平板玻璃、船舶等行业新增产能项目一律不予审批、核准和备案。二是加快城区重污染企业转型搬迁。加快推进一批污染企业的搬迁进程，实施"退城进园"；开展产能过剩行业违规建设项目清理整顿，妥善分类处置。三是严格控制燃煤总量。细化落实《扬州市控制能源消费总量和煤炭消费总量工作方案》，建立完善煤炭消费总量控制制度，全年煤炭消费总量控制在1330万吨以下。四是积极推广集中供热。加快推进实施一批清洁能源项目，提高清洁能源消费比例。五是加快淘汰10蒸吨及以下燃煤小锅炉。到2016年底，全面完成全市1500多台小型燃煤锅炉淘汰替换任务，杜绝遍布各地的小烟囱冒黑烟现象。

3. 严格控制工业污染

全面推进重点行业、重点区域废气提标治理改造。一是实施燃煤锅炉烟气超低排放示范工程。推进开展火电行业超低排放试点工作和部分机组烟气超低排放工程。二是实施水泥行业提标工程。督促扬州亚东水泥等10家企业新上除尘设施，严格达到新标准要求。三是实施10蒸吨以上燃煤锅炉提标工程。督促9家企业14台锅炉进行脱硫、脱硝、除尘设施改造。四是实施石油炼制企业烟气脱硫工程。督促2家石油炼制企业的催化裂化装置配套建设烟气脱硫设施，硫黄回收率达到99%以上。五是推进有机废气综合治理。督促43家重点企业2015年底前完成挥发性有机物治理任务。六是推广"泄漏检测与修复"技术运用。9家化工企业完成LDAR检测泄漏与修复技术运用。

4. 加强环境综合整治

针对各类大气污染源，建设、公安、城管、农林、环保等部门通力协作，继续分类、分阶段施治，减少各类大气污染物排放量。一是开展建筑施工扬尘整治。切实提高施工工地扬尘防治管理水平，全面推行建筑施工"三池一设备"等防尘设施标准化管理，未落实防尘措施的一律不予发放施工许可证。执行"三管一重一评比"管理办法，对渣土运输实行全过程管理。二是开展机动车排气污染整治。加快推进建设机动车环保标志电子智能

监控网络,推广使用环保电子卡,实现环保标志电子化、智能化管理。严格执行高污染车辆区域限行制度,落实老旧汽车提前淘汰奖补政策,2015年底前全面淘汰黄标车。三是开展餐饮业油烟整治。逐步压缩、取缔露天烧烤,古城区、瘦西湖景区核心区全面取缔露天烧烤。加强餐饮集中街区整治,督促安装油烟净化装置并保持正常使用。四是加强秸秆禁烧和综合利用。建成完善的秸秆收贮体系,加大秸秆还田工作力度,夏季达80%、秋季达50%以上,秸秆综合利用率达90%。实行秸秆禁烧目标责任制,继续执行属地负责,市、县、乡、村、组五级监管,相关部门包片督查,建立巡查机制,确保秸秆禁烧工作取得实效。

5. 提高科学治理水平

大气污染防治工作专业性强、情况复杂多变,必须紧紧依靠科学手段精准施策,才能提升提高工作成效和质量。一是提升科学研判能力。加大财政投入,购置必要的仪器设备,加快引进培养人才,与国内知名院校联合开展扬州市PM2.5源解析,完成大气污染源排放清单编制及PM2.5源解析工作,进一步摸清全市PM2.5的主要来源及其占比,推动大气污染防治工作的力量投放更加科学、采取措施更加精准、工作成效更加明显。加强空气质量动态研判。紧紧锁定PM2.5年度目标,定期分析、研判全市空气质量变化情况,一旦发现扬州市PM2.5平均浓度同比下降幅度有明显回落,将及时发出预警,提请政府采取空气质量强化管控措施。二是提升环境执法能力。按照《国务院办公厅关于加强环境监管执法的通知》要求,想方设法调整充实环保一线执法力量,全面提升环境执法能力水平。三是提升应急管控能力。总结"青奥蓝""公祭日蓝"的成功经验,分析问题和不足,细化制订大气应急管控指令"发布—传递—执行—报告—终止"等各个环节的规范和程序,组织各地、各部门及各重点管控企业进行集中培训,健全大气应急管控体系,不断积累应急经验、把握应急规律、提高应急水平。四是提升科学治污能力。加快大气污染防治新技术的推广应用,实现环保科技支撑的整体推进,提升科学治污能力和水平。

区域发展报告

Regional Development Reports

B.34
扬州市江都区现代农业建设研究报告

孙 明 嵇学锋*

摘　要：	农业现代化是"四化同步"的重要内容。本文以扬州市江都区为例，简要分析江都区现代农业发展的基础优势、面临的困难和挑战，提出推动江都现代农业发展迈上新台阶的目标和路径。重点从处理好三大关系、抓好四项产业工程、推进五化举措上提出对策建议，加快构建现代农业迈上新台阶的产业体系、组织体系、支撑体系、管理体系。
关键词：	现代农业　转型发展　迈上新台阶　江都

---

* 孙明，扬州市江都区副区长、区政协副主席；嵇学锋，扬州市江都区政府办公室科长。

一 江都区现代农业发展的基础和优势

江都区是省农村改革试验区、省农业现代化试点区，2015年初荣获国家现代农业示范区称号。2014年实现农业增加值54.8亿元，农村居民人均可支配收入16415元，农业现代化综合监测得分列扬州第一。从现有基础和经营条件来看，江都现代农业建设有着良好的优势条件。

1. 农业生产条件大幅改善

近年来区级财政投入"三农"年均增幅保持在8%以上，农业贷款增长幅度与贷款总额增长幅度之比均大于1；"十二五"期间，农田水利基础设施项目建设先后投入近10亿元，新建节水灌溉农田5.54万亩，新建高标准农田20万亩，节水灌溉面积占总灌溉面积达35%，农田水利现代化水平达86%。加快从种到收全程机械化进程，目前全区农机总值达7.9亿元，农机总动力63.9万千瓦，夏秋两季秸秆还田率分别达90%、85%，机插秧面积55万亩，农业综合机械化水平达85%。

2. 规模经营条件日益成熟

全区263个村（社区）4063个组19.12万户开展了土地承包权确权登记颁证，2015年底全面完成，全面推行土地流转交易竞价招标和流转价格"实物计价、现金结算"方式，土地流转面积达52.4万亩，占家庭承包地的74.8%，57个村323个组实现整体规模经营。新型经营主体加速成长，经资格认定或工商登记的家庭农场463家、经营面积6.1万亩；发展农民专业合作社1042家，入社农户比重达85%。农业社会化服务水平明显提升，发展区、镇级植保专业防治组织52个、村级服务队212个，从业人员5421人，2014年全区统防统治面积达330.4万亩次，专业化防治面积占总防控面积的65.2%。

3. 农业产业布局不断优化

花木连片面积超过10万亩，年产盆花盆景710万盆，实现销售收入21亿元。设施蔬菜面积10万亩，建成3个万亩、8个千亩蔬菜产业园区，产业规模和生产水平全省领先。罗氏沼虾、螃蟹、青虾三大特水主产品面积达

8.6万亩，建成省级良种场4家。畜禽产业拥有规模经营企业和大户近400家，形成小纪100万只蛋鸭、邵伯100万只优质鸡、郭村10万头商品瘦肉型猪和樊川1000万只扬州鹅炕孵等专业特色。

4. 产业化经营水平进一步提升

建成百亩以上农（渔）业园区104个，其中万亩以上农业园区4个，建成休闲观光农业园区30家、面积2万亩。农业企业年网络销售额6亿元，其中阿波罗花木批发市场达2亿元，丁伙镇花木网络年销售额达2.5亿元。

5. 生态质量效益加快显现

以仙城生态中心、渌洋湖湿地、花木产业园区、设施蔬果基地等为载体，发展生态休闲农业，促进产业融合发展，林木覆盖率20.7%。加强农业面源污染治理，秸秆综合利用率95%，高效低毒低残留农药使用占比90%。全区农业"三品"基地面积90万亩。

6. 改革试验示范成效明显

在扬州地区率先建成区镇两级农村产权交易平台，制定出台产权制度改革指导意见和产权交易管理办法等一系列文件。截至目前，承包地、村级公益事业项目建设、集体资产处置等7类农村产权进入市场交易，累计开展各类产权交易418宗，交易总额2.6亿元，为村集体增收节支3000多万元。在扬州地区率先成立村经济合作社，截至目前272个村（居）成立村经济合作社、社区股份合作社，量化集体资产8.7亿元；2014年64个村实现持股分红，2015年再选择21个村（居）合作社进行规范运作，折股量化经营性净资产9668万元，股权54096股。率先推行农村土地承包经营权、林权抵（质）押贷款，至目前累计办理土地流转经营权证125份、流转面积4.5万亩、贷款总额达7402万元。

二 当前江都区现代农业建设面临的问题

1. 分散化的土地经营布局，不利于现代产业体系构建

小农户生产在较长时期内依然存在，少数纯农户彻底离土离田的客观条

件还不具备，土地分散化经营的局面还不同程度存在，势必会影响到土地连片性、规模化经营，影响到大型机械作业、标准化生产管理、基础设施配套服务等现代服务方式的应用。目前江都1157户种植50亩以上的大户，经营地块不完全连片、成方，有的甚至散落在几个村组，给生产经营管理带来了较大的不便。

2. 规模经营的潜在风险必须加以重视

从面积来看，江都50亩以上的1157户大户，经营面积16.94万亩，具体情况见表1。

表1 江都区农业种植50亩以上情况统计

规模(亩)	户数(户)	经营面积(万亩)
50~100	723	4.8
100~300	359	5.24
300~500	40	1.48
500~1000	12	0.84
1000以上	23	4.58

面积过大，机械、劳力、场地等配套管理跟不上，内在风险不可避免，容易损害农民群众利益。面积过小，也不利于现代农业产业发展。就现阶段的配套服务条件和产业对接程度来看，规模经营必须把握一个"度"，加强经营主体的行为引导和管理服务，否则，会适得其反、违背现代农业方向。

3. 农业产业服务能力还需加强

农业生产周期长、布局分散，基层农技服务力量薄弱，传统的管理服务手段难以适应现代农业发展需求。尤其是政府公共性服务、农业社会化服务方面，缺乏有效的资源整合、统筹推进机制，针对性、精确性、即时性不强，社会化服务市场赢利空间不大。例如，农产品质量安全监管方面，从田头到餐桌的监管体系未能真正建立，生产关、加工关、市场流通关还容易出现监管漏洞，全程监管机制得不到有效落实。

4. 发展资源制约瓶颈依然突出

生产资源方面，江都区人均耕地不足1亩，长期以来农业生产过于追求产量,过分依赖化肥、农药的高投入,耕地、水资源等利用、消耗也基本达到了极致,要保持可持续发展,必须摒弃拼资源、拼环境、拼投入的传统发展模式。人力资源方面,江都区农业从业人员中50岁以上的占一半以上,"老人农业"现象明显,"后继乏人"问题堪忧。发展资源方面,设施用地、资金、人力等要素供给相对变窄,农业用工、农机作业、土地租金等生产成本刚性抬升,农资价格居高不下,农业面临着生产成本刚性上抬和农产品价格"触顶"的"双重挤压"。

5. 农业现代化指标实现程度不高

当前江都区农村居民人均可支配收入,规模以上农产品加工产值与农业总产值之比,新型职业农民培育程度,种植业、渔业"三品"比重,高效农业保险覆盖面等指标相对薄弱,离省定农业现代化指标还有不小的差距,个别指标如期实现的压力很大(见表2),需下大力气攻克薄弱环节,提升整体水平。

表2 江苏省农业基本现代化指标体系江都区薄弱指标进度

指标名称	单位	目标值	2013年实现值(省统计反馈)	2014年实现值(江都统计)	完成比例
农村居民人均可支配收入	元	32000	13521	16415	51
农村居民收入达标人口比例	%	>50	5.1	28.1	56
家庭农场经营比重	%	50	9	11	22
新型职业农民培育程度	%	80	19	31.2	39
生猪大中型规模养殖比重	%	80	52	59.6	75
高效设施渔业比重	%	26	20.8	22.2	85
种植业"三品"比重	%	55	23.7	30.2	55
乡镇或区域农业公共服务体系健全率	%	97	79.1	79.3	82
农业信息化覆盖率	%	75	52.7	55.6	74
农业保险覆盖面	%	64	62.2	57.5	90

三 推动江都区现代农业建设迈上新台阶的对策举措

现代农业取得新突破,不仅要发挥好基础条件优势,也要在新型农业经营体系建设上下功夫,加强经营机制创新、经营主体培育、农业生产服务,在生产条件现代化、装备技术现代化、管理服务现代化"三轮驱动"、同向发力上取得突破。因此,江都区现代农业发展需要着重抓好以下几点。

(一)处理好"三大关系",推动农业经营机制创新突破

农业经营机制关系到农业生产活力、农村管理水平。要构建起新型的农业经营体系,必须加大经营机制创新力度,积极适应现代农业发展形势要求。

1. 处理好土地权益稳定与规模化流转相互促进的关系

农业适度规模经营是现代农业发展的必然趋势,在推进规模经营过程中,既要维护好农民土地承包权益,也要实现好土地利用效益的最大化。以稳定促放活,2015年底全面完成土地承包经营权确权登记颁证工作,稳定承包权,增强经营权的市场流动性,形成承包权的稳定层和经营权的流动层"双层结构"。以放活促流动,发挥农村产权交易市场作用,加强土地流转供需信息对接,按照规模适度、集中连片、资源集约利用的目标,引导土地向各类新型经营主体集中,向高效、优势产业集聚。在规范引导、符合农村实际的前提下,2018年达到一半以上的承包地由家庭农场、合作社等新型经营主体牵头经营。

2. 处理好提升传统农户与培育新型经营主体相互兼顾的关系

现阶段,解决"谁来种地"问题,传统农户的力量不可忽视,要做到传统小农主体与新型经营主体两种力量兼顾,构建优势互补的生产经营组织体系。加快提升小农主体,开展一系列的培训教育活动,加强政府服务、市场引导,提升小农主体精神面貌,力促农民成为有体面的职业,力争到2020年持专业证书农业劳动力人数占比达65%,新型职业农民培育程度达80%。培育发展新型经营主体,推进以家庭农场、专业合作社为主体的土地集中型适度规模经营,重点培育由本地青年人牵头、从事粮食种植、规模在100~300亩的经营主体。

3. 处理好政府公益性服务与市场社会化服务相互补充的关系

解决"怎样种地"问题，关键要加强配套服务。要发挥好政府性服务和市场化服务的互补功能，培育农业社会化服务中坚力量，最大程度减轻生产经营的自然风险、市场风险。加大政府扶持力度，加快粮食生产全程机械化，提升全区农机总动力、农业综合机械化水平、水稻种植机械化水平等主要指标。积极培育社会化服务增长点，在农资团购、农机全程化服务、植保管理、粮食烘干等方面扩大服务，增加收入。加强质量管理，从种子供应、农资使用等方面打造服务品牌，树立信誉，让农户主动接受服务，放心购买服务，形成良性的市场化服务环境。

（二）实施"四项工程"，加快优化现代农业产业布局

构建新型经营体系、推动现代农业迈上新台阶，最终落脚点还是产业发展，宗旨还是促进农业增效、农民增收，要在传统粮食产业上取得突破，在特色产业上放大优势，加快形成现代化的农业产业布局体系。

1. 优质粮油稳量增效工程

打破现代农业就是设施农业的传统思维，树立现代粮食生产也是现代农业的意识，在粮食生产提质增效上狠下功夫。深入开展高产创建，主推优质粳稻和绿色安全稻米，推广机插秧，控减直播稻，抓好粮油万亩示范片、超高产示范方等建设，预计到2018年粮食播种面积稳定在130万亩以上，总产稳定在65万吨以上，亩产增加50斤以上，亩增纯效益100元以上。加强粮食生产社会化服务，发展农机、植保等专业化服务组织，推进商品化育秧、病虫害综合防治、秸秆机械还田、机插秧（机条播）等合作服务，重大病虫统防统治实现全覆盖。

2. 特色产业提档升级工程

注重连片发展、设施生产，花木产业以阿波罗花木市场为龙头，以仙城生态中心为基础，沿新淮江公路、328国道、江平公路，进一步提升10万亩连片花木产业带，创响"花木之乡"品牌。蔬菜产业以3个万亩园区为基地，以安大公路、武嘶公路为中轴线，串联吴桥、小纪、樊川、武坚等生

产基地，发展连片设施种植，注重规模化、标准化养殖，培育年饲养生猪万头以上、家禽10万只以上规模户以及一批畜牧企业，构建与环境承载力和环境保护相适应的畜禽生产体系，预计2018年畜禽规模化养殖比重可达78%。有机整合里下河、里运河等水面资源，发展种源水产业、特种优势产业。

3. 三次产业融合发展工程

推进农业项目建设，促进农业"接二连三"，力争年新开工投资亿元以上的农业重大项目5个以上。加强海峡两岸农业合作，扶持发展一村一品、一镇一业，建设一批以渌洋湖生态湿地、仙女、丁伙花木、吴桥、小纪蔬菜、樊川猕猴桃等为特色的农业旅游景点。创新农产品流通体系，积极发展农产品电子商务，加快推进建设里下河特色水产品交易市场和阿波罗花木批发市场。

4. 现代农业绿色增长工程

按照"绿色发展、循环发展、低碳发展"的理念，推进资源节约型、环境友好型的循环农业发展。加强农业面源污染治理，推广农业清洁生产技术，推进畜禽养殖粪污集中收集处理体系建设，继续保持秸秆综合利用率和规模畜禽养殖粪便资源化利用率的稳定。

（三）落实"五化并举"，着力增强现代农业配套服务

改造和提升农业，必须运用好现代化的经营方式、管理手段，促进现代农业经营方式更加有效、发展质态更加优化，增强现代农业发展支撑力。

1. 生产布局园区化

以园区化管理的理念来经营农业，全面理清区域内生产投入、产业布局、资源布局等信息，科学布置，引导资源集约、集聚、高效投入。推进基础设施投入园区化，根据区位条件，以片区、圩区等自然性质来划分，逐个片区、逐个圩区、逐个灌排体系来推进路、渠、河、沟的整理开发，提高农田园区化开发水平；"十三五"期间，预计新建改造高标准农田20万亩；农田水利概算投资10亿元，新建一批水源灌溉、田间灌排、高效节水灌溉

等工程。推进产业布局园区化，完善功能，加强管理，提升发展档次和示范能力。

2. 经营主体"法人化"

把经营主体作为类似"法人"性质的市场主体来管理和引导，对经营信息进行注册登记、动态跟踪、管理服务、风险稳控。以经营土地为中心，以土地承包经营权确权登记颁证为基础，建立土地家庭经营和土地流转经营信息数据库，全面登记所有农户家庭承包地情况，对流转经营的主体名称、经营期限、经营面积等进行登记，实行名录管理。加强经营主体规范化管理，对经营主体的资质、规模经营能力、生产技术装备等进行前置审查，定期跟踪，加强预警，及早排除不良现象。

3. 公共服务菜单化

以农业信息化服务为主线，建立和完善农业信息管理服务平台（见图1），对农业生产全过程、农产品加工销售、农机作业服务、农资使用等信息全面登记管理，为农业经营主体提供生产性、技术性、政策性的公共服务平台，实现订单式管理、菜单式服务。推进农机作业服务信息化，建立"农机户＋信息平台＋经营户"的服务需求信息联通机制，提高农机作业服务效率。推进农业技术推广服务信息化，建立农业技术服务信息数据库，构建"农技推广体系＋科研机构＋经营户"的技术指导服务信息联通机制，及时有效解决农业经营户生产技术瓶颈。加强涉农政策服务精细化，有机整合各类涉农政策，扎口发布平台，让经营主体及时、方便获取惠农政策信息，在公平、透明的环境下共享政策的实惠。

4. 农事操作标准化

狠抓标准化生产，制定粮食、蔬菜、水产等农业标准生产和管理流程，形成标准体系，为经营主体及时提供农事操作建议方案。抓好农产品质量安全信息全程跟踪监管，从种子、植保、施肥、用药，到收获、储存、加工、销售等，建立"产加销"全过程信息化，真正建立从田头到餐桌的全程监管体系，实现质量可追溯、责任可倒查。

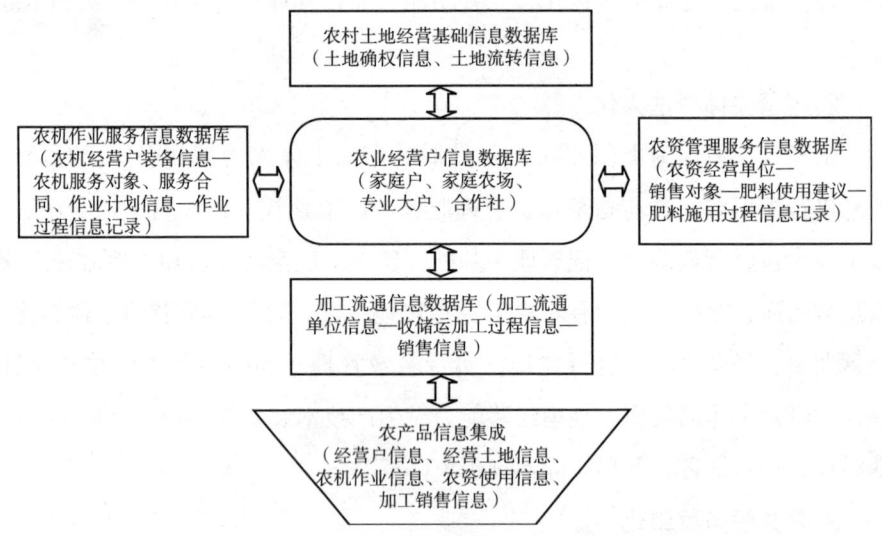

图 1　农业信息管理服务平台基本流程

5. 产品营销品牌化

以标准化生产、质量全过程跟踪为基础,加强农产品加工流通企业信息化管理,构建企业经营数据库,完善"加工销售企业+生产基地"的合作机制,推动水产、蔬菜、畜禽、花木等产业内部协作,培育发展行业协会、农场联合会、专业合作社等产业联盟组织,发展一批拳头型产品。强化品牌营销,数量成规模,质量提档次,创响区域性的农产品质量品牌,加快由简单销售向品牌经营转变。积极发展无公害农产品、绿色食品、有机食品等。

B.35 广陵区经济提质增效发展路径研究报告

吴尚 王宇翔 谢科进*

摘　要：	扬州市广陵区为加快经济结构调整和增长方式转变步伐，促进经济提质增效发展，积极探索转型升级路径及政策支持。本文基于广陵区经济提质增效发展的现实基础，分析了面临的机遇和挑战，并提出经济提质增效发展的总体路径设计和重点举措。
关键词：	广陵区　经济提升增效　发展路径　研究报告

扬州市广陵区2015年上半年全区完成地区生产总值244亿元，增长7%；公共财政预算收入19.3亿元，增长1.1%；工业经济指标持续底部运行。加快经济结构调整和增长方式转变步伐，促进经济提质增效发展，对转型升级路径及政策支持的探讨，已成为一项当前的重大课题。

一　广陵区经济提质增效发展的现实基础

当前，广陵区域经济总体处于平稳合理运行区间，具体呈现以下特点。

（一）产业结构日趋完善

2014年广陵区实现地区生产总值557亿元，三次产业结构不断优化，

---

* 吴尚，扬州市广陵区发改委主任，党委书记；王宇翔，扬州市广陵区发改委副主任；谢科进，扬州大学商学院院长、教授。

服务业占比不断提升，到2014年为1.3∶49.2∶49.5（见图1）。现代服务业加速集聚。"十二五"期间，第三产业对GDP增长的贡献率由2010年的59.4%增长为2014年底的69.1%。新兴产业快速崛起，软件和信息服务业在2014年突破营收百亿元，信息服务产业基地已集聚包括三大通信运营商、京东电商、微软创新中心等600多家企业，形成呼叫与数据中心、互联网及电子商务、地理信息等多个主导产业，设计瑰谷、中国创谷等园区加速发展，为"大众创业"提供载体。工业经济平稳增长。船舶重工、液压装备、食品加工、医疗器械和电气线缆五大主导产业集聚发展。船舶行业触底回稳，企业订单稳定。中德工业园正式运营，累计引进欧美液压企业30家，带动液压装备产业链增粗加长。现代农业高效发展。以发展高效农业、特色农业、生态农业为核心，启动建设"一主多辅"农业核心园区。"互联网+农业"模式快速推进，"果然100""惠生活"等电商平台高速发展。

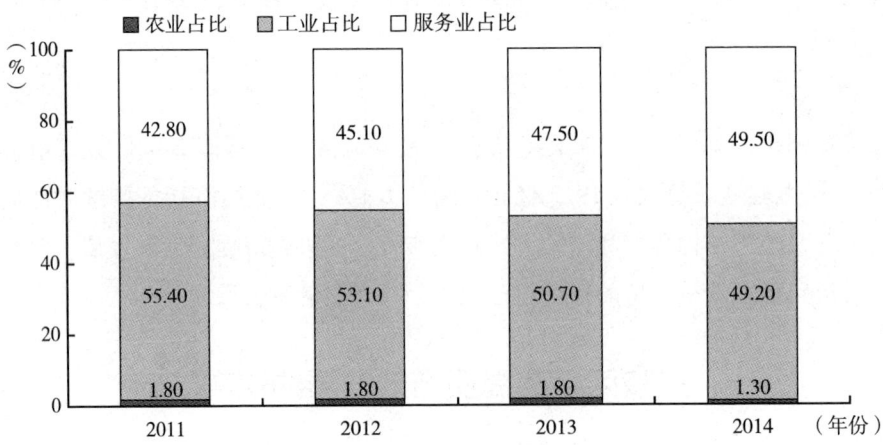

图1　2011~2014年广陵区三次产业占比

（二）重大项目集聚明显

"十二五"期间，累计新开工重大项目73个，竣工投产项目32个，已形成以交通银行金融服务中心、泰达Y-MSD、环球金融城、市民中心和城庆广场、李宁体育园等重大服务业项目为主导的广陵新城"五大组团",以玛切嘉利、荷兰海沃和中德工业园为龙头的经济开发区液压产业集群,以食品科技园、青岛啤酒、华润五丰等一批重点项目为引领的食品产业集群。计划总投资810亿元,累计完成投资510亿元,年均增幅近40%,率先在全市完成两轮沿江百亿元项目全覆盖。2015年签约总投资120亿元中交集团新型城镇化和总投资50亿元林安物流项目。大项目的集聚,对带动就业、收入增长和城市化进程起到推动作用。

(三)创新能力持续提升

大力实施创新驱动战略,创新载体、创新人才、创新服务体系明显提升。2014年高新技术产业产值占规模以上工业比重达62%。科技产业综合体年度新开工建设面积50万平方米,新竣工投入使用面积15万平方米,科技产业综合体累计实际投入使用81%,入驻企业180家。广陵区获批国家知识产权强县工程试点区、省科技创新型试点区。江苏信息服务产业基地建成国家级科技企业孵化器。人才引进工作成效显著,近五年来累计引进国家"千人计划"人才20名,省"双创计划"人才20名,为广陵区产业转型提供了智力保障。

(四)社会民生持续改善

城乡居民收入同步增长。城镇居民人均可支配收入、农民人均可支配收入由2010年的2.2万元、1.3万元提升到2014年的3.41万元、2.16万元。社会保障进一步加强。全面落实积极的就业政策,支持形式多样的自主创业。强化社保制度体系衔接,稳步扩大社保覆盖范围,打造"15分钟社会保障服务圈"。全面落实城乡低保标准自然增长机制,完善五保供养经费自然增长机制,确保应保尽保,按标施保。社会事业全面发展。坚持教育现代化、均衡化发展,在全市率先推行小学招生"零择校"。大力实施社区卫生机构标准化工程,年新建标准化社区卫生服务站(村卫生室)10个以上,构建"15分钟健康服务圈"。建设区域性体育中心,开展全民健身活动,打造"10分钟健身圈"。

二 广陵经济提质增效发展的机遇和挑战

（一）重要机遇

1. 政策落地机遇

近期国家先后出台了《长江三角洲地区区域规划》《苏南现代化建设示范区规划》《长江经济带综合立体交通走廊规划》等战略规划，提出并实施了"一带一路"、长江经济带以及苏南现代化建设示范区、苏南国家自主创新示范区等战略部署。广陵地处苏中，紧邻苏南，可以同时分享多种国家战略机遇。这些国家战略的布局实施，不仅将带来政策、资源、项目、投资集聚，而且将促进沿线地区和城市经济全面升级，加速沿线地区和城市对外开放。

2. 产业发展机遇

"十三五"时期，以基础设施投资、新技术、新模式、新业态不断涌现等为代表的新增长机遇不断产生。例如，扩大基础设施等公共产品和服务将成为宏观经济稳定增长的新动力。从投资方面看，重化工业、房地产投资相对饱和，但公共产品、公共服务的供给还有很大空间，是经济发展的新引擎。新常态下，新型工业化、信息化、城镇化、农业现代化均需要大量高水平的公共产品、公共服务。尤其作为多年来经济增长有力推手的城镇化，当前发展重点正从主要发展房地产转到发展地域特色产业和城市公共产品、公共服务方面，将形成对铁路、公路、水利、电力、生态、民生等领域的巨大投资需求。同时，城市地下管网设施改造和城中村改造等也需要大量投资。广陵区同时面临老城改造、新城建设以及镇村更新等一系列发展任务，其间蕴藏着巨大的发展机遇，需要着力加以把握。此外，随着新一代信息技术的迅猛发展特别是《中国制造2025》的实施，以宽带、无线互联网、云计算中心等为代表的"新经济基础设施"也将成为投资的一个重要领域。选择上述投资方向和领域，不存在重复建设的问题，既能发挥调结构、补短板的作用，也能产生强实体、激活力、惠民生的效果，既利当前更惠长远。

(二)主要挑战

当前宏观经济环境由于"三期叠加"影响进一步加深,新旧产业更替与动力转换还没有衔接到位,经济回升的基础还不牢固,增长后劲仍显乏力,工业储备项目不多,企业投资意愿不强,经济提质增效发展面临严峻挑战,主要集中在以下几个方面。

1. 经济增长主要驱动力降低减弱

长期以来广陵区经济增长主要依赖投资拉动,投资对经济增长的贡献一度在65%左右。近年来投资增幅逐年下降,2015年上半年仅增长17.4%(见表1),为近5年最低,由此促使经济增长步入"新常态"。特别是2015年上半年工业投资增幅严重下滑,仅增长12.5%;服务业投资中房地产业投资占比37.8%,基础设施投资占比39.7%,二者占服务业投资近80%。在房地产市场不景气的背景下,加之政府负债的约束,未来靠投资驱动经济快速增长的模式难以持续。同时,社会消费品零售总额增幅从2011年的17.2%快速下降到2015年上半年的9.5%,而且5年来总体趋势下滑,预示着消费增长对经济的拉动作用不断减弱。投资和消费两大经济增长的主要驱动力均存在不确定性。

表1 2011~2015年上半年广陵区GDP和固定资产投资等增幅

单位:%

年份\项目	GDP增幅	固定资产投资增幅	社会消费品零售总额增幅
2011	12.3	21.5	17.2
2012	12.2	21.1	15
2013	12.1	21	15.1
2014	11.3	19.7	12.6
2015年上半年	7	17.4	9.5

2. 传统行业调整压力不断加大

从重点行业看,传统行业全面面临产能过剩,行业调整仍将经历一个较长的阵痛期。工业经济持续低位运行，开票销售、入库税收和规模以上利税增幅总体持续下降（见表2）。目前船舶行业总体表现为订单足、船价低、交船难等特点，利润空间不断挤压。机械行业受市场周期影响，销售大幅下滑。传统商贸业销售形势不佳。2015年上半年广陵区社会消费品零售总额完成128.27亿元，同比增长9.5%。但受到网上虚拟消费品市场的冲击和其他县市区大型生活广场分流的影响，区内一些大型百货市场销售呈现负增长。

表2 2011~2015年上半年广陵区工业部分指标情况

时间	工业开票(亿元)	工业入库税收(亿元)	规模以上工业利税增幅(%)
2011	452.8	23.07	40.8
2012	424.2	19.18	15.7
2013	444.5	20.98	23.3
2014	312.5	16.47	2
2015年上半年	144.1	5.84	4.6

3. 特色产业集聚效应仍不凸显

广陵区虽然逐步形成了信息软件服务、食品生产和液压制造等特色产业，但部分产业仍然没有摆脱少数几个企业代表一个产业的情况，生产链上企业不多，分工精细化程度不足，彼此协同效应不高。例如，液压产业2015年上半年仅一家企业就占该产业开票销售的六成，占比过高，未能对产业内企业带来溢出效应。信息软件产业发展中企业数量已经聚集600余家，不乏京东、1号店、微软等知名企业，但是与之配套的会计、评估、律师、风险投资基金等中介企业还不成熟，尚不能与企业形成一个集聚发展的生态圈。

4. 生产要素约束仍然明显

广陵区地处中心城区，用地指标紧张且报批程序较难，一部分企业存在无用地指标而影响生产发展的问题。在用工方面，人工工资、社保等费用逐年上涨，给企业消化高成本带来巨大压力。在资本方面，金融机构对中小企业贷款存在利率上浮和变相收费等现象，"融资难、融资贵"没有根本性解决。同时，政府性融资平台和其他企业融资渠道单一，高度依赖银行贷款，统计显示占债务总额的一半以上，融资结构的单一性对经济发展的支持力度不足。

三 广陵区经济提质增效发展的总体路径设计

区域经济发展差异可调控理论认为,在区域经济发展过程中,根据区域经济发展所处的阶段和特征,采取一定的政策和措施,可以对区域经济发展差异的大小和变化进行调控。制定广陵经济提质增效发展的路径,就是要明确这些政策和措施,不断挖掘本地发展潜力,打破原有"路径依赖",缩小区域差距,通过优化各种"步骤"和"通道",最终达到全面实现更高小康社会的目标。

综合以上分析,广陵区推动提质增效发展应从本地实情出发,注重发挥自身的特色和优势,积极借鉴周边地区的有益经验,牢牢把握好各种战略机遇,有效化解各种发展矛盾和问题,主动应对挑战;以改革、开放、创新为强大动力,冲破各种不利因素制约,转化发展局面,不断为广陵区集聚资本、技术、人才等要素和优质发展资源,实现广陵区经济社会发展步伐加快、质量效益提高。

根据区域经济发展规律和经济社会各部门各环节的内在联系,广陵经济提质增效发展的重点在于:以特色发展为主攻点形成城市产业支撑体系,以创新驱动为主攻点提高区域产业竞争力,以产业和城市匹配为主攻点推动产城融合,以释放生态红利为主攻点实现绿色低碳生产生活,以社会的互动联系分享为提质增效发展的拓展面,多策并举,最终将提质增效发展成果落实到民生幸福上来。

四 广陵区经济提质增效发展的重点举措

(一)聚焦重点园区建设,形成特色城市产业支撑体系

一是推动园区提档升级。进一步提升省级、市级开发区在项目集聚、创新转型中的主引擎、主阵地作用。加快推进广陵开发区与宜兴经济技术开发区结对共建,推动广陵其他产业园区与上海、苏南先进地区园区开展合作共

建，提高园区建设水平。围绕发展信息软件、液压精密机械、食品加工和现代农业，引导省内外优质企业、项目投资落户广陵各个园区，加强园区产业配套能力和产业集聚能力，推动园区提档升级。二是引进培育功能性载体。要着眼于增强吸附、辐射功能以及带动效应，引进建设各类检测中心、产权交易中心，特别是招引世界500强企业、央企、知名高校在扬州设立分支机构、创新中心等。三是形成特色城市产业体系。广陵新城主攻信息服务、现代商务、金融保险等领域，拓展电子商务、文化创意、休闲体育等业态，以人口集聚推进产业兴城，实现产城融合。经济开发区以城市的标准打造产业园区，拓展液压产业链，广泛集聚欧美企业。食品产业园打造食品企业集聚区、食品生产性服务功能区、冷链食品全产业链示范区、跨境电子商务特色区、食品旅游创新区。信息产业基地逐步迈向公司化、智慧化运营，并推动互联网企业集聚。

（二）深化创新内涵，增强经济转型发展动力

一是加强科技创新体系建设。加快推进信息服务产业基地三期建设、食品科技园、医疗器械创业园、经济开发区加速器等科技综合体和创业载体建设。完善以公共技术服务平台、科技中介服务机构等为主体的科技创新服务体系。围绕产业主线有针对性地与大院大所联合对接，发挥东南大学扬州研究院的科研实力，加快产学研联合创新载体建设，推动经济发展从"量"的增长向"量质并举"发展。二是加快构建众创空间。依托微软创新中心、北大创业训练营、设计瑰谷、"中国创谷"等创新创业平台，构建一批低成本、便利化、全要素、开放式的众创空间，在互联网框架内实现广陵"众创模式"。发挥政策集成和协同效应，实现创新与创业相结合、线上与线下相结合、孵化与投资相结合，为广大创新创业者提供良好的工作空间、网络空间、社交空间和资源共享空间。三是强化人才招引力度。通过国家"千人计划"、省"双创计划"、市"绿杨金凤"计划、区"广聚英才"计划的实施，加大高层次创新创业人才和团队的招引力度。同时，加强对人才项目的绩效管理，通过人才项目的引进有效支撑高科技领域重大技术突破和创新成果产业化。

（三）抢抓资本市场，促进实体经济与金融深度融合

一是运用差别化政策工具，引导金融资源重点支持高新技术、新兴产业发展，支持特色产业集群培育。发挥金融创新促进科技创新的作用，形成天使/种子基金、风投基金（VC）、股权基金（PE）、上市（IPO）、并购基金全生命周期的金融服务。组织发展各类新型金融组织，扩大转型升级企业融资渠道和规模，提高金融资源配置效率。二是改善贷款期限结构，逐步改善商业银行为地方政府融资主角的现状。政府在资金引导、财税政策、土地政策等方面给予支持，吸引社会投资者及银行等机构合作建设，提高股权和债权融资比例，优化项目融资结构。在具体融资操作上，可采取 BOT、PPP、TOT、债券融资、股票融资、民营资本直接融资等渠道解决建设资金。三是创新财政金融政策支持提质增效。结合财事权改革，盘活财政库存沉淀资金和信贷规模，减少资金沉淀，最大限度地动员财政与金融资金服务于区内经济提质增效。

（四）释放生态红利，推动绿色低碳发展

一是大力推动生产方式的转变。广陵积极发展循环经济，尽快建成一批以资源节约型、综合利用型、清洁生产型、生态环保型为特色的循环经济示范项目，加快形成具有较高资源利用率、较低污染排放率的循环经济示范企业和示范园区。二是做好重点区域的生态保护和建设。扎实做好七里河、沙施河等重点河道整治，保护长江、夹江、西江、廖家沟等一批重要功能区的"水生态"，加快廖家沟和三江营水源地保护区整改。积极实施大气污染专项整治，确保禁燃区范围内所有燃煤锅炉拆除、整改到位。打造开发区水立方公园、夹江生态中心、廖家沟中央公园等一批重点生态项目，构建广陵城市氧吧。同时，围绕"农村河道疏浚整治全覆盖"的要求，推进城乡河道水环境整治，构建现代河网水系。三是提升公民环保意识，倍加爱护环境，切实保护生态。全面落实"环保优先"方针，自觉走生产发展、生活富裕、生态良好的发展道路。积极开展植树造林，建设绿色广陵。

B.36 扬州市邗江区生物健康产业发展报告

沈豪 池旺[*]

摘 要：	生物健康产业是邗江区加快产业转型升级，推动经济内涵式增长的一项重要课题。经过近年来的精心培育，邗江区生物健康产业已形成一定的产业基础与区域特色。本文从产业定位、产业载体、服务体系、招商策略等方面积极探索发展对策，并总结了四点经验。
关键词：	扬州市 邗江区 生物健康产业 发展报告

当前，我国已明确到2020年将生物产业打造成国民经济支柱的目标，特别是在国内人口老龄化加剧、消费升级及扶持政策密集出台的催化下，生物健康产业方兴未艾。如何紧抓发展良机，将该产业打造成最具爆发力、最具增长潜力、最具创新活力的新兴产业，已成为邗江区加快产业转型升级，推动经济内涵式增长的一项重要课题。

一 邗江区发展生物健康产业的背景与基础

尼尔森消费者信心指数调查显示，"健康"在中国一线到四线城市消费者的关注议题中均居于首位，在农村地区仅次于"收入"，排名第二。特别是随着人口老龄化时代的到来，与生命健康相关的市场需求将更加旺盛。预

---

[*] 沈豪，扬州市邗江区政府办公室副主任；池旺，扬州市邗江区政府办公室社会事业科科长。

计到2020年，中国60岁以上人口将达到2.48亿，约占全世界老龄人口的35%以上，健康产业关联市场规模可达8万亿元。

国内生物健康产业招商博弈日趋激烈。辽宁本溪药都、广东广州国际生物岛、山东青岛蓝色生物医药园等先行园区都在借全省之力，布局抢占生物健康产业技术和市场制高点。在江苏省现有生物健康产业版图中，有26家省级以上生物医药类产业园区，另有多家市级生物医药园，也在纷纷创新项目招引方式和机制，竞相集聚发展生物健康产业类项目。

邗江区生物健康产业经过近年来的精心培育，已形成一定的区域特色和亮点。一是产业发展已有一定基础。扬州唯一的生物健康产业园坐落邗江区，总规划面积达8.3平方公里，开发空间赶超省内大部分同类园区。2014年全区生物健康产业开票销售、入库税收分别达42.3亿元、5.4亿元，体量虽然不够大，但近三年来入库税收年均增幅超过35%。二是具有技术支撑。目前全区共有生物健康类在研项目12个，其中国家Ⅰ类新药项目3个，1个项目获得国家科技攻关基金和"863计划"支持。国药威克、艾迪生物等企业在悬浮培养疫苗、抗尘肺新药以及抗肿瘤、艾滋治疗制剂等领域均处于国内外领先地位。三是效益良好。邗江区工业百强中生物健康企业仅占6席，但2014年开票销售和入库税收分别占全区总量的11%、29.5%，全行业亩均税收达43.3万元，分别是装备制造和汽车零部件产业的3倍、4倍。

二 邗江区生物健康产业发展对策

1. 确立恰如其分的产业定位

邗江区生物健康产业只有坚持特色化、差异化发展，在细分领域打造出比较优势和市场竞争力，才能在激烈的区域竞争协作中占得一席之地。生物工程制药在于"精"和"特"。生物技术和现代医药是生物健康产业的核心，发展水准高不高关系着区域产业品牌形象的巩固提升，也是牵引产业内关联领域协调发展的关键。要坚持引培结合，通过公共技术服务平台，孵化培育一批运用功能基因组学、蛋白质组学等现代生化与分子生物技术的

"高精尖"项目,着力在生物疫苗、基因药物、疫病预防等领域取得突破。要突出本土化、特色化发展,鼓励引导联环、艾迪等现有企业以当前产品为基础,衍生培养新药项目,缩短研制周期,丰富产品门类,加快生物制药行业的转型升级,不断放大产业优势。高端医疗器械在于"智"和"强"。医疗器械更贴近互联网经济发展趋势,市场潜力巨大,特别是国家Ⅲ类以下的医疗器械项目审批快、达效快,是值得深耕的领域之一。要紧抓个性化保健需求增加、互联网大数据技术快速发展的契机,大力引进以康复保健为目的的小型化、家庭化可穿戴智能医疗设备项目。要抢抓国家重点推动三甲医院应用国产医疗设备的机遇,重点发展先进医疗器械、医疗康复辅助器具、高端新型医用耗材等产品,加快打造高端医疗设备制造推广中心。保健化妆品在于"深"和"广"。一个医药项目从审批建设到规模投产,至少需要5年时间。而保健品、化妆品等生物衍生类项目审批较为宽松,可借助消字号、食字号、健字号等审批渠道,快速投入消费终端市场,对产业实现量的扩张具有重要意义。要放大完美日化的示范引领作用,鼓励联环等企业加大保健食品、保健药品、保健化妆品等产品的开发力度,力争在品牌特色和市场亮点上取得新突破。要积极拓展发展门路,抢抓国药、修正等公司纷纷布局生物保健领域的机遇,全力招引龙头药企来邗江设立保健事业部,借力打开专业市场。

2. 要有规范专业的发展载体

没有载体依托,产业再高端也只能"空转"。推动生物健康产业大发展大提升,关键还要强化平台载体的专业化水平和综合承载能力。产业布局既要"连横"又要"合纵"。所谓"连横",就是要强化园区板块功能的横向联系。一个园区刚成立时,加快发展的心情往往较为迫切,极易在规划布局上产生"谁先进园区,谁就能占有好地块"的现象,最终导致陷入无序扎堆、功能同构的发展误区。要切实提升规划的执行率,对园区初步规划的3个产品研发区、2个生产加工区、1个商业配套区和1个生活服务区,一旦敲定就要坚持落实。在功能维系上,可设定研发孵化区、成果转化加速区和产业区三大有机板块,促进各功能区间的有效衔接。所谓"合纵",就是要密切产业链条的纵向协作。在条件成熟的情况下，要对园区整个产业链的信息流、资金流、业务流进行有效优化，促成投资商、供应商、制造商、销售商的无缝对接，形成龙头企业、骨干企业、配套企业细密分工、紧密协作的产业联盟，提升产业竞争力和市场占有率。公共平台建设要"少花钱、办大事"。在公共研发平台建设上，坚持"为我所需"的实用导向，按照"公共性、通用性、开放性"的基本原则，以生物健康产业园内50亩公共平台用地为基础，实质性推动基础研发平台建设。平台侧重采购中试型高压均质机、药用真空冷冻干燥机等通用性较强的基础类研发设备，对外实行有偿共享，在提高科研设备利用率的同时，适当缓解资金投入压力。在加速平台建设上，以最大限度提高土地容积率、实现单位面积效益最大化为导向，重点建设可循环使用的中试平台、GMP生产车间和个性化专业厂区，集中配套电力、蒸汽、供水以及公共实验室，最大限度地降低企业运营成本，提升孵化企业的成活率。

3. 要有集成贴心的服务体系

生物健康产业园不光是产业高地，还要成为创业高地，这就需要更加完善的产业服务体系。一要"建"。按照"统分结合、分层负责"的方式，建立一个统一领导、部门协作、运转有序的联席会议制度，定期会商协商产业或项目发展过程中出现的重大问题，以有效解决条块分割、多头管理等突出问题。二要"提"。目前园区在多元化融资、研发成果转化、申报审批等方面的服务功能还比较滞后，导致园区的产业吸引力和项目承载力不够。要提升园区服务能级，推动审批和管理权限向园区集中下放，建立健全功能集成的"政务超市"和综合服务平台，为入驻企业提供"一条龙""集成式"服务。三要"整"。从各地成功经验来看，推动生物健康产业发展，离不开一套衔接紧密且行之有效的政策体系支撑。当前邗江区在科技创新、项目建设以及人才引进等方面均出台了专项政策，但各项政策对扶持生物健康产业发展的指向性不够明确，衔接性也不够紧密。要梳理整合发改、经信、科技等部门的资源力量，制定符合邗江区生物健康产业发展的"多位一体"专项政策，促进生物健康产业可持续发展。

4. 要有精准巧妙的招商策略

一是定位要准。围绕全区生物健康产业发展定位，细化分解产业环节，找准产业链、创新链、价值链中的关键性"断链点"，进而有针对性地"按图索骥"，锁定目标区域和企业。二是方式要巧。充分利用现有生物企业的人脉和信息资源优势，深入挖掘产业链上下游配套项目。保持与各类专业园区和科研院所的信息互动与共享，多渠道积累项目信息源。要善于用比较优势吸引投资者。在土地、税收政策趋于规范的形势下，结合产业特点和客商的个性化需求，有针对性地梳理出自身在配套服务、金融投资等方面的特色，展现区域环境优势，吸引项目入驻。三是渠道要广。在大力开展定点招商、区域招商的同时，也要积极探索板块对板块的产业对接合作路径。邗江区在生物健康产业园区建设方面，也应充分考虑采取股份合作、产业招商等多种模式，与资金实力雄厚、开发经验丰富、"溢出效应"明显的同类发达园区开展合作，提升邗江区生物健康产业的开发水准和市场竞争力。

三　邗江区生物健康产业发展经验

1. 敢于投入、舍得投入

为扶持生物健康产业发展，许多地区不惜投入重金。要把握好产业发展投向，设立一定规模的区级产业引导基金，把资金投进最需要的关键环节，发挥政府投入"四两拨千斤"的作用，撬动产业整体发展。要创新政府产业扶持模式，借鉴区科技企业上市基地成功经验，更加侧重以股权投资、阶段参股的方式引导产业发展，逐步把政府角色从旁观者转向参与者、受益者，与企业共享利益、共同进退，力争在产业创新和项目发展中留下"邗江基因"。

2. 专业的人做专业的事

加快发展生物健康产业，既要有专业的平台载体，更要有专业的技术和管理人才。当前很多从大型生物企业或省、市医药主管部门退休的高管或技术骨干，既有专业素养，又有行政协调能力，如能招引到专业园区

"发挥余热",往往能起到事半功倍的效果。要积极尝试挖掘聘用该类人员来邗江,在具体业务上将其作为"高级咨询师",在园区运营管理上将其作为"职业经理人",并给予一定的决策决定权,专业化指导推进园区项目建设、运营管理等工作。在此基础上,加速构建完善"一个窗口对外、一个漏斗对内"的高效管理服务机制,切实提升园区的专业化、高效化运作水平。

3. 高度关注园区形象设计

一个成熟的产业园区,必须要有精当的规划和精致的建设。目前扬州生物健康产业园还处于起步阶段,在功能分区、产业布局、项目规划等方面还有较大的可挖空间。要做精形象规划。围绕园区8.3平方公里空间规划,结合现有项目和基础设施布点需要,按照近期、远期分两步走的方式,抓紧落实3平方公里核心区形象设计,统筹做好后续开发片区的概念性形象规划,尽量减少因规划不到位而带来的未来开发建设可能出现的各种"后遗症"。要强化细节管理。着眼园区建设的细微处,从每一个路口布局、市政设施布点、建筑风格设定入手,建立健全一整套技术标准和形象规范。重点强化基础配套和产业项目施工的全过程监管,不断提高各板块、各布点的精致化、精细化程度。要突出生态建设。改变产业园区"厂房+道路"的旧思维,高度重视公共绿地对园区形象的重要作用。积极倡导多空间发展绿化和垂直绿化,规划提升交通干道、河道、企业周边等重点区域、重点线路的绿化层次,全力打造"绿色园区""花园基地"。

4. 抓紧破解要素制约

当前产业园区的发展受土地、环保等要素约束越来越刚性,因此,加快扬州生物健康产业园建设,重点还要破解"保障发展与保护要素"的两难困境。一方面,要尽快解决用地受限、空间紧促的问题。目前园区可供工业用途的土地面积不足500亩,随着联环、皇普、帝视等一批项目的相继入驻,园区即将面临"有项目、无用地"的困境。对此,要紧抓下一轮用地规划调整的契机,梳理排出一定的提前量,申报调足工业用地面积,全力保障土地供给。在此基础上,要对符合全区生物健康产业发展定位的项目用地

予以先供优供。另一方面,要加快硬件提升、配套跟进的步伐。基础设施是提高产业园区吸引力和承载力的关键。当前园区内部建成的主干道路仅有扬子津路、健康二路,水电气还未实现"三通",配套设施建设已相对滞后。下一步,要重点围绕园区功能布局和项目布点,加快推进交通、水电气供应、污水处理等设施的规划建设,确保连成片、形成网、全覆盖,打造集约智能、低碳高效的城市产业新区。

社会科学文献出版社　皮书系列

❖ 皮书起源 ❖

"皮书"起源于十七、十八世纪的英国,主要指官方或社会组织正式发表的重要文件或报告,多以"白皮书"命名。在中国,"皮书"这一概念被社会广泛接受,并被成功运作、发展成为一种全新的出版型态,则源于中国社会科学院社会科学文献出版社。

❖ 皮书定义 ❖

皮书是对中国与世界发展状况和热点问题进行年度监测,以专业的角度、专家的视野和实证研究方法,针对某一领域或区域现状与发展态势展开分析和预测,具备权威性、前沿性、原创性、实证性、时效性等特点的连续性公开出版物,由一系列权威研究报告组成。皮书系列是社会科学文献出版社编辑出版的蓝皮书、绿皮书、黄皮书等的统称。

❖ 皮书作者 ❖

皮书系列的作者以中国社会科学院、著名高校、地方社会科学院的研究人员为主,多为国内一流研究机构的权威专家学者,他们的看法和观点代表了学界对中国与世界的现实和未来最高水平的解读与分析。

❖ 皮书荣誉 ❖

皮书系列已成为社会科学文献出版社的著名图书品牌和中国社会科学院的知名学术品牌。2011年,皮书系列正式列入"十二五"国家重点图书出版规划项目;2012~2014年,重点皮书列入中国社会科学院承担的国家哲学社会科学创新工程项目;2015年,41种院外皮书使用"中国社会科学院创新工程学术出版项目"标识。

中国皮书网

www.pishu.cn

发布皮书研创资讯，传播皮书精彩内容
引领皮书出版潮流，打造皮书服务平台

栏目设置：

- 资讯：皮书动态、皮书观点、皮书数据、皮书报道、皮书发布、电子期刊
- 标准：皮书评价、皮书研究、皮书规范
- 服务：最新皮书、皮书书目、重点推荐、在线购书
- 链接：皮书数据库、皮书博客、皮书微博、在线书城
- 搜索：资讯、图书、研究动态、皮书专家、研创团队

中国皮书网依托皮书系列"权威、前沿、原创"的优质内容资源，通过文字、图片、音频、视频等多种元素，在皮书研创者、使用者之间搭建了一个成果展示、资源共享的互动平台。

自2005年12月正式上线以来，中国皮书网的IP访问量、PV浏览量与日俱增，受到海内外研究者、公务人员、商务人士以及专业读者的广泛关注。

2008年、2011年中国皮书网均在全国新闻出版业网站荣誉评选中获得"最具商业价值网站"称号；2012年，获得"出版业网站百强"称号。

2014年，中国皮书网与皮书数据库实现资源共享，端口合一，将提供更丰富的内容，更全面的服务。

法律声明

"皮书系列"(含蓝皮书、绿皮书、黄皮书)之品牌由社会科学文献出版社最早使用并持续至今,现已被中国图书市场所熟知。"皮书系列"的LOGO()与"经济蓝皮书""社会蓝皮书"均已在中华人民共和国国家工商行政管理总局商标局登记注册。"皮书系列"图书的注册商标专用权及封面设计、版式设计的著作权均为社会科学文献出版社所有。未经社会科学文献出版社书面授权许可,任何使用与"皮书系列"图书注册商标、封面设计、版式设计相同或者近似的文字、图形或其组合的行为均系侵权行为。

经作者授权,本书的专有出版权及信息网络传播权为社会科学文献出版社享有。未经社会科学文献出版社书面授权许可,任何就本书内容的复制、发行或以数字形式进行网络传播的行为均系侵权行为。

社会科学文献出版社将通过法律途径追究上述侵权行为的法律责任,维护自身合法权益。

欢迎社会各界人士对侵犯社会科学文献出版社上述权利的侵权行为进行举报。电话:010-59367121,电子邮箱:fawubu@ssap.cn。

社会科学文献出版社

权威报告・热点资讯・特色资源

皮书数据库

ANNUAL REPORT(YEARBOOK) DATABASE

当代中国与世界发展高端智库平台

皮书俱乐部会员服务指南

1. 谁能成为皮书俱乐部成员？
- 皮书作者自动成为俱乐部会员
- 购买了皮书产品（纸质书/电子书）的个人用户

2. 会员可以享受的增值服务
- 免费获赠皮书数据库100元充值卡
- 加入皮书俱乐部，免费获赠该纸质图书的电子书
- 免费定期获赠皮书电子期刊
- 优先参与各类皮书学术活动
- 优先享受皮书产品的最新优惠

3. 如何享受增值服务？

（1）免费获赠100元皮书数据库体验卡

第1步 刮开附赠充值的涂层（右下）；
第2步 登录皮书数据库网站（www.pishu.com.cn），注册账号；
第3步 登录并进入"会员中心"—"在线充值"—"充值卡充值"，充值成功后即可使用。

（2）加入皮书俱乐部，凭数据库体验卡获赠该书的电子书

第1步 登录社会科学文献出版社官网（www.ssap.com.cn），注册账号；
第2步 登录并进入"会员中心"—"皮书俱乐部"，提交加入皮书俱乐部申请；
第3步 审核通过后，再次进入皮书俱乐部，填写页面所需图书、体验卡信息即可自动兑换相应电子书。

4. 声明

解释权归社会科学文献出版社所有

皮书俱乐部会员可享受社会科学文献出版社其他相关免费增值服务，有任何疑问，均可与我们联系。

图书销售热线：010-59367070/7028
图书服务QQ：800045692
图书服务邮箱：duzhe@ssap.cn

数据库服务热线：400-008-6695
数据库服务邮箱：database@ssap.cn
兑换电子书服务热线：010-59367204

欢迎登录社会科学文献出版社官网
（www.ssap.com.cn）
和中国皮书网（www.pishu.cn）
了解更多信息

社会科学文献出版社 皮书系列
SOCIAL SCIENCES ACADEMIC PRESS (CHINA)

卡号：483639268894
密码：

子库介绍 Sub-Database Introduction

中国经济发展数据库

涵盖宏观经济、农业经济、工业经济、产业经济、财政金融、交通旅游、商业贸易、劳动经济、企业经济、房地产经济、城市经济、区域经济等领域，为用户实时了解经济运行态势、把握经济发展规律、洞察经济形势、做出经济决策提供参考和依据。

中国社会发展数据库

全面整合国内外有关中国社会发展的统计数据、深度分析报告、专家解读和热点资讯构建而成的专业学术数据库。涉及宗教、社会、人口、政治、外交、法律、文化、教育、体育、文学艺术、医药卫生、资源环境等多个领域。

中国行业发展数据库

以中国国民经济行业分类为依据，跟踪分析国民经济各行业市场运行状况和政策导向，提供行业发展最前沿的资讯，为用户投资、从业及各种经济决策提供理论基础和实践指导。内容涵盖农业，能源与矿产业，交通运输业，制造业，金融业，房地产业，租赁和商务服务业，科学研究，环境和公共设施管理，居民服务业，教育，卫生和社会保障，文化、体育和娱乐业等 100 余个行业。

中国区域发展数据库

以特定区域内的经济、社会、文化、法治、资源环境等领域的现状与发展情况进行分析和预测。涵盖中部、西部、东北、西北等地区，长三角、珠三角、黄三角、京津冀、环渤海、合肥经济圈、长株潭城市群、关中-天水经济区、海峡经济区等区域经济体和城市圈，北京、上海、浙江、河南、陕西等 34 个省份。

中国文化传媒数据库

包括文化事业、文化产业、宗教、群众文化、图书馆事业、博物馆事业、档案事业、语言文字、文学、历史地理、新闻传播、广播电视、出版事业、艺术、电影、娱乐等多个子库。

世界经济与国际政治数据库

以皮书系列中涉及世界经济与国际政治的研究成果为基础，全面整合国内外有关世界经济与国际政治的统计数据、深度分析报告、专家解读和热点资讯构建而成的专业学术数据库。包括世界经济、世界政治、世界文化、国际社会、国际关系、国际组织、区域发展、国别发展等多个子库。